ENNIO MORRICONE

inseguendo quel suono
la mia musica, la mia vita

ALESSANDRO DE ROSA

追逐
那声音

[意] 埃尼奥·莫里康内 口述
[意] 亚历山德罗·德罗萨 著　邵思宁 译　季子赫 审校

中国友谊出版公司

献给我的妻子玛丽亚，我的爱人。
我的灵感之泉，我永恒的勇气之源。

——埃尼奥·莫里康内

献给我的父母詹弗兰科和拉法埃拉，
献给我的兄弟弗朗切斯科，
献给瓦伦蒂娜。
献给鲍里斯·波雷纳、保拉·布钱、
费尔南多·桑切斯·阿米利亚特吉。
献给埃尼奥·莫里康内。

——亚历山德罗·德罗萨

沿着过去的道路重新审视自己的人生，这感觉挺奇特的。说实话，我从来没想过会这样做。不久前我认识了亚历山德罗，计划逐渐完善起来，进展太过自然，让我回想起了许多事，我几乎都没有意识到，它们就这样一点一点涌入脑海。

人的一生之中，有些事发生了就过去了，人们一般没有时间去分析整理和客观面对。而现在，我对这些事有了全新的理解。也许在我生命的这一刻，有这样一段漫长的探索，这样漫长的反思，是十分重要，甚至是必要的。我还发现，重新触碰自己的记忆，带来的不仅是世事易变、流光易逝的感伤，还意味着你会向前看，知道那些逝去的事物还会再次出现，说不定会出现很多次呢。

毫无疑问，这是关于我的最好的一本书，原汁原味、细节丰富、内容全面。这是最真实的一本书。

埃尼奥·莫里康内

目 录

对话的缘起 vi

01 和梅菲斯特的契约：棋盘边的对话 -1

02 为电影服务的作曲家 -11

◎ 改编和改变 -13

◎ 走向电影 -26
学徒时期 26 / 卢恰诺·萨尔切 29

◎ 塞尔吉奥·莱昂内和"镖客三部曲" -33
《荒野大镖客》：神话和现实 33 /《黄昏双镖客》40 /《黄金三镖客》44

◎ 皮埃尔·保罗·帕索里尼 -49
《大鸟和小鸟》以及一首奇怪的诗 49 /《定理》以及一个未实现的故事 56 / 对帕索里尼的投降书 60

◎ 合作、实验、确定职业 -64
蓬泰科尔沃、德赛塔、贝洛基奥 64 / 博洛尼尼、蒙塔尔多 69 / 韦特米勒、贝托鲁奇 75 / 大众认可还是大众消费？六八运动和《西部往事》77 /《革命往事》84 / 埃利奥·彼得里 87 / 制片人塞尔吉奥 91 /《美国往事》92 /《列宁格勒900天》与莱昂内逝世 97

03　**音乐与画面**　-103

◎ 一位电影作曲人的思考和回忆　-105

如果没有主题？我会更兴奋 113 / 朱塞佩·托尔纳托雷 116 / 电影中的歌曲、歌手以及音乐的适应性 122 / 昆汀·塔伦蒂诺 125 / 短暂性和 EST 131

◎ 回顾好莱坞首秀　-141

奥斯卡金像奖终身成就奖 141 / 美国电影圈首秀 144 / 在美国安家？147 / 美国作曲家 151 / 特伦斯·马利克 153 / 跟约翰·卡彭特一起工作，光有翻译可不够 155

◎ 制约和创造力：双重审美　-157

◎ 戏剧、音乐剧、电视剧音乐　-162

《约婚夫妇》164 / 《立法者摩西》164 / 《马可·波罗》165 / 《撒哈拉之谜》167 / 《出生入死》167

◎ 痛苦和实验　-169

罗伯托·法恩扎 169 / 尼诺·罗塔 171 / 难以处理的关系 173 / 乔安诺、斯通以及泛音现象 174 / 沃伦·比蒂 177 / 骄傲和懊悔 178 / 争吵和讨论 181

◎ 电影之外，音乐之外　-184

04　**秘密与职业**　-189

创作的秘密 193

◎ 音乐是什么？　-207

音乐的诞生、死亡与复活 207 / 寻找自我：如何欣赏当代音乐 216 / 我的道路 222 / 扩张的现在 227 / 现在学音乐？231

iii

◎ 可预见和不可预见之间的微妙平衡　　-237

　　◎ 题外话　　-246

　　变化的电影 246 / 音色、声音以及演奏者 248 / 关于教学 250 / 高产？健全之心寓于健全之体 251

05　一种绝对的音乐？　　-259

　　◎ 起　源　　-261

　　关于"绝对"的简介 261 / 达姆施塔特：实验之夏 264 / 新和声即兴乐团 268

　　◎ 对争议的回应：关于"动态固定"　　-278

　　《致迪诺》278 /《复活节主日洒圣水歌，在贝纳科》287

　　◎ 音乐创世主义或者音乐进化主义　　-294

　　《孕育》294 / 信念：生命的起源和宇宙的起源 297 / 神秘主义作品 298 /《方济各教皇弥撒》303

　　◎ 理想中的结合：杂糅与希望　　-307

　　《教会》307 /《来自寂静的声音》和《溺亡者之声》314 /《欧罗巴康塔塔》和一首给玛丽亚的诗 319

　　◎ 语言的交流、形成和渗透　　-325

　　《UT》325 / 四首协奏曲：曲式无曲式 326

　　◎ 音乐的未来：噪声和无声　　-333

06 与未来的默契　-339

众说莫里康内　-351

- ◎ 从某种意义上来说，我和埃尼奥
    一同学习……　鲍里斯·波雷纳　-353
- ◎ 音乐学家如是说　塞尔焦·米切利　-357
- ◎ 高雅音乐和不高雅的音乐？　路易斯·巴卡洛夫　-370
- ◎ 两位宗师　卡洛·韦尔多内　-374
- ◎ 献给你的赞歌　朱利亚诺·蒙塔尔多　-381
- ◎ 许多个埃尼奥·莫里康内　贝尔纳多·贝托鲁奇　-390
- ◎ 工作模式的进化　朱塞佩·托尔纳托雷　-394

莫里康内绝对音乐作品年表　-412

莫里康内应用音乐作品年表　-418

莫里康内 1953—2020 电影作品年表　-438

致　谢　-454

出版后记　-457

对话的缘起

我很早就接触到了莫里康内的音乐。确切时间记不清楚了，因为在 1985 年我出生的时候，他的许多作品早已问世多年。我记得我很小就和父母一起在电视上看《撒哈拉之谜》（*Il segreto del Sahara*，1988）——我看的应该是重映，因为那时候我肯定不止三岁，或者看布德·斯宾塞（Bud Spencer）主演的《哥儿们，我们去西部》（*Occhio alla penna*，1981）……我还记得电视剧《出生入死》（*La Piovra*）的一些画面……所以我肯定也听过这几部片子的配乐。

我们一家人从来不去电影院。

很久之后我才知道，那些音乐都是莫里康内谱写的，在我还不能把两者联系在一起之前，谁知道有多少他的曲子早就深植在我的脑海中。

那时候我很讨厌上学，所以我开始跟着我的父亲学吉他。我还有其他吉他老师，但这远远不够：我想创造属于自己的东西。这是需求，也是权利。我想我应该用音乐来进行创造。我辗转跟随许多人学习，但是我只想要一位真正的老师。那位"对"的老师。

2005 年 5 月 9 日，我的父亲詹弗兰科下班回家带来一份《地铁报》，就是那种会在公共交通上免费分发的报纸。

"埃尼奥·莫里康内会出现在米兰的奥贝丹影院，就是今晚……说不定你跟弗朗切斯科还能赶得上。"弗朗切斯科是我的兄弟。

我冲回房间，把自己用电脑创作的几首曲子录到 CD 里，又写了一封信放进信封，在信封上写好"致莫里康内"。信不是很长，我在信里写道，希望他听一下 CD，特别是其中一首曲目《树林的味道》[*I sapori del bosco*，我当时非常喜欢斯特拉文斯基的《春之祭》（*La sagra della primavera*）——

当然现在也很喜欢——于是我半是靠听，半是靠一份被修补过的乐谱，试着写出了新的乐曲]。那是曲目11。我还写道，希望他能指点一下我的音乐，要是能给我上几堂课那就更好了。

是的，我在问他是否愿意成为我的老师。

我和弗朗切斯科赶到奥贝丹影院的时候已经有些迟了，我们根本找不到停车位，讲座也早已开始。放映厅里没有一个空座位，我们只能在外面等着，旁边有几个家伙在不停地抱怨……我记得大概一个小时之后，一位穿西装打领带、仪表堂堂的中年男士等得不耐烦了，开着他的大红色轿车扬长而去，敞开的车窗里飘出尼诺·罗塔的《阿玛柯德》[1]，还开到最大音量，这太逗了。没过几分钟，有人从后门出来了，我横插一脚挡住门，和弗朗切斯科一起溜了进去。

讲座已经进入尾声，放映厅里座无虚席。我只听到交流环节的最后一部分。一个问题，一个回答。

某位观众问道："对于新生代作曲家们，您有什么看法？"

莫里康内回答："看情况。他们经常往我家里寄一些CD，一般来说我会听个几秒钟，然后全部扔掉！"

我告诉自己，他可能心情不好。但我还是排在乐迷队伍中等着问他要签名。

在我快要排到的时候，莫里康内起身准备离开。放映厅没有后台，唯一的出口就在我这个方向。我心想："这可不行！那就这样吧……"他从台上下来，我毫不客气地挤开人群，成功突围到他面前。我拦住他，说有一张CD要给他。大师一开始以为我要他在CD上签名，就拿出了笔，但我很清楚地告诉他这张CD是想给他听的。他说他没地方放，但我坚持要他收下，还热切地把信封举到他面前，让他看看一张CD占不了多少空间。我强调说，我尤其想要知道他对曲目11的看法。他接过信封，叹了口气，离开了。

回到家里，我的父母已经躺在床上了。我长话短说，把发生的事情都告诉了他们。"嗯，反正他说过他都会扔掉的。晚安。"

第二天，发生了一件谁都没想到的事。我去韦尔切利上斯特凡诺·索拉尼（Stefano Solani）老师的和声课——这门课我学得不是很好——课上到一半时，母亲打来电话。她说莫里康内来电想要跟我聊聊，他甚至给我留了一条语音留言，后来我把这条留言录了下来，一直保存到现在。

那天是 5 月 10 日，星期二，他说他听了那首曲子，觉得很有特色，但他断定我是自学成才的。我需要一个好老师。他没办法给我上课，因为他没有时间，但是建议我去学习作曲。"您必须这么做，那是好音乐，但如果您不系统学习作曲，您永远只能模仿他人。"这是一个大问题，因为作曲专业的老师我一位也不认识。

一个星期之后，我打电话给他表示感谢，顺便向他咨询："您可以为我推荐一位老师吗？"他说可以给我介绍几位，但是他认识的老师都在罗马。他建议我不要去音乐学院，而是走一条自己的道路——但至少去罗马把赋格[2]学了。我再次感谢他，回复说自己一定会搬去罗马。

我真的这么做了。我开始学习作曲，我的人生之路从此截然不同，开始变得复杂，但是我学到了很多。我遇到了很多想要感谢的人，尤其是瓦伦蒂娜·阿维塔，那些年她一直陪伴着我；还有鲍里斯·波雷纳（Boris Porena），我在罗马附近的坎塔卢波-因萨比纳向他学习作曲，后来他成了我的老师；还有保拉·布钱（Paola Bučan）、费尔南多·桑切斯·阿米利亚特吉（Fernando Sanchez Amillategui）和奥利弗·韦尔曼（Oliver Wehlmann），我们在一起进行了很多很有意义的思考；Yes 乐队的乔恩·安德森（Jon Anderson），我第一个正式的合作对象就是他，还有我在维持生计的工作中遇到的所有人。没有这些交集，也许就不会有这本书。

我和莫里康内偶尔也会通电话。我会写信把自己的思考告诉他，或者请教他的意见，第二天他会打电话给我说说他的看法。虽然这种碰撞只存在于电话之中，对我却非常重要：它给了我目标和勇气。

我在罗马待了六年。当我决定搬到荷兰继续求学时，我给莫里康内写了一封信解释自己离开的原因。他又一次打来电话，就像他一直做的那样，动情地向我讲述他事业的开端、辉煌、低谷……"等您回到罗马的时候,我愿把一篇描述我作曲生涯的短文交给您。"他对我说。在真正开始共事之前,我们一直互相称呼"您"。

那篇短文叫作《电影音乐纵览》(*La musica del cinema di frontealla storia*)。2012年夏天,我们再次在他家碰面,我到那时才真正看到这篇文章。按照承诺,他送给我一份复印件,让我看完之后告诉他我的想法。我深感荣幸,兴致盎然地读完,并做了笔记。

出书的计划就这样诞生了。在这个过程中我有很多发现,短文所呈现的只是冰山一角而已。我们的对话开始于2013年1月;当时我住在荷兰,但是经常会回罗马。从那时起,我一直带着这样的信念:我要在和他第一次见面的十周年纪念日之前,把完整的文稿交给他。我做到了。2015年5月8日,我从米兰的索拉罗出发——我的父母至今还住在那里——前往埃尼奥的家,等待他审核那份文稿。四个小时之后,我离开他家,心里就像有一个巨大而沉重的轮子正缓慢地转着,缓慢地走向圆满。

我们的对话就是这样产生的,它们来自我强大的信念和埃尼奥·莫里康内的信任,他同意我继续这场冒险,而我则把握这无比珍贵的机会,也身负巨大的责任。为此,我感谢他和他的妻子玛丽亚——玛丽亚永远那样细心认真、热心可靠;感谢他们一家,以及他们给予我的时间——有时候为了收集重要信息,我们会聊一整个下午,甚至更久。我还要特别感谢:贝尔纳多·贝托鲁奇(Bernardo Bertolucci)、朱塞佩·托尔纳托雷(Giuseppe Tornatore)、路易斯·巴卡洛夫(Luis Bacalov)、卡洛·韦尔多内(Carlo Verdone)、朱利亚诺·蒙塔尔多(Giuliano Montaldo)、弗拉维奥·埃米利奥·斯科尼亚(Flavio Emilio Scogna)、弗朗切斯科·埃尔莱(Francesco Erle)、安东尼奥·巴利斯塔(Antonio Ballista)、恩佐·奥科内(Enzo Ocone)、布鲁诺·巴蒂斯蒂·达马里奥(Bruno Battisti D'Amario)、塞尔焦·多纳蒂(Sergio Donati)、鲍里斯·波雷纳,以及塞尔焦·米切利(Sergio Miceli)。

本书无意也无力做到巨细靡遗，莫里康内是20世纪最有影响力的音乐大师之一，面对这样一位博学多才的人，要描述出他人生的每个细节是不可能的。但是我觉得，每位读者——不管你是不是音乐家——都能在阅读本书时找到一些和自身息息相关的问题。能做到这一点，我就心满意足了。

亚历山德罗·德罗萨

注　释

1　*尼诺·罗塔（Nino Rota），意大利著名作曲家，最负盛名的代表作是《教父》(The Godfather) 系列的前两部。他也曾为电影《阿玛柯德》(Amarcord, 1973) 谱曲，这是意大利著名导演费里尼的代表作之一。(本书注释中带星号的皆为译注)
2　*复调音乐中最为复杂而严谨的曲体形式。

01
和梅菲斯特的契约
棋盘边的对话

莫里康内：为昆汀·塔伦蒂诺的《八恶人》作曲的时候，我读完剧本，感觉到在角色之间有一股沉默生长的张力，就想到了比赛中的国际象棋棋手，那就是他们的精神状态。和塔伦蒂诺的电影不同的是，在这项运动中没有人会流血，也没有人会受到肉体伤害。

● 埃尼奥·莫里康内：你想来一盘吗？

○ 亚历山德罗·德罗萨：比起对局，你得先教我怎么下棋（我们正坐在莫里康内家的客厅里，桌上摆着一副非常精致的棋盘）。你第一步会怎么下？

● 埃尼奥·莫里康内：我一般用后兵开局，我会尽可能这样做；曾经有一位斯特凡诺·陶陶伊（Stefano Tatai）级别的国际象棋大师建议我走 e4 开局，这个缩写总是让我想到数字低音[1]。

○ 我们很快就会聊到音乐了吧？

● 某种程度上是的……我慢慢发现，记录音符时值和音高的乐谱，与国际象棋之间有着很强的关联性。这两个维度是空间性的，而时间掌握在玩家手中，由他走出正确的一步。横纵组合，不同的平面布局，就像和谐的音符。还有一点：棋子和棋着互相匹配，就像演奏乐器。后行方在执白方（对手）再次行棋之前，有十种走法可以自由选择，后续的选择还会呈指数型暴增。这让我想到对位法[2]。如果你用心去找，你会发现一些对应之处，一个领域的进步经常和另一个领域的进步相关联。最厉害的棋手，总是藏身于数学家和音乐家之中，这不是巧合。我想到了马克·泰马诺夫（Mark Taimanov），杰出的钢琴家和棋手，想到了让-菲利普·拉莫（Jean-Philippe Rameau）、谢尔盖·普罗科菲耶夫（Sergei Prokofiev）、约翰·凯奇（John Cage），想到我的朋友阿尔多·克莱门蒂（Aldo Clementi）和埃吉斯托·马基（Egisto Macchi）：棋是数学的近亲，而数学，用毕达哥拉斯的话来说，是音乐的近亲。特别是某一种音乐，比如克莱门蒂的音乐，就和秩序、节奏、谐调密切相关……这些也是国际象棋的关键元素。

总而言之，我认为下棋和作曲都是创造性活动；其基础是复杂的图像和逻辑处理过程，换言之就是各种可能性和不可预知性。

○ 是什么让你特别着迷？

● 有的时候就是那种不可预知性。合乎常理的一步棋，实际上反而更难预测。米哈伊尔·塔尔（Mikhail Tal），人类历史上最伟大的棋手之一，他的许多胜局，赢棋之道都在于阻碍对手行动，并且不留反应时间。博比·菲舍尔（Bobby Fischer），一位真正的顶级高手，也许是我最喜爱的棋手，他开创了出其不意、捉摸不定的棋风。

他们步步冒险，以直觉对弈。而我追求计算的逻辑。

这么说吧，国际象棋是最美的游戏，因为它不仅仅是一个游戏。一枰之上可论万事，不论是道德标准、生活准则，还是对战斗的专注和渴望。这场战斗不会流血，但要有求胜的意志，要堂堂正正地赢。这拼的是才华，而不只是运气。

真的，当你握住棋子，这些木制小雕像就是一股力量，只要你愿意，它们会从你的手上汲取能量。棋里有生命，有战斗。国际象棋算得上是最暴力的体育运动，可以和拳击媲美，但比起拳击又多了几分骑士精神，也要精致、讲究得多。

我跟你说，为昆汀·塔伦蒂诺（Quentin Tarantino）最近的一部电影《八恶人》（*The Hateful Eight*，2015）作曲的时候，我读完剧本，感觉到在角色之间有一股沉默生长的张力，就想到了比赛中的国际象棋棋手，那就是他们的精神状态。

和塔伦蒂诺的电影不同的是，在这项运动中没有人会流血，也没有人会受到肉体伤害。但这不等于冷冰冰、没有温度。相反，整个游戏充斥着无声的紧张气氛，简直要让人抽筋。有的人甚至说，国际象棋是无声的音乐，而对我来说，下棋有点像谱曲。说起来，我甚至为2006年都灵冬奥会写了一首《棋手之歌》(*Inno degli scacchisti*)。

○ 在你的导演和音乐家朋友之中，你和谁对局次数最多？

● 我和特伦斯·马利克（Terrence Malick）下过好几次，我必须承认我比他强多了。和埃吉斯托·马基的战局要激烈得多，而和阿尔多·克莱门蒂对决是比较困难的。下十盘棋，至少有六次是他赢。他真的比我厉害，我到现在都记得他说他和约翰·凯奇下过一盘！那盘棋成了音乐界的传奇对局，虽然参赛选手少了一个我。

○ 秩序和混乱之间的对局。你是如何增进棋艺的呢？

● 我认识好几位专业棋手，可能的话我会跟着他们参加联赛和各种比赛。而且我连续好几年订阅专门的棋类杂志，比如《意大利国际象棋》和《车、马——棋！》。有一次我甚至重复付了两次订阅费！

尽管我这么热情执着，现在我下棋的时间是越来越少了。但是最近几年我都在跟梅菲斯特[3]下棋，那是一款国际象棋电子游戏。

○ 与恶魔对弈……

● 你这么说也没问题，反正我老是输。我的胜率大概是十分之一，偶尔也有平局，就像行话说的，握手言和，但总的来说还是梅菲斯特赢了。

过去可不是这样。我的孩子们还住在罗马的时候，我经常和他们一起下棋。多年来我一直试着用自己的热情感染他们，到现在安德烈已经比我厉害了。

○ 你挑战过鲍里斯·斯帕斯基（Boris Spassky）大师是真的吗？

● 是的，是真的。大概十年前，在都灵。我觉得那是我作为国际象棋棋手的巅峰时刻。

○ 你赢了吗？

● 没有，但我们以 ½ : ½[4] 结束，又一场和棋。那是伟大的一局，这是在场的一些人说的。我们身后围满了观众：只有我俩沉浸在棋局中。后来他告诉我他没有使出全力。这很明显，不然那盘棋不可能是那个结局，但我还是对自己非常自豪。我书房的棋盘上仍然保存着整场比赛的记录。

他执白先行，王翼弃兵开局，很可怕的一着，我很难应对。这种感觉持续了几个回合，但是在第五步，我采用了博比·菲舍尔的一着棋——他俩是老对手了——我们就势均力敌了。接下来我们两个人都被迫连续三次使用同样的棋着，双方一直旗鼓相当。

我尝试过把对局的最后阶段也记录下来，但即使有阿尔维塞·齐基基（Alvise Zichichi）的帮助我也没能成功。那盘棋下到最后，我的脑子实在是太混乱了，最后六七步怎么也记不起来。太可惜了。

○ 你有什么常用策略吗？

● 有一段时期我喜欢"闪电战"，一种建立在速度基础上的行棋方式：一开始战绩不错，但是后来慢慢行不通了。我和许多大师对弈过：比如卡斯帕罗夫和卡尔波夫——这俩人都让我输得心服口服；比如波尔加尔·尤迪特（Judit Polgár）——在她怀孕的时候；还有在布达佩斯，和莱科·彼得（Peter Leko）下棋。都是非常难得的机会。前面提到的几位大师中，最后一位非常客气，在我一开场就犯了一个低级错误的情况下，还很友善地给了我一次雪耻的机会。最后我还是输了，但是输得有尊严多了。

那几年，我见识到了非常纯粹的国际象棋的智慧，它只在比赛之中展现出来，和那个人在日常生活中的反应能力没有什么关系。

○ 一种体现在专业上的才智……

● 是的，我经常会遇到一些和他们完全无话可聊的选手，但最后发现那是轰动一时的棋手。比如说斯帕斯基，平时是一个非常平静温和的人，在棋盘上却表现得坚定果敢、凶猛激烈。

○（埃尼奥一边说着，一边开始吃我的棋子，几乎赶尽杀绝）你对这项游戏的热情是怎么开始的呢？

● 那是个偶然。那时我还小，有一天，我无意间看到一本手册，粗粗翻过几页就买了下来。我翻来覆去地研究，之后就开始和邻居小伙伴们一起下棋，马里基奥洛、普萨泰里、科尔纳基奥内，当时我们四家都住在特韦雷河岸区弗拉泰路上的同一栋楼里。我们甚至组织了好几次四人制锦标赛。我的音乐学习就此荒废。直到有一天，被我的父亲发现了，他对我说："你，不准再玩棋了！"这样我才停下来。

之后很多年，我再也没有碰过国际象棋。重拾棋子大概是在 1955 年，我二十七八岁的时候，但那并不容易。我在罗马报名参加了一场联赛，比赛地点就在特韦雷河岸边的河滨大道上。你要考虑到，我那么久没有学棋了。我还记得我的对手来自圣乔瓦尼区，他开局用了"西西里防御"[5]，而我犯了几个严重的错误，最终一败涂地。但我想明白了一件事：我要重新开始学习国际象棋。

我拜师陶陶伊，他是一位国际象棋大师，曾经十二次获得意大利全国冠军，但很可惜没能成为"特级大师"，因为许多年前在威尼斯的一次公开赛中他只拿到了半分。之后我又跟着阿尔维塞·齐基基学棋。还有扬涅洛，他是一位"候选大师"。扬涅洛不止教我一个人，还是我们全家人的国际象棋老师。在他的指导下，我参加了升级赛，还获得了国家二级棋士称号。我的等级分达到了 1700，这个成绩挺不错了，虽然一般世界冠军都自由徜徉在 2800 分左右，比如加里·卡斯帕罗夫（Garry Kasparov）就有 2851 分。

○ 看来你是认真的啊……之前你甚至说过，愿意拿奥斯卡终身成就奖换一个世界冠军头衔。现在再换就容易多了，毕竟你手上的小金人不是一座，而是两座。（笑）但是无论如何，听你那么说我还是很震惊。

● （笑）如果我没有成为作曲家，我会想当棋手。高等级棋手，剑指国际称号的那种。对，那样的话要我离开音乐和创作也值得了。但那是不可能的。就像我小时候的医生梦一样不可能。

说到学医，我根本没有踏上过这条路；但是国际象棋我学了很多，当然现在已经太迟了：我被耽误了太长时间。所以注定了我应该成为音乐家。

○ 你会有一点后悔吗？

● 能通过音乐实现自我，我很满足，但是直到今天我都会问自己：如果我成了棋手或是医生呢？我能取得同等分量的成就吗？有时候我告诉自己，我能。我相信我会竭尽所能做到最好。我能够做到是因为我全身心投入，因为我热爱我的事业。也许不一定会成为"我的"事业，但我一样会投入巨大的热情，这可以挽救一个草率决定。

○ 你是什么时候发觉自己想要成为作曲家的？这是你的志向吗？

● 我不能说是。这是一个逐渐发展的过程。我跟你提到过，很小的时候我有两个志向：一开始我想当医生，再大一点我想当棋手。不管选择哪一种，我都想成为那个领域的精英。但是我的父亲马里奥，一位职业小号手[6]，他的想法和我不一样。有一天，他把小号塞到我手上跟我说："我靠着这把乐器养家糊口、把你们拉扯大。你也要这样。"他把我送进一所音乐学院学小号，几年之后我才转而学习作曲：我的和声课成绩非常优秀，老师们建议我走作曲这条路。

所以，与其说是志向，不如说成为作曲家满足了我最主要的需求。我对这份工作的热爱和热情，在工作的过程中油然而生。

注　释

1　* 一种记谱法，作曲家可依此在乐谱低音声部的每个音符上方，用数字和符号来表示和弦构成音。如数字 6 表示该音上方应有它的六度音和三度音。
2　* 在音乐创作中使两条或者更多条相互独立的旋律同时发声并且彼此融洽的技术。
3　* 梅菲斯特，歌德《浮士德》(*Faust*) 中引诱人类堕落的恶魔，魔术师的契约者。也是一款国际象棋游戏软件的名字。
4　* 在国际象棋代数记谱法中表示和棋。
5　* 国际象棋的一种开局下法。双方直接在中心区域发起战斗，下法变化多端，是黑方应对王兵开局的有力武器，也是最复杂激烈的开局之一。
6　此处"小号手"一词埃尼奥·莫里康内用的是"trombista"（旧说法）而不是"trombettista"（常用说法）。

02
为电影服务的作曲家

莫里康内：我经常想起帕索里尼，想到在声画编辑机前他让剪辑师跳过《索多玛120天》的一些片段，或者想到阿德里安·林恩。他也像帕索里尼一样，（《洛丽塔》）有些过激的画面他一直不让我看，直到电影上映……有时候我也会问自己，我在别人眼里到底是什么形象。也许他们都觉得我是一个道德主义者？

改编和改变/走向电影/塞尔吉奥·莱昂内和"镖客三部曲"/皮埃尔·保罗·帕索里尼/合作、实验、确定职业

改编和改变

○ 你从什么时候开始以一名音乐人的身份参加工作？最开始的工作就是作曲吗？

● 不。最开始我是小号手，先是做伴奏。在第二次世界大战期间，我有时会顶替我父亲的班，后来还在罗马的几家夜店，以及为电影同期配录的录音棚里工作。其实在学习作曲之前，我已经在好几个不同场合靠演奏赚钱了。慢慢地，我让大家知道我还会编曲；但在音乐学院之外，还没有人知道作曲家埃尼奥·莫里康内。

第一位请我做编曲工作的人是卡洛·萨维纳（Carlo Savina），一位杰出的作曲家和乐队指挥。那是在 20 世纪 50 年代初，萨维纳想找人合作，协助他进行大量音乐作品的改编，好在广播节目中播出。当时萨维纳在和意大利广播电视公司（Rai）合作一个音乐节目，每周两天，在阿西亚戈路上的工作室通过广播直播。那个年代还没有电视。

我的工作是为管弦乐队编曲，他们每一期节目都要现场为四位歌手伴奏。

乐队主要由弦乐器构成，再加上一些别的乐器，比如竖琴，还有一个节奏乐器组，其中包括钢琴、电子风琴、吉他、打击乐器，我记得还有萨克斯管。这就是演奏轻音乐的乐团，所谓的 B 组乐团。对我来说那是一个能让我练习谱曲的好机会。其实当时我还在音乐学院学习……

神奇的是我和萨维纳不是直接认识的，是当时和他合作的低音提琴手把我介绍给了他。那是一位低音提琴大师，名叫乔瓦尼·托马西尼（Giovanni Tommasini），其实也是我父亲的朋友，他通过我父亲知道我在学习作曲，觉得我应该是一个不错的人选，他的思路很简单：我在学习作曲，所以我应该适合那个工作。

○ 真的很神奇！关于那段经历、关于萨维纳，你有什么印象深刻的事吗？

● 是啊，就这样联系起来了，很不可思议！

萨维纳是第一位给我机会的职业人士，我那时候还相当年轻，但是一下子就对他心怀感激。

萨维纳非常有音乐才华，他的手稿清爽干净，他的编曲也是如此。萨维纳一直和都灵的 Rai 弦乐队合作，但是就在我们认识之前不久，他搬到了罗马。当时他在科尔索大道[1]上的一家酒店里住了很长时间（没记错的话应该是埃利塞奥酒店）。我记得我们第一次见面就是在那里。我去找他，开门的是他的妻子，一位非常美丽的女性。过了一会儿，他本人出现了，我们互相自我介绍：那一刻我们才真正说上话，然后开始更进一步地互相了解。我们的合作就这样开始了。

我跟他之间也发生了一系列"小插曲"……但我只是把它们当作轶事来讲，因为我很喜欢这个人，是他选择了当时还是无名小卒的我。

○ 你想讲几个"小插曲"吗？

● 我的编曲风格非常冒险：换句话说，我充分利用管弦乐队做了各种尝试，我觉得就应该这么做，不能只是写一些简单的全音符。所以每次彩排的时候我都尽可能在场，通过对比我写的东西和实际演奏出来的效果，我学到了很多。但当时我还是个学生，有几次被学习绊住，我就去不了了。

在那种情况下，萨维纳经常会打电话到我家："你快来，快点来。跑过来！"那时候我还没有汽车，我会一路狂奔，跳上 28 路电车坐到巴因西扎广场，再走到阿西亚戈路上，终于到达工作室，他就在整个管弦乐队面前训斥我："完全看不懂！这里你写的是什么东西？你在干什么？"

这一切可能只是因为一处临时的调号变更，比如有一次，我记得，有一段在和声上非常大胆的序列，其中包含了一个升 Fa，他认为是多余的，不知怎么处理。他犹豫不决，所以叫我过去，一边又冲我大声嚷嚷。

那次彩排结束之后，他问我要不要搭便车，我说要，因为我俩顺路。到了车里只有我们两个人的时候，他为那段改变调号的处理手法表扬了我，但就在几小时之前他还因此骂过我。（笑）

（突然严肃）这绝对是真事，我可以发誓。

○ 当然，我完全相信！这可是信誉问题……

● 我的改编不论是在技术上还是在概念上都有更高的要求。乐队经常发现自己在演奏的东西是以前从来没有演奏过的。其他人都平静地接受了所谓的标准，但我喜欢剑走偏锋，我会选择跟标准离得最远的做法。事实上没过多久，编曲工作就由我和萨维纳两个人包了：他的其他助理编曲全都被我"干掉了"。

现在回想起来真有点不可思议，我就这样开始了编曲工作。先是有贵人相助，一位低音提琴手因为我在学作曲就报上了我的名字，而萨维纳，尽管完全不认识我，却给了我这个机会。你想象一下。就是这些小小的运气……

○ 放到现在不可想象。

● 回过头来看，我想这次私人的、小范围的招人就是一个契机，我的工作由此渐入佳境。Rai 的好几位乐队指挥和编曲之后越来越频繁地找我合作。而且交给我的任务我都完成得很好。

除了萨维纳，我的合作对象还有圭多·切尔戈利（Guido Cergoli）、安杰洛·布里加达（Angelo Brigada）、奇尼科·安杰利尼（Cinico Angelini），以及那段时间在罗马工作的所有音乐人，包括皮波·巴尔齐扎（Pippo Barzizza）和他的现代管弦乐队——那是当时规模最大的乐队，有五十个人。从 1952 年到 1954 年，我和巴尔齐扎一起合作了科拉多主持的广播节目《红与黑》(Rosso e nero)。

○ 好像巴尔齐扎当时就断言你是"最出色的，注定会开创一项伟大的事业"。

不过一首歌的创作程序是什么样的？这些乐队都有什么区别？还有你到底是为谁工作呢？

● 事实上，虽然那么多指挥和乐队都围着广播转，但他们之间的区别还是挺大的。

布里加达和安杰利尼所指挥的乐队是所谓的铜管乐队，安杰利尼的乐队规模稍小一些。他们的乐队都由萨克斯管、小号、长号和节奏乐器组组成，形式更接近摇摆乐和爵士乐。巴尔齐扎的乐队有弦乐器和木管乐器，对编曲来说，这支乐队能够更好地表现交响乐曲。萨维纳的乐队是规模最小的，但是其中增加了几种乐器，使得整体编制多姿多彩，在这一点上，它和其他乐队比起来就略胜一筹。然后还有布鲁诺·坎福拉（Bruno Canfora）的乐队。

一般来说，歌曲由曲作者和词作者共同完成之后，要么是交给广播台的艺术总监，要么是给相关制作方。制作方会根据不同的作品类别，指定合适的乐队。所以那些乐队指挥就会打电话给我，叫我做好编曲，或者一次性做好几首。结果，我就成了"外派助理"，公司会根据分配给我的任务数量支付报酬。

能熟练运用多种音乐语言进行不同风格的演奏——对我来说则是创作——意味着能拿到更多的活儿，接到更多工作。音乐人这一行其实向来非常自由，自由的意思是你能赚到钱，确实是这样，但是没有安稳的保障。

也是因为这个原因，几年之后，我决定和美国广播唱片公司（RCA）签约，这家公司代表着唱片产业在意大利的兴盛发展。

总之，我在广播行业和那些音乐大师一起工作是很久之前的事了，我最后一次回忆起这段时期、这些人，以及我当时是怎么工作的，是因为一部电影：托尔纳托雷的《新天堂星探》(L'uomo delle stelle, 1995)。托尔纳托雷知道让我改编一段已然存在的音乐我是多么不情愿，但他还是叫我改编卡迈克尔和帕里什创作的那首著名的《星尘》(*Stardust*)，就像我在50年代为这些乐队做的工作一样……

○ 你一般是怎么改编的呢？

● 我逐渐发展出了一套方法：一天最多能改编四首曲子。我尽可能地尝试不同的做法来打破技巧、抵抗枯燥乏味。

○ 你说的"打破技巧"是什么意思？

● 技巧是不断积累的经验，避免我们重蹈覆辙，技巧提升了我们创作的效率，也让我们的作品更容易为听众所接受。技巧让我们倾向于选择更常规的做法，而常规即特定的文化和历史时刻之下创作者和听众们公认的惯例，我们的选择也能反过来为所谓惯例增添新的定义。

我觉得那是一条"安全之路"，所以积累是很有用的。但是同样地，我在技巧之中也看到了危险，放任下去就会变成习惯，变得保守。

如果一个人只是按照自己的习惯去创作，他将在探索之路上寸步不前，更不会有什么新的发现。他会不断重复，他会习惯性地踏上安全之路。如果他迷失在单纯的技巧之中，迷失于常规做法和机械复制，迷失于已经掌握的能力，并且只是被动地使用这种能力，他就只能重复，仅此而已。

我想说的是，追求纯熟的技巧当然是神圣、无可置疑的，但是也要给实验和探索留下同样多的空间。

○ 我明白了。那么你改编的作品和同时期的其他作品相比，以及和当时的常规做法相比，有哪些明显的不同之处呢？

● 我会以歌曲的原始旋律为中心，保持编曲的独立性。

就这一点来说，我考虑的不仅仅是给歌手，或者相关乐段准备一件合适的"外衣"，我考虑的是一个独立的部分，它和原有乐段既可互补也可叠加，同时还要和歌词相呼应（如果有歌词的话）。

这种做法在几首曲子中非常明显，比如和米兰达·马蒂诺（**Miranda**

Martino）合作的三张 33 转黑胶唱片，其中两张是那不勒斯歌曲集，另一张是意大利经典金曲集。

○ 能详细讲讲这次合作吗？

● 那是在 RCA 最早的一批合作项目之一，也是持续时间最长的一次：从 1959 年开始到 1966 年。

在和马蒂诺合作的那些合集中，我提出了一些先驱性的改编方法，采用得比较隐晦，但还是受到了激烈批评，尤其是来自那些最"正统"的那不勒斯人。

○ 也许招致批评的地方也是成功的原因。你做了哪些创新？

● 1961 年有一版《深夜歌声》(*Voce 'e notte*)，准备收录进 45 转黑胶唱片《说我爱他》(*Just Say I Love Him*, 1961)。在改编那首歌的时候，我的想法是用琶音[2]来为马蒂诺的歌声伴奏，也用上一些贝多芬《月光》的和声部分，把整首歌做成夜曲[3]的形式。在两年之后《那不勒斯》那张唱片里，我换了一种做法，我决定在《我的太阳》(*'O sole mio*) 第一部分和第二部分之间插入一段卡农[4]，这样就有一种重叠效果。当人声在唱副歌部分的时候，人们会察觉到背景音乐中有弦乐在演奏同一段旋律，就好像一段记忆在脑海中回放。

○ 在这一版《我的太阳》中，除了卡农曲式，在开头和结尾处，我好像还听出了一点奥托里诺·雷斯皮吉（Ottorino Respighi）的影子。

我隐约看见一条红线[5]，把好几种改编自那不勒斯音乐的歌曲串在一起，比如费鲁乔·塔利亚维尼（Ferruccio Tagliavini）唱的《昨日之歌》(*Le canzoni di ieri*, 1962)，还有马里奥·兰扎（Mario Lanza）唱过的那些歌：几乎形成了一个"那不勒斯-莫里康内-雷斯皮吉轴心"。你和他的音乐之间有什么联系吗？

● 我很爱他的三首交响诗，也就是以罗马为主题的《罗马三部曲》(*Trilogia romana*)[6]，我曾经兴致勃勃地研究过总谱。他用华丽丰富的编配达到的音色效果，还有他每次都不一样的音乐色彩，都让我非常感兴趣。但是除了雷斯皮吉，我也尝试过其他方向。

《法国胸针》(*Spingole frangese*)这首歌，我根据歌词内容，做出了18世纪法国民歌的感觉。还有一首《法国女人》(*'A Frangesa*)，我也将其法国化，整首歌几乎是一首康康舞曲[7]，另外在《水手》(*'O Marenariello*)的序唱部分，我给女声安排了一个小调音阶的音群[8]。

我之前提到过《深夜歌声》，歌曲里叠加了许多素材，感觉是几个原本相去甚远的世界重合在了一起，我觉得效果不错。

我还可以举一个例子，《他们如此相爱》(*Ciribiribin*)，收录在米兰达·马蒂诺的《永远的歌》(*Le canzoni di sempre*, 1964)这张唱片中。这首歌我写得飞快，而且是给四架钢琴分别写了不同的断奏[9]。

一开始我在想歌名该如何划分音节，灵感突然就来了，我想出了一个节奏，听起来跟象声词似的。我让开头的四个音没完没了地不断重复。另外，在副歌之前我引用了四首古典名曲的开头部分，从莫扎特到舒伯特，再过渡到多尼泽蒂和贝多芬。改编获得了极大的成功，RCA叫我再写一个无人声版，制作成45转黑胶唱片来卖，我就把人声部分替换成电子合成音。

○ 所以几种完全不同的音乐语言调和在一起，也许不是你的最初意图，但最终效果就是这样的。为什么要用四架钢琴？

● 为了给这首歌原本的背景增加一种滑稽讽刺的效果。

这首曲子是沙龙音乐[10]，人们一般在家里轻轻松松就弹出来了，一边弹一边还开开小差。音乐就像清水一般流过无痕。于是我反其道而行之，我决定把技巧发挥到极致，同时也用上其他时期在沙龙里表演过的乐曲。在所有乐器中，正确的选择只能是钢琴。

我和四位杰出的钢琴家，格拉齐奥西、吉利亚、塔伦蒂诺、鲁杰罗·奇尼(Ruggero Cini)，共同为RCA录制。在乐谱上我还加了一句话："所有音符都要像是来自一台有毛病的破旧留声机。"

效果就是这样。

○ 唱片制作公司一直很信任你……

● 这是我自己赢来的，靠的是多次成功的积累。

在剪辑阶段，RCA 原本想要缩减唱片里管弦乐队出现的比例，因为他们对我的建议有点"害怕"。你要知道，那个时候 45 转是大家都接受的规格，发行量非常高，成千上万都不止，而 33 转唱片在 60 年代早期还是小众商品：能卖到两三千张就已经是奇迹了。我没有请求任何人批准，自行决定冒险。

结果《那不勒斯》卖了两万张。于是他们计划《永远的歌》也生产两万张。两年之后又发行了《那不勒斯 2》(*Napoli volume II°*，1966)。

我的建议奏效了，但不能否定的是，那些成功完全是意外，是我放任自己在曲谱上冒险的结果。

○ 你在 RCA 做编曲工作做了多久呢？

● 一开始是断断续续地做，1958 年到 1959 年的时候。从 60 年代开始我们的长期合作越来越多。因为我需要维持生计。

1957 年，我写了我的《第一协奏曲，为管弦乐队而作》(*Primo concerto per orchestra*)，献给我在音乐学院的老师彼得拉西[11]，我花了很多心血。首次公演在威尼斯凤凰剧院，非常隆重。但是总体收入情况不理想，我一整年靠版税只赚了大概 6 万里拉[12]。而且 1956 年，我和玛丽亚结婚了，我们有了第一个孩子，马尔科。我不能再继续那样下去了，我毫无积蓄。

如今也是这样，想靠音乐专业活下去，尤其是像我脑子里最初的设想那样，绝不照搬普遍流行的传统做法，而是追随当代作曲家，那些我认识并尊重的伟大作曲家，遵循他们的"传统"创作音乐，忠实表达自我，不受影像束缚，无关一时需求，只听从作曲家的创作需要……总之，这叫什么？艺术音乐，或者"绝对"音乐，以后我就这么说了……嗯，靠写这种类型的音乐活下去，不管在过去还是现在都不是一件容易的事。

持续的间歇性工作方式让我感到厌倦，给我的任务太没有规律，有一天我去找 RCA 当时的艺术总监，温琴佐·米科奇（Vincenzo Micocci），他还没那么出名的时候我跟他已经有好几年的交情了，我对他说："听着，恩佐，我做不下去了，你看怎么办吧。"

他让我相信他，他说能搞定：那之后我的工作越来越多。过了不久他们又招进了路易斯·巴卡洛夫，有很长一段时间，编曲工作就是我俩在做，每个人各自和分配到的歌手合作。

RCA 有过一段严重的危机时期，他们挺过来了，恢复了元气并且迅速扩张，这得益于埃尼奥·梅里斯（Ennio Melis）、朱塞佩·奥尔纳托（Giuseppe Ornato）、米科奇的用心经营和精准直觉，还有其他高层们的共同努力。

○ 那几年你合作过的歌手有哪些？

● 很多：马蒂诺、莫兰迪、维亚内洛、保利……还有莫杜尼奥及其他许多人。

○ 编曲最成功的一首是？

● 我迎来了一连串成功的歌曲，《罐子的声音》(*Il barattolo*)、《毛衣》(*Il pullover*)、《我工作》(*Io lavoro*) 等等，RCA 得以从破产边缘重新振作。但最成功的一曲也许是《每一次》(*Ogni volta*)。我把这首歌推荐到了 1964 年的圣雷莫音乐节上，由保罗·安卡（Paul Anka）演唱。他没赢得音乐节上的比赛，但是那张唱片是意大利历史上第一张发行量达到一百五十万的 45 转唱片。

○ 根据保罗·安卡自传的记述，那张唱片全球销量超过了三百万张！

● 在那个时代，这是个让人震惊的数字。

○ 你怎么解读那次成功？

● 有些事情没有原因：它就这样发生了。但是之前相当长的一段时间，RCA 的一些高层一直在挑衅我，说我节奏乐器组用得不够多，至少跟那时候流行的风气比，跟他们的希望比起来，不够多。

○ 他们说的是事实吗？

● 是，我从来都对节奏乐器组没什么兴趣。我一直觉得，一段好的编曲，在于各个声部乐器出现的时机，以及与之相配合的管弦乐处理，在于音色的选择……但是在写《每一次》的时候，我考虑了他们的意见，把节奏乐器组写得比较激烈，于是就有了后来的结果。

○ 另一个轰动性的作品是你在 1966 年为米娜写的一首歌，《如果打电话》(*Se telefonando*)。你是怎么认识米娜的？

● Rai 的毛里齐奥·科斯坦佐（Maurizio Costanzo）和吉戈·德基亚拉（Ghigo De Chiara）打电话来叫我写一首歌，说要做成电视节目主题曲的形式，他俩和塞尔焦·贝尔纳迪尼（Sergio Bernardini）一起制作了一档新的电视节目《空调》(*Aria Condizionata*)。

一开始他们没有说谁会来演绎这首歌，某一天突然有人跟我说：是米娜。我想，不可能找到比她更好的人了，我就接受了。之前我们从来没有在一起工作过，而那时候米娜已经是一位非常有名的歌手了，更重要的是我很尊敬她。我写好曲子，科斯坦佐和德基亚拉立马开始写歌词。

我在特乌拉达路上的一间大型录音棚见到了米娜和几位创作者，我们要试唱一下。我开始弹钢琴，把旋律哼给她听，她听了一遍，问我要歌词。当我再次弹起钢琴，她觉得很惊讶：这首歌她仿佛已经听了一辈子。

那年 5 月，我们在国际录制公司又一次碰面，这次是为了录音，我们要把她的声音和我准备好的伴奏合在一起。那天早上米娜肝绞痛，但她还是全力演唱，唱得非常痛苦，也格外有力量，我被深深地震撼了。这段音乐被用在风靡全意大利的电视节目《一号演播室》(*Studio Uno*) 中。米娜太了不起了。

○ 有这么一个传说，据说你第一次哼出《如果打电话》的旋律，是在陪妻子玛丽亚排队付煤气费的时候……

账单可以说向来都是灵感的源泉……事实到底是什么样的呢？

● 这首歌的旋律确实是在那种情况下出现在我脑海里的，这是事实。其实《如果打电话》的主题我是一气呵成写出来的，没有特别花心思。一段时间之后，因为歌曲太受欢迎了，我才认真思考了一下，我想知道为什么它的传唱度那么高，形形色色的人都喜欢。

《如果打电话》的主题部分，既似曾相识，又出人意料。我为主旋律挑选了三个音——Sol，升 Fa，Re，它们构成的和声进行[13]在轻音乐史上出现的次数不少，听者立刻就会觉得旋律特别熟悉。而"不可预见性"是由旋律结构决定的。由于构造原因，乐调重音[14]总是落在不同的音上，直到三个音的排列组合轮完一遍。换句话说：三个音产生了三种不同的音高重音。

在这条初始旋律线上，我还加上了另外一条旋律线，用到的音还是那三个，但是更加丰富，像固定旋律一样。音乐学家佛朗哥·法布里（Franco Fabbri）在他的分析研究中也提到了旋律线和三个音的编织交错，他还认为这是二战之后最好的歌曲之一。

编曲我用了自己还不太习惯的手法。那段时期我偏爱低音长号，比起用大号，低音部的旋律线可以提高八度：这样能带来强有力的起音[15]，饱满洪亮的音质和声音上的支撑，就像脚踏键盘之于管风琴。这份力道又经一位顶级长号手加持，我永远不会忘记他的名字：长号大师马鲁洛，他吹得太好了。现在我不可能再用那样的手法了，但当时的效果很不错。

《如果打电话》很成功，是那种旋律抓耳又不落俗套的作品。

○ 你和米娜有没有继续合作？

● 后来她叫我再为她写一首歌。我考虑了一下，打电话到她家（那时我住在罗马维托里奥大道）。我说了我的想法：把停顿也变成声音，变成音乐，把歌词放在重复的停顿和空白之中，器乐演奏部分从寂静之中逐渐响起。停顿需要一定的长度，给歌词足够的时间来对应旋律部分。她很喜欢这个主意，但这件事没有下文了。

后来很长一段时间我都没有米娜的消息。直到最近，我收到她寄来的一张唱片，专辑上有给我的题词，还有一封她的亲笔信，里面回忆了我们的那次合作。

她一直是一位卓越不凡的歌手。

○ 也就是说你们合作的开始和结束，基本上都是在……电话里？

● 是的，我们合作了《如果打电话》。

○ 你还记得你为 RCA 改编的第一首歌曲是什么吗？

● 不是很确定……最早分配给我的任务中有一张合辑，是"新星歌曲节"（Sagra della canzone nova，1958）的第二张专辑，由几位著名歌星[16]演唱的意大利传统歌曲。之后一张很重要的唱片是和马里奥·兰扎合作完成的，他是一位意大利裔美国男高音，一直在罗马录音（直到 1960、1961 年，意大利 RCA 公司主要还是发行美国音乐唱片）。

○ 你为马里奥·兰扎写了几首歌？

● 每张 33 转唱片大概包括十二首歌，其中有一半是交给我的。用的是大编制，管弦乐队和合唱团。

第一张唱片，《那不勒斯歌曲》（Canzoni Napoletane，1959），1958 年 11 月到 12 月在奇内奇塔（Cinecittà）电影工作室录制，指挥是伟大的佛朗哥·费拉拉（Franco Ferrara）。次年 5 月份，录了一张圣诞歌曲合辑《兰扎唱圣诞歌》（Lanza Sings Christmas Carols，1959），指挥是保罗·巴伦（Paul Baron），还是在那个工作室。紧接着 7 月，《流浪国王》（The Vagabond King，1961），鲁道夫·弗里姆尔（Rudolf Friml）同名音乐剧歌曲集，指挥是康斯坦丁·卡利尼科斯（Constantine Callinicos）。

唱片在意大利和美国都发行了，在纽约是现场混录成立体声，这种新科技当时还没有传到意大利。结果，那却成了兰扎生命中最后的几次录制之一，那之后不久，他就被血管梗死夺走了生命，于罗马病逝。

○ 关于那段日子，你有什么深刻的记忆？

● 记忆中最鲜活的应该是佛朗哥·费拉拉大师精彩绝伦的指挥。

费拉拉一般在录音棚工作，事实上他几乎从来不指挥现场音乐会。意识到身后有一堆观众，他会经常性地突然昏倒，这是一种很麻烦的心理反应。

在那段时期，我跟你说过的，我总是出现在所有演奏和录制现场，为了检验我的编曲，也是为了学习，并且如果有必要的话，及时对编曲进行修改。那天早上我也在现场，离乐队指挥台特别近：马里奥·兰扎要在管弦乐队的伴奏和合唱队的伴唱下现场演唱。

我看着费拉拉身前的乐谱，在我面前是管弦乐队，在我左边是兰扎，他背朝乐队站着（录音时要尽可能避免声音混杂），身边有一张小桌子。费拉拉示意起音，但是每一次兰扎强有力的声音响起，总有唱得不准确的地方，他的起音总是走调。大家一遍遍地重复，可怜的佛朗哥·费拉拉又气又累，情绪累积到一定程度他就晕过去了，我赶紧搀住他，他无力地瘫在地上。

如果他能立刻把怒气发泄出来，很快就没事了，但如果没有机会，这些情绪会在他心里爆发，接下来他就晕倒了。像这样的反应我看到过好几次，因为费拉拉至少指挥了六部由我配乐的电影音乐［《革命前夕》(*Prima della rivoluzione*，1964)、《格列柯传》(*El Greco*，1966)，以及其他］。他要是能发泄出来，一切好说，但是如果他必须忍住，那就完了。太难忘了。我们是老朋友了。

其他乐队指挥在到达录音棚之前一个音符都没看过。而他在录制前三天就要把总谱拿去研究。即便是特别复杂的曲子，他也能背下来，完全凭记忆指挥。真是个奇人。

○ 和福斯托·奇利亚诺（Fausto Cigliano）的合作也是在这个时期，还有多梅尼科·莫杜尼奥（Domenico Modugno）。你和他们是怎么认识的？

● 奇利亚诺 1959 年就找过我了，当时是为了他早期的几张 45 转唱片，后来由切特拉唱片公司出版。其中有《你，是的，你》(Tu, si' tu, 1959)，《爱让人说那不勒斯话》(L'ammore fa parla' napulitano, 1959)，《祝你圣诞快乐，还有那些玫瑰》(Buon Natale a te e Rose, 1959)，再晚些时候，1960年，他翻唱了德国歌曲《我的爱人》(Ich liebe dich)，还有我的一首作品《谁不想要这样的女人》(La donna che vale)，这是我在一年之前为萨尔切的舞台剧《喜剧收场》(Il lieto fine, 1959) 写的曲子。

而莫杜尼奥，我在广播中听过他的歌声。有一天他打电话给我，叫我为《启示录》(Apocalisse, 1959) 和《下雨了（再见小宝贝）》[Piove(Ciao ciao bambina), 1959] 编曲，后来米莫[17]在他 1963 年的自传电影《一切都是音乐》(Tutto è musica) 里用到了这两首歌。之后是《全世界圣诞快乐》(Buon Natale a tutto il mondo, 1959)，福尼特公司发行。

但是我还是和 RCA 合作得更多，尤其是和 RCA 卡姆登[18]，我负责给恩佐·萨马里塔尼 [Enzo Samaritani,《我怕你》(Ho paura di te, 1960) 以及《那是云》(Erano nuvole, 1960)] 还有其他人编曲。

走向电影

学徒时期

○ 你是怎么从编曲转为电影配乐的呢？是哪一年的事？

● 第一部完全由我署名作曲的电影是 1961 年由卢恰诺·萨尔切 (Luciano Salce) 导演的《法西斯分子》(Il federale)，主演是乌戈·托尼亚齐 (Ugo Tognazzi)，还有一位叫斯特凡尼娅·山德雷利 (Stefania Sandrelli) 的刚满十五岁的小姑娘。为大银幕工作是一个逐步靠岸的过程，我先是在广播、电视和唱片行业里干了好几年，还给许多有名的作曲家当帮手。

○ 必不可少的学徒时期？

● 在罗马，做管弦乐编曲工作的人有时候还负责加工润色，把某位作曲家写的草稿改写一下，变成人们最终在电影里听到的乐曲，行话管他们叫作"黑鬼"。唉，这种工作我做了好几年，从1955年开始，和乔瓦尼·富斯科（Giovanni Fusco）一起，他是弗朗切斯科·马塞利（Francesco Maselli）的电影《逃兵》(*Gli sbandati*, 1955) 的作曲者。

另一位我合作过的作曲家是奇科尼尼，扎瓦蒂尼和维托里奥·德西卡（Vittorio De Sica）的电影《最后的审判》(*Il giudizio universale*, 1961) 是由他作曲的：其中，阿尔贝托·索尔迪（Alberto Sordi）唱的催眠曲的管弦乐部分是由我完成的。另一位断断续续在合作的是马里奥·纳欣贝内（Mario Nascimbene），我们一起加入了佛朗哥·罗西（Franco Rossi）导演的电影《死亡的朋友》(*Morte di un amico*, 1959)，还有理查德·弗莱舍（Richard Fleischer）的《壮士千秋》(*Barabbas*, 1961)，后者叫我改编并指挥波莱罗舞曲[19]，用在电影片尾。

○ 就在这个时候，《法西斯分子》找到你了。

● 一位导演找我为他的电影作品配乐，我还能作为唯一的创作者署上自己的名字，在我生命的那个时刻简直是个大新闻。不过我没有第一次为大银幕服务的种种担心，萨尔切让我加入他的新电影的时候，我已经写了那么多被其他人署名的电影音乐。和萨维纳一起工作、参与时事讽刺剧、编曲，这些都是音乐应用的经验。所以一开始，《法西斯分子》对我来说，只是那些年我抱着开放的心态去做的许多尝试之一，结果却成了我电影配乐生涯决定性的首秀。

○ 之前我已经隐约感觉到了，一开始你似乎并没有以后要为电影作曲的想法。

● 我从来没有想过要成为一位有名的电影配乐家。就像你说的，最初的时候，我的想法是尽可能地靠近由我的老师彼得拉西，诺诺，还有贝里奥、利盖蒂走出的音乐道路，我的同学比如鲍里斯·波雷纳和阿尔多·克莱门蒂都在追随他们。

当然，我为我后来所取得的所有成就而自豪，但是在当时，我单纯地没有去想其他可能。

和所有人一样，我以一个观众的身份接触到电影音乐的世界，当然我的父亲也给我讲过很多，还有我自己作为乐器演奏者，在那些录制电影音乐的房间里积累了不少经验。我开始在管弦乐队里当班，也是和我父亲马里奥一起，是那种为时事讽刺剧伴奏，为数不清的电影做同期配录的乐队。但这些事我一直悄悄地做，编曲工作也是一样。

○ 为什么？

● 那是一个音乐和意识形态紧密结合的年代：如果被彼得拉西或者音乐学院的同学们发现我在做商业性质的音乐，那太丢脸了。但是他们慢慢地也知道我在做什么了。

○ 你当小号手的时候，从来没有想过要从电影配乐的演奏者转变为创作者吗？

● 我承认，有时候在录音室，我会感到内心有一股欲望，我想要为眼前银幕上投影的画面写出不一样的音乐，我的音乐。而且我很快就意识到，有些作曲家才华横溢，有些则碌碌无能。

○ 你能说几个名字吗？

● 我比较愿意说我欣赏的那些，比如佛朗哥·达基亚尔迪（Franco D'Achiardi），他从很早的时候就开始做实验性音乐，可惜现在没什么人记得他，他是一位有才且勇敢的创作者。恩佐·马塞蒂（Enzo Masetti），非常专业，而且是当时电影配乐界产量最高的人。还有安杰洛·弗朗切斯科·拉瓦尼诺（Angelo Francesco Lavagnino），他经常找我在他的乐队里吹小号。

卢恰诺·萨尔切

○ 你和卢恰诺·萨尔切是怎么认识的？

● 我们相识于1958年，在1月到2月之间。当时佛朗哥·皮萨诺（Franco Pisano）大师正在做他的首档电视节目《大家的歌》(Le canzoni di tutti)，他找我当"帮手"。卢恰诺是主持人之一。我们由此结识对方，成为朋友，并在工作中互相尊敬。

因为他的缘故，不到一个月之后，我开始在时事讽刺剧剧院当作曲了。萨尔切把《蜂王浆》(La pappa reale, 1959) 中的时评音乐交给了我。那是费利西安·马索（Félicien Marceau）导演的一出喜剧，导演本人在米兰也登台参加了表演。

○ 所以他很快就喜欢上了你的作品。

● 你知道的，作为应用音乐[20]作曲家，除了写出和文本相配的音乐，你还要和导演的思维保持在同一个频率上，又不能完全忘了自己，忘了观众的期待（这也是为了最终能让他们大吃一惊）。

我认为这些复杂的因素，我基本都考虑到了，毕竟萨尔切马上又叫我为他的喜剧《喜剧收场》作曲。

○ 这些剧目反响如何？

● 公众反响很不错，报刊媒体上的评论则呈两极分化。但哪怕是最"严厉"的剧评里，音乐的部分也是被表扬的，或者至少被评论为是"合适"的。

那是我第一次在演出海报和报纸文章上看到自己的名字。我记得他们像是商量好的一样，几乎全都漏写了一个"r"（变成了"Moricone"），说实话，这个错误让我相当不爽……

○ 在《喜剧收场》中，萨尔切还第一次尝试创作歌词。

● 是的。其中有两首比较不错：《谁不想要这样的女人》，演唱者阿尔贝托·廖内洛（Alberto Lionello），还有一首《奥尔内拉》（*Ornella*），应该是这部剧里最出名的曲子，演唱者是初次登台的爱德华多·维亚内洛（Edoardo Vianello）。

第二首歌的旋律把歌名"奥尔内拉"按照音节用独特的八度跳跃断开了（Or-ne-lla），我觉得爱德华多受到了这种手法的影响，后来他自己写歌的时候也会用到，他最有名的一首歌《甜蜜海滩》（*Abbronzatissima*），节奏和旋律跳跃跟《奥尔内拉》高度相似，那首歌还是我在RCA高强度工作的那几年特别为他编曲的。

○ 你和萨尔切一起接受了洗礼，这是一个很好的展示机会，你在舞台剧圈名气大增。

● 确实是这样的：找我的邀约数量倍增，我全都接下来了，因为我不知道这段风光日子能持续多久。

○ 这之中有你觉得特别有意义的吗？

● 有一个电视节目很不错，恩佐·特拉帕尼（Enzo Trapani）导演的《小小音乐会》（*Piccolo concerto*），纯粹的音乐节目，节目策划是维托里奥·齐韦利（Vittorio Zivelli），他作为另一档音乐类节目《掷铁饼者》（*Il discobolo*）的主持人为广播听众所熟知，而这个新节目是专门为了Rai 2频道构思的。

齐韦利让我当音乐负责人，他给了我最大限度的自由，对我的创作欲望来说这是最重要的，选曲、写曲、编曲都由我说了算。

我可以选择完全不同的编制。有一支爵士乐队任我差遣，管乐器、萨克斯管、小号、长号，还有一组配置齐全的弦乐队。我甚至可以决定让谁站在我身边指挥乐队。

我没想太多，直接选了卡洛·萨维纳：终于有机会还这个男人一个人情了，他曾经给了我一份编曲的工作。

○ 然而《法西斯分子》的音乐创作面对层层把关……

● ……之前我们还有两部电影根本没合作成呢。

○ 那两次是？

● 卢恰诺 1960 年拍摄电影《春药》（*Le pillole di Ercole*）的时候就想找我了，但是制片人迪诺·德劳伦蒂斯（Dino De Laurentiis）发现写音乐的是一个叫莫里康内的家伙，他说："这人是谁？我不认识。"于是他们找了特罗瓦约利。

这种事发生了不止一次，同一年马里奥·博纳尔（Mario Bonnard）导演、索尔迪主演的《加斯托内》（*Gastone*），我也落选了。

这样的情况下，问题不在于音乐质量，在于我的名气。他们觉得没有保障。那时候的我差不多就是个路人，而制片人，是要投资的，他们需要稳赚，所以他们喜欢名气。《加斯托内》最终的作曲是安杰洛·弗朗切斯科·拉瓦尼诺。

这种机制让我被两个制片人刷掉，但是从他们的角度来看，其实是一种可以理解的成见。

○ 萨尔切对《法西斯分子》的配乐有什么要求？

● 我记得我们俩花了很长时间来深入研究人物的性格，尤其是托尼亚齐饰演的主角法西斯分子阿科瓦吉的性格。他给我讲电影的剧情，一个法西斯黑色旅的年轻成员，受命押送一位喜欢读列奥巴尔迪的哲学家［乔治·威尔逊（Georges Wilson）饰］，然而他不知道的是，法西斯政权已经垮台了。那位哲学家博纳费教授让我想到萨拉盖特[21]。正是因为这个灵感，我写下了博纳费的主题，一首几乎带有宗教意味的赞美诗，是哲学家和法西斯分子谈话之时的背景音乐。

和萨尔切交流之后，我明白了我们的目标是展现一种荒诞可笑、悲喜交集的现实，这让剧本多了一丝隐晦的讽刺意味。

我觉得这种感觉在片头曲里也有所体现：主旋律的重音落在小军鼓上，

和其他乐器的主要节奏时不时岔开，听起来就像一支不知为何让人觉得有点滑稽的军队。尤其是我给一把大号安排的一个低沉的切分音降 Si，几乎构成了一个持续音[22]，和主旋律的调性格格不入，如此安排必然引人发笑，因为听起来简直像是吹错了。

这种刻意制造的不和谐让我有种似曾相识的感觉，我在很多年前就做过类似的实验，应该是《清晨，为钢琴和人声而作》(*Mattino per pianoforte e voce*)，我的第一首纯音乐作品。

○ 萨尔切本人是什么样的？

● 我记得他是一位温柔的绅士。但《法西斯分子》以及他的其他电影里的讽刺挖苦，在他本人身上也能找得到。他有喜剧精神，也有尖锐的一面，他永远不会落入平庸，更加不会犯蠢。他还有自嘲的智慧和自觉，可能是他的身体有一点点缺陷的缘故。由于几年前的一场意外，他的嘴巴有一点点歪。也许正是因为复杂的性格和独特的个性，才让他作为创作者拥有如此惊人的多变性，可以媲美变色龙。

○ 你们的合作为何终止？

● 因为他赋有喜剧精神的这一面。

有一次他听到我为莱昂内写的一些曲子，他批评了我。一开始我还当是夸赞，他说："你是一个神圣而神秘的作者。"他停顿了片刻，补充道："所以你不能再跟我一起工作了，我是滑稽而可笑的。"

我试过说服他，尤其强调了我的多变性，我说不管别人要求什么类型的音乐我都能写得出来……但是一点用都没有。这一事件标志着我们事业上的合作走到尽头，当然我们的友情依然延续。

当我得知他去世的消息（1989年），我又重新回想起当年他察觉到我有"神圣"天赋的事，已经过了那么多年，我又配了那么多部电影，我的记忆里突然出现了博纳费的主题旋律、《教会》(*The Mission*，1986)的插曲、和莱昂内合作的电影，还有阿尔真托对待邪恶的神秘主义……我觉得当初他没有说错。

○ 保罗·维纳焦（Paolo Villaggio）主演的《凡托齐》(*Fantozzi*)系列你喜欢吗？

● 非常喜欢，很遗憾我没有参与作曲。卢恰诺的电影总是被低估，他其实是一位洞察力敏锐，好奇心旺盛，又极其狡猾的创作者。从《格列柯传》这部关于西班牙文艺复兴时期画家的电影中就可见一斑。这是他拍的电影中不那么喜剧的一部，也是我们合作的作品中我做了最大胆尝试的一部。

○ 你从他身上学到了什么？

● 面对任何类型的工作或环境，永远把专业精神发挥到极致，努力到极致，哪怕相对轻松的工作也是一样。不管遇到什么情况，你总能找到一片发挥空间，贡献出有质量、有个性的作品。

塞尔吉奥·莱昂内和"镖客三部曲"

《荒野大镖客》：神话和现实

○ 你和卢恰诺·萨尔切在1961年的合作，是你第一次为电影配乐，编曲新颖独特，非常成功……但是直到1964年《荒野大镖客》（*Per un pugno di dollari*）上映，你才真正为大众所熟知。

你是怎么遇到莱昂内的呢？

● 那是在1963年底。有一天，我家电话响了。"你好，我叫塞尔吉奥·莱昂内（Sergio Leone）……"电话那头的人自称是导演，没讲几句就告诉我，他马上到我家来,有一个项目要跟我详谈,而当时我住在老蒙特韦尔德。

姓莱昂内的人我不是第一次遇到,但是这位导演出现在我家门口的时候,我脑海里的某些记忆突然蠢蠢欲动。他的下嘴唇动了一下,这动静我太熟悉了,我瞬间想起来:这人很像我小学三年级的一个小伙伴。

我就问他:"你是我小学那个莱昂内吗?"

他也问我:"你是跟我一起去拉斯提弗列大道的那个莫里康内吗?"

都不敢相信。

我翻出班级的旧照片,我们俩都在上面。这真是不可思议,将近三十年没见,我们就这样重逢了。

○ 他是来和你谈《荒野大镖客》的?

● 是的。不过当时片名还叫《神勇外来客》(*Il magnifico straniero*)。其实我对西部片一无所知,但是就在一年前,里卡多·布拉斯科(Ricardo Blasco)和马里奥·卡亚诺(Mario Caiano)共同导演了《红沙地上的枪战》(*Duello nel Texas*, 1963),我为这部意大利和西班牙合拍片写了配乐;莱昂内来找我的那段时间,我正在为《我的子弹不说谎》(*Le pistole non discutono*, 1964)作曲,两部都是西部片。

我整个下午都和莱昂内待在一起,晚上也是,我们跑到特韦雷河岸区,在菲利波家的小餐馆吃了晚饭。菲利波也是我们的小学同学,外号车夫,他从他父亲切柯那里继承了这家小店。晚饭是莱昂内请的,他付的钱。然后他说想让我看部电影。

我们又回到老蒙特韦尔德区,那里有家小电影院,黑泽明的《用心棒》(1961)正在重映。

○ 你喜欢那部电影吗?

● 一点也不。塞尔吉奥倒是很激动:他好像在电影情节里找到了他需要的东西。

有一组镜头,用弯刀的武士要和拿手枪的士兵对战。这是个很荒谬的场景，但正是这种荒谬感勾起了塞尔吉奥的兴致，后来他拍出了拿来复枪的沃隆特和拿左轮手枪的伊斯特伍德殊死决斗的场面。

○ "当拿手枪的人遇到拿来复枪的，拿手枪的死定了！"伊斯特伍德回答说："来试试看。"片中神枪手的性格带着几分石头的强硬傲慢，这似乎是莱昂内本人的写照。

● 塞尔吉奥把黑泽明的故事框架拿来，加入讽刺、冒险和一丝辛辣，再把这些刺激的挑衅元素放大，一同移植到西部片里。

我想我也应该追随这种风格，我的音乐也要像个无赖流浪汉一样凶悍好斗。

我不知道电影最终会是什么效果，但是我知道塞尔吉奥是一个有趣的人。直到今天我都清楚地记得和他的重逢，记得那一天。

○ 按照你说的，莱昂内似乎很快就决定要把西部片当成神话故事来拍摄？

● 在电影上映之后的几年里，塞尔吉奥谈到，最伟大的西部片剧作家是古希腊诗人荷马，其笔下之英雄就是塞尔吉奥电影里牛仔们的原型。我不知道 1964 年的塞尔吉奥有没有这个想法，但我当时就看出他野心很大：他想重塑西部片，叙事走美国风，但喜剧模式源自意大利艺术，要和两种风格都保持一点恰到好处的距离，最终作品得让观众觉得既新鲜又亲切、既陌生又熟悉。当然，说是一回事，做是另一回事。

我承认，那时候我也不确定他能不能做到：当时的意大利，西部片市场已经相当没落了。但是莱昂内只用了很短的时间就赋予了西部片新的生机。也许只有他才同时拥有正确的理念和将其付诸现实的能力。

○ 你不是唯一一个对拍摄计划没有信心的人：沃隆特在某次采访中表示，他接这部电影只是为了还债，他有一部戏剧票房很差没人去看……然而《荒野大镖客》获得了巨大的成功，甚至被黑泽明起诉了。

● 这部电影的制片公司之一，乔利影业没有给黑泽明的制片公司付钱，后来就有了那个侵权指控。没有人想到能获得那么大的成功，大家都不觉得一部预算这么紧缺的电影能走出意大利。

莱昂内跟我说："我们这部电影能走到卡坦扎罗就很不错了，但我们得使出全部本领让他们见识一下。"

制片方想把这部电影包装成美国电影来宣传，这样更有票房号召力，于是整个剧组都用起了假名。大反派拉蒙的扮演者沃隆特以约翰·威尔斯（John Wells）的名义出现；我署名达恩·萨维奥（Dan Savio），我在卡亚诺的电影里也用了这个化名；而莱昂内变成了鲍勃·罗伯逊[23]。唯一得以使用真名的是主角无名客，也就是当时还没演过几部电影，几乎无人知晓的克林特·伊斯特伍德（Clint Eastwood）。

○ 1964年9月12日，《荒野大镖客》在佛罗伦萨的一家电影院首映，由此彻底走出了卡坦扎罗：影片取得了无可比拟的成功……你还记得影片拍摄时候的事吗？

● 那是我和塞尔吉奥友谊的试验台，我们从协作到争吵，所有细节都会被急速放大。

为了影片的最后一幕，我们差一点就要闹掰了，他在剪辑的时候临时起意，要用季米特里·乔姆金（Dimitri Tiomkin）写的曲子《殊死决斗》（Deguello），那是由霍华德·霍克斯（Howard Hawks）导演，约翰·韦恩（John Wayne）和迪安·马丁（Dean Martin）主演的电影《赤胆屠龙》（Un dollaro d'onore，1959）的主题曲。事实上他到现在还是喜欢这么做：如果到了剪辑阶段原创音乐还没写出来，他就找一段现成的救场。

在这种情况下，导演们一般都没那么好说服，要把他们引导到新的思路上去没那么简单。塞尔吉奥也不例外，他就是固执地想要《殊死决斗》。

○ 你是什么反应呢？

● 我跟他说："如果你用，我就退出。"然而我屈服了。（1963年一整年，我没有一个子儿的收入！）

没过多久，莱昂内也退了一步，心不甘情不愿地给了我更多自主权。他说："埃尼奥，我不是叫你抄，你可以做一个类似的东西出来……"

但这是什么意思呢？总之我得按照他眼中的那场戏来写：那是一场死亡之舞，舞台是美国南方得克萨斯，按照塞尔吉奥的说法，墨西哥传统和美国传统在那儿混杂融合。

为了好好兑现自己的妥协，我把两年前写的一首催眠曲翻了出来，原本是为尤金·奥尼尔（Eugene O'Neill）的戏剧《水手悲歌》（*I drammi marini*）而作，[24] 我改编了一个深沉版，拿给他交差了，什么也没解释。决斗场面原本就因为小号声增添了几分庄严感，加上这首配乐更显凝重。我用钢琴弹给他听，我看他挺满意的。

"好极了，好极了……但是你要让它听起来有《殊死决斗》的感觉。"

"放心，"我向他保证，"只要让米凯莱·拉切伦扎（Michele Lacerenza）来吹奏就好了。"

于是我们再一次激烈交锋。莱昂内想要小号手尼尼·罗索（Nini Rosso），而我想要拉切伦扎。罗索当时已经颇有名气，因为出过几首不错的歌曲，他会自己轮流担任小号和主唱，两种表现方式结合得非常有趣。拉切伦扎是我在音乐学院的同学，一位技艺超群的小号手，他一定是那个更合适的人选。罗索不是RCA的签约小号手，更重要的是他分身乏术。最后我赢了。

为了达到莱昂内的要求，展现墨西哥风情和军队气质，我加了很多花音和装饰音，米凯莱不仅全部成功演绎出来，还加了点自己的东西：正式录音的时候，他一边吹一边忍不住流泪，因为他知道，自己不是莱昂内的理想人选。我对他说，别担心，给我吹出一点军人气质，再来一点墨西哥风情就好了，让你自己完全沉浸在我写的这些花音里，然后自由发挥吧。

这首曲子的名字是《荒野大镖客》，后来成了电影的主题曲。

○ 你把旧作拿来用这件事，后来跟莱昂内坦白过吗？

● 我跟他说过，那是很久之后的事了。从那以后，塞尔吉奥连我舍弃不用的作品也全都要听，我们还重新启用了其中的几首。

○ 为什么在影片开头片名出现的时候，背景音乐里合唱队要唱"风与火"？

● 1962年我为RCA改编了伍迪·格思里的《富饶的牧场》(*Pastures of Plenty*)，演唱者彼得·特维斯，[25]一位很棒的加利福尼亚歌手，常年在意大利工作。

我想让听众实实在在地触及格思里在歌曲中描写的遥远的乡村，于是我加入了鞭子和口哨的音效，而通过钟声，我希望描绘出一个向往城市生活，渴望远离村庄日常的乡村汉形象。我的设想越过了歌曲本身的旋律，在编曲部分得到了体现，编曲中还有合唱队演唱原曲的一句歌词："我们与尘同来，我们随风而去。"

我让莱昂内听了这首改编过的曲子，同时解释了其背后的概念，他对我说音乐很完美，他想原封不动直接拿来用，包括合唱队唱的那句歌词。我保留了主要部分，在此基础上写了新的旋律，就是后来由亚历山德罗尼完成的第一段口哨，之后达马里奥又用电吉他再次演奏。

合唱队借用原曲的那段我也保留了，但是我很机智，至少稍微换了一下词：把"随风而去"的"风"拿出来，改成了"风与火"。

○ 在你使用过的音色之中，口哨也许是最原始的一种，但也是最触动人心的：在一个人命不怎么值钱的世界里，吹口哨成了远离孤独的一种方式，在夜色里，篝火边，带着自己的骄傲，还有一点点自负。

● 亚历山德罗尼的口哨效果太好了，后来拍《黄昏双镖客》(*Per qualche dollaro in più*, 1965) 的时候，塞尔吉奥还想用这一段开场，原封不动照搬前作。他很固执，但幸运的是，我成功地向他推荐了新的"武器"，可以再现那种氛围，又稍微有所区别，还能更进一步。

○ 亚历山德罗尼用口哨吹奏的旋律被达马里奥用电吉他再次演绎：这是另一种十分有个性的音色，让人联想到影子乐队。

● 当时完全没有人跟我讲过这个乐队。我自己摸索着把电吉他用在编曲里，后来又用于保罗·卡瓦拉（Paolo Cavara）的纪录片《恶世界》(*I Malamondo*, 1964)。那个时候还没有电贝斯，当时的普遍做法是——我也是这么做的——用一把四弦低音吉他负责低音部分。

《荒野大镖客》出来的时候，很多人高呼这是个创新，事实是电吉他我已经用了很多年了，只是没有作为独奏乐器。我觉得电吉他冷硬的音色跟电影的氛围是绝配。

○ 在克里斯托弗·弗雷林（Christopher Frayling）的某次采访中，亚历山德罗尼[26]声称，在录音室他经常被莱昂内友好的举动给吓到，莱昂内总是能特别精准地一巴掌拍在亚历山德罗尼的肩膀上，对他说："我说，今天你要超越自己的最好水平，知道了吗？"

● 塞尔吉奥很强壮……（笑）他经常在录制的时候跑到录音室来，因为他是一个非常细致的人，尽管我俩很快发展出了对彼此的信任，他还是想要一切尽在掌控之中，或者他只是好奇。

我记得有一次，我和他一起录制，进行得不是很顺利。他特别紧张，某一个乐句的渐强他总是觉得不够准确。我在指挥，所以我没办法跟他交流让他平静下来。于是他突然之间按下了控制台上的对讲按钮，激活了控制室和录音室的通话系统，对着一群音乐家们大吼大叫。首席小提琴手是佛朗哥·坦波尼（Franco Tamponi）大师，我经常找他合作，他不论是自身为人还是专业能力都非常出色。当时他立刻起身，得体又有礼貌地用平稳的声音回复塞尔吉奥："不好意思，但是在这儿我只听从莫里康内老师的指挥。"从这一点来看，塞尔吉奥是无法控制的。

这个小插曲让塞尔吉奥自觉蒙受了羞辱，没过多久他就跟我说："听着，为什么你不让别人来指挥你的音乐，而你跟我一起在控制室待着呢？这样我们俩就可以更好地交流，你也可以更有效地跟那些乐手交流……"事实上，录制时的确经常遇到需要现场调整的地方，比如原定的同步演奏要提前或滞后，或者演奏标准更改等，确实，我站在导演身边由其他人来指挥，在音频材料、乐曲总谱、作曲家的意图、影像画面和导演的意愿之间建立起了更紧密的连接。

这个主意真的不错，我很快应用到和其他导演的合作中。指挥的位置我交给了一位大音乐家，也是我的好朋友——布鲁诺·尼古拉（Bruno Nicolai），他几乎指挥了我到1974年为止的所有作品。

○《荒野大镖客》的配乐让你赢得了你的第一个银绶带奖[27]，而且那一年，你在意大利"电影配乐"收入排行榜中升到了第一的位置。

● 尽管获得了很多肯定，但说实话，直到今天我还是觉得那些配乐是我电影配乐作品中最差的几首。第二年，电影因为大获成功所以第一轮放映还没有结束，我和莱昂内一起在奎里纳尔电影院重看这部电影，我们一直看到最后一幕，走出电影院，对视了一眼，沉默一秒钟，几乎异口同声地喊道："真是个烂片！"我俩一起爆笑，然后各自回家沉思。

《黄昏双镖客》

○ 1965年12月18日，"镖客三部曲"的第二部《黄昏双镖客》在罗马上映，再一次以哨音开场，哨音来自画面远处一个骑着马的男人。

● 音乐主题是全新的，但是我基本保留了亚历山德罗尼的口哨和达马里奥的电吉他。开场的合唱在前一部里也出现过，这一次采用喉音代替歌词，目的是让曲子的"原始感"更加根深蒂固。因为同样的理由，我选择了口簧琴，一种流传于北非、西西里、韩国等地的颇具代表性的传统乐器，演奏者是萨尔瓦托雷·斯基利罗（Salvatore Schillirò），他棒极了。

口簧琴运用起来并不简单：和前作一样，整部电影的配乐都是 d 小调，口簧琴的部分包括五个音，Re、Fa、Sol、降 Si 和 Do，充当了和声的基础低音。但是我选择了一件单音乐器，一次只能发出一个音高，而我们需要五个不同的音高，所以只能分开来录，每个音都录在单独的音轨上。我们手头有一台朴素到极点的三轨录音机，除此之外还需要剪刀和录音带的帮忙才能实现流利的演奏。万幸录音师皮诺·马斯特罗扬尼（Pino Mastroianni）展现了他极大的耐心。

○ 口簧琴让我想到有点自负的西西里男孩们，只不过科波拉帽[28]变成了牛仔帽。

● 我也有过这样的联想：跟电线短路一样。

《黄昏双镖客》在电影制作和剧本表现上都比前作更加成熟，人物设定更加鲜明，适合大篇幅、细腻的音乐表达。比如克林特·伊斯特伍德饰演的"赏金猎人"蒙科，如风一般不可捉摸、来去无踪，所以给他配上长笛和口哨吹奏的《荒野大镖客》主题曲。李·范克莱夫（Lee Van Cleef）饰演的上校，所有角色中最神秘的一个，我觉得口簧琴很适合他粗犷的一面，而《再见上校》（Addio colonnello）这首曲子，让我探索到他更细致而隐秘的一面。英国管和女声合唱团的结合展现了人物内省的一面：没有人见过放弃赏金的赏金猎人，那么他该怎么做？

○ 这一次，人们能够通过音乐更加深入地研究主角们的精神世界。

● 这一次，我和莱昂内非常和谐。我们一起读剧本一起讨论，在拍摄之前就对许多细节达成共识，这是决定性的一刻，因为从这部影片之后我们就一直这样工作了。

○ 我们回到音乐和人物的关系上,事实上,我觉得因迪奥这个人物形象的音乐处理是错位的:我们能看到他手里有一块怀表,那是他杀害了某个人,还凌辱对方的妻子弄到的战利品,他的配乐就是这块怀表发出的声音,这种手法从很多方面来看都是一种创新。

八音盒的声音和因迪奥的杀人仪式有关,整体来看,又在整部影片中和代表其他人物个性的声音交缠在一起,形成了一种真正的音乐象征手法。

● 把影片中出现的物品和某个超越画面之外的概念联系在一起是非常重要的,这个概念同时具有现实意义、象征意义和音乐意义。

我记得为了这块怀表,我安排了好几种不同的乐器配置:有一架钢片琴,在轻微的弦乐伴奏声中弹出不安的音符,有一把木吉他,共鸣箱作为柔和的打击乐器,还有几只铃铛,铃声无比微弱哀伤——这些都出现在《大捕杀》(La resa dei conti)一曲之中,而且有时候混入场景之中,音乐直接来自怀表,或者来自因迪奥褪色了的记忆。

音乐主题建立在两条旋律线的对比上——一条是八分音符,另一条是附点八分音符加十六分音符——就像一个来自过去,来自童年的破旧八音盒,既喻示了因迪奥的疯狂和他的身份,也关系到莫蒂默,他那块十分相似的怀表,他的命运以及他的复仇,这些都在整部电影中不断出现。

○ 构成主题的两条旋律线互相牵绊,像是时间生锈了,又好像不断遇到窒碍,磕磕绊绊不能自由流淌。这是创伤。

在废弃教堂的那一幕,管风琴用最大音量演奏《d小调托卡塔与赋格》(Toccata e fuga in Re minore)的引子部分,激烈如同对抗。

为什么为《大捕杀》选择了巴赫的曲子？

● 那场戏是观众直接面对的一次"凌辱"。因迪奥当着一个男人的面残忍地杀害了他的妻子和女儿（女儿由小弗兰切斯卡饰演，她是塞尔吉奥的女儿），之后又杀掉了这个男人。

杀人仪式在一个教堂里完成，教堂的人提议用巴赫的管风琴作品，我被说服了。因迪奥的饰演者沃隆特的姿势动作让我想起伦勃朗和维米尔的几幅画，这两位都是莱昂内特别喜欢的画家，更重要的是，他们生活的年代和巴赫很相近。我在用我的音乐目光回溯那段历史。

之前说过，这一次我的创作更加自由，我在考虑配乐的时候更加有野心。据一些研究学者说，《大捕杀》这场戏代表着我和莱昂内的水平有所上升。简而言之，音乐就在银幕之内，是周围环境里真实存在的声音，然后逐渐走到银幕之外成为配乐，"电影配乐"。这对制造悬疑很有帮助。

因为以上种种原因，我觉得这部电影对我，还有对莱昂内来说，都是向前迈进的决定性的一步。

○《黄昏双镖客》的制片人是阿尔贝托·格里马尔迪（Alberto Grimaldi）律师，他接替了乔治·帕皮（Giorgio Papi）和阿里戈·科隆博（Arrigo Colombo），后两位和莱昂内的合作已经结束。格里马尔迪还担任了《黄金三镖客》（Il buono, il brutto, il cattivo，1966）的制片人，还有很多其他由你配乐的电影。

● 格里马尔迪是第一位我自己结识的电影制片人。他总是带着他的公文包，每一次出现都是西装领带的标准搭配。"艺术家需要自由，不能只看他的表面，那是不可饶恕的！"他总是带着微笑这么对我说。

为了这部电影，格里马尔迪拿出了将近30万里拉给一个音乐人，因为那人威胁说要告我抄袭，他坚称电影主题曲和乔治·孔索利尼（Giorgio Consolini）的《牙买加》（Giamaica）高度相似。

这首曲子我没听过，后来我去研究了一下，发现确实有相似之处。但是格里马尔迪完全没有犹豫，也没有跟我讲一个字，我相信这是出于对我的尊重,等我发现这个事实已经是多年以后了。

他应该是凭直觉相信我是诚心做音乐的,不过我觉得他的谨慎判断以及他所表现出来的老练周到,都不是寻常本领。

《黄金三镖客》

○ 1966年12月23日,在罗马的超级电影院,《黄金三镖客》上映,这是莱昂内"镖客三部曲"的最后一部。电影开场是著名的狼嚎声,配上伊吉尼奥·拉尔达尼(Iginio Lardani)设计的片头……

● 莱昂内写的故事启发了我,我想到在开头用郊狼的声音来体现荒蛮的美国中西部地区野兽一般的暴力。但是怎么实现呢?

我觉得这样,把两个嘶哑的男声相叠加,很明显一个唱 A 另一个唱 E[29],介于假声和快要唱不出来之间,就离我想要的效果不远了。

我到录音室跟歌手们说了我的想法,我们在录制时还加上了轻微的回声效果,很不错。然后我们继续做这个引子,尽量用乐器的声音做出"呜啊呜啊"的音效,小号和长号就可以实现,只要把弱音器[30]前后移动,这是典型的 20 世纪二三十年代铜管乐队效果。

○ 片头出现了三个主角,设计师拉尔达尼的标志性设计骑马剪影,不同的乐器演奏同一段旋律:长笛代表善人,人声代表丑陋之人,陶笛代表恶人,像是在暗示,三个完全不同的人有着相同的身份。

● 他们拥有共同的目的地,这三个无赖各有各的行事准则。就像我说过的,《黄昏双镖客》里有细致的人物性格,在音乐层面上也是这样。但是在这一部里,我们的进步更加显著。

除此之外,三个流浪汉的故事中穿插了美国的南北战争,这个重大的历史事件会以不同的方式叩响每个人的良知之门，哪怕只有那么一瞬间。

因此，我想用两把小号来演绎军乐，就好像对战的双方：北军和南军。在《强壮的人》(*Il forte*)一曲中，两把小号的声音交织在一起，就像在打扫战场清理尸体的战斗间隙，在那般悲痛的时刻，战友兄弟们给你的一个拥抱。而在主题曲里，小号声短促激烈，互相挑衅，像极了正在冲锋的骑兵。

唯一能吹奏这几段曲子的人是弗朗切斯科·卡塔尼亚（Francesco Catania），他是一位伟大的小号手。我们做了好几次叠加，把他的小号声化为五个声部，在录音室里互相碰撞相互交融。

在三个主人公的夺宝事件中，莱昂内所描写的战争终究是一个躲不开的庞大背景。

除了墓地和桥上的那两场戏，在战俘营，三个人又一次目睹了痛苦与折磨。桑坦萨对图科严刑拷打，而屋外一队战俘在命令之下组成乐队，他们边弹边唱，演奏了一首伤感的歌曲来掩盖屋内的惨叫。

○ 这部电影如同一首叙事诗，这种独特的感觉呼之欲出，在桑坦萨出现的时候：古典吉他伴着弦乐奏出《黄昏》(*Il tramonto*)，主题旋律隐约呼应《荒野大镖客》的主题曲，但是《黄昏》一曲是忧郁哀伤的，似乎让人忆起逝去的幸福时光。

● 宏大安详的弦乐和弦，在我写的《西部往事》(*C'era una volta il West*, 1968)里也曾出现，还有《革命往事》(*Giù la testa*, 1971)。之前说的"原始"元素突显出三位主人公鲜明的个性，而和弦与其形成对比，增添了一丝神圣的神秘气息，仿佛时间都不复存在了。

○ 故事情节围绕着主角的计划不断展开，愈加庞大复杂。与此相反，主题曲中，电吉他演奏出由五度关系的三个音构成的那个著名的琶音，仿佛让战斗流动了起来，为剧情增添了几分动感，听起来像在描绘一场逃命，或是骑马追杀。

● 弦乐的节奏也是无比急迫，让人想到奔跑。我之前想到过《坦克雷迪和克洛琳达之争》(*Il combattimento di Tancredi e Clorinda*)，以及蒙特威尔地独树一帜的作曲手法。吉他独奏，在一弦二弦三弦上弹奏a小调三和弦。

现在，在现场音乐会上我会选用圆号代替吉他，带来一种圆润的音色，跟原始音色相反，但更有交响乐感。我在录音室实现的原始声音是很难再现的，而且我不想冒险，我主动做了改动以防万一。布鲁诺·巴蒂斯蒂·达马里奥会找到一些特别的声音。

这部电影里我还加入了一种敲打的音色，让从属于旋律的节奏元素顿挫清晰：发出这种声音的奥秘在于达马里奥装有磁铁的电吉他。在插曲《黄金狂喜》(*l'Estasi dell'oro*) 中，除了埃达·德洛尔索（Edda Dell'Orso）的高音，还有来自电吉他刀割一般疼的失真音效。我在谱子里写的是"失真电吉他"，以及两个音：Do 和 Si。达马里奥可以用四分音符在这两个音之间自由来回，我还加上了其他合成音效。

这些小创新带给我们很多惊喜，在这些音色上聚集了越来越多的电子乐器，包括 Syn-ket 合成器、电子风琴，还有我曾经使用过的罗兹电钢琴。

○《黄金三镖客》的音乐延续了乐器选择、音色选择、音乐创意这三者之间的不可分割性，对你来说，这似乎是从事业初期以来的基本探索。

● 你说得没错：我的音乐创意基本上都包括一个乐句要以什么样的音色来实现。有时候我也会立刻想到要找哪位演奏家或歌唱家。如果没有他们的帮助，我的很多设想根本无从发展。

莱昂内经常要我写那种旋律动听、好唱好记的音乐：他不想要复杂的。他选的那些曲子都是我在钢琴上弹了简单版本给他听的。但是对我来说，音符本身就和乐器相关，我在谱管弦乐曲的时候也是如此，经常会更倾向于选择比较不常用的乐器，每一次都追求在音色上彻底地自我满足。

我所接受的教育让我也从先驱性的后韦伯恩时代[31]汲取养分，在乐曲中加入非常规乐器甚至是噪音也是一种长久的惯例。

其实我在为 RCA 编曲时也是这么做的，但是跟塞尔吉奥的合作，以及他的电影，让这一切发展成了一套稳固的模式。

○ 拍《黄金三镖客》的时候你们也是先把配乐录好？

● 是的，跟前作一样。但是这一次莱昂内想出了一个主意，他把写好的音乐拿到拍摄现场，让演员们边听边演（之后也一直沿用）。

塞尔吉奥一开拍就给克林特·伊斯特伍德提了个建议，不管戏里跟他对话的是谁，表演时不停地默默在心里骂脏话。这会产生一种辛辣野蛮的气氛，哪怕是在一场无声的对话中。

有了配乐，这一切更加明显，塞尔吉奥对我说伊斯特伍德很欣赏这种做法。

○ 莱昂内刺激观众的眼球，而你刺激耳膜。你怎么评价这部电影？

● 我们前进了无数步。我相信我们总是在进步。

《黄金三镖客》比前面两部作品时间更长，对音乐的要求也更高。除了开头结尾，我还为过渡场景写了几首曲子，比如片中的沙漠镜头。

塞尔吉奥的电影经常让人等个二十分钟，然后在一秒之内全部解决。

影片结局他起了个名字叫"三方决斗"（伊斯特伍德-瓦拉赫-范克莱夫），塞尔吉奥无论如何都想要继续用前作的怀表音乐主题，或者至少要跟八音盒相似的声音。

○ 除了片头著名的"狼嚎"，本片最有名的一段非结尾这首《黄金狂喜》莫属。金属乐队和拉蒙斯乐队在好几次演唱会上都表演了这首曲子。

● 很多摇滚明星在演唱会上演奏过这首，布鲁斯·斯普林斯廷（Bruce Springsteen）选的是《西部往事》的女主角吉尔的主题曲。许多外国乐队用这种方式向我致敬，还有一些完全以翻奏我的作品为生。我都随他们去……

我记得恐怖海峡乐队在罗马巡演的时候请我吃饭，他们说写了一首曲子是献给我的。我知道还有一支爱尔兰乐队也为我写了歌。

○ U2 乐队？[32]

● 就是他们。

○ 你喜欢吗？

● 非常喜欢。他们让我知道，我被看作那个年代某一种类型音乐的诠释者，同时也意味着我的一些作品成了流行文化的一部分，也许是间接地。

2007年，就在我获得奥斯卡终身成就奖的时候，发行了一张专辑《我们都爱莫里康内》（We All Love Ennio Morricone），其中有斯普林斯廷、金属乐队、平克·弗洛伊德乐队的罗格·沃特斯（Roger Waters）、席琳·迪翁（Céline Dion）、杜尔塞·庞特斯（Dulce Pontes）、安德烈·波切利（Andrea Bocelli）、马友友、蕾妮·弗莱明（Renée Fleming）、昆西·琼斯（Quincy Jones）、赫比·汉考克（Herbie Hancock）……一群背景如此不同的音乐人愿意为我献礼，我觉得真是太不可思议了。

○ 在你看来，为什么在你的作品里，尤其是为莱昂内写的音乐在全世界范围内获得了如此巨大的成功，征服了不同阶层的好几代观众？

● 我觉得首先是质感，就是玩摇滚的那帮人所追求的：一种有个性的音色，一种声音。其次，还要归功于流畅的旋律线与和声：关键在于连续使用简单和声。此外，我很肯定是塞尔吉奥的电影打动了一代又一代的人，因为他是一位有革新精神的导演，最重要的是他为音乐留足了让人去欣赏的时间。考虑到这一点现在还在被大量模仿，我觉得不需要进一步评价了。

《黄金三镖客》收获了世界性的成功，第一次有评论界的人开始认真对待塞尔吉奥的电影了。可惜只限于当时评论界的一小部分人。和普通观众不一样，我觉得评论界还是没有弄明白。

○ 你有没有觉得自己被贴上了"西部片作曲家"的标签？

● 有。这是对那些曲子的广泛共识，从某种程度上说我很害怕，因为我不想被这样定义。

现在回顾我的职业生涯，我能数出三十六部西部电影，也就是我全部作品数量的百分之八左右。但是很多人，几乎所有人吧，还是把我归于那个类型……在美国也是这样，那些年有很多西部片找我作曲，我几乎全都拒绝了。[33]

皮埃尔·保罗·帕索里尼

《大鸟和小鸟》以及一首奇怪的诗

○ 20世纪60年代中期，你的电影配乐作品数量大幅增长，此时诞生了另一个重要的合作：皮埃尔·保罗·帕索里尼（Pier Paolo Pasolini）的《大鸟和小鸟》（*Uccellacci e uccellini*，1966）。

你们是怎么认识的？

● 电影剪辑师恩佐·奥科内介绍我们认识，当时他是制片人阿尔弗雷多·比尼（Alfredo Bini）的剪辑导演。我们在RCA见面，1965年末，他找我加入《大鸟和小鸟》，在场的还有演员尼内托·达沃利（Ninetto Davoli）和伟大的托托。

○ 帕索里尼当年是意大利的一个热门话题。你在跟他见面之前对他有什么印象？后来有什么改变吗？

● 报纸上的内容我多多少少都会看一点，很多媒体为了诋毁他，捏造他犯罪的新闻，比如报道他抢劫了一个汽油站工人，真是货真价实的造假！

当我见到他，我发现在我眼前的是一个勤劳、认真的男人，一个极其恭敬以及诚恳的人，做事十分谨慎。我被深深地震撼了，到现在我还保留着和他第一次见面的珍贵记忆。

○ 你们很快就谈到了你加入电影的事？

● 是的。他从口袋里拿出一张清单，上面写了一串他想要用在电影里的名曲，他很有礼貌地叫我只做一些必要的改动就好了。

他一直用现成的音乐，尤其喜欢巴赫和莫扎特，仅有偶尔的几次例外，比如和作曲家鲁斯蒂凯利合作的电影《乞丐》（*Accattone*，1961）和《罗戈帕格》（*Ro.Go.Pa.G*，1963），还有和巴卡洛夫合作的《马太福音》（*Il vangelo secondo Matteo*，1964）。我的同行们没办法开口问他要钱，因为电影里绝大部分音乐是非原创的。

但是，那种方式我不喜欢。我答复他，作为一位作曲家，我不会简单地改动别人的音乐，不管音乐本身是好是坏。我还加了一句，我说很可能他来找我是个错误。

他沉默了几秒钟，有些不知所措，然后起身对我说："那么你就按照你的方式来。"奥科内和我一样惊呆了，他惊讶既是因为我的表态，也是因为帕索里尼的反应：他给了我完全的信任。

我在工作中拥有绝对自由，我可以做任何我认为合适的事。他叫我引用莫扎特的歌剧《魔笛》(*Die Zauberflöte*) 中的咏叹调，随我怎么改编，我毫不犹豫地满足了他的要求，交出了用奥卡利那笛演奏的旋律。他以前总是用传统的古典音乐，我觉得那是迷信。

○ 面对这样一部充满政治色彩的电影，你在音乐上是如何表现的呢？

● 电影讲述的是托托和尼内托·达沃利饰演的一对父子，他们走在路上，走向一个不确定的未来，同时进行的是陶里亚蒂[34]的葬礼，充满了马克思主义的象征意味。于是我决定引用一首广为传唱的游击队歌曲，《狂风嘶吼》(*Fischia il vento*)，改编自具有魔力的《卡秋莎》，用示威者的合唱来为这场缓慢的步行伴奏。这首插曲在电影中出现了两次：一次是乌鸦出现之前，还有一次是为陶里亚蒂真实的葬礼画面伴奏。帕索里尼很满意。

但是他删掉了一些镜头，我为那些画面写了几首"韦伯恩式的"、"抽象的"、暗示性的小曲，我还挺喜欢的，说实话，我觉得他也许是为了不让我不开心才舍弃了那些片段，这样，被弃用的就不只是我的音乐了。

除此之外，他保留了我的所有建议，比如我提议使用我们国家经典的民族乐器，曼陀林和吉他，这会让曲子散发出民族和街头广场味道，这是电影里浸润的味道。

○ "人类将走向何处？谁知道！"[35] 影片开头，观众在银幕上读到这样一行字。这是一部要震动良知的电影，看到这行讽刺的小标题，人们就明白了。

● 这部电影的片头是唱出来的，我相信这是史上第一次。可以预见到以后还会有相似的例子。

当时帕索里尼找到我，给我看一首押韵的打油诗，他把参加了电影的几个人的名字串在一起：制片人阿尔弗雷多·比尼、主演、我、制作团队、塞尔焦·奇蒂（Sergio Citti），当然，还有他自己。（"赌上名声来导演的是皮埃尔·保罗·帕索里尼。"）

我立刻产生了一个很强烈的念头，我想做一首混拼的民谣，在其编曲中再现电影里全部的音乐内容。

这首曲子最大的运气无疑是能由多梅尼科·莫杜尼奥来演唱，在录音室里我给他提了个小建议，唱到我的名字之后，紧接上几声有点妖里妖气的大笑。我们玩得很开心。米莫的加入是最后关头才定下来的，因为帕索里尼原本想让托托来唱。

○ 从你们一起合作的电影数量来看，我觉得你们在工作中相处得很不错。

● 从他的角度来说，他察觉到了我回报给他的真挚的尊重之心。和其他导演不一样，第一次见面他就把掌控权完全交给我，他的配合程度让我惊讶，而这并不是唯一的一次。

《大鸟和小鸟》之后很多年间，我在不同的场合，好几次邀请他帮我写几句歌词供我谱曲。

帕索里尼每次都以极大的热情回应我，而且和其他人不一样，他不用人求他，过不了几天就会往我家里寄一封信，里面就是我问他要的东西。

○ 所以你们在电影之外也有合作？

● 是的。比如 1970 年，为了纪念罗马建都一百周年，他给我写了《说出口的沉思》(Meditazione orale)，之后我又让他帮我写了一首歌词，内容是一次虚构的罢课。1975 年他完成了三段《教训诗》(Postille in versi)[36]，我立刻就开始编曲了，但是 1988 年才最终完成，中间历经了多次推倒重来，还有一段超过十年的停滞期：我管这首歌叫作《三次罢课，为三十六个小孩（童声）和一位老师（大鼓）组成的班级而作》[Tre scioperi per una classe di 36 bambini (voci bianche) e un maestro (grancassa)]。

我们之间这种类型的合作，最早可以追溯到 1966 年，那次的作品我花了三年时间反复构思，但我认定我永远不可能圆满完成。可能一切都源于我和帕索里尼之间的一个误会。

○ 什么误会？

● 在给《大鸟和小鸟》写配乐的时候，我灵光乍现，我想要写一首曲子，用八种"寒酸"的乐器，民间乐器，一般都是街头艺人在使用的那种。在罗马，人们管街头艺人叫"流动演奏者"。于是我就让帕索里尼简短地描写一下这些"流动演奏者"，但是我们没有讨论细节，因为他表示他很愿意，非常热情又很可靠的样子，让我很放心。

几天之后他给我寄了一封信，里面有一首诗，名字叫作《热脑袋秀》(Caput Coctu Show)，根据之后他自己的解释，诗中描绘了某个被大家叫作"热脑袋"的家伙的表演，我反复读了好几遍，但是出乎我的意料，里面根本没有写到街头演奏家。歌词里还有一些完全看不懂的地方。那首诗主要是以罗马方言写成的，提到了一张唱片《来张唱片吧，爷们儿！》(Er disco, a dottò)，提到了圣莱门特教堂，用到了 11 世纪的意大利通俗语，还有马里方言……

热脑袋秀

来张唱片吧，爷们儿！
我打阿米亚塔来，我是长子

得了小儿麻痹，

我叫热脑袋

（上帝从那恶棍手里救出我）。

来张唱片吧，爷们儿！

知道圣莱门特教堂不？

我在那儿待得快要发臭了（袜子都破了）。

叫我阿尔贝尔泰吧（来自 11 世纪）。

妓女的儿子们哟，用力拉啊。

你们说的米兰方言，

对我们来说是平民的语言。

祝你好运，爷们儿（妓女的儿子！）

我是特拉瓦莱的格基索尔福洛……

我说的是马里方言。

所以你们不懂我！

看守，看守的活儿不好干呐！

来张唱片吧，爷们儿！

皮埃尔·保罗·帕索里尼

我不知道该怎么办。我很快意识到，我们没有真正理解对方的意思，但考虑了一下，我还是决定鼓起勇气解决问题。我们再一次碰面的时候，我马上问他："很抱歉，请您一定要帮我解释一下这首歌词讲的是什么，我看不懂。"（我们之间一直以您相称。）

他愣了一下，表情有点惊讶："怎么会，您看不懂吗？主人公是一位停车场管理员[37]，就像您要求的那样。一位平凡普通的看车人，管理着一个非法停车场。"我这才明白这是个什么样的误会，我没有再说什么。

几天之后，另一封署名帕索里尼的信件寄到我家，信很长，信中用大量的细节逐句详解了之前那首诗，有些深意如果他不解释，我就算读得再仔细也看不出来，信的结尾他开玩笑地抱怨说："希望这篇注释不再需要另一篇注释来解读了……"

他把我当傻子了！但是歌词已经在那儿了，就等着被谱曲了，我决定让男中音来唱这首歌，还得让男中音扮成一个口吃的停车场管理员。

给埃尼奥的详解

一位停车场管理员（显然他在罗马的某个广场上工作）先后和他的三位来自中世纪意大利的贫穷祖先实现了合体。首先，"Caput Coctu"，可以参考"阿米亚塔公证书"[38]（在这份 11 世纪的公证书上，应该是边缘的位置，记载了一首短八行诗，也许是公证员写的。Caput Coctu 是个外号，形容一个人容易头脑发热，做事冲动）。而后，另外两份 11 世纪残存的史料上同样出现了通俗语，非官方使用语言却体现出丰富的创造力，其中能找到两个人在地球上生活过的痕迹，一个人名叫阿尔贝尔泰，还有一个叫格基索尔福洛：罗马圣莱门特教堂的一幅壁画上有一段颇为诙谐的文字，其中有一个人物就叫阿尔贝尔泰[39]；格基索尔福洛出现在"特拉瓦莱证词"[40]中：而这份证词，很可能提到了那个年代某位负责看守小广场的士兵！——当然这份工作他做得很不情愿。（"Guaita, guaita male"可以理解成"看吧，好好看着"的讽刺版。）我们的停车场管理员，面对某位身份不明的"爷们儿"——很可能，或者说基本可以肯定，是个米兰人，诗中出现了一处关于米兰的暗示——处于不平等的弱势地位，他和三位穷酸的祖先们合体，是为了展现自己——一位在收入方面，甚至可以说在出身上都低人一等的无名小卒——可以和其他人自由转换，不只是和活着的人，和古人，甚至和中世纪的死人也可以。总之他是一个幸存者：他的存在证明了在先进的资本主义世界中还残存着其他世界，为了宣告自己的存在他别无选择，只能可怜兮兮地向别人推销"来张唱片吧，爷们儿"，诗中甚至隐晦地提到，和他成为一体的还有一位来自马里的黑人——也就是说来自更遥远的第三世界——他们合体后拥有了一个共同愿望，就是为不发达国家找到问题的解决之道［而所谓"不发达"，按照佛朗哥·福尔蒂尼（Franco Fortini）的说法，是一种自我麻痹的、自大的妄想］。

皮埃尔·保罗·帕索里尼

○ 您的音乐和这段歌词如何互相影响？

● 我一直认为相对于文本，音乐应该保留自主性。基于这一理念，在谱曲时我将人声部分根据一些特定的音节划分出节奏群，让看车人的口吃听起来很是那么回事。

我把选中的音节单个拎出来，让发音和唱名一致。这样我就得到了几组音列，我把这些音节放在和它们发音相同的音高上，再分散到歌唱声部中。比如对"dottò"这个词，我把"do"这个音节放在 Do 的音高上。把高低八度都算上，我就可以尽情地重复使用这个音。

最后，在各种形式的口吃中我完成了所有的音列，但是我记得，安排 Sol 的时候遇到了一点困难，因为它只出现在"Gki-sol-folo"中。于是我把 Si 也算上了，在"d-is-co"的"s"或者"is"上，也得到了不停口吃的感觉。

我给这首曲子起名叫《热脑袋秀，为八件乐器和一位男中音而作》(*Caput Coctu Show per otto strumenti e un baritono*)。

○ 这种人声处理法既古老又现代，让我遥想到《喜剧收场》选曲《奥尔内拉》的分音节处理法。

● 我想要的声音效果类似勋伯格的诵唱[41]，他的《拿破仑颂》（*Ode to Napoleon Buonaparte, Op. 41*）让我注意到这种唱法，在这首曲子里，勋伯格没有写音符，只写了声音的抑扬转调。音乐旋律如同一场演说，这点至关重要，而且男中音的演唱方式和传统方式相去甚远：保留了传统的发声方法，但是演唱不同的音高时没有抒情的颤音，听起来几乎就是在说话。从这个角度来说和《奥尔内拉》也有点联系，是的，但是和帕索里尼一起写的这首要复杂得多，明显是无调性而自由的，虽然有一些重复的音列。

○ 你怎么会想到使用无调性的音乐语言呢？

● 我当时的想法是，要用更高级的音乐语言，让通俗元素、人声以及简陋的乐器互相对抗，有点像我常用的歌曲处理方法。乐器之间、乐器和人声通过对位法互相嵌套，确保听觉上持续的音色交替。我认为这个主意和帕索里尼的文字结合得很好，他的诗作在显而易见且奇诡怪诞的通俗性之下，隐藏了前所未闻的复杂性。而这复杂来自他的思考，以及那些一般人听都没听过的典故。

○ 在这次创作中，你们各自的处理和对方完全互补，这很有趣。音乐想要用一种高深的语言"提升"通俗性的文字，而文字背后有帕索里尼隐藏起来的雅致含义，抵偿这一点的是简朴的音色，让晦涩的深意更加世俗易懂。

你们的创作态度似乎是一种奇特的镜像呈现，在"雅"和"俗"之间完成圆满，几乎要将这两者之间的阻隔层层剥落。

如果从这个层面来看，想到你们的合作，出现在我脑海里的是一个拥抱。

● 这几年我一直想重制这首曲子，加入城市的声音，做个第二版。1970年的第一次录制，就其本身而言，我不是很满意。

当时，我在总谱上贴了几张小纸条，上面写着需要一台四声道立体声设备，以便让每种声音都足够清楚，还要设计灯光，但是后来我把这些都去掉了。

从第一次阅读帕索里尼开始，我就发现他的文字能够让人愉悦，但是我们实话实说吧，如果他不解释真的没人看得懂。

《定理》以及一个未实现的故事

○ 与此同时，你们之间的电影情谊还在继续。

● 是的，《大鸟和小鸟》整部电影的效果不错，紧接着，还是在 1967 年，帕索里尼再一次联系我为《从月球看地球》(*La Terra vistadalla Luna*) 作曲，那是分段式电影《女巫》(*Le streghe*，1967) 中的一个片段。他问我有没有可能用一个只有曼陀林以及同类乐器组成的乐队。

我写了这么两首曲子：一首是《曼陀林曲之一》(*Mandolinate I*)，乐队编制为五件弦乐器 (小型曼陀林、曼陀林、中型曼陀林、大型曼陀林、低音曼陀林)。整支曲子洋溢着欢乐滑稽的气氛，几乎像是那不勒斯木偶戏的音乐。另一首曲子《曼陀林曲之二》(*Mandolinate II*)，呈现出沉思的气质，同样的五件乐器，还有一支弦乐队伴奏。

○ 接下来 1968 年就是《定理》(*Teorema*)。

● 帕索里尼叫我为《定理》写一首听起来不和谐的十二音体系音乐，并且要引用莫扎特的《安魂曲》(*Requiem*)。

于是我想从这首名作里截取一个片段，放在一个完全十二音体系的环境里，用单簧管演奏，作为结尾部分。最终效果是，我引用了一首名曲，但是听不出来 (如果事先不知道的话)。

正因为如此，我们一起听录好的音乐的时候，帕索里尼问我："抱歉，但是我说的《安魂曲》在哪里？"我又重放了一遍曲子，到单簧管演奏的部分，我和着音乐唱出旋律。那一刻，我觉得帕索里尼安心了，他跟我说这样就好。

但是电影出来之后，我意识到他自己使用了《安魂曲》的其他片段，还有《为多尔菲流的泪》(*Tears for Dolphy*)，特德·柯森 (Ted Curson) 1964 年写的一首爵士乐，作为对我写的两首曲子《定理》和《碎片》(*Frammenti*) 的补充，他没有通知我。包含《安魂曲》的这首《碎片》他主要用来表现主角们生活的沉闷压抑和工厂的沉重气氛。

"不和谐的十二音体系音乐"，这是他写在给我的剧本上的。

○ 你问他原因了吗，为什么在电影里用别人的音乐。

● 没有。如果我这么做了，他总能说出理由的。当然，在电影公映的时候才发现导演做了这样的选择，这种事情没有人会觉得高兴，但是他已然那么做了！

帕索里尼从来没有把他的决定强加在我身上，但是很明显，对于用什么音乐，他有自己的想法。他提要求的时候总是那么绅士、体贴，这一点非常难得。

如果我和他因为技巧或者美学问题意见相左，他一般会听我的。在这一方面他是非常随和的，因为他极其尊重同事们的创造力和专业能力。

为此，我一直铭记着和他的情谊，我真的非常幸运。帕索里尼是我合作过的导演中对同事们最以礼相待的一位，这一点我从未动摇过。而《定理》是我和帕索里尼进行专业合作的一个重要阶段。

○ 你们私下里是朋友吗？

● 我记得我和我的妻子一起去他家找过他，他住在 EUR 区[42]，但是我无法定义我们之间是否是友谊。有欣赏的成分，有真挚的互相尊重之情，但是除了在电影声画编辑机前，除了某些工作会议之外，我们没有什么交集。

他是一个谨慎内敛的人，彬彬有礼、温文尔雅、体贴周到、慷慨大方、明理大度、从善如流。但是他有一个地方总让我心情复杂：每一次见面我都很难在他脸上找到笑容。总是板着一张脸，闷闷不乐的样子，只有尼内托·达沃利和塞尔焦·奇蒂去找他的时候他才笑一下。

我之前讲过，我们一直以"您"互称……有点像师生之间的相处模式，不过他从不卖弄自己的学识，因为他太谦逊了。但是他身上确实有一股若即若离的气质，这是真的。

○ 在六七十年代的罗马，他的同性恋身份引起了公愤，他很可能是为此才和别人保持距离。这对你们的关系有影响吗？

● 这么多年来，我至少跟十多个公开出柜的导演共事过，我从来没有受到这个标签的影响。对我来说，重要的是这个人本身，是他的专业才能。

有些人是我后来才发现的，由第三方得知，因为大家都感到极度羞怯。

有一天有人告诉我博洛尼尼也是，我简直不敢相信，因为我想都没有想过。帕特罗尼·格里菲（Patroni Griffi）也是这样的情况，虽然我记得每次见面他总是极其热烈地拥抱我，但我从来没有往那方面想过。但是得知之后，我又重新思考这件事，我问自己：凭这些举动能判断一个人是不是同性恋吗？我回答自己，这只是人们贴的标签，是片面的概括。每个人都只是他自己。

很明显，媒体逼得太紧了。关于帕索里尼的"状况"我也听到过一些传闻。然而，我从来没有关注过那些臆测出来的所谓"丑闻"。那是他自己的事：我再重复一遍，对我来说重要的是这个人。

○ 且不论你们关系是否疏远，我知道你很随意地把自己的一个电影构思"音乐之死"告诉他了……

● 我说过，他明理大度，海纳百川。那是《定理》上映之后不久的一个夜晚，在阿皮亚蒂卡路上的巴黎餐厅里。恩佐·奥科内也在，而且之后费里尼也来了。

我不知道这个故事是怎么跑到我脑子里来的，也不知道它如何成形（我从来没有写下来过，尽管这个故事在我的脑海里保存了许多年），但是在那段时期，我觉得这是一个适合拍电影的好故事。

我突然间鼓起勇气，把故事告诉了帕索里尼：

音乐之死

在一个未知的年代，一片无名之地上，生活着一个集体，他们的生活中没有战争和冲突。时间的流逝以自然循环为准，没有钟表。穿着的衣物会随着心情变化颜色。这是一处宁静和谐的理想国，不需要政府和警察。没有仇恨也没有斗争。

有一天，某位首领之类的人物突然决定，要消灭思想混乱的唯一根源，音乐。据说是为了维护秩序和安宁，说是势在必行，事实上，这是独裁开始的标志。不仅是所有音乐，连言语上的细微变化，甚至一切跟音乐稍微沾边的响动都被禁止了。然而有一些人决意反抗，他们建成了几个秘密基地，用身边最常见的物品制造出最简单的声音，把音乐留在生活里。革命的种子开始萌芽，通过每天都在用的物品，通过每一步的节奏，通过呼吸，不断壮大。

有一天，那个大概是首领的人看到了一个幻象：当大海被染成绿色，所有人都会收到属于自己的讯息。于是所有人都赶去海边等待一个启示。最后，海水终于变成绿色，这就是大家翘首以待的讯息：海水中传来了声音，所有那些被诋毁、被遗忘的声音混杂在一起，无法分辨，但是大家都听懂了。维瓦尔第、斯特拉文斯基、巴赫、马勒……革命的最后，音乐复苏。是音乐的胜利。

故事讲完了，帕索里尼沉默着思考了一秒钟，然后对我说，他觉得故事很有趣，但是很可惜他拍不了，因为如果要拍成电影的话，对他来说技术困难太大。他还跟我说他准备拍一部关于圣徒保罗的电影，正在研究和收集资料，然而最后根本没拍。但是他没有对我的故事置之不理。他站起来打了个电话：过了一会，费德里科·费里尼（Federico Fellini）来了。

他们让我把故事重新讲了一遍，费里尼也说很感兴趣，但是之后他也没有拍。

过了几年我也放弃了：《音乐之死》永远也不会面世了。但不管怎么说，那是个奇妙的夜晚。

对帕索里尼的投降书

○ 70 年代，你和帕索里尼一共合作了四部电影。其中有三部——《十日谈》（*Il Decameron*，1971）、《坎特伯雷故事》（*I racconti di Canterbury*，1972）、《索多玛 120 天》（*Salò o le 120 giornate di Sodoma*，1975）——的片头都出现了一行给我印象非常深刻的字幕："音乐，由作者（帕索里尼）

编辑，埃尼奥·莫里康内合作完成"。

● 是的，确实是这样，这种片头字幕以前没有过。是我提出来的，因为如果一部电影里出现了其他人写的音乐，我不能就这么署上我的名字。在《十日谈》中帕索里尼加入了很多那不勒斯传统歌曲，其中一部分经过了我的改编。《坎特伯雷故事》也是这样，只不过根据情节需要，用的是英国传统乐曲。

我知道提出这个建议等同于我为他做出了让步，我管这叫作"对帕索里尼的投降书"。在《大鸟和小鸟》中帕索里尼让我占据了太过有利的位置，我心软了，只得接受他的选择，这一点在《定理》时期就初露端倪。

○ 这和你习惯的工作方式完全不同："投降"艰难吗？

● 每一次都是一场战斗。他甚至会在拍摄中叫我找一些现成的音乐来：一个口哨声，一段合唱，一段主人公在乐器伴奏下的歌唱……有时候我会自己重新写，但是一般来说总能找到拿来就能用的。我不是每场戏都在现场，所以我也控制不了。他在电影里加入什么我都接受，因为除此之外别无他法：他来说服我的时候电影都已经做好了。

在我们合作的最初他做了让步（或者只是我这么觉得），但是接下来事情就朝对他有利的方向发展了……（笑）

○《一千零一夜》（*Il fiore delle Mille e una notte*，1974）好像是"投降书"的例外。有很多原创曲，但是，再一次出现了莫扎特……

● 是的，我们一致同意用一首莫扎特的弦乐四重奏来表现极端穷困的环境。这个主意来自帕索里尼的直觉，这点我很欣赏：这首曲子为电影画面增添了独特的感染力。剩下的音乐都是我的，这次我在音乐手法上的创新比较不明显。

比如，一般来说，开场的广阔风景都是通过管弦乐队的渐强演奏来突显的，而我，给大全景配的是长笛独奏。

○ 不落窠臼。

● 我想要探讨的是，如果画面是开阔的、静止的，配乐也不需要太多效果，管弦乐不用音响饱满：可以是浓稠厚重的，也可以是稀薄透亮的。

总之在《一千零一夜》里，我用完整编制的管弦乐队不是为了描述画面，而是为了烘托人物形象。

○ 最后是《索多玛 120 天》。

● 帕索里尼的最后一部电影，我们还是按照"投降书"的原则合作。《一千零一夜》是唯一的例外。《索多玛 120 天》里，除了一首原创，其余所有配乐都是古典曲目。我记得有肖邦的钢琴名曲，还有几首小型管弦乐队演奏的短歌，是军队跳舞时的背景音乐。按照帕索里尼的要求，除了改编和二次创作，唯一一首我写的原创曲是一首钢琴独奏曲：就是片中钢琴家弹的那首，弹完他就结束了自己的生命，在一场狂欢的尾声倒在窗边。帕索里尼想要十二音体系，要不和谐。

○ 1975 年 11 月 2 日，帕索里尼遇害，二十天之后，《索多玛 120 天》在巴黎电影节公映。但是，就像《定理》一样，这部影片遭到了审查，次年就被禁止放映。直到今天也没有好好在电视上放过。有人因为这次合作批评过你吗？面对有关这部电影的消息，你是什么样的心情？

● 没人敢对我说什么。但是这两部电影都引起一片哗然。尤其是《索多玛 120 天》，里面包含了许多荒诞怪异的镜头：我想到了演员吞食排泄物的画面，还不止……

说到这个，我得承认我只在这部电影公映之后完完整整地看过一次。

○ 你们没有一起看过？

● 帕索里尼对电影的拍摄很有把握。尽管如此，有一天下午他叫我跟他一起审片。但是方式很诡异：我们坐在声画编辑机前，他不停地叫剪辑师关掉机器，快进到某一处，再重新开始放映，放几秒钟又停下来。总之，我跟他一起就看了一些片段。

当我第一次在罗马的美利坚电影院看完这部电影，我忍不住对自己说

"我的上帝啊！"，我呆若木鸡，终于明白为什么有些镜头他不让我看：太有冲击力了，他知道可能会伤害我的情感，或者我的道德心。帕索里尼自己也对那些画面感到羞愧，敏感如他，他想要"保护我"。

他拍摄这部电影是为了激起社会的愤慨，不是为了让我愤慨。在这一点上他有些腼腆，虽然这似乎有点矛盾……他想震撼民众，如果有必要的话，他想搅得人们心绪不宁，只要能让人思考、反思就行，而不是让人们对他个人产生反感。

那部电影让我震惊。但是直到今天我都记得他对我的尊重、照顾，我还是觉得很感动。

○ 帕索里尼有没有跟你讲过"Porno-Teo-Kolossal"[43]？那个电影项目因为他的英年早逝而未能完成。

● 没有，我很多年之后才知道有这样一个项目。90年代后期塞尔焦·奇蒂找我帮他的新电影《释君者》(*I magi randagi*，1996) 配乐，他是我的好友，也是帕索里尼的亲密合作伙伴。我接受了他的邀请，但是直到影片快要拍完的时候，在一次和导演的谈话中，我才知道这部片子建立在帕索里尼的构思之上。

○ 1995年，帕索里尼的名字再一次和你联系在一起，因为马尔科·图利奥·焦尔达纳（Marco Tullio Giordana）的电影《帕索里尼，一桩意大利犯罪》(*Pasolini, un delitto italiano*)。

● 导演邀请我参与这部电影，我欣然接受。

所有的曲目都无比深沉，有时候是异常痛苦。我主要使用的是一支弦乐队，但又不止。还有一支单簧管负责插曲《牺牲》(*Ostia*) 的旋律主题，有一组鼓和钢琴声互相交错。这段音乐就像是对帕索里尼事件的一段漫长反思，反思这场暴力悲剧的原因，是什么导致了他的死亡，这一切直到今天还是迷雾重重。

最后，应该是在片尾处，我为帕索里尼早期的一段影像写了一首曲子。

画面里的他在朗诵他用三行押韵法[44]创作的诗歌《几内亚》(*La guinea*)[45]。

○ 你如何得知他逝世的消息的？

● 大清早的一通电话。电话响了我去接，是塞尔吉奥·莱昂内。他跟我说的。我还记得当时心脏一紧，我悲痛欲绝。

○ 你怎么看那起凶杀案？

● 很难说。我觉得他死得太过莫名，很难确切地谈论。

他离世之后，在我们的介绍人恩佐·奥科内的建议下，我把为《索多玛120天》写的配乐，最后一首配乐，献给了他。在乐谱上我写道：永别了皮埃尔·保罗·帕索里尼。这句话后来成了这首曲子的标题。

我经常会想象，如果他还在，如今他会说些什么，对我们生活的这个世界，他会思考些什么。我很怀念他源源不断的智慧之光，至于这个世界会不会出现一个"新帕索里尼"……我觉得是不会了。

合作、实验、确定职业

蓬泰科尔沃、德赛塔、贝洛基奥

○ 同莱昂内和帕索里尼共事过，你已经得到了电影行业的认可，之后很快又遇到了不少有意思的合作。

● 是的，我发现自己周围有一张关系网，里面各种各样的人都有，基本上都是有意思的人。每个人对如何描述现实都有自己的想法和方式。灵感四溅，热火朝天。

当然，身边都是充满创造力的人，有时候会产生一些竞争，比如维托里奥·德赛塔（Vittorio De Seta）和吉洛·蓬泰科尔沃（Gillo Pontecorvo）。1966年，《半个男人》(*Un uomo a metà*) 和《阿尔及尔之战》(*La battaglia di Algeri*) 都参加了威尼斯电影节：评论界对德赛塔猛烈抨击，而蓬泰科尔沃的电影则获得了金狮奖和银缎带奖最佳导演奖，受到了一致好评。

○ 你也在威尼斯？

● 对，我还参加了吉洛获奖之后的媒体见面会，非常好玩。

由于制片人穆苏的关系，那些音乐我得和蓬泰科尔沃联合署名。吉洛用口哨把想到的旋律吹出来，录在一台杰洛索牌录音机上，连吹了好几个月。每次见面他都拿磁带给我，我们会交换一下意见，但是他说服不了我，我也说服不了他：我们找不到正确的方向。有一天，在我家台阶上，他随口吹出一个调子，来来去去只有四个音。我赶紧背着他偷偷记录成谱，转身就把谱子拿给他看。他很惊讶，有点不知所措；一开始他不肯接受，准备回家去，然而马上又原路折返回来了。我们终于找到了合适的主题。这段旋律的真正来源我只跟他老婆皮奇说过，她也是一位音乐家，我们是很好的朋友。皮奇跟我保证什么也不跟吉洛说，除非这部电影拿到了特别大的奖项。于是我也什么都没说，直到我们拿到金狮奖。

在媒体见面会上，有一位记者提问为什么电影的作曲不止我一个人。那一刻我讲出了真相，我在所有人面前揭露了唯一一段由吉洛创作的主题，《阿里的主题》(*Il tema di Ali*)，是如何得来的。蓬泰科尔沃一脸惊愕地看着我，记者们一阵爆笑。

○ 和富有诗意的《阿里的主题》形成鲜明对比的是《阿尔及尔：1954年11月1日》(*Algeri: 1° Novembre, 1954*)，电影开场时的背景乐。

● 这部电影本身就充满了对抗，这一点在音乐上也必须有所体现。我很高兴你提到了影片开场时的音乐，我很喜欢这一首，原因很多，但有一点最为重要。

这首曲子的旋律动机由钢琴和低音提琴一起"断奏"，小军鼓打节奏。你要知道，事实上这段旋律动机来源于吉罗拉莫·弗雷斯科巴尔第（Girolamo Frescobaldi）的《半音阶利切卡尔》(*Ricercare cromatico*)的开头部分（这首曲子给学生时期的我留下了强烈的印象）。先是三个相邻的半音，将其反向进行，得到接下来三个半音：La，La#，Si-Fa#，Fa，Mi。

○ 你怎么认识蓬泰科尔沃的？

● 他很早之前就已经是一位非常有地位的导演了，他的《零点地带》（*Kapò*，1960）提名了奥斯卡金像奖最佳外语片奖。但是我们不认识。是他来找我的，跟我说他非常喜欢《黄昏双镖客》里的配乐。我愿意跟他合作一方面是因为当时我初出茅庐，而他已经颇有名望，借此我可以锻炼自己的专业能力，另一方面当然也是因为这部电影的构思我很喜欢。然而，给《阿尔及尔之战》配乐并不容易。我写了好几首，没有一首让他满意，因为要赶着参加威尼斯电影节，正式上映的日子越来越近，我们在最后一刻才把一切都定下来……

○ 你们私下有来往吗？

● 我们是很好的朋友，而且跟拍电影的时候比起来，我们在工作之外见得还更多些。

在《阿尔及尔之战》之后，我们又合作了《凯马达政变》（*Queimada*，1969），十年之后，《奥科罗行动》（*Ogro*，1979）。我为最后这部电影写了两首主题曲，《悔罪经》（*Atto di dolore*）和《漆黑的夜，明亮的夜》（*Notte oscura, notte chiara*）［我们还引用了巴赫的赞美歌《我主上帝，敞开天堂的大门》（*Herr Gott, nun schleuß den Himmel auf*）］，这部电影的主角们是巴斯克地区一个反法西斯地下组织的成员，在这两首曲子中，我尝试着把他们痛苦等待的氛围翻译成声音的语言。

可惜这是吉洛导演的最后一部电影，这一点让我无比惋惜。他一直在筹备剧本，不止一本，每一本都详细修改了好几稿，但最后还是终止了拍摄计划。之后他零零星星拍了几部纪录片。

○ 你觉得是什么原因？

● 拍《凯马达政变》的时候他就有一个很危险的倾向。他怀疑一切，拍到最后电影的结尾变成了片段集锦。他不确定结尾应该走向何方，所以他无法告诉我他要什么。最后他用一个摇镜头来特写不同人物的面部，他们的表情很大程度上取决于放什么音乐。于是我为一首非常长的曲子做了十三个不同的版本：十三个啊！

为了决定用哪个版本，他问了一堆人，包括我、他老婆，还有其他人。他在不同时间段让我们分别做选择，很明显有的人选这一个，有的人选另一个，整件事变成了一项浩大的工程……

○ 德赛塔呢？

● 他从一开始就嫉妒我和吉洛关系好，《阿尔及尔之战》在威尼斯的成功也让他很不舒服，因为作为竞争对手，他自己的电影受到了猛烈的抨击。两部电影都是由我作曲的。另外，那段时期他的生活也比较困难：他饱受神经衰弱的折磨，只有他妻子的关心照顾能稍微缓解他的痛苦。

○ 你觉得他的电影怎么样？

● 棒极了。你看，这两部长片都是绝妙动人的，只是德赛塔的美学没有赢得评委团的心，他们看不懂他在电影里进行的探索，但是我被深深打动了。

站在我的立场，我只能解救那部电影中的音乐，所以我把主题曲改写成芭蕾舞剧《命运安魂曲》（*Requiem per un destino*，1967），于电影上映次年首演。

很遗憾我再也没有和德赛塔一起工作过，虽然随着时间流逝我们俩也积累了深厚的友谊。几年前他的新电影找我，《撒哈拉来信》（*Lettere dal Sahara*，2006），但是我很抱歉最终没有合作成：他希望我用非洲音乐，我觉得不合适。

○"探索"和"实验",你经常提到这两个词……

● 有些导演,尤其是年轻导演,他们会不顾商业结果大胆探索,这样的我都很感兴趣。所以1965年,我加入了马尔科·贝洛基奥(Marco Bellocchio)的第一部电影《怒不可遏》(I pugni in tasca),我在那位年轻导演的身上看到了探索的欲望,跟我一样。

配乐大量使用一位小男孩的声音,而且由于创作手法相当复杂,那声音仿佛一直萦绕在耳边。等到电影的最后一幕,洛乌·卡斯特尔(Lou Castel)饰演的主角正在欣赏一首选自威尔第的《茶花女》(La traviata)的咏叹调,他跟着留声机一起唱,突然癫痫发作,嘴巴也没合上就这样死了,贝洛基奥的脑子里立刻冒出一个想法,要把那个从生到死的瞬间拉长,于是我们把留声机里女高音唱的一个高音延长,变成了一声无休止的痛苦喊叫:真是一个绝妙的灵感。我把音乐做出来之后,自己也听得头皮发麻。这样的手法在电影配乐中完全是崭新的。

○ 但是接下来你们只再合作了一部电影。

● 他的第二部电影是《中国已近》(La Cina è vicina,1967),制片人是佛朗哥·克里斯塔尔迪(Franco Cristaldi)。这一次我也满怀热情和探索精神,但我完全误解了这部电影的意图:我试图放大电影怪诞的一面,其实没有必要。我想把配乐标题的字母顺序颠倒组成新词,让一位女高音用几乎是"说唱"的形式来演唱,唱得细致温柔、魅惑人心。当我把这个设想告诉贝洛基奥,他像看疯子一样看着我……

之后我重新写了配乐,还不错,但是很可惜,那之后他再也没找过我。

我记得我给电影开场写了一首节奏欢快的曲子,介于军乐和马戏团音乐之间,还引用了法国国歌《马赛曲》(La marsigliese)。

○ 他不知道你只是理解错了吗?

● 他拒绝我的提议是有道理的:确实不合适。他也知道我误会了,但是在我的印象中,他好像不是很喜欢我同时为多部电影配乐。不管怎么说,现在看来他自己的路走得很不错。我一直认为他是一位非常优秀的导演。

○ 你一直都愿意跟新人导演合作？

● 一般来说，这种实验性的电影没有太多回报，但是会有很多探索。对于这样的电影项目，年轻导演不一定有商业上的要求，他们有的是热情和批判的视角，我总是全力支持他们。

有时候，在制作这类作品的过程中，我能巧遇到新的天才，而且他们最终也成了我的合作对象。

比如拍《怒不可遏》的时候，我遇到了西尔瓦诺·阿戈斯蒂（Silvano Agosti），[46] 他是这部电影的剪辑师，经过有趣的相遇和几次闲聊，紧接着他就叫我为他的第一部长片《尘世乐土》（*Il giardino delle delizie*，1967）配乐，两部片子是在同一段时间拍好的。

后来，我还通过他们认识了利利亚娜·卡瓦尼。

○ 那几年你还和哪些导演一起进行各种实验？

● 我能很肯定地说出几个名字：阿戈斯蒂、达米亚尼、阿尔真托、彼得里、卡斯泰拉里、拉多和桑佩里，和这几位一起我完成了许多实验性的创新，还有拉图瓦达，他当时在事业上走得更远。有一些曲子我是找新和声即兴乐团（Gruppo di Improvvisazione Nuova Consonanza）来演奏的，他们是我的同事，也是我的朋友。不同类型的电影——惊悚、悬疑、科幻——让我得以运用不同的音乐语言，对我来说就像是呼吸新的空气。

我尝试各种各样的题材，这样我的音乐思维才能不断求新。

博洛尼尼、蒙塔尔多

○ 到了 20 世纪 60 年代后期，你的合作对象不再只是涌现出的年轻导演：1967 年你结识了两位成名已久的电影导演，博洛尼尼和蒙塔尔多，二人之后成为与你合作次数最多的导演（分别是十五部作品和十二部作品）。

● 事实上，在博洛尼尼、内格林、蒙塔尔多和托尔纳托雷之中，我和谁的合作次数最多，答案我也不知道……我觉得，在这个排名里还可以加上萨尔切……

1967 年，毛罗·博洛尼尼（Mauro Bolognini）联系我，邀请我给《阿拉贝拉》（*Arabella*）配乐，电影主演是维尔娜·利西（Virna Lisi）。当时他作为导演已经很有造诣了。他从观察新现实主义电影起步，给帕索里尼当过编剧，还给索尔迪当过导演。和他一起工作是我的荣幸，我们很快成了朋友。我们的合作关系建立在真诚和互信的基础上：做出来的东西好，我们就互相称赞祝贺，觉得有哪里不对就直接批评。

他文化底蕴深厚，作为歌剧导演也非常引人瞩目：有一次我去看他导演的歌剧《托斯卡》（*Tosca*，1990），演唱者是鲁契亚诺·帕瓦罗蒂（Luciano Pavarotti）。我被震撼了。

你记不记得我们是几几年拍的《我的青春》（*Metello*）？

○ 应该是 1970 年。

● 啊……在那部电影里马西莫·拉涅里（Massimo Ranieri）饰演主人公，我在想他那时候几岁了：还不到二十啊……

我为《我的青春》写了十五首插曲，但是结果，毛罗一个字也没通知我，直接把十五首曲子变成了三十首还是四十首，他把曲子简单重复，安插在未经讨论的地方。等到我们一起去萨沃伊电影院看首映的时候，我才和全体演职人员一起发现这个现实。也许他喜欢这样，谁知道呢？

音乐在泛滥……我陷入沉默。

影片结束。电影院的两头有两个互相对称的楼梯，我们走下楼梯，我走这一边，博洛尼尼走另一边，我们远远地目光交错，我对他做了个手势，意思是："你都做了些什么？"他耸耸肩，好像在回应："反正已经这样了……"但是我知道，他也意识到自己做过头：音乐真的太多了。

我为主演马西莫写了首歌，《我和你》（*Io e te*），这首歌本来应该能起到一箭双雕的效果，结果完全被超量使用的音乐给毁了。

这让我很难受，但是从那之后我们更加了解对方。

○ 听起来，你很钦佩他：作为一个导演，他有什么地方是你特别欣赏的吗？

● 论美学修养，论画面处理，在我看来维斯康蒂之后就是他了。如果他没有得到应有的评价，我觉得是因为在某些方面他总是处于维斯康蒂的阴影之下。

举个例子，电影《茶花女》(*La storia vera della signora dalle camelie*, 1981)，改编自小仲马的小说，威尔第据此写过歌剧。那是一部精妙绝伦的电影。他的所有作品都会给你留下深刻的印象，这让我想起他时总是很伤感。

○ 在工作中你们相处得如何？

● 博洛尼尼给我充分的自主权，我工作起来特别主动。他会到我家来，听我用钢琴弹奏备选的主题。一旦选定，之后的一切决定他都交给我做主，并且他完全信任我的选择：从配器到剩下的一切任务。

我和蒙塔尔多也是这样的工作方式，他是另一位能让我平和地完成工作的人，他也会相信我，会去听。两个人都让我对自己给出的意见更加负责。他们不是对我或对音乐不感兴趣，而是尊重和信任。

我和博洛尼尼合作的最后一部电影是《爱你恨你更想你》(*La villa del venerdì*, 1991)。毛罗住在西班牙广场，我最后一次见到他就是在他的公寓。他恶疾缠身，逐渐发展到全身瘫痪，只能缩在轮椅里。如今我走过那附近还是会想起他。

在我之前，他的合作对象有曼尼诺、皮乔尼、特罗瓦约利和鲁斯蒂凯利，人选一直在换。但我们合作过一次之后就成了固定搭档。

不过有一天发生了一件很有意思的事。他应该是在什么地方偶遇了鲁斯蒂凯利，对方问他："你不找我一起工作了吗？"博洛尼尼回答说："下一部电影吧。"就这样我们的合作中出现了一次中断。他很坦诚地跟我说："我得跟鲁斯蒂凯利合作一部。"我说："放心吧毛罗，我们下次再合作，好好拍。"

○ 那蒙塔尔多呢？

● 是蓬泰科尔沃跟我说起他的。你知道，在这个圈子里大家基本上都互相认识，以这种或那种方式：千丝万缕的联系对我们每一个人都是机会。

1967 年之前我一直住在蒙特韦尔德地区，基本上所有导演和电影行业的人都住在那儿：就算不想见也能见到。

我清楚地记得，蒙塔尔多第一次找我是为了电影《不惜任何代价》（*Ad ogni costo*，1967），讲的是在巴西教了三十年书的老教授退休后千方百计偷钻石的故事。制片人是帕皮和科伦波，也就是《荒野大镖客》的制片人。之后，我们合作了《铤而走险》（*Gli intoccabili*，1969）、《神与我们同在》（*Gott mit uns-Dio è con noi*，1970）、《死刑台的旋律》（*Sacco e Vanzetti*，1971）、《乔达诺·布鲁诺》（*Giordano Bruno*，1973）……

我们合作的次数太多了。在拍《乔达诺·布鲁诺》的时候发生了一件事，到现在，我遇见他的时候还是会拿这件事跟他开玩笑。

我们在录音室里，他想要重听某个片段："埃尼奥，让我再听一下管弦乐队在调音的那段。"我问他："什么管弦乐队在调音？"其实是我写了一些无调性音乐来描绘哲学的抽象力量，而那部电影的语言代表了特定的历史背景，是程式化的、伪中世纪的、"世俗的"，两者形成鲜明对比。蒙塔尔多听得很高兴，但是"乐队在调音"……完全不是一回事儿啊！

很多年以后他跟我坦白，在选曲的时候，他会观察在弹琴的我，猜测我更喜欢的是哪一首。这是百分之百的信任。他的梦想是能够把《死刑台的旋律》拍出来：之前的所有电影都是在为这一部做准备。这是电影拍完很久之后他亲口跟我说的。

○《死刑台的旋律》的配乐非常成功。

● 是的，那部电影让我拿到了第三个银缎带奖，片中插曲在全世界范围内引起了巨大的反响，这也要感谢当时正处于事业巅峰期的琼·贝兹（Joan Baez）。

○ 你还记得和她合作的情景吗？

● 我写了两首歌，把乐谱装在一个信封里，跑到法国圣特罗佩亲手交给她。我驾着我的雪铁龙去的。当我到达她家，我看到她正和儿子在游泳池里玩耍。真是美好的初见。

再见面是在罗马的录音棚，正好赶上八月节，没有可用的管弦乐队。我只能先用节奏乐器组伴奏：一架钢琴、一把吉他，还有一件打击乐器。而她很快就要飞往美国，时间紧迫，我们得加急工作。录音室简直要"飞起来了"。如果仔细听的话，有一些不准确的地方还是能听出来的。她唱得太精彩了，但是我得把注意力放在混录上，我要确保人声和管弦乐队一致，管弦乐队的演奏是后录的，混录的时候需要格外注意。这不是最理想的录制模式。我还学到了一件事，赶时间对事情没有任何帮助。尽管如此，这首曲子到现在还在传唱。

我的音乐会有时候会演出这首《死刑台的旋律主题曲》（La ballata di Sacco e Vanzetti），演唱者是葡萄牙女歌手杜尔塞·庞特斯。

○《萨科和万泽蒂进行曲》（Here's To You）成了自由的象征，多次出现在电影、纪录片，甚至电子游戏中。[47]

● 这个我真的没有预料到：我坚信另一首曲子《死刑台的旋律主题曲》会更受欢迎。我总是预测不到我的哪首曲子会获得成功，这种事情发生了无数次。但是我认真地思考了一下。

○ 然后……？

● 我相信原因在于旋律的重复性。《萨科和万泽蒂进行曲》是一首赞歌，一段旋律不断重复。就像一个游行队伍，人群的声音随着队伍的行进不断壮大。随着歌曲发展，我在贝兹的声音之上叠加了人声齐唱，就好像一个人发出的谴责慢慢得到了人群的声援，众人凝聚而成的集体如此团结，正义的诉求超越了个体。

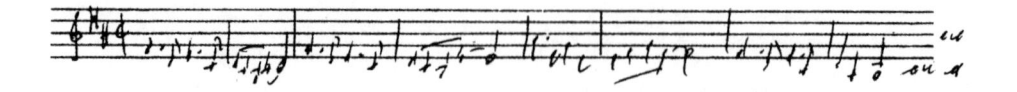

○ 你会觉得这部电影想要传递的讯息太过复杂吗？

● 电影想要谴责排除异己以及源自偏见的不正义行为，这个主题我一直很关注。

我很自豪能为这样的电影配乐，贡献我的创造力，这让我更加珍惜眼前的每时每刻。

○ 关于自由，你和不同的导演合作，适应了不同的，甚至完全相反的性格和主题，同时一直保留着你自己的特质。在你之前的作曲家，比如从新现实主义电影中走出来的那一代人，他们无法做到像你这样完全包容电影的变化。

在60年代的意大利，你配乐的电影作品有一些让人感动，有一些让人振奋，但还有一些令人震撼、引人反思。

● 在这些方面我从来不觉得有问题。我首先尝试追求内在的自由，作为一位作曲人，在任何情况下，哪怕是为一部没有那么成功的电影配乐，我都全力以赴。我几乎没有拒绝过找我配乐的导演。但这不代表我没有好恶。很多时候参与一部作品，我想的是完善，甚至提升这部电影。但是如果我和导演话不投机，如果我的内心深处对电影本身毫无反应，这工作我也不会接，因为我无从下手。也许我的这种态度能够部分解释为什么我可以一直在工作中随心所欲，这份自由让我时不时地向那些惊世骇俗的作品靠拢……

我经常想起帕索里尼，想到在声画编辑机前他让剪辑师跳过《索多玛120天》的一些片段，或者想到阿德里安·林恩（Adrian Lyne），1997年我们合作了影片《洛丽塔》（*Lolita*）。他也像帕索里尼一样，有些过激的画面他一直不让我看，直到电影上映……有时候我也会问自己，我在别人眼里到底是什么形象。也许他们都觉得我是一个道德主义者？我不知道。

韦特米勒、贝托鲁奇

○ 我们来聊一聊所谓的"作者电影"[48]：在你看来有何特别之处？我们先假设存在特别的地方。

● 和商业电影相比，作者电影为艺术表达提供了更多的可能和更大的自由。一般来说，在艺术电影里，作曲家可以遵从内心的意愿进行创作，除了自己和导演不用在意任何人。没有票房收益的压力，因为此类作品存在的意义在于其想要传递的讯息及其所做的探索。

这类电影可以让作曲人最大限度地发挥自己的实力，写出来的作品能够完全代表本人，不会让创作者懊恼后悔。

就我个人而言，我做过几部作者电影，一是为了在创作中进行一些实验，二是为了丰富自己的音乐语言并运用到电影中，这一点对我来说尤为重要。

○ 你的第一部作者电影是？

● 莉娜·韦特米勒（Lina Wertmüller）的《翼蜥》（*I basilischi*，1963）。但那次合作矛盾重重。

莉娜有一个不好的习惯，我觉得她跟戈尔尼·克雷默（Gorni Kramer）合作舞台喜剧《加里内伊和焦万尼尼》（*Garinei e Giovannini*）的时候就这样了。也许克雷默的配合度更高，她说"给我把这个音符改掉"，他就会满足她的要求。我不会。

在这部电影里我改编了《把灯光转过来！》（*Volti la lanterna!*），埃齐奥·卡拉贝拉写的一首曲子，他的女儿弗洛拉是马尔切洛·马斯特罗扬尼（Marcello Mastroianni）的妻子，莉娜要我把原曲改编成华尔兹。我跟她说原封不动作为插曲就很好，但是最后我屈服了。我想在职业生涯初期感受一下这样的强硬命令，其实这很正常。但越是往后，我对自己的想法看得越来越重……

后来，莉娜的新电影《咪咪的诱惑》（Mimì metallurgico ferito nell'onore，1972）找我配乐，主演是贾恩卡洛·詹尼尼（Giancarlo Giannini）和玛丽安杰拉·梅拉托（Mariangela Melato），我拒绝了。我们还是朋友，但很长时间都没有再在一起工作。再次合作是《平民天使》（Ninfa plebea，1996），一部很棒的电影，可惜商业反响不是很好。这次她没有给我下达什么指示：也许她明白了给我更多空间对我们都有好处。

○ 拍完《翼蜥》的次年，1964年，贝托鲁奇完成了《革命前夕》。

● 这部电影非常特别：简直前所未有。

○ 你和贝托鲁奇一起合作了五部电影。

● 是的，非常遗憾《末代皇帝》（L'ultimo imperatore，1987）没有交给我。我发现贝托鲁奇一直是意大利最好的导演之一。

我们合作的电影有《革命前夕》，1968年的《搭档》（Partner），1976年的《一九〇〇》（Novecento），这一部我认为是他的杰作，还有最后两部，也是非常特别的电影：《月神》（La luna，1979），以及乌戈·托尼亚齐主演的《一个可笑人物的悲剧》（La tragedia di un uomo ridicolo，1981）。

贝尔纳多能够生动地把他想要的音乐类型解释给我听：他会用色彩来描绘音乐，也就是通感，或者告诉我音乐在他脑海中的"味道"。

○ 和贝托鲁奇的早期合作正好撞上六八运动的高潮：学生运动是不是也改革了作曲家和导演之间的合作方式？有没有人叫你换一种工作方法？

● 帕索里尼和贝托鲁奇都投身于这场运动，但不知道是出于他们稳重的性格还是别的什么原因，在动荡的那几年，两个人都没有明着跟我提过这些事。

很明显，他们的电影和那些商业电影有所不同，自然而然地，和他们合作时，我的音乐也会走向极端。不过我一直避免跟导演谈论艺术社会学问题。他们的电影确实在技术上有所革新，但是和人们想象的不一样，我们的工作方式其实是非常传统的。我想说，比 1968 年我和埃利奥·彼得里（Elio Petri）一起完成的电影《乡间僻静处》（*Un tranquillo posto di campagna*）要传统多了，这部电影里我和埃利奥都进行了大胆的实验。这也是我第一次和新和声即兴乐团一起谱曲。

大众认可还是大众消费？六八运动和《西部往事》

○ 在 60 年代，电影作为文化产品的一部分，从更高的层面来讲作为社会的一部分，基本上呈现出分裂的状态。说得形象一点，有一些电影和新形成的消费社会情投意合，目的是让公众的选择等同于主流模式；另一些电影则尝试批判和反思，力求建立一种"文化多样性"，然而这很危险，电影经常轻而易举地被消费主义社会内部吞并、吸收、认可——个别情况除外——而这正是这种电影想要摆脱的。电影分成了"商业的"以及"作者的"，其中绝大多数在努力获取并表达的，是那些充斥在每一口呼吸之中的东西，怀疑和希望，盲从主义和反盲从主义，这些东西浓缩成幻灯片，飞速地交替，轮流涂抹、控制集体的记忆。

电影事业整体都政治不信任，不管是娱乐大众的还是影响大众的，你的电影活动也是如此。在那个热火朝天的年代，你参与的众多作品从内到外迥然相异，从"作者主导型"到"大众认可型"——也许这之间没有所谓正确的选择——在电视、广播、电影、前卫音乐领域都冲在最前沿，好像在同时对话好几个不同的世界。

尤其是 1968 年，运动进行得最激烈的一年。这一年，你和不同出身背景的导演合作，其中有罗伯托·法恩扎 [Roberto Faenza,《升级》（*Escalation*）]、埃利奥·彼得里（《乡间僻静处》）、利利亚娜·卡瓦尼 [《伽利略传》（*Galileo*）]、马里奥·巴瓦 [Mario Bava,《德伯力克》（*Diabolik*）]；这一年，你与帕索里尼（《定理》）和贝托鲁奇的合作不断巩固，贝托鲁奇在沉寂四年之后完成了电影《搭档》。但最重要的是，这一年有《西部往事》。

在动荡的那几年，普通观众和评论界的意见有什么差异？

● 那几年，意识形态分裂在各个领域都很明显，人们普遍缺乏远见，《西部往事》就是在这样的 1968 年上映的。塞尔吉奥·莱昂内拥有普通观众的支持，但是评论界一直把他的电影认定为次等。他们不想看他的电影，总是苛刻地攻击他："拍那么多特写镜头，莱昂内是疯了吗？"等他们发现他电影的价值已经过去很多年了，基本上是在《美国往事》（C'era una volta in America，1984）上映之后。

○ 当年，莫拉维亚在新闻周刊《快报》上写道："意大利西部电影不仅仅来源于传承的记忆，还源自导演们的小资产阶级包法利主义思想，他们自小热爱美国西部片。也就是说，好莱坞西部片诞生于对西部地区的神化，意大利西部片则诞生于对神化的神化。神化的神化：我们自然只能是画虎类犬。"[49]

如果时间推迟半个多世纪，随便哪条姗姗来迟的评论都能证明，莫拉维亚的评判至少是太过绝对了，很可惜，那时候这位作者已然无法反驳了。但是我觉得，莫拉维亚条理清晰的笔尖分析到了两点：一是消费主义的自平方，也就是消费了消费主义的消费主义，靠这个自我解放？就像《大鸟和小鸟》中的那句话，谁知道呢。（希望能！）二是西部片和神化之间的联系，这一点尤为重要。

● 我想说，西部片之间是有区别的：有一些西部片，比如科尔布奇的《革命万岁》（Tepepa，1969）、《伟大的寂静》（Il grande silenzio，1968）、《同伴》（Vamos a matar compañeros，1970），带领人们走近美国的革命。塞尔吉奥·莱昂内的影片并不局限于美国西部。我相信世人或多或少感受到了这一点，所以他们为之着迷，无比投入，以此表达对影片的赞赏。莱昂内的电影很难分类，我估计在评论家的眼中它们应该是荒谬的。

○ 在这种分裂的背景下，《西部往事》的拍摄出现了好几次短路一般的灵光闪现。贝尔纳多·贝托鲁奇去看了《黄金三镖客》的试映；莱昂内也在放映室，以防发生放映事故，他认出了贝托鲁奇，请他第二天到工作室讲讲他对电影的看法。

贝托鲁奇很热情，为了给莱昂内留下深刻的印象，他说自己特别欣赏的一点是电影拍到了马屁股，粗制滥造的西部片只知道从侧面或正面拍马的镜头，试图给人高雅之感。他说："除了你，只有约翰·福特（John Ford）会这样把马匹粗俗的整体呈现出来。"

这时莱昂内提议，叫上达里奥·阿尔真托（Dario Argento），三个人一起写《西部往事》的脚本。于是他开始给贝托鲁奇讲故事……[50]

● 1967 年，莱昂内读到哈里·格雷（Harry Grey）的小说《流氓》（*The Hoods*），那时候他的脑子里就有《美国往事》的雏形了。在"镖客三部曲"之后，他本来决定再也不拍西部片。但是派拉蒙影业公司有一个邀约让他无法拒绝。莱昂内联系贝托鲁奇和阿尔真托定好大致方向，然后和塞尔焦·多纳蒂一起完成了剧本。

○ 在革命和动乱的 1968 年，莱昂内在一处偏僻的地方，一座满是尘土的小火车站开始了《西部往事》的拍摄。电影开场是一段漫长又微妙的沉默，长到前所未有。在我看来，这是第二次灵光闪现。

沉默来自风，来自一座嘎吱作响的风车，一扇敞开的栅栏门，黑板上粉笔的声音，一位老铁路工人，一个在扫地的印第安人，三个不知道在等什么的人，一台电报机，一只苍蝇[51]，一列火车到站……

● 这些真实的声音被塞尔吉奥精确地分隔开，你会依次听到，也会看到和声音相对应的画面。但画面只出现一瞬间，很快就跳到下一个画面、下一种声音，之前的声音就作为背景音。

第一个声音，第一幅画面，第二个声音，第二幅画面……慢慢地形成一种由声音构成的具体音乐[52]，人们还可以用眼睛看到声音，知道耳朵里听到的是什么。

塞尔吉奥具有非凡的直觉，他应该是捕捉到了当时音乐和戏剧领域的一些观念和潮流。他向来很关注音乐、自然声、效果音之间的比例，但是这一次，他超越了自己。《西部往事》的头两卷胶卷（二十分钟）如今家喻户晓。

一开始，我们计划要为整组镜头配乐，但是走进剪辑室的时候，塞尔吉奥让我听一段他做好的混音，我对他说："我觉得不会有更好的音乐了。"

声音聚集在一起变成了音乐，我的沉默也是音乐。这就是我们俩的默契。

○ 十多分钟之后，口琴声出现，很快，画面上出现了吹口琴的人。——"弗兰克？""弗兰克没来。"——几声枪响，重归寂静，就这样又是十分钟，直到弗兰克出场，带着他的主题曲一起撕破沉默。

● 弗兰克的电吉他失真音效首次出场，如一片锋利的刀片割破观众的耳膜，就像红发小男孩听到的突如其来的枪声，他冲出家门，看到全家人被五个男人杀个精光，然后他也被杀死了。莱昂内用亨利·方达（Henry Fonda）的脸搭配弗兰克的形象，只用几秒钟又颠覆了一个固定认知：美国电影总是把方达塑造成好爸爸、正面英雄，观众也默认他就是这样的人。但是弗兰克不是那种人，他跟好人完全沾不上边。

布鲁诺·巴蒂斯蒂·达马里奥再一次贡献了完美的演奏，我们一起在录音室找到了最合适的电吉他音色。我跟他说："按你想的来，布鲁诺，只要让声音听起来像一把剑就行。"最终效果比我们在录音室里听到的还要锋利，因为那之前没有音乐，只有沉寂。经过大约二十五分钟的音乐荒漠，吉他声乍现，让人喘不过气。我想象不出更震撼更有冲击力的效果了。

○ 如果联想到时代背景，可能更会觉得弗兰克的吉他声激动人心：当时，在意大利的电视和广播放送中，滚石乐队的歌要被审查很久，比如1965年的《（无法）满足》[*I Can't Get No) Satisfaction*]，原因就是基思·理查兹（Keith Richards）魔鬼般的失真即兴重复乐段（Riff）。

方达在1975年的一次电视访谈中表示，在参演《西部往事》之前，他从来没有看过莱昂内的电影，而他演的角色毫无疑问是一个"婊子养的混蛋"。方达还说,莱昂内选他,是为了在他出场之前放大对他的期待。观众们会看到银幕上一个奇怪的人一步一步逼近被吓呆的小男孩。这时候,摄像机从演员的背后绕到他的身前,此刻大家才会惊呼:"上帝啊,这是亨利·方达!"

● 这也是塞尔吉奥的主意。这就是他的电影。所有元素都有多重含义。他为什么要创造出期待的氛围,因为这就是找方达来主演的原因?还是他只是单纯想要这份期待?也许两者都有。不管怎么说,塞尔吉奥惦记方达很久了,但是在《黄金三镖客》大获成功之后才真正有机会合作。

○ 还有查尔斯·布朗森(Charles Bronson),扮演吹口琴的人,当年他无疑是最受欢迎的演员。他的主题是如何诞生的?

● 口琴原先只是在脚本中出现,最后成了主角之一。就像《荒野大镖客》中超水准的钟表主题一样。

主角手中的一件乐器,逐渐成为复仇的象征。从一切源起的那一幕开始一直背负着记忆,画面不会让你清楚地看到,但复仇主题不断响起,这种处理方式超越了一览无余的拍摄方法。

整部电影中不时闪现一些记忆片段,到最后才和盘托出:一位少年被迫用身体支撑住站在自己肩膀上的哥哥,而哥哥的脖子上套着绳索,嘴里有一个口琴。突然,弗兰克把口琴塞到少年嘴里,他咬着口琴艰难地喘息:口琴旋律的半音进行就是为了这个画面。

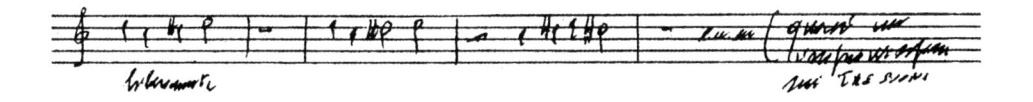

口琴主题要达到两个效果,既要制造不和谐感(半音之间的互相抵触达到了这个效果),又要不用手就能吹出来(因为在回忆片段中,口琴是用绳子串起来的),然后就可以随心所欲地嵌入其他场景。

我只用了三个音,相邻两个音为半音关系(缩减使用的音的数量是那段时间我一直在思考的问题）。

在录音室里，我叫佛朗哥·德杰米尼（Franco De Gemini）嘴里含着口琴呼吸，然后塞尔吉奥来了，为了达到他想要的紧张感，他差点把演奏者弄窒息了。我记得我们先直接把管弦乐队伴奏的部分录制好，接下来就是口琴。我会示意德杰米尼什么时候换一个音，什么时候变换强弱。吹出来的音不完全准确，因为演奏时的紧张气氛，口琴的声音在管弦乐伴奏之上摇摆不定。有时候节奏很准，有时候赶了几拍，有时候又晚了……总之，几乎就是在漂。

口琴主题和弗兰克的主题应该是相辅相成的，因此我在《吹口琴的人》[53]一曲中将两个主题叠加。这样的音色和主旨对比很有必要。

两个人命运交缠，口琴客的身份源自弗兰克的迫害。他从中得到力量，转换为复仇的愿望，这种情感符合西部传统价值观，但它没有未来，它属于那个随着火车的到来即将死去的世界。

瘸腿铁路大亨莫顿的主题也想表达这个走向乌托邦的绝望进程。

塞尔吉奥把《西部往事》当作他的最后一部西部电影来拍，影片显而易见的忧郁基调除了来自奄奄一息的旧世界，也来自他本人。

○ 事实上，和这两个人物的冷酷相对立的，是一股不断蔓延的灼人哀愁，几乎笼罩了一切。暴力和复仇之上，还有哀伤。

● 因为这一点，本作和塞尔吉奥之前的电影相比显得更加柔软，弥漫着无力抵抗的疲倦感，这在音乐之中也有所体现。没有喇叭声没有打铁声，也没有动物叫声。我用舒缓得多的弦乐来拉长人们对时间的感觉，吉尔的主题中，埃达·德洛尔索的歌声也起到了相同效果。还有亚历山德罗尼的口哨声，这是最舒缓、最有疲倦感的声音。

○ 女主角吉尔和土匪夏恩的主题你是怎么写出来的？

● 吉尔的主题写得有点痛苦，于是我想出了一个六度音程练习曲，八个小节里出现了三个六度音程。

我记得我跑到了位于罗马电影实验中心（Centro sperimentale di cinematografia）的拍摄现场，他们正在拍克劳迪娅·卡尔迪纳莱（Claudia Cardinale）出场的一幕。那是拍摄的第一天。我第一次去莱昂内的拍摄现场，而卡尔迪纳莱表现得非常出色。

《永别了夏恩》[54]则诞生于录音室，我坐在钢琴前即兴弹出来的，塞尔吉奥就在我旁边，他突然跟我说："埃尼奥，我们把夏恩的主题给忘了！对不？"夏恩的主题需要抓住他滑稽又可靠，还有点邪气的神韵，音乐结束，他一头栽倒在地，就这么死了。

德安杰利斯的班卓琴让这段主题变身美国民谣；有点走调的酒吧钢琴音和有点认命意味的亚历山德罗尼的口哨声也完成了它们的使命。

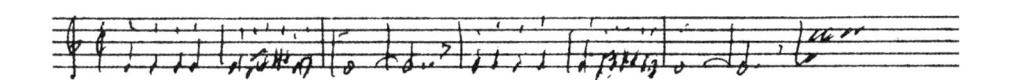

○ 我总觉得吉尔这个人物代表了新美国，也许莱昂内也是如此看待她的，这个角色楚楚动人，同时又是利己主义者，为了保护自己或是为了一笔积蓄，可以委身任何人。

从这个角度来看，《黄金狂喜》一曲中埃达·德洛尔索美人鱼一般动人的歌声，在这一主题中成了美国的歌声，令人着迷又野心勃勃，介于抚慰人心的美和梦一般的美之间，像一位精明贤惠的母亲或是情人。

● 我首先声明，一开始我没想再次使用同样的声音。但是显然，越往前走，对作品某些方面越是精益求精，曾经使用过的手法也会回归。我觉得需要一个女声，接下来我发现，有实力又有理解力的女声，只能是独一无二的埃达·德洛尔索。这是个逐步揭晓的答案。

如果没有遇到埃达，我很可能就不在西部片里加入人声了。曲子是为她写的，我渐渐知道她能回馈我什么。她会一门心思扎进歌曲演绎，不仅能近乎完美地实现我提出的要求，还能在此基础上有所发展。我刚把歌给她，她就已经在那个世界里了。

《革命往事》

○ 尽管被莫拉维亚评论为对神化的神化，还有围绕莱昂内电影的诸多传说，《西部往事》原声专辑由 RCA 发行之后，全球销量超过一千万张……但是，如果埃达·德洛尔索的声音在这部电影里是心之所向，在《革命往事》里则是空想，如同那个迷茫世界的生活一般遥远，空想着逃离，逃回记忆中的爱尔兰……

● 埃达的声音出现在一个节奏突变的节点：从二拍子进入三拍子的时候，旋律不断重组、重复，给人一种一直奔跑永不停歇的感觉。这首曲子填满了爱尔兰革命家约翰·肖恩·马洛里［詹姆斯·科伯恩（James Coburn）饰］的回忆片段，他在爱尔兰的青年时光大段闪回，其中的对话都被音乐取代。

从整部电影的层面来说，这些音乐主题出场退场，似乎也是片中的角色，只是形式不同。有时候，角色本人像是能够听到配乐，还能和音乐交流。

比如在临近结尾的地方，墨西哥流寇胡安就要被枪决，突然，他听到不知从何处传来约翰的口哨声，音乐直达他的内心，他几乎是立刻意识到，那段主导动机[55]将会救下他的命。

○ 又一个崭新的声影配合创意……

● 我和塞尔吉奥再一次更进一步。《革命往事》拍的是走向末路的西部，或者说是经典的莱昂内式的西部，这是第二部以此为主题的电影长片。

我写的配乐里主要的几首是《爱情主题》(*Amore*)，《革命往事主题曲》

（*Giù la testa*），《乞丐进行曲》（*Marcia degli accattoni*），《再见了，墨西哥和弗德台地》（*Addio Messico e Mesa verde*）（最后这一首我尤其喜欢）。跟前几部电影一样，我会把现实中的声音用作音乐素材。除此之外，在《革命往事主题曲》中，我加入了用假声唱出来的"咻嗡，咻嗡，咻嗡"，取自主角约翰·肖恩的名字。

和这个文质彬彬的人物形成鲜明对比的是另一位主角胡安，他的粗野鲁莽被《乞丐进行曲》中一声声低沉的"呜啊"展现得淋漓尽致，那声音从胸膛里发出来，听着像打嗝似的。

胡安的扮演者是罗德·斯泰格尔（Rod Steiger），原本想找埃利·瓦拉赫（Eli Wallach），但是斯泰格尔刚刚以《炎热的夜晚》（*La calda notte dell'ispettore Tibbs*，1967）拿下奥斯卡最佳男主角奖，于是制片方决定还是由他出演。

从一开始，约翰和胡安就注定要建立一种爱憎交加的关系，两个人一路互相鄙视，一边又成了最好的朋友。

为了刻画胡安既粗犷又幼稚的性格，除了"呜啊"，还需要各种滑稽、粗鄙、俗气的音色：我再一次选择在低音区使用巴松管，某几个音突然变强，或是为和声制造一些瑕疵，造成冲突的效果，以此和班卓琴、竖笛和奥卡利那笛演奏的简洁至极的复调旋律形成对比。

所有这一切都汇集在一首曲子里，我做了好几个版本。做成进行曲体裁是塞尔吉奥的主意，一下子提升了整体的谐调度。

曲子最后，管弦乐登场，所有乐器一齐发声，滑稽感仍然延续，充分描绘出了这个奇特人物的命运，甚至象征了革命。

○ 影片开头，画面全黑，几行白字："革命不是请客吃饭，不是做文章，不是绘画绣花，不能那样雅致，那样从容不迫，文质彬彬，那样温良恭俭让。革命是暴动，是一个阶级推翻另一个阶级的暴烈行动。"然后 Syn-ket 合成器产生的方波[56]音闯进银幕，嘲笑着镜头里出现的两只脏兮兮的脚，而脚的主人正在冲蚂蚁撒尿——这个人就是胡安。

● 这是一部政治性很强的电影。不仅是开头引用了毛泽东的话。影片开始能听到一小段进行曲,不到一分钟之后,远处传来炸弹爆炸的巨响,紧接着,突然从某个遥远的地方传来一阵口哨声,和画面完全无关,口哨声回荡在观众耳边,这时片头字幕出现,背景音乐变成了《约翰创意曲》(*Invenzione per John*)。

《乞丐进行曲》是不同音乐模块的线性排布,跟之前几部电影的配乐相比算是很传统的手法了。《约翰幻想曲》则是分层排布(stratificazione),这是我在探索多音轨叠加的过程中,发展出的一种创作和录制技巧。由于对和声以及对位的控制,在整体类调性(paratonale)音乐的基调下,各个模块每一次叠加的方式都有所不同,乐谱处处有设计的可能。

采用分层叠加是必然的,因为约翰·肖恩·马洛里的人物形象既饱满又复杂,一位骑着一辆奇怪的摩托车来到墨西哥闹革命的爱尔兰炸弹专家。

○ 莱昂内一开始好像并没有导演这部电影的打算。

● 本来他只是制片人,没有打算当导演。他和塞尔焦·多纳蒂、卢恰诺·温琴佐尼(Luciano Vincenzoni)一起写了剧本,导演一职原定彼得·波格丹诺维奇(Peter Bogdanovich),但是他们俩好像就没有过意见一致的时候。传言里也出现过吉安卡洛·桑蒂(Giancarlo Santi)的名字。但是没有莱昂内,演员们纷纷扬言要罢工,而且出品方中出资最多的那些美国人也想要他来导演。他的名字已经成了金字招牌。

塞尔吉奥终于在最后一刻被迫接受,于是我们所有人都边拍边赶进度。和之前的电影相反,我没有在开拍之前写配乐,而且很多进度都安排到了后期制作中。这个电影给我们大家制造了很多困难。

尤其是因为时间仓促,我还不得不放弃斯坦利·库布里克(Stanley Kubrick)的《发条橙》(*A Clockwork Orange*,1971)……

○ 也就是说,库布里克来找过你是真的……

● 对,是真的。他很喜欢《对一个不容怀疑的公民的调查》(*Indagine*

su un cittadino al di sopra di ogni sospetto，1970）里的配乐，埃利奥·彼得里的这部作品在奥斯卡和戛纳都拿到了大奖。他亲自打电话来道贺，顺便提到了他自己的电影。

我们开始洽谈合作事宜，最大的分歧在于拍摄地点。库布里克不喜欢坐飞机，他想在伦敦完成全部拍摄，而我倾向于罗马，因为我太忙了。那时候我已经在为《革命往事》写曲子了，最终我不得不放弃了这个邀约，太遗憾了。

沃尔特·卡洛斯[57]为《发条橙》写的配乐棒极了：把贝多芬的古典作品用电子合成器进行加工，真是天才。对我来说则是莫大的惋惜，错过了和如此伟大的导演合作的机会。

○ 你会怎么写《发条橙》呢？

● 我很可能会走《工人阶级上天堂》（*La classe operaia va in paradiso*，1971）的路子。我觉得埃利奥·彼得里影片里对暴力的狂热会让库布里克也为之震惊。

埃利奥·彼得里

○ 你刚刚提到了两部埃利奥·彼得里的电影；他是什么样的人？

● 我们认识的时候正是 1968 年，因为电影《乡间僻静处》。那是非常精彩的一部电影，主演是佛朗哥·内罗（Franco Nero），制片人格里马尔迪律师，可惜反响不是很好。我们成了很好的朋友，他之后拍的所有电影都交给我配乐。

我们的合作成为我职业生涯之中非常重要的节点：每一次都为我带来一堆片约。

埃利奥把他对现实批判的、精辟的诠释转化成一部部伟大的电影，高效、巧妙地描绘出人与社会之间的复杂关系。他是一位杰出的导演，超前于他所处的时代。

每次和他合作，我都努力追随他的批判视角，并且用音乐加剧批判性，他想要的是实验性音乐，以及持续遭到破坏性冲击的不连贯的主题。

埃利奥在生活中也喜欢刺激别人，有一次我们一起审片，给我留下了不可磨灭的记忆。

○ 我在你的眼中看到了恐惧。发生了什么？

● 是《对一个不容怀疑的公民的调查》这部电影。最开始的提议没有得到他的认可，但是我很快又找到了方向。我把曲子灌制好交给他。他坚持不让我去剪辑室，我就没去。事实上，在那些年，不去剪辑室成了我的习惯，我觉得那是导演的事。后来，他打电话叫我去看成片，要我提点意见。

我们约好在剪辑室见面，到了之后，关灯，开始放映。从第一幕开始到布尔康被害，总有什么地方感觉不对。我听到的音乐不像是我为这部电影写的，是别的什么电影，也是我作曲的——《追杀黑帮老大》（*Comandamenti per un gangster*, 1968）[58]，一部不是特别好的作品，但我为之所作的乐曲赢得了观众的好感（这种工作我之后再也没做过，但是那些年我会偶尔尝试）。

我感到毛骨悚然，我看着他，一时不能理解。他会时不时给我一个信号，让我知道他更喜欢自己挑选的音乐。

布尔康被杀害的时候他说："埃尼奥，你听，这音乐多搭啊！是不是？"

这场面太荒唐、太难以想象了：一位导演用这样的方式来否定一位作曲人的作品……

第一卷胶卷播完了，要接着播后面几卷，这时灯亮了，我已然惊呆、石化、碎成渣了。

埃利奥凑过来问我："那么，你觉得怎么样？"

我鼓起勇气回答说："如果你喜欢的话，这样挺好……"

他兴奋起来，自信满满地说："很完美，不是吗？"

我默默无语，无言以对。我想，其实，我应该要让步，毕竟他是导演，电影是他意志的体现，我能做什么呢？

我努力忍耐、克制，但是还没等我说话，埃利奥一巴掌拍在我肩上，双手握住我的肩膀晃了晃，用罗马方言说道："啊莫里科……你总是上钩，总是上钩！你写的音乐跟这片子再合适不过了，我跟你闹着玩呢，你是不是觉得跟挨了一记大耳刮子似的！"他就是这么说的。

那是一个我没有领会到的玩笑。他承认自己策划了很久。真是前所未有的巨大打击，但这也是彼得里。

那一刻我明白了，为什么之前的音乐人要对导演和电影那么配合。

○ 真是永生难忘的恶作剧。1971年，《对一个不容怀疑的公民的调查》获得奥斯卡最佳外语片奖，彼得里决定移居法国，因为他害怕获奖的后续反应。你的音乐再次获得巨大成功，你如何看待？

● 我只写了两首曲子，差别很大的两首。其中一首是三拍子，在吉安·马里亚·沃隆特（Gian Maria Volonté）与美艳动人的弗洛琳达·布尔康（Florinda Bolkan）激情碰撞时充当伴奏，我想在主调中清晰呈现电影里描绘的罪恶：怪诞的流行探戈，生动地表现出一位西西里探长的神经质和捉摸不定，形象地刻画出一位爱吹牛皮又贪污受贿的杀人犯。这首探戈的旋律以及和声都非常暧昧，同时又很好唱、好记。

我记得谱曲的时候，刚把谱子写好，我突然重新检查了一遍，仔细一想，刚写完的这首很像我一年之前为亨利·韦纳伊（Henri Verneuil）导演的《神机妙算》（Le clan des Siciliens，1969）写的配乐。然后我更仔细地想了想，发觉一年前的那首主题来源于我更早之前的作品，改编自约翰·塞巴斯蒂安·巴赫的《a小调前奏曲与赋格》（Preludio e Fuga In La Minore, BWV 543）。我追求原创性，却中了自己和自己的口味设下的圈套。

○ 我觉得音色的选择也是一个基本元素。

● 乐器选择是单独考虑的。主调由曼陀林和古典吉他开始，加入一架没调准音的钢琴和一支巴松管，增添一点粗哑、俗气的音色。另外，当曲子再度起音，我加上了持续不断的电子合成器音效，我们在录音室实验了很久才找到想要的尖锐音色。我还想加入西西里口簧琴，呼应探长的西西里背景。我不是特别关注整体演奏，因为我想做出"粗制滥造"的、不是那么精确的录制效果。所有的一切都要对应画面表现出的混乱。

○ 次年，你和彼得里合作了《工人阶级上天堂》，影片刻画了被机械化吞没的生活。

● 这部电影直白激烈地讲述了人和机器之间的病态关系，我需要的音乐，要能够激化由此产生的占有欲和疏离感。工厂的流水线上工人们连续劳作，节奏紧迫，机械重复，让我联想到那种简单又烦人的音乐，这种音乐是暴力，是对主人公马萨，对他的工人同事们的宣判。

○ 你怎样表现压迫的代表性音色？

● 用 Syn-ket 的一些电子音效，结合电吉他，声音停止和发声都用较短的混响时间。混合出的效果和机器的声音非常相近。

之前的《对一个不容怀疑的公民的调查》大获成功，彼得里提出这一部的音乐不要完全摆脱之前一部。有一次，剧作家乌戈·皮罗（Ugo Pirro）对我说："你这次写的音乐是不是就是《对一个不容怀疑的……》——"

"不是。"我回答道，我只是想要体现连贯性，而且《工人阶级上天堂》是谴责型的电影，这能解释我的意愿以及埃利奥的要求。在我看来，这一部的音乐是进化。

主题曲开头是弦乐演奏的 c 小调密集排列和声。很明显，这些像是浇铸、捶打的声音都很扎实，彼此断开，杂乱无章，仿佛自行运作的机器，构成一连串阴郁的和声。与之结合的是长号演奏的一段旋律，音域和强度都会让人觉得耳朵不舒服。这段旋律想要表现的是人的声音，主角们的声音，他们被工厂生活摧残，一天一天越来越不成人样。

我为长号的粗野力道安排了一个对比，由小提琴独奏演绎的诗意旋律，在整首曲子中出现了三次。但是超然的旋律并没有带来什么幻想的余地，压迫之音每一次再响起都更加强力。除了长号，在更低沉的音区还有巴松管，更加粗嘎，跟在《对一个不容怀疑的公民的调查》中的表现一样。

你看，一想到要挑选这么多音色，我就只想把自己关在工作室里除了写曲谱什么都不管……

○ 我知道埃利奥·彼得里和塞尔吉奥·莱昂内是你最亲近的两位电影导演和朋友，你们也分享对艺术品的热爱。

● 你说得没错。埃利奥在 1970 年为我引见了海鸥画廊的主人弗拉维奥·曼齐（Flavio Manzi）。我们第一次去那里还认识了古图索。

莱昂内夫妇以及我跟我妻子，我们有时候会一起四处搜寻画、雕塑和古玩。事实上，我和塞尔吉奥经常见面，在电影之外也是，我们俩自 1974 年以来一直住得很近，直到 1981 年我们全家从罗马门塔纳小镇搬到 EUR 区的利巴诺大道。

之前就是因为莱昂内带我去看房，我才买下了离他家很近的那栋美丽的大别墅。

后来我们搬离那栋房子，来到现在这个离威尼斯广场很近的家。

制片人塞尔吉奥

○ 如今算算时间，我发现在《革命往事》和《美国往事》之间隔了整整十三年。这么长一段时间里，莱昂内为一系列电影担任了制片人，先是两部西部片，《无名小子》（Il mio nome è nessuno，1973），导演托尼诺·瓦莱里（Tonino Valerii），主演亨利·方达和特伦斯·希尔（Terence Hill）；导演达米亚尼的电影《一个天才、两个朋友和一个傻子》（Un genio, due compari, un pollo，1975）；然后是科门奇尼的《灵猫》（Il gatto，1977）；蒙塔尔多的《危险玩具》(*Il giocattolo*，1979)，一部由尼诺·曼弗雷迪(Nino Manfredi)主演的剧情片；最后是卡洛·韦尔多内(Carlo Verdone)的第一和第二部电影，喜剧片《美丽而有趣的事》(*Un sacco bello*，1980)，以及《白色、红色和绿色》(*Bianco, rosso e Verdone*，1981)。全部由你担任作曲。

能跟我们讲讲这些作品吗？

● 作为制片人，塞尔吉奥可以说是非常认真的，他事事用心，每一处微小的选择都会干预，因为那些影片就是这样拍出来的：他喜欢制作的电影类型要从内部开始构思，发展过程中一定有痛苦，但还是不断追求完善。如果可以的话，他甚至会负责第二摄制组……我不是说他独裁……只是说他很清楚自己要什么。他从来不摆架子，尽管他也知道自己拍出了很多佳作。

可能跟蒙塔尔多和科门奇尼一起的时候，气氛最松弛，但是跟达米亚尼一起拍摄时，某一次讨论进行得很不顺畅，塞尔吉奥突然爆发了。他跟我说："你完全搞错了！"

○ 发生了什么？

● 我和达米亚尼商量好了配乐在哪个点出现，持续多长时间，但是被塞尔吉奥全盘否定。达米亚尼有点失望，这可以理解，我也有点失望，但我发现在那种情况下我无话可说。

○ 他担任卡洛·韦尔多内的制片人时，情况如何？

● 他们感情很好。卡洛毫无疑问是一位杰出的演员、导演，除了讨喜的一面，他的内心还潜藏着巨大的忧郁。这种反差也是我在为他写的电影配乐中想要表达的东西。只是很遗憾，完成了两部由塞尔吉奥制片的电影之后，他再也没有找过我。

《美国往事》

○ 1984年，莱昂内作为导演的回归之作《美国往事》上映。

● 我认为这是塞尔吉奥的巅峰之作，我经常问自己，如果他有机会执导更多的电影，最终能达到什么样的高度。这个故事莱昂内跟我讲了很多年，我也早早地开始创作。尽管还不知道挑选编剧时会有多少人轮番上阵，在他的脑内，一切都早已清楚呈现。《美国往事》的拍摄过程复杂至极，但是他没有把任何一环交付运气。从电影开场不规则的电话铃声开始，他要掌控一切细节。

塞尔吉奥把我写的音乐带去拍摄现场，很多隐晦的、不易察觉的同步借此得以完成，对某些片段的突显更是起到了决定性作用，比如"面条"到达莫胖子的酒吧，再次与昔日好友碰面的那一幕。镜头从德尼罗的一个眼神开始，他需要在某个瞬间突然眨眼睛。

○ 从来没有哪部电影像《美国往事》这样，舒缓的音乐带领着观众，从某一个人或是几个人共同回忆中的某个"别处"，蹑着脚一齐进入一个浩繁宏大又精雕细琢的世界。

● 空间和时间必须放大，因为电影本身构建在连续不断的闪回和预叙上。但是很奇怪，原版胶片在美国被认为太长了，于是发行方决定按照故事正常的时间顺序重新剪辑，这一剪破坏了整部作品，剥夺了其生命必需的血液：时间跳跃。

○《美国往事》的几首主题曲是怎样诞生的？女主角德博拉的主题曲早就躺在你工作室的某盒磁带里了，这个大家都知道。是怎么回事？

● 那是我在美国写的。80年代初，我到达美国，准备为泽菲雷利的电影《无尽的爱》(*Endless Love*, 1981)写配乐，但是最后我没有完成这份工作。一般遇到这种情况，我会把一切已经写好的曲子束之高阁，因为我觉得，把为他人准备的音乐交给导演，是很失礼的事。但是有些我觉得不错的主题，我会自己收藏。

而我和塞尔吉奥，从《荒野大镖客》开始，我们就开创了一种不是很正派的做法，我会把其他导演不要的曲子都给他听。好吧，如此选出来的曲子中，最著名的无疑就是德博拉的主题，而且说实话这首曲子的情况不一样，不是"别人不要",是我拒绝了泽菲雷利的电影。就是这么回事……

○ 虽然是为另一部电影写的,我们无法抹杀这首曲子在整个故事中的完美表现。旋律在空间上如此宽敞,表现的是一种无边无际的爱,也许是不可能的爱,正是"面条"和德博拉之间的感情,也是对丢失在记忆中的朋友们的感情,说不定用在电影《无尽的爱》里也合适。关于这首曲子的构思,能再详细讲讲吗?

● 说实话没什么特别的,我只是突然想到了一个主意,觉得很不错:一个属音持续音下行到 E 大调的第四级音上,从曲调的角度来说这是一个"错误"的音符。这是我第一次写出类似的音乐,以前从来没写过这种……低音声部里如今成了主音支撑起 A 大调的 La,和旋律声部中的 Si 创造出不协和的效果,在学校我们管这叫作"变化音"或者"错误音符",因为它位于所构成的和弦之外。

在我看来,这种手法用于一段没有未来、对双方都无益的爱情,恰到好处。间奏的旋律创作也是基于空间感的概念,从整体来看,不仅能够适应莱昂内使用摄影机的节奏和方式,在其伴奏的场景中,还能指引摄影机的动向,二者相得益彰。

○ 这首主题和马勒的《第五交响曲第四乐章:小柔版》(*Adagietto*)有什么联系吗?其实后者也是围绕无果之爱展开的……

● 《小柔版》是我一直都很喜爱的作品。但是和之前一样:我在那首作品的基础上进行了理想化创作。你要知道,在像《美国往事》这样的电影里,一定会出现象征性的主题,比如德博拉代表浪漫的、伤神的、不可能的爱,但是氛围也同样重要,我营造的声音"氛围"必须和剧本里所描述或暗示的一切协调一致，包括故事背景、美术布景、场地、色调、摄影、服装：总之，人物周围的每一个元素，作曲者和乐谱都要知晓。之前说到的"变化音"可以作为一个例子，除此之外我还运用了美国音乐典型的"走音"[59]效果。

○ 你能举一个"走音"的例子吗？

● 在我为这部电影写的另一首插曲《贫穷》（*Poverty*）中，这一点表现得非常明显。听主题的第一部分，尤其是钢琴和单簧管一起演奏的旋律，你就会得到一个非常清晰的例子。乐曲内部的碰撞让人想到美国20世纪20年代的音乐，那个年代的爵士乐。我还安排了班卓琴，也是出于同样的目的。

○ 这一次，你和莱昂内之间还有互相无法理解，或者起争执的情况吗？

● 一如既往……饰演少年德博拉的小詹妮弗·康纳利（Jennifer Connelly）跟着音乐翩翩起舞，那一幕的背景乐是《罂粟花》[60]，连接其主旋律的模进段落像是一场无尽的冒险。塞尔吉奥先是在我们试录曲子的时候根据音乐剪辑画面，但是后来，他要求我根据画面把同一首曲子用完整的乐队编制再重新录一次。不懂这有什么意义……

我们几乎是两帧两帧地播放画面，控制同步：三个半小时之后，终于实现了他的愿望，但是音乐听起来不是很流畅，原来的演奏不受精密计时器的限制，更加收放自如。那一刻我对他说："塞尔吉奥，我再也不会为你重做曲子了，你就用原始版本，就这样！"

他只能这么做，效果好得很。

自然诞生并发展的音乐，受到时间限制的音乐，两者之间到底有多大差别，有时候导演们根本想象不到。那种严格控制的做法需要和乐团一起研究很久，能够做到，但并不"真实"。幸好他最后还是听我的，但是我们又为别的事情争论起来。连接主题曲和《罂粟花》的过渡段，我觉得应该处理成仿佛是在梦中听到的乐曲。

于是我写了一段非常微弱、轻盈，又有些不安的弦乐曲，但是塞尔吉奥觉得不好。

"不能这么搞，不能用这种东西，"他说，"这应该是现实中的。"

于是我重新写了第二版，过渡非常生硬，引出"历史中的"《罂粟花》，也就是还原当年的风格。德博拉真的是随着留声机里的音符起舞，但我必须得说，我不喜欢这样：我想要用我个人的做法再现那段优美动人的旋律，让它成为我的音乐。我不得不让步……不过塞尔吉奥也有他的道理。

○ 电影中出现了《昨天》(Yesterday)，这是谁的主意？

● 和《罂粟花》一样，在剧本里就定好了；我只是重新编排了管弦曲。我也觉得插入这首曲子是必要的。在一次时间跳跃之后，"面条"重新出现在老旧的场景中：观众们需要知道，这个画面意味着一次时间顺序切换，我们甚至给出了确切的时间信息，1965年，正是甲壳虫乐队这首歌发行的年份。

○ 你从什么时候开始重新在录音室里指挥乐队的？

● 尼古拉最后一次指挥是在1974年。我跟你讲起过，很多年以前，莱昂内建议我找指挥家来指挥，这样我们就可以一起待在控制室，一起讨论。有一天他又提出异议："埃尼奥，我觉得你的曲子由你自己指挥更好。"于是，我重新拿起了指挥棒。

○ 电影中有哪些片段特别打动你吗？

● 德尼罗和伍兹，也就是"面条"和麦克斯最后见面的那段肯定是，那天我也去了拍摄现场。还有影片开头的几个片段，那些小孩开始犯罪，越来越频繁，越来越恶劣，没有思考没有判断，从此犯罪和他们的人生、他们的世界纠缠在一起。与此同时，他们渐渐明白自己从哪里来，自己到底为什么要这样做。我一下子就觉得，这是一条非常强烈的主线。

○ 事实上，大家都会站在他们这一边，温柔地卸下原本坚固的道德标准。一种解放的自由。

● 有一幕让我的心特别柔软。"斜眼"，最小的那个孩子，在楼梯上等他们的妓女朋友，却投降于蛋糕的美味[61]：其实这就是一群小孩，他们只是被迫成长得太过急速。

电影分水岭的一幕主角也是"斜眼"，他被敌对帮派的一个年轻黑帮一枪崩死[62]，莱昂内用慢动作完成这组镜头，我为此写了一首旋律尖厉的曲子，排箫的声音和一个加了波音的固定音型像是要捅破观众的记忆，就跟捅破了"面条"的记忆一样。对他来说，那段记忆也有决定性的意义，是一处扯开了就无法再回头的伤口，他的少年时期随之结束。下一幕就轮到"面条"犯了杀人罪，要被监禁二十年。

《列宁格勒900天》与莱昂内逝世

○ 他跟你讲起过《列宁格勒900天》（Assedio di Leningrado）吗？

● 讲了好几年了。这样的项目需要大手笔投资，不过塞尔吉奥手头有很多资源。音乐方面我们还没有讨论过，但是他跟我说，电影开场是一队管弦乐队，正在演奏肖斯塔科维奇的一首交响曲。作为抵抗的象征，他们会出现不止一次，乐队的人数越来越少，还有受伤的音乐家和空着的座椅。

我没提前写几首主题曲其实挺奇怪的，我总是有这种感觉，塞尔吉奥好像知道这部电影他完成不了。他得到了苏联政府的许可，给他租借坦克（当然不是百分百如他所愿），他还买了票准备去实地考察，但是一直没有成行。

塞尔吉奥的心脏在1989年4月30日永远停止了跳动。在最后阶段，他的身体愈发沉重无力，他知道应该做个移植手术但他一直不肯，因为他怕从此要在轮椅上度过余生。这样做反而宣判了他的死亡。那天我赶到他家，人已经昏过去了，瘫在床上，他的侄子卢卡告诉我这一切，我才得知他的情况。当时是大清早，那一天太可怕了，满是痛苦。然而之后的日子更加难熬。

接下来是葬礼,这一段我的记忆比较混乱,因为我整个人都很混乱。参加葬礼的人数多到难以置信,现场放着我写的曲子。我被叫到祭坛前,只说了一句话:"他为电影里的声音煞费苦心、精益求精,如今只剩下深深的沉默。"

我心乱如麻。逝去的是我的朋友,也是一位伟大的导演,而世人还没有完全认识到这一点。

注　释

1　*科尔索大道,纵贯意大利罗马古城中心区的一条主要街道。
2　*指一串和弦音从低到高或从高到低依次连续奏出。
3　*一般指由爱尔兰作曲家约翰·菲尔德(John Field)首创的一种钢琴曲体裁。旋律如歌、富于诗意,往往采用琶音式和弦的伴奏型。
4　*卡农曲式,复调音乐的一种写作技法,指由多个声部演唱或演奏同一个旋律,先后相距一拍或一小节出现,形成此起彼落、连续不断的效果。
5　*原文为法语:fil rouge。
6　《罗马三部曲》:《罗马的喷泉》《罗马的松树》《罗马的节日》。
7　*19世纪末在法国流行的一种舞蹈音乐,一种轻快粗犷的舞蹈,后期风行于歌舞厅,高踢腿是其经典动作。
8　*一种和弦,由多个音以半音连续叠置而成。
9　*又称顿音、跳音奏法,是钢琴重要的基本弹奏方法之一。断奏一般会产生短促清脆而富有弹性的音效。
10　*法国浪漫主义时期的一种音乐类型。通常只用简单的几种乐器如小提琴、钢琴等,短小轻盈,多炫技或抒情。
11　*戈弗雷多·彼得拉西(Goffredo Petrassi),意大利知名作曲家、音乐教育家,许多作曲家皆出自他门下。
12　*里拉,意大利旧货币单位。1欧元=1936.27里拉。
13　*指各和弦的先后连接,是和声的横向运动。
14　*重音的一种,通过音高的变化来突出某个音节的发音。
15　*在音色上是指声音在发声瞬间的特性。起音较强的乐器,音量会在弹奏瞬间较快冲到最高点，例如钢琴；起音较弱的乐器，弹奏时会较慢到达最高音量，例如弦乐器。

16 包括妮拉·皮齐（Nilla Pizzi）、泰迪·雷诺（Teddy Reno）、保罗·巴奇列里（Paolo Bacilieri）、露西娅·巴尔桑蒂（Lucia Barsanti）、保罗·萨尔迪斯科（Paolo Sardisco）、努恰·邦乔瓦尼（Nuccia Bongiovanni）、佛朗哥·博利尼亚里（Franco Bolignari）。

17 *米莫，莫杜尼奥的昵称。

18 *RCA 意大利（RCA Italiana）旗下的一家经济型唱片公司。

19 *西班牙的一种三拍子的民间舞蹈，使用响板来做伴奏。舞曲节奏鲜明，气氛热烈。

20 *应用在实际用途上的音乐，含有较为具体的实用性质，有外在目的和特定功能，多以商业目标为出发点。

21 *朱塞佩·萨拉盖特（Giuseppe Saragat），1964 年 12 月 29 日到 1971 年 12 月 29 日任意大利总统。

22 *持续音是多声部音乐作品中某一个或几个音在和声进行时，始终保持在各自的声部位置上形成的长音，又名固执音或踏板音。

23 鲍勃·罗伯逊（Bob Robertson），可理解为"罗伯特的儿子"（Robert's son），以纪念塞尔吉奥·莱昂内的父亲温琴佐。温琴佐是意大利早期导演，曾用艺名罗伯托·罗贝蒂（Roberto Roberti）。

24 这首催眠曲，原本用于一个描写海上小船的故事，由彼得斯姐妹中的一位女低音演唱。彼得斯姐妹是 20 世纪 60 年代在意大利非常受欢迎的一支美国三重唱乐队，与导演、演员雷纳托·拉谢尔（Renato Rascel）经常合作。

25 彼得·特维斯（Peter Tevis）的这张 45 转黑胶唱片收录了《富饶的牧场》和《无尽之夜》（Notte infinita）。同年又发行了第二张唱片，曲目有《玛丽亚》（Maria）和《只在今夜》（Stanotte sì）。

26 亚历山德罗尼的口哨声在由莫里康内作曲的许多电影中都有出现，比如《特工 505 大战贝鲁特》（Agent 505: Todesfalle Beirut，1966）。

27 *意大利电影评论家协会与意大利电影新闻记者协会自 1946 年以来每年颁发的电影奖项，是欧洲历史最悠久的电影奖。

28 *科波拉帽，西西里传统帽子，一般为羊毛绒质地。

29 *C、D、E、F、G、A、B 七个字母表示基本音级的"音名"。唱谱子时，一般都是唱音级的"唱名"，即：do、re、mi、fa、sol、la、si。但 C 不一定等于 do，如果按照首调唱名法，是将该调的主音唱作"do"，其余各音按照相应的音高关系来唱。比如 F 调，F 音唱作"do"，G 音唱作"re"，依此类推。

30 *一种辅助乐器，可以降低音量，使乐器声音柔和缥缈。铜管乐器的弱音器呈碗状放在号口处。

31 *指奥地利作曲家安东·冯·韦伯恩（Anton von Webern），新维也纳乐派代表人物。纳粹占领奥地利期间，因受纳粹迫害被迫隐居。1945 年被一美国士兵误杀。韦伯恩师从勋伯格，后者把音列当主题，韦伯恩除了对音高加以组织控制，还对音色、时值等要素做相对安排，为二战后的"整体序列"指出方向，因此有人称二战结束之初为"后韦伯恩时代"。

32　指《伟大》(*Magnificent*)，收录于专辑《消失的地平线》(*No Line on the Horizon*，2009)。

33　"镖客三部曲"回报惊人，比前期投资翻了太多倍。根据IMDb网站的数据，《荒野大镖客》总收入超过1400万美元，预算只有20多万美元。《黄昏双镖客》收入1500万美元（预算75万美元），《黄金三镖客》收入2500万美元（预算120万美元）。

34　*帕尔米罗·陶里亚蒂（Palmiro Togliatti），意大利共产党创始人之一，前意共总书记，意大利工人运动和国际共产主义运动活动家，领导意共积极探索"走向社会主义的意大利道路"。

35　银幕上的文字解释说，这句话取自埃德加·斯诺（Edgar Snow）对毛泽东的一次采访。埃德加·斯诺是中国共产党取得胜利时第一个对其进行详细描写的西方记者。

36　收录于《路德教徒书》(*Lettere luterane*)，皮埃尔·保罗·帕索里尼，伊诺第出版社，都灵，1976。

37　*此处"停车场管理员"和前文"流动演奏者"的意大利语均为"posteggiatore"。

38　*1087年的私人赠予公证书，通篇为拉丁语，但在结尾处有几行字，所用的语言与严谨的拉丁语有所区别，这份公证书为意大利从拉丁语过渡到通俗语的重要证据。诗中"Caput Coctu"和"Dio mi scampi de illu rebottu."均节选自最后几行字，后者化自"ille adiuvet de illu rebottu"，意思是"你把他从恶棍手中救出来"。

39　*拉特拉诺圣莱门特教堂的地下室有一幅壁画，画的是西西尼奥命令他的仆人们把圣莱门特绑起来拖着走，但事实上圣莱门特并没有被绑起来，两个仆人拖着的是一根柱子。壁画上的文字为画中人物的对话，均为11世纪的通俗语。诗中"Fili de le pute, traite."一句即西西尼奥的台词，阿尔贝尔泰是两名仆人中的一个。

40　*1158年沃尔泰拉主教和一位公爵就特拉瓦莱几处乡间农舍的归属问题打官司，几次开庭无果，法官决定审讯几位当地的农民和看守，庭审记录的一些片段流传下来，被称为"特拉瓦莱证词"，是研究托斯卡纳地区通俗语的宝贵历史资料。诗中"Guaita, guaita male!"节选自一位广场看守的证词。

41　诵唱，将歌唱和说话的特点融为一体的一种演唱方法。由勋伯格在作品《月光下的皮埃罗》(*Pierrot lunaire*，1912) 中第一次运用，之后第二维也纳乐派和各先锋乐派也多有运用。

42　*EUR区（罗马世界博览会新城区），罗马的行政中心和商业区，位于老城南部郊区。新城规划始于20世纪30年代，原本是墨索里尼为1942年的罗马世界博览会所建。

43　*直译为"情色的-神学的-盛大的"。

44　*又称三行诗节押韵法，诗句三行一段，连锁押韵（韵脚为aba, bcb, cdc, 以此类推）。但丁的《神曲》全书均为此形式。

45 收录于《诗歌以玫瑰的形式》（*Poesia in forma di rosa*），皮埃尔·保罗·帕索里尼，加尔赞蒂出版社，米兰，1964。

46 阿戈斯蒂和贝洛基奥曾一同在罗马电影实验中心跟随利利亚娜·卡瓦尼（Liliana Cavani）学习。1968 年，莫里康内也开始同后者合作。

47 *萨科和万泽蒂是电影《死刑台的旋律》主人公，也是美国历史上著名的"萨科和万泽蒂案"的当事人。1920 年，尼古拉·萨科（Nicola Sacco）和巴尔托洛梅奥·万泽蒂（Bartolomeo Vanzetti）被控抢劫杀人，两人提交的证据足够自证清白，但法院仍判他们有罪。二人质疑审判结果和他们无政府主义者的身份有关，英、法等多国都爆发了游行示威，抗议他们受到的不公正待遇。尽管律师多次为他们提供新的证据，但均被法院否决，1927 年 8 月 22 日，萨科和万泽蒂被送上电椅。

48 *形成于 20 世纪 50 年代法国电影界的创作主张，即高度肯定导演个性、贬抑流俗化创作现象，"作者论"直接影响和助成了法国"新浪潮"电影的产生。"作者电影"也可泛指具有明显个人风格特征的影片，有时与"艺术电影"的具体含义有所重合。

49 《每日邮报》1967 年 1 月 4 日刊。

50 传闻他们收到的报酬是每页剧本 7 美元左右，为此还有人指责贝托鲁奇为了"商业电影"背叛了"作者电影"。

51 据摄影师托尼诺·德里·科利（Tonino Delli Colli）透露，他们一开始想用一只假苍蝇，但是拍出来太没有说服力，于是只能在演员的嘴唇上涂上蜂蜜，默默等了几个小时的苍蝇。

52 *法国工程师沙费提出的概念，特点是将音乐的概念扩大到自然界、器具、环境等一切声源。

53 RCA 在 1969 年发行了一张 45 转黑胶唱片，曲目为《西部往事（吉尔的主题）》和《吹口琴的人》（*L'uomo dell'armonica*）。

54 RCA 在 1969 年发行了一张 45 转黑胶唱片《永别了夏恩》（*Addio a Cheyenne*），曲目为同名乐曲和《就像一场宣判》（*Come una sentenza*）。

55 *指一个贯穿整部音乐作品的动机。

56 *一种非正弦曲线的波形。使用电子合成器时，一般先由振荡器生成基本波形（锯齿波、方波、三角波、噪音等），方波听起来是顿感的，声音突然变大，突然为零。

57 1972 年，沃尔特·卡洛斯（Walter Carlos）经历了一场变性手术，改名为温蒂·卡洛斯（Wendy Carlos），如今以此名为众人熟知。

58 导演为阿尔菲奥·卡尔塔比亚诺（Alfio Caltabiano）。

59 某些非洲音乐要求一定要有四分音符（即二分音符时值一半的音符）组成的音阶。当非洲音乐传入美国，爵士和蓝调音乐家利用这一特色，通过二分音符在和声中的冲撞（通常是和弦中的三音），或者通过半音旋律，来"污染"整个乐段，就像出了一个错误的音，听起来如"走音"（stonazione）一般。这些"错误"的音仿佛在资产阶级沙龙中道貌岸然的正统派身上狠狠地踩了几脚。

60 一首 20 世纪 20 年代的西班牙爵士曲,由何塞·拉卡列(José María Lacalle García)创作。
61 * 原文如此。电影中等妓女的是帕特里克,最小的孩子是多米尼克。
62 * 原文如此。电影中被一枪打死的是多米尼克。

03
音乐与画面

莫里康内：吉洛·蓬泰科尔沃曾经说过，在每一个电影讲述的故事背后，都隐藏着一个真正的故事，那个才算数。所以，音乐要把那个藏起来的真正的故事清清楚楚地揭露出来。音乐要帮助电影表达其真正的深意，不管是从概念上，还是从情感上。这两种情况对于音乐来说是同一回事。

一位电影作曲人的思考和回忆／回顾好莱坞首秀／制约和创造力：双重审美／戏剧、音乐剧、电视剧音乐／痛苦和实验／电影之外，音乐之外

一位电影作曲人的思考和回忆

○ 你第一次看电影是什么时候？

● 记不清楚了，但肯定是在20世纪30年代，我还是个小孩子。那时候两场电影连续放映：成年人凭一张票可以看两场，我那个年纪的小孩子们则是免费入场。有一部中国电影，里面的一组镜头给我留下了特别深刻的印象，那幅画面一直留在我的脑海里：银幕上突然出现了一个雕塑之类的东西，然后居然缓缓地动了起来。真是记忆犹新。[1]

探险故事是我的最爱，爱情故事就不是很对我的胃口。对于小时候的我们来说，电影是圣诞节才看的东西，像礼物一样。

○ 后来你有喜欢上爱情故事吗？这么多年来你作曲的电影里有不少是爱情电影。

● 我觉得有，但是总的来说，如果需要为爱情桥段作曲，我还是会保持一个相当严苛的距离，因为我觉得这样的配乐，一不小心就有沦为媚俗作品之虞。无须刻意提醒，一看到这种画面我就会自动进入警惕模式。比如1994年，我为《爱情事件》(*Love Affair*)作曲，影片结尾处，两位主人公[2]在一段简短的对话之后互相拥抱、亲吻，此时镜头转向纽约全景，之后就是片尾字幕。我立刻想到此处要让主题段落反复出现，音乐逐渐减弱，就好像二人亲吻的瞬间是独一无二的，空前绝后的，是他们相遇的高潮，是神圣的时刻，这一刻永远不可能重来，在发生的刹那已成回忆。然而，导演想要为最后的对白搭配轻快的音乐，从亲吻的那一瞬间开始到纽约大全景，乐曲猛然渐强：这就成了真正的喜剧结局，成了二人感情的胜利，但这说服不了我。

这类东西总是让我心存疑虑。

○ 你不相信胜利？

● 我不相信彻底的胜利，我觉得这种事情只存在于某些电影里，事实确实如此：在生活中永远一帆风顺是不现实的。我一般不喜欢写庆祝式的音乐，除非不得不写。

《铁面无私》（*The Untouchables*，1987）也是类似的情况，只不过这部电影的胜利无关爱情。

我记得我去纽约和导演一起待了四天，我完成了所有配乐；我们正要告别，布赖恩[3]跟我说，他感觉还缺了一首至关重要的曲子。我们一首一首地检查，"开场音乐没问题，家庭主题也没问题，描写四个人友谊的主题也在……还缺一首警察的胜利！"我们决定我先回罗马，在家写几首供他选择。

我准备了三首曲子，两位钢琴家的二重奏呈现出热烈盛大的效果。布赖恩告诉我三首都不行。我又写了三首，他打电话告诉我很可惜，还是不行。我继续赶工，再一次传给他三首曲子，还有一封信，在信中我明确表示不要选第六首，因为我觉得最不合适、庆功氛围最浓烈的就是那一首：用起来效果比较差。你猜他选了哪一首？

○（我沉默了一会儿，意识到德帕尔马选的就是六号曲。）

● 你懂了……描写爱情的电影画面和背景音乐都是一副大获全胜的架势，这会让我产生不信任感，暴力场面也是一样，尤其是无缘无故的暴力，一般来说我会想用音乐来做些抵偿。有时候我从受害者的角度来诠释暴力。从这一点来说，电影音乐可以放大或抵消画面传达的信息。

○ 对你来说打破常规重要吗？

● 我不能，也不想一直这么做，但是在我看来，对于作曲人来说重要的是，在做选择的同时你对其他可能性也要了如指掌，你要知道面对画面以及其中深意的时候，该如何安放自己。

○ 我们聊聊德帕尔马：1987 年的《铁面无私》是你和他合作的第一部电影……

● 这部电影制作精良，演员表星光熠熠，一看就很有佳片气质。德帕尔马给我很大压力，虽然没过多久我就发现他其实是个非常害羞且内敛的人，但是他的工作模式把他敏感温柔的一面都掩盖住了。

我们合作得很愉快，两年之后，1989 年，他跟我讲了《越战创伤》（Casualties of War）的设定，故事发生在越战期间。我被故事中的越南小女孩揪住了心，几个美国士兵先是拘禁、虐待她，最后将其残忍杀害，她在一座铁路桥上被机枪扫射，浑身都是枪眼。

那个越南女孩像一只被击中的小鸟，从高处坠下，无力地跌落在地。由此我想出了一个主题，只有几个音，两把排箫的声音交替出现，让人们联想到垂死的鸟儿，翅膀渐拍渐缓。

和排箫的典型演奏曲目相比，我写的这首曲子不是很适合这件乐器，不过两位吹奏者克莱门特兄弟表现得很棒。我在低音区安排了铜管乐器合奏与兄弟俩对抗，我觉得铜管乐器的声音能充分表现出大地的沉重和压抑，那是越南小女孩最终倒下并死去的地方。从土壤里，主旋律慢慢生长、挺立。

在这一段结束之后，合唱团重复吟唱着"ciao"，这个单词在意大利语和越南语中是同一个意思。

○ 在你们合作的三部电影之中，也许最后的《火星任务》(Mission to Mars, 2000) 是相对而言最不成功的一部。

● 就我个人而言，这部电影给我留下了很不错的印象。作曲时我完全走自己的路，而且在宇宙场景中，在绝对的静默里，我的音乐能够完整、纯粹地直达观众的耳膜。

当然，影片本身在口碑和票房上都不是很成功，这一点必须承认。我觉得我也有责任。另外，在拍摄过程中，我和德帕尔马之间基本没有交流。

直到我快要回罗马了，在最后的音乐录制阶段，他才说要带着翻译员来见我。那是非常诡异而神奇的一刻，差不多有整整三分钟的时间，我们三个人都在抱头大哭，布赖恩边哭边说："我没想到是这样的音乐，也许我配不上。"

尽管如此，之后我们再也没有机会合作，他每每联系我，我们俩的档期都对不上，很可惜。

○ 你的这份责任感从何而来？

● 很简单，我感觉得到。我有什么办法呢？如果一部电影的票房不如预期，我就会觉得我有责任。

○ 一串连贯的画面，音乐要如何闯入？

● 看情况，没有既定规则，但我比较喜欢渐入。我喜欢音乐从无声开始，又回归寂静。所以这些年来我频繁使用（搞不好用过头了）所谓的持续音，有时候就是一个持续的强音，一般都安排给低音提琴或者大提琴，很少用管风琴和合成音。

音乐悄无声息地进入画面，观众的耳朵都没有察觉：它存在，却一直没有向我们宣告自己的到来。这种音乐技巧不显眼，不灵动，但是真实，相当于一个音乐"框架"，高度提炼的精致框架，从出现之时起就担负着为后续内容提供支点的任务。

音乐的退场也可以参照同样的方式，审慎得体。所以，是持续音牵着观众的手，带领他们去向别处，再温柔地陪伴他们回到画面所在的时空。

○ 你一般怎么选择音乐进入的节点呢？

● 这个问题也没有标准答案。一般来说是电影先剪辑好（或者预剪辑），我和导演一边看片一边商讨，一起花时间，一起决定关于配乐的一切。还有一种情况是先把音乐写好，这不大常见，音乐源于剧本，甚至可以来源于和导演的谈话，比如他们会在剧本还没出来的时候告诉我，大概有这么一个项目，是什么样的场景、人物、构思……

○ 你比较喜欢哪一种？

● 当然是后一种，但这需要一场情投意合的对谈才能做到。而且，不是所有作品都具备足够的条件：在拍摄之前录制音乐势必造成预算的增加。基本上，这种做法还要求根据影片的最终剪辑进行二次录制，修改一些不准确的地方，比如细节、同步……程序很复杂。我只在少数几位导演的作品中采用了这样的方式，比如莱昂内、托尔纳托雷。

○ 你能举个例子吗，哪组镜头的配乐是事先创作好的？

● 也许最有名的镜头来自《西部往事》，至少在莱昂内的电影里算得上著名桥段，就是克劳迪娅·卡尔迪纳莱到达火车站的那一幕。

那场戏完全是按照音乐节奏来构思的。吉尔慢慢明白了没有人会来接她，她看向时钟，音乐进入，持续音支撑并引入了第一段主题。吉尔往前走，进入一栋建筑，她向站长询问信息，摄影机从窗外窥视她。这时埃达·德洛尔索的歌声响起，之后是猛然增强的圆号，引出了接下来的全体管弦乐队合奏。为了这一段配乐，莱昂内用一台移动摄影车实现了一个横向移动的全景镜头，镜头由窗户而起，慢慢上升，拍到了枢机主教到达城市。从一处细节过渡到整个城市，从一个孤零零的声音过渡到整个管弦乐队。但是我不用为了凑上这些时间节点去调整音乐，是塞尔吉奥用镜头的运动来适应音乐。另外，他拍摄的画面，镜头的运动轨迹和马车车厢以及人物的运动轨迹也是同步的。

莱昂内执着于每一处细节。

○ 有传言说这组镜头引起了库布里克的关注，他打电话给莱昂内问他是怎么做到的……

● 很多人问他那组镜头，其中就有斯坦利·库布里克。他问他怎么样才能让一位作曲家写出如此同步，又如此自然的曲子……

塞尔吉奥回答得很简单："音乐我们事先录好了。画面场景、镜头运动和转换都参照音乐来安排，把音乐在拍摄现场用最大音量放出来。"

"当然，这很明显。"库布里克说。

确实明显，但并不当然，因为在电影界，音乐总是最后才考虑的东西。

○ 在你看来是什么原因？

● 也许是默片时代的传承，那时候的电影音乐，经常是由一位钢琴家现场即兴演奏。当然，这种习惯的形成也有理论和实践上的原因。

比如，曾经有许多著名作曲家看不起为电影做陪衬的音乐世界：斯特拉文斯基就认为，这种音乐的任务是为对话伴奏，还不能打扰到对话本身，也不能喧宾夺主，就像咖啡厅的背景音乐一样，而萨蒂则说这是"摆设一样的音乐"。

其实现在还是一样，音乐是一种能够传递信息的语言，但是人们对此不以为然，觉得音乐只是背景。如此偏见，致使电影作曲人自身也普遍低估自己的工作，迁就导演和制作方，快餐式地完成作品，甚至成套堆砌老伎俩旧招数。

○ 那么如果电影已经拍好了，你是怎么做的呢？

● 我和导演一起看声画编辑机，一起审片。我会记很多笔记，收集有用信息，记录导演的想法和要求，一起决定音乐的进入点和退出点。我们用计时器记录每段配乐所需的持续时间，再逐一加上标注，包括小段的简单注释用以提醒我从这一段到下一段之间发生了什么，一个用作编号的字母，一串代表时间码（用于胶片的通用计时法）的数字。

如果可能的话我会跟导演讨价还价，为每首曲子的开头结尾都多争取几秒钟时间，好为音乐的进入和退场做准备，这个我之前提到过。这是第一步工作。

接下来的工作，就是不断地互相妥协，总有新的要求需要回应。

作曲者应该重视电影结构的一切决定成分，要做到所有声音和画面都烂熟于心，要有自己的东西，还要想好如何和导演步调一致。

到了这一步，我们就可以回家，把自己关在工作室里，用辛劳的汗水找到属于自己的方案。

○ 你觉得和导演之间的关系重要吗？

● 这是整个流程中最微妙的一环。也是最重要的一环。导演是我为之效力的电影作品的主人，创作阶段的交流讨论基本上都能激励我，给予我多重视角，促使我不断创新。如果到了制作阶段还缺少这种碰撞，气氛太过平静的话，我甚至会有一点"被抛弃"的感觉，这样交出的成果，我觉得不能体现自己的最佳水平。

不管怎么说，良好的沟通都是有益的，观点一致自然相得益彰，意见相反正好切磋琢磨，让实践方法在交流中逐渐成形。

○ 什么样的情况下会"太过平静"？

● 跟好几位导演合作的时候都会变成这样。我举几个例子：卡洛·利扎尼（Carlo Lizzani）、塞尔焦·科尔布奇（Sergio Corbucci），还有帕斯夸莱·费斯塔·坎帕尼莱（Pasquale Festa Campanile），最后这位甚至在剪辑之前从来没到录音棚来听过音乐。

几次合作之后我对他说，这个习惯要是不改，我就再也不接他的电影了。他对我说，音乐和布景、影像以及剧本都不一样，音乐有自己的生命，是完全独立的，如果一个导演想要控制音乐的某些方面，那只是他的幻觉。

这种说法让我困惑，也让我思考：他在含蓄地表达对我和我工作的信任，而且他的话很有可能就是事实。面对作曲人的决定以及音乐，导演们常常觉得自己无能为力。

○ 你对他还有什么其他印象吗？

● 他是一个很讨人喜欢的男人，总是在和他心爱的女人煲电话粥。当然，电话那头每次都是不同的人。

我总是能跟那些在摄制过程中缺少交流通道的导演建立起牢固的友谊，或者在性格上互相吸引……

在那之后，我和佩德罗·阿尔莫多瓦（Pedro Almodóvar）的合作也遇到了同样的问题，我们在1989年合作了电影《捆着我，绑着我》（Légami!）。我至今没搞清楚他对我的音乐到底喜不喜欢……

○ 阿尔莫多瓦也没有来过录音棚？

● 不是，他来了，他参加了所有在罗马的音乐录制。问题是他总是说"好的"，没有丝毫激动、热情或者投入的迹象。对他来说什么都是"好的"。我会忍不住想，他表现得那么平静是不是因为他其实什么都不喜欢。几年之后我在柏林遇到他，我们俩都是去领奖的，我对他说："你跟我说实话，《捆着我，绑着我》的音乐你到底喜欢还是不……"他没等我问完就异常热情地回答我："喜欢得不得了！"说完他突然爆笑起来。说不定他根本都不记得了……

到现在我还保留着这个疑惑：他喜欢还是不喜欢？

那次他说的"不得了"我总感觉不可信。

○《捆着我，绑着我》的音乐主题很有生命力。

● 是的，我喜欢这样的旋律。其实，如果听到了意料之外的音乐，有些导演是需要时间来消化一下的：每一位导演在构思电影时对音乐都有自己的期待，基本上是他在某个地方听到过的一个片段，但他也不是很清楚到底是什么。有的时候他们能接受，有的时候不能。

如果没有主题？我会更兴奋

○ 你觉得导演们根据画面来应用音乐的方式有所改变吗？

● 有，我觉得改善得恰到好处。我一直努力把我的工作模式，我坚持的手法和思路传达给共事的导演们，我想要建立一种更加自觉的关系。导演们必须明白我为何一定要这样或那样配器，因为不同的乐器编配能让主题面目全非。

说到主题，有时候我想回避，但是基于其必要性和导演自身的意愿，又不得不实现。有时候我甚至会觉得，为什么主题那么不可或缺，也许他们找我为的就是要一段好听的旋律。

○ 听说你的妻子玛丽亚是第一个听到主题并做出评判的人，这是真的吗？

● 是真的。导演们偶尔会从我给出的备选曲里挑中不怎么好的那些。我只能尽我所能去补救，比如在乐器编配上下功夫。我知道，我只能给他们听真正的好曲子。于是我想出了一个办法：所有曲目都要先过我妻子的耳朵。她会直接给出意见："这首留着；这首不要；埃尼奥，这个完全不是这么回事。"

她不懂得音乐技巧或是理论知识，但是她和观众们共享同样的直觉。而且她很严格。问题解决了：从此以后，导演们只能在玛丽亚选好的曲子里再做选择。

如果整部电影的配乐都是无主题的，那就跟导演以及我妻子都没有关系了，在这种情况下所有曲子都是我本人的选择。

○ 一般来说，你会提供几个版本的主题？

● 我会给导演听很多片段，好让他有充分的选择空间。我一共准备二十来首曲子，每一个主题准备四五个版本，面对这么多曲目有的导演会非常迷茫。但是迷茫过后，认真思考，他们会找到正确的方向。我们一遍遍重听曲子，一起让整体配乐变得越来越好。

和同一个导演合作到第八部、第九部作品的时候还是这个模式。

他们常常到这个客厅来,我在钢琴前坐好,我们开始试听曲子。

○ 这件乐器陪伴你多长时间了?(我指指钢琴,就在我们坐着的沙发旁边,在客厅宽敞明亮的大窗户下)

● 我记得应该是从 70 年代初开始。虽然在学习作曲的第九年我参加了钢琴考试,但我从来不是一个真正的钢琴家,不过我还是觉得我需要一台钢琴。于是我打电话给布鲁诺·尼古拉,跟他说:"布鲁诺,我要买钢琴。你帮我一起选吧。"最后就是他帮我选的这台钢琴。一台很棒的斯坦威三角钢琴。

尼古拉是我很好的朋友,我很想念他。

○ 你的许多作品都是由他指挥的,除此之外,布鲁诺·尼古拉作为作曲家还跟你联合署名了不少电影。

● 确实是这样,但是我想在这里一次性把这件事讲清楚,因为这么多年来一直存在着一些不准确的说法。

首先我必须说的是,我找布鲁诺跟我一起工作是因为他是一位顶级指挥家:我还在音乐学院的时候就久闻他的大名,我很尊敬他,我的许多电影配乐作品都交给他,他在录音室指挥,让我能够协助导演精确校准音画同步。

但是最近,我读到了一些极其不负责任的文章,其中一篇的作者认为那些联合署名可能让我们的友谊产生了裂痕。另一个人甚至写道我们为了争夺某个共用的创作手法而对簿公堂……还有一些人把尼古拉描述成我的"秘密帮手",说我有些作品其实是他写的。全部都是无凭无据的猜测,报纸捕风捉影乱写一通的产物!(看起来很生气)

我的曲谱,从最初的构思到最后对编曲的一遍遍加工,都是我一个人亲力亲为。另外,从来没有什么官司,因为没有什么需要调查的:我和布鲁诺之间的一切都公开透明,堂堂正正!

你也知道,《荒野大镖客》大获成功之后,所有人都想找我做西部片。

1965 年，阿尔贝托·德马蒂诺（Alberto De Martino）邀请我为《百万陷阱》(*100.000 dollari per Ringo*)作曲，但是当时我正在忙莱昂内的《黄昏双镖客》。所以对于德马蒂诺的恳切请求，我回复他："阿尔贝托，谢谢你想到我，但是你为什么不找布鲁诺·尼古拉呢？他是非常合适的人选。"于是《百万陷阱》，以及德马蒂诺接下来的另外两部电影，都邀请了布鲁诺来配乐。等到阿尔贝托·德马蒂诺筹备《肮脏英雄》(*Dalle Ardenne all'inferno*, 1967)的时候，他再次联系我："埃尼奥，这一次你一定要接。"我毫不犹豫地拒绝了，告诉他我不能顶替尼古拉的位置。但是导演比我还要坚决，最后，我和布鲁诺共同协商，一致同意一起来做这部片子：他写一半，我写一半。从那以后，德马蒂诺的所有作品，只要叫了我俩其中之一，我们就一起署名，其中一部电影的音乐是尼古拉准备的，还有一部完全是我写的，但是我们同样选择把两个人的名字都放上去。除了《贪得无厌的女人们》(*Femmine insaziabili*, 1969)，这部电影只写了布鲁诺的名字。

《反基督者》(*L' anticristo*, 1974)拍完之后，另一位导演找到布鲁诺，他说想要莫里康内-尼古拉组合来为他作曲。但是我不想创造一个类似《加里内伊和焦万尼尼》的标签，我觉得这样不管是对布鲁诺的职业生涯，还是对我来说，都会有一个不便之处：工作两个人做，个人收入就只有一半。

我立刻找布鲁诺聊了这个想法，我说我觉得我们应该走出各自的路。之后我们就是这么做的；我们的友谊毫发无损，坚固如初。

○ 我们刚刚说到如何准备一段主题。那么管弦乐编曲你也会创作多个版本吗？

● 有时候会。我一般会在录制音乐的时候观察导演。某些"危险"的曲目，也就是那些比较具有实验性的，我也知道风险系数太高，我会另外准备一个完全不同的版本，更加保守更容易接受，以防导演说要换。朱塞佩·托尔纳托雷——我叫他佩普乔——有一次问我，新曲子写得那么快怎么做到的。我回答他："这叫未雨绸缪，有备无患。"

○ 所以你经常感觉到主题带给你的限制？

● 几年之前，我曾经沉迷于消灭主题。当时我一直觉得自己和导演之间的"建立在主题之上"的关系制约性太强，那段时期很漫长。1969年，博洛尼尼拍了一部非常有哲理的电影，片名叫作《她与他》(*L'assoluto naturale*)，改编自戈弗雷多·帕里塞（Goffredo Parise）创作的同名戏剧。配乐录制进行到第三轮，也就是最后一轮，他全程没跟我讲一句话。这不是博洛尼尼的风格，他通常会非常积极地给我反馈。但是那一次，他一言不发，只顾埋头画画，看都不看我一眼。他在画一些哭泣的女人的脸。

我突然问他："毛罗，音乐怎么样？"

他头也不抬地忙他的画稿，"我一点也不喜欢！"这是他的原话。

"怎么会？那你为什么要等到最后一轮录制了才说！"我问他。

"这两个音……我无法认同。"他的结论简洁明了。

那次我写的主题只用了两个音。我跟他说，我马上加上第三个，很快就能搞定一切。我去找管弦乐队，飞速完成必要的修改。这一次反响好多了。我们把已经录了两遍半的所有曲子全部从头再录过。最后，一切"搞定"。

这件事过去十年之后，有一天，我在西班牙广场碰到他。十年间我们一起拍了无数部电影，他跟我说："我今天重听了《她与他》。你知道吗，那是你给我写的所有曲子里最好的。"

他的话让我想到一个现象。新生事物刚出现时总是寸步难行，不论导演还是世人都拒绝接纳"非主流"的事物。但是随着时间的推移，这些创新终将焕发出原本的光彩，铭刻在大家的记忆里。

这是我对博洛尼尼所说的"最好"的理解，因为我给他写的其他音乐也都很好！总之，他的评价给了我很大的满足，但同时也是一记当头棒喝。

朱塞佩·托尔纳托雷

○ 跟你合作最频繁的那些导演之中，有哪一位在音乐方面有所进步吗？

● 进步最大的是托尔纳托雷：如今他甚至偶尔还能给我提个建议，这在我的经历中是前所未有的。有时候他听出一个大三和弦第一转位，整张脸都会亮起来。最近几年，他的音乐知识和音乐直觉都有了飞跃般的提升，他就像海绵一样吸收一切术语，他的语言越来越专业，现在能够勇敢地运用音乐术语来描述自己的感觉了，还能描绘——按照他的话来说——他的"幻想"。我们在工作上的配合也非常和谐。

佩普乔创作了许多非常重要的作品，涉及的题材多变，含义深刻，并且和我们的存在密切相关。

举个例子，《西西里的美丽传说》（*Malèna*，2000）就包含了各种意义……

○ ……这部电影让你又一次获得了奥斯卡金像奖最佳原创歌曲提名……

● 是的。那是2001年。要知道，撇开这个提名不说，我本身也很看重这部电影，因为它的镜头直面女性生存境况，以及这个命题之下敏感又不容回避的问题。托尔纳托雷给我们看的只是电影，但是在过去还有现在，女性在男权社会中遭受不公正待遇，这种事真实上演了多少次？数都数不清。太常见了，尤其是在意大利，一位女性仅仅因为某个冠冕堂皇的理由，就可以被无情地宣判有罪，这么做的目的，好像只是为了显示她比男性要低一等。这种观念我当然极其反感。

在这部电影里我用到了一些几何学以及数学的处理方法，以此搭建出的乐段和琶音就如那些愚蠢的刻板印象一般不知变通。主旋律则从中挣脱出来，去到完全不同的地方。也许想要飞到乌托邦，或者至少找个自己喜欢的去处。

○ 你们初次合作的成果是《天堂电影院》(*Nuovo Cinema Paradiso*，1988)。合作的契机是什么？

● 佛朗哥·克里斯塔尔迪希望我能为他制片的一部电影配乐。我的工作表已经排得很满了，而且正准备开始写《烽火异乡情》(*Old Gringo*，1989)的配乐，那部电影由路易斯·普恩佐(Luis Puenzo)导演，简·方达(Jane Fonda)、格利高里·派克(Gregory Peck)、吉米·斯米茨(Jimmy Smits)联合主演。我回复他说我没时间。这时候他突然要挂电话，还非挂不可，我都有点不爽了。过了一会儿他又打回来，说总之他先把剧本寄给我了："读读看，然后再做决定！"

我读完了剧本，因为我们是很好的朋友，那么多年我们一直合作愉快。当我一口气读到最后的亲吻镜头，我知道自己陷进去了。我离开了《烽火异乡情》，加入《天堂电影院》。

生活就是这样，有些相遇是无法预见的，你需要鼓起勇气做出选择。在剧本上看到最后一幕戏我就已经深受触动，看到托尔纳托雷把这一幕搬上大银幕，我更加确认，我对他的叙事才能和导演才能的第一印象是准的。他把被神父删掉的接吻镜头接在一起，以此讲述电影院的历史，真是绝妙的主意。

我立刻准备了这部电影的主题曲：《天堂电影院》。

○ 本片的爱情主题出现在片尾的接吻镜头，以及主人公多年后回到儿时房间的时候。这首曲子写了你和你儿子安德烈两个人的名字，具体是如何创作出来的？

● 我把一段由他原创的主题拿过来，做了一些微不足道的修改，因为他写的已经很好了。这部电影的所有曲目都写了我俩的名字。

我们还一起署名了托尔纳托雷接下来的两部电影，虽然这两部的配乐都是我自己写的。我这么做主要是出于迷信：第一部电影，我们联合，大获成功，我希望接下来的电影也能如此。

安德烈也成了出色的作曲家，他还学了乐队指挥……尽管我曾经为他从事音乐相关的职业深感担忧，因为这条路向来难走，而且永远无法做到稳定。但是现在我想说，我很高兴他坚持了自己的选择。其实那首爱情主题已经完全展示了他的天赋。

○ 你和托尔纳托雷一起完成了十一部电影……

● 准确地说是十部半，因为默片《蓝色的狗》(*Il cane blu*)，虽然包含了很多音乐，其实只是电影《尤其是在礼拜日》(*La domenica specialmente*, 1991) 的其中一个片段。

2013 年的某一天，佩普乔打电话给我说："你知道吗，今天是我们的'银婚'纪念日。"二十五年就这么飞一般过去了，真是不可思议！

我和托尔纳托雷的友谊深厚坚固，我感觉这样的关系在工作上对我也有很大的推动。他是一位很有实力的创作者，才华横溢，做事一丝不苟。是的，他的作品总是让我激情澎湃。所以，我所说的工作上的推动，除了指其电影所呈现出的技巧、品质和内涵，也是指他真的很会花心思，动脑筋。为了把在时间和空间上都占据相当大比重的音乐发挥到极致，他会思考一个音乐构想应该如何在画面和声音之间展开，二者要如何融为一体，哪些情绪要放大，如何实现……在这一点上，我也和佩普乔默契一致。不过这样的关系很难得。

○《海上钢琴师》(*La leggenda del pianista sull' oceano*, 1998) 很耗费精力吗？

● 那是一部巨制，只要听几段主题的几处编曲就知道了。我写了很多首曲子，风格各不相同，编曲填充的基本原则是对音色的关注，以及插入听起来如杂音一般的爵士乐。但是我必须承认，关于主题曲《爱之曲》(*Playing Love*)，我更喜欢的也许是更简单的那一版，钢琴独奏版，这一版出现时，画面上的 1900 正在演奏，一台简陋的留声机在记录他的表演，而他透过舷窗看到了心上人的面容。

有一个问题，我第一次读剧本的时候就注意到了，上面写着"前所未闻的音乐"。这句话是原著作者亚历山德罗·巴里科（Alessandro Baricco）小说里的原句，侧面描写了 1900 的演奏，被佩普乔用在剧本里。当然，文字很美……但如果接下来，轮到你来把这个"前所未闻"化成乐曲，你会怎么做？

在技术层面，我也遇到了无法想象的难题，当然，这部电影也是好多年前的事了。你还记得 1900 和杰利·罗尔·莫顿，那位富有争议色彩的传奇爵士钢琴家之间的对决吗？

○ 当然……

● 那好，杰利·罗尔·莫顿的音乐录音都很有年头了，唱片音质很差，所以不能原封不动搬到电影里。找人重新弹奏是可行的，但是那样会丢掉莫顿独特的指法。拯救我们的是法比奥·文图里（Fabio Venturi），我们的录音师。

我们一起把感兴趣的曲子收集起来，通过数字化处理以及 MIDI 制作，成功地确定了每一个音符的强弱变化。

○ 1900 的那首曲子呢，就是他赢了莫顿，点燃了大厅的火热气氛，还点着了钢琴弦的那首曲子？

● 那首曲子难度极高，但吉尔达·布塔（Gilda Buttà）以高超的技巧和精湛的技艺成功完成。我们截取了一部分加录到原带上，想让两首曲子听起来像是同时在一架钢琴上弹奏的一样，这样佩普乔的剪辑就很有说服力了。

○ 如果让你在你给托尔纳托雷做的所有原声带中选出一盘来，其他的都扔掉，你会选择哪一张？

● 你这是强人所难啊。我哪个都不想扔掉，因为我爱我创作的一切。但是如果必须选择，我觉得就音乐和电影之间的渗透力而言，达到最高水准的是《海上钢琴师》，《隐秘》(*La sconosciuta*, 2006)，以及《最佳出价》(*La migliore offerta*, 2013)。也许《幽国车站》(*Una pura formalità*, 1994) 还要在这几部之上，我觉得那部电影很特别。

○《幽国车站》中还出现了罗曼·波兰斯基 (Roman Polanski) 的身影，他饰演一位警长兼心理分析专家……

● 我和他合作过两次。第一次是为他的电影《惊狂记》(*Frantic*, 1988) 配乐，那部电影的主演是哈里森·福特 (Harrison Ford) 和艾玛纽尔·塞尼耶 (Emmanuelle Seigner，后来成为波兰斯基的妻子)，第二次就是托尔纳托雷的《幽国车站》，他和热拉尔·德帕迪约 (Gérard Depardieu) 同为主演。我看到过波兰斯基表演的卡夫卡的《变形记》，记忆犹新：他是一位伟大的导演，也是一名杰出的演员。一个智慧、正派、和蔼、慷慨的人。

○ 能讲讲《惊狂记》吗？

● 我不记得我们是怎么联系上的了，但是一见面他就让我看电影。看到胶片的第一眼瞬间催生了我的灵感。那是一部犯罪惊悚片。

我提前列了一个和弦表，在此基础上尝试不同的创意。《惊狂记》的主题是叠加式的，跟《约翰幻想曲》类似，但是更复杂一些。你可以在电影《教会》的主题曲《荣耀安魂曲》(*Requiem glorioso*)，也就是后来的《宛如置身天堂》(*On Earth as It Is in Heaven*) 里听出一些相似之处。但是这一点在《惊狂记》的主题里要隐晦得多，只有专家级的耳朵才能捕捉到。

○ 你对德帕迪约有什么印象？你配乐的很多作品都有他参演，在《幽国车站》中他还演唱了你写的一首歌曲《记住》(*Ricordare*) ……

● 那首歌本来准备找克劳迪奥·巴廖尼 (Claudio Baglioni) 来唱。我们约好时间，他到我家来试唱了一下，演绎得很好，但是后来事情没成。佩普乔亲自写了歌词，他想让德帕迪约来唱。

我还记得我们在录音棚里的场景：我告诉德帕迪约几处定好的起音位置，他总是忘记，当然最后他还是做到了，效果过得去。不过当时，我想出了"记住"这个单词，直接放到旋律开头："记住，记住……"

电影中的歌曲、歌手以及音乐的适应性

○ 电影中插入的歌曲你会参与吗？

● 看情况。一般是和导演达成一致后由我创作插曲，但是歌手的选择全权交由制片方负责：没有一个歌手是我找来的。只可惜，尤其是在现如今，电影里用哪首歌基本跟导演或作曲的意志无关，而是交由那些急于求成的制片人们来决定。

这些年我拒绝了很多制片人，因为有些人叫我给电影作曲，在最后阶段又跳出来说必须插一首歌进来，多半是那种已经位列几大榜单的热门歌曲。

○ 那是什么时候的事？

● 发生过好几次。泽菲雷利的《无尽的爱》在最后阶段被我拒绝，就是因为这个原因。我们讲到过，我为了那部电影赶到美国，在洛杉矶写了好几段主题，其中就有后来被用在《美国往事》中作为德博拉主题曲的那首。

当然，我已经跟制片方签好了合约，然而在一次交谈中，泽菲雷利提到我们需要用一首莱昂内尔·里奇（Lionel Richi）创作的，由他和黛安娜·罗斯（Diana Ross）合唱的歌。

我觉得太荒唐了，一部电影作品，作曲写的是我的名字，却要插入其他人写的曲子。

泽菲雷利跟我解释说，这相当于在我的合同条款之上追加协议，但是对他而言，他和那位美国唱作歌手还有另外的合约需要遵守。他叫我睁一只眼闭一只眼。

我对他说："佛朗哥，我们签的合同里没写这个。这电影我不做了。"

他坚持了一下，但我还是说要放弃。制片方还算实诚，为我之前做的工作付了钱。我和泽菲雷利再次合作是九年之后的事了，梅尔·吉布森（Mel Gibson）主演的《哈姆雷特》（*Hamlet*，1990）。

第二天，钱包里塞着在洛杉矶九天的报酬，我离开了美国。

于是就有了后来我让莱昂内听这个主题的事情。他知道了那段往事之后——塞尔吉奥让我把一切前因后果都告诉他——一下就爱上了这首曲子，非用不可，完全不在乎舆论怎么说。他对待同行总是冷酷无情。

○ 你觉得歌曲是一个不太重要的类型吗？

● 我不这么认为，这类音乐我自己写过很多，我对歌手和歌曲没有任何意见。但是，为一部电影写音乐的任务交到手上，作曲人是会整体考虑的。在最后一刻黏上一个感觉完全不同的音乐，这种事一定要慎之又慎，不能这么做……

还有一首曲子也有个离奇的故事，就在近几年，昆汀·塔伦蒂诺和他的《被解救的姜戈》（*Django Unchained*，2012）。

○ 你说的是《所谓伊人，在水一方》（*Ancora qui*），埃莉萨演绎的那一首？

● 对。我们共同的发行公司［卡泰丽娜·卡塞利（Caterina Caselli）的糖果音乐］来联系我，跟我约歌。我同意了，写好总谱寄给了埃莉萨。我们录了小样，音乐和歌声结合，送到美国让塔伦蒂诺听。

他太喜欢这首歌了，甚至没叫我再录一个正式版，直接把小样用在电影中，而正式版只出现在专辑里面。

塔伦蒂诺在运用音乐方面有自己独特的一套，但是那一次他居然直接用了一个临时版本！

你们现在看那部电影，里面就有那版小样，我还是没弄明白为什么。也许他就是想要这个感觉，或者他以为那就是正式版本……

还有一种完全不同的情况，歌曲也是剧本的一部分，它也在那部电影的世界里，在那个故事的世界里，歌曲负责营造某种特定的氛围，所以音乐语言本身也是特别的。

举个例子，对蒙塔尔多的《死刑台的旋律》来说，请琼·贝兹来演唱是一早就想好的，理由很明确。最重要的是，故事本身解答了为什么要邀请她加入。

托尔纳托雷的《幽国车站》也是这样，《记住》那首歌有象征意义，还有特殊的功能意义。

〇 对于画面内部产生的音乐，也就是画内音，你又是如何处理的？

● 我一直热衷于区分来自外部的电影配乐和来自内部的场景音乐，后者的源头可能是一台留声机，一处露天舞场，或是汽车收音机。

写场景音乐的时候，我甚至可能会故意写得差一点，因为这类音乐通常是从属型的，我不希望跟其他的画外配乐混淆。

一种是画外音，反映出我对电影及人物的理解和想法，另一种是画面中某个声源不经意间发出的剧情声，我觉得应该要强调两者之间的区别。

除此之外，我们之前也说到过，从收音机或者真实场景中传出的乐声，还可能对剧情起到某种重要作用。

〇 你觉得音乐能在多大程度上适应特定的画面呢？

● 这取决于你想要表达多少。这么多年的配乐工作让我确定了一件事，音乐对于电影、故事、画面来说有着特殊的可塑性。这种适应性你可以在只有一两段配乐主题的电影里找到蛛丝马迹。你会发现，同样一首曲子应用到不同的画面上，呈现出的特性截然不同。

《对一个不容怀疑的公民的调查》这部电影我只写了两段主题，一直重复出现。这就是一个很好的例子：彼得里的精心剪辑让主题呈现出不同感觉。

○ 你觉得对于特定的某一组画面来说，有"完美"的音乐吗？

● 我不会那么绝对，虽然每一段乐曲都有自己的特点，能唤起不同的情感，但是我觉得应该不存在所谓"对"的音乐。电影配乐的运用之中蕴含着诗意，于是成了神秘的经验主义。音乐和画面会如何混杂，其决定因素无法由作曲人完全掌控。音乐的应用可以有很多种方式，很多种目的。这种多样性揭示了我刚刚提到的神秘性。

即使同一个模进也可以有多种应用方式，有些效果会优于其他，但是达到某种程度之后，就是演奏的问题了。为了讲得更明白些，我们举个例子。我很喜欢尼诺·罗塔为费里尼写的配乐，有几部电影尤其喜欢，比如《卡萨诺瓦》（*Il Casanova di Federico Fellini*，1976）。但是如果让我来做，我会写出完全不同的音乐，未必他写的就一定更"对"。反之亦然。

○ 我觉得对于音乐和画面的关系，你已经形成了非常灵活的视角……

● 几年前，我曾经是某个评审团的成员，在斯波莱托的一次音乐研讨会上，我发起了一场实验：十位作曲人为同一场戏配乐，每个人都有跟导演交流的机会。这样的设置注定催生出五花八门的创意，各有各的妙处。

那么问题来了：哪首乐曲最好？哪个效果最佳？

我们只能确定，同样的画面搭配不同的音乐会呈现不同的氛围，从而影响到观众的观感。但是我们没有办法很肯定地选出一段"更对"的音乐：结果受到多种变量的共同影响。

塔伦蒂诺就在这一点上玩了很多花样，他经常从老电影里把我写的音乐提取出来，用在自己正在拍摄的新画面上。

昆汀·塔伦蒂诺

○ 对于塔伦蒂诺，以及你们合作之前他的其他作品，你如何评价？

● 塔伦蒂诺在我的心目中一直都是一位伟大的导演。他的电影每一次都震撼整个电影院。

塔伦蒂诺的一些比较受大众欢迎的作品却不在我的红心列表里，比如《被解救的姜戈》：这部作品以一种崭新的方式揭开美国黑奴历史，这是他一贯的做法，但是后期画面太过血腥，我不喜欢。对我来说这是一部"恐怖"电影。

音乐方面，除了我为埃莉萨写的新曲《所谓伊人，在水一方》，他用了两首老曲子，《啼叫的骡子》（*The Braying Mule*）和《修女莎拉的主题曲》（*Sister Sara's Theme*），都选自一部70年代的美国电影《烈女镖客》（*Two Mules for Sister Sara*），由唐·西格尔（Don Siegel）导演，我作曲，雪莉·麦克莱恩（Shirley MacLaine）和克林特·伊斯特伍德主演。除此之外还有路易斯·巴卡洛夫的一些曲子。

他之前的作品《无耻混蛋》（*Inglourious Basterds*，2009）更合我的胃口。暴力元素作为导演的标签在这部作品中同样多见，但是处理手法完全不同。对白耐人寻味，表演酣畅淋漓，《无耻混蛋》是一部杰出的电影。

○《无耻混蛋》中也有很多你的旧作。当你在他的电影里发现有很多自己出于其他用意而写的曲子，你是什么感觉？

● 很奇怪的感觉。塔伦蒂诺为音乐搭配的场景跟我创作时的设想完全不同，但他总是能搭配得很恰当。从某种意义来说，和他一起工作时，有些事情我也默许了，因为我有点害怕给他写新的曲子，导演本人以及他的音乐习性给我的制约很强，应该说太强了……

在《八恶人》之前，塔伦蒂诺一直剪辑已有的曲目作为配乐。那么我新写出来的东西，要如何跟他已经如此熟悉、在他心目中简直完美的音乐一争高下？"你继续你的尽善尽美，"我说，"我没法跟你合作。"

还有一个吓到我的地方是他对音乐的选择太过跳跃，没有一个确切的方向，因为他听音乐的口味太杂，完全随心所欲。而且那些曲子本来就是我的，也就是说我需要仿造自己以前写过的音乐。说实话我不是很喜欢这样，我觉得在这种期待之上,做出来的成品永远不可能如原曲一般让他满意……

不管怎么说,我相信他选择的音乐抓住了所有人的心。比如《无耻混蛋》的那组开场镜头,配乐是我为电视剧《撒哈拉之谜》写的《山川》(The Mountain)的节选,很好地表现出递增的紧张气氛。

不错,这种沉默不安的张力我们之前也讲到过,是悬疑大师的经典招数,也很像国际象棋棋手临场时会散发出的气场……

○ 确实。一个纳粹分子和一位农夫在安静地交谈,就像我们俩现在这样。但是一刻钟之后纳粹分子就变身成了凶残的畜生!

● 很明显,我在60年代创作的那首配乐不是写法西斯党魁的,我的本意不是要描绘一个对藏在木板底下的可怜人们赶尽杀绝的冷血刽子手,不过搭配起来也不错。

在几首主要曲目之中,塔伦蒂诺还选择了《愤怒的塔兰泰拉》(Rabbia e tarantella),来自塔维亚尼兄弟的电影《阿隆桑方》(Allonsanfàn,1974),那首曲子原本是属于跳着塔兰泰拉舞[4]的革命者们,被塔伦蒂诺重新分配给了《无耻混蛋》里的武装集团。

还有《谴责》(The Verdict),来自索利马导演的西部片《大捕杀》(La resa dei conti,1966),那部电影里有一幕我还引用了贝多芬《致爱丽丝》(Per Elisa)的主题。

还是同一部电影,他还选中了《大对决》[The Surrender (La resa)]这首曲子。从索利马的另一部电影《转轮手枪》(Revolver,1973)中,他选中了《一位朋友》(Un amico)为放映室中犹太女孩和德国狙击手的同归于尽配乐,同时银幕上正在重映纳粹电影。

配乐曲目中还有:《会见女儿》(L'incontro con la figlia),《职业枪手》[Il mercenario (Ripresa)],《阿尔及尔1954年11月1日》(Algiers November 1,1954,我和吉洛·蓬泰科尔沃共同署名),以及《神秘的和严峻的》(Mystic and Severe)。我说过,在音乐运用方面,他是那种有自己一套独特方式的导演。

○ 那么效果如何？你走进电影院，落座，塔伦蒂诺的电影开始放映，然后……？

● 我很享受那部电影。那一刻音乐的事对我来说也没有什么关系了。我想，"如果他喜欢这样……"

之前我提到了《谴责》，那首曲子里我引用了贝多芬的《致爱丽丝》。和索利马合作的第一部电影，我就以《致爱丽丝》的主题为基础，创作了新的主题。这本来没什么，但是那部片子太成功了，索利马觉得这是一个幸运符，他希望每一部作品都用同样的主题开场。于是我就在第二部、第三部都用《致爱丽丝》开场。

但是塔伦蒂诺也这么做，这我就讲不出什么原因了……为什么？我还能说什么？你喜欢？那就这么办吧……

○ 对你来说脱离特定的情境就失去意义了。

● 是的，但我还是得说他的电影有很多闪光点。有时候我们的工作方式会产生碰撞，这一点总是被媒体曲解。大家都说莫里康内不怎么喜欢塔伦蒂诺的电影。但是如果我决定跟他合作了，那就肯定不是这么回事，我一直非常尊敬他。而且他的电影如此风靡，受到各个年龄层、各个阶层观众的喜爱，应该有很多人，尤其是年轻人，是通过他的电影才真正接触到我的音乐。

○ 的确是，那么是什么让你改变了主意，让你最终决定接了《八恶人》的配乐工作？

● 你也知道，我们因为《无耻混蛋》有所接触，但是当时我已经在筹备托尔纳托雷的作品，昆汀要我在很短的时间内准备好所有音乐，好让他的电影赶在戛纳上映。我分身乏术，但是我从来没有排除过跟他合作的可能。当然，打动我的因素有很多：尊重，打破代际壁垒的愿望，他给我的剧本真的写得很好……以及我的年龄带给我的挑战，这些一齐说服了我。

塔伦蒂诺非常执着，他还到罗马来了，在 2015 年大卫奖颁奖典礼的前一天，他给我带来了意大利语版的剧本。他让我知道，除了一直关注我，对我过去的作品了如指掌，他也非常需要现在的我。

当然，还有身边人的意见。有很多我很尊敬的朋友，比如佩普乔、法比奥·文图里、你，还有玛丽亚，我的子女们，甚至我的孙子孙女们都跟我说："你为什么总是拒绝他呢？"我回答："也许这一次我会答应他，但如果是西部片，我还是不做！"

○ 然而……

● 没有然而。我不觉得这是一部西部片。从某种意义上说，电影讲的是一个冒险故事。人物刻画细致入微，又具有普遍性，他们穿着牛仔服只是故事背景设置的一种可能，只是在陈述一个事实。

○ 其实在看到电影之前，我听到音乐，立刻联想到的是某个恐怖邪恶的仪式，甚至是妖术。之后双巴松管齐奏，勾勒出深藏在某处孕育着的野蛮和残暴……

● 两支巴松管齐奏出来的是主旋律，再之前是低音巴松和大号的配合，因为就像你说的，我必须表达出一些深沉的东西，深藏不露，潜伏已久，又确实存在的东西。

昆汀对结果非常满意，他到布拉格来协助录制，后来又去美国进行混录，这一点当时我稍微担心了一下。他完成得很不错。

我跟塔伦蒂诺说，如果他下一部电影还想找我，很好，但是必须给我更多时间……我讨厌仓促工作。

○ 除了得到塔伦蒂诺的喜欢，这部电影的配乐也征服了各国评审。

《八恶人》为你赢得了多项大奖，包括你的第三座金球奖，以及你终于获得了奥斯卡最佳原创歌曲奖。

● 是的，那是个幸福的时刻。我敬爱的那些合作伙伴们纷纷发来祝贺。

我考虑了很久要不要去美国，因为你知道，旅途太遥远，以我这个岁数……事实上这趟旅行确实带来了一些健康上的问题……而且在我必须做决定的时候，我还不知道最终奖项是否会落到我头上。

得奥斯卡奖就像中彩票……你去了，你坐着，期待着，也许你人气很旺，但是如果没有叫到你的名字你也没有办法。我经历过五次了，这你也知道。"去？不去？"最后我跟自己说，我应该去，我就去了。

○ 去得好！（笑）

●（也笑了）嗯，是的，这一次是这样的。同一时段不止有奥斯卡这么一个活动。他们还要在洛杉矶的好莱坞星光大道上为我镶嵌一颗星星。

实话跟你说，整个过程很激动人心，但也特别累人。塔伦蒂诺也来了，还有制片人韦恩斯坦。

我当时很高兴，高兴坏了，我同时还想到，我取得的这些成绩对意大利电影业也有好处。

○ 你站在人群之中，我注意到你的状态和典礼本身截然不同。

类似的仪式通常办得盛大、豪华，非常隆重，但是我觉得从某些角度来看，也显得流于表面。

然而在你的发言之中，你提到了作曲人的难题，他们为观众而创作，但是在他们心中也会分裂出"其他"的路，无法抹杀，你说要找到一条路，让作曲人做的一切能够同时得到外界和自己内心世界的认可，很难，但是有可能。

市场认可和作品质量并不是完全不相干的，虽然市场总是给我们这种错觉，甚至让我们习以为常……

● 很遗憾我无法用英语演讲，不过你也知道我从来没学过英语。我相信你已经抓住了我演讲的意图：内在需求多种多样，想要一一遵循太过困难，这些需求源自不断分裂的道路，也源自作曲人的经验，一位怀着好奇心见证了 20 世纪的作曲人——我不会专门把自己定义成电影作曲人；而写曲人和听曲人之间的沟通平衡微妙至极，追求这样变幻无常的平衡太过复杂。一个困难，一个复杂，我希望自己以及听我音乐的人都能牢牢记住，这对我来说很重要。

我一直在追寻两者相切的交点，也是为了最终能够反驳之、放弃之，但是不管怎样，我一直很看重它。

○ 也就是"追寻那个声音"？

● 是的，一直在追寻，一个声音……也许不止一个，还有声音之间的联系，还有……但是这件事极其玄奥……

（他沉默了几秒，双眼仿佛失去了焦距。）

○ 埃尼奥，你知道，塔伦蒂诺在伦敦为你领金球奖的时候说，你是他最喜爱的作曲家。他把你排在莫扎特、舒伯特、贝多芬前面……

● 那个我就当是俏皮话，他是诚心诚意的，不过好心开了先贤们的玩笑。幸好我不用为自己排名，历史会整体评判所有这些琐事。

正确的评价也许只能等到几个世纪之后。是什么名垂青史，又有哪些湮没消逝？谁知道！

音乐是神秘的，不会给我们太多回应，有时候电影音乐似乎更加神秘，既在于其与画面的联系，也在于其和观众的联系。

短暂性和 EST

○ 我想继续跟你讨论音乐和画面的联系，问一个更加技术性，以及稍微有些私人的问题：选择哪一段音乐跟哪一组镜头结合有其相对性，而可能的组合无穷无尽，你作为一位电影作曲人，如何控制这种无穷性？

● 我知道音乐的可塑性很强，但是同时，我希望用连贯一致的音乐——至少我自己觉得连贯——来联结、表达一部电影的画面或者其他元素对我提出的要求，我一直在找寻新的方法。配乐这项工作有很多模棱两可的地方，你也看到了。但是完全相对主义是得不出任何结论的，如果再把电影里更加个人经验的、侥幸的、意外的、即兴的一面彻底藏住，我可能就无法继续这项职业了。

我唯一确信的是，一段音乐，即使其创作目的是应用于另一种艺术、另一种表现形式，也一定是精心打磨的完整作品，也就是说其内容、形式、结构达到了一定标准，作品能够站得住脚，听众可以脱离画面单独欣赏。但是同时，音乐的构思必须切合其应用环境，尽可能靠近作品暗示的深意。

这种职业技巧建立在剧本和电影的基础上：必须深挖、钻研，在场景、人物、剧情、剪辑、拍摄技术、后期制作、色彩上都要下功夫。故事和空间，对于作曲人来说都很重要。

一般来说，读过剧本或者脚本之后，我会开始构思几个备选项。我特别看重人物以及他们的内心世界。甚至，当人物已经被定型了，不管有意还是无意地被刻画成了流于表面的角色，我也会努力想象他们的心理活动、真实意图，明示的部分、留白的部分，总之我尽可能透彻地去理解，再用音乐更加深入地把我心目中的人物形象展现出来。不需要那些依赖画面的浅显方法，要把画面变成资源。

这一点我一直觉得是个挑战：确实，我写的音乐，既要有自主意识，又要表现我的想法，同时还要跟导演的想法保持一致，丰富画面的内涵。

我不知道我是不是每次都成功，但我一直奉行这条准则。

○ 那么观众呢？在你看来，为什么观众基本上都会被电影配乐带动？而矛盾的是，人们对画面却不像对音乐那么信任——而对于这一点，观众多多少少是有意识的……

● 这是个难题。首先，我觉得电影要用看的，而不是听。或者应该这样说，大多数走进电影院的人期待的是"看"电影。那么，音乐就处于一个相对隐蔽的位置，从这个意义上来说，音乐用一种相对狡猾的方式让自己被观众接受。人们普遍认为音乐是无形的，无法察觉，所以才能够起到提醒、暗示、带动的作用。还有一个原因：电影院面向一个庞大的受众群体，什么样的人都有，但大部分是非专业人士，同样导致了音乐的不可察觉性。

音乐展示的不可见的部分，可能跟电影直白讲述的内容相矛盾，换句话说，音乐揭露了画面没有言尽的信息。从这个角度来说，电影音乐是电影音乐作曲人的义务和责任，在我看来这个担子很重，我能感觉到肩上的分量，一直都能。

大多数观众都会接受音乐并且信任它，他们意识不到这是电影在传达讯息，这是 20 世纪音乐的进化，等等。那么，从作曲人的角度来说，如何坚持自我、尊重导演想表达的内容、尊重制片人的目标，与此同时还要跟观众建立联系，跟他们对话沟通？每一次都是新的挑战。

○ 在你看来，是什么联系着音乐和画面？

● 音乐和画面都有各自的意义，以及各自期望表达的意义，但是在此之前，二者首先要通过对时间的利用联系在一起。在或长或短，但一定是有限的时间之内，一首曲子从发展到尾声，在音符和休止之间交替往复，一格格画面也拼接成一组镜头。

我的意思是，连接音乐与画面的是短暂性，也就是对于信息发送者以及接收者双方而言，信息的传递都有严格的时间限定。

○ 音乐跟画面有关的最主要的功能是什么？

● 我的好朋友，导演吉洛·蓬泰科尔沃曾经说过，在每一个电影讲述的故事背后，都隐藏着一个真正的故事，那个才算数。所以，音乐要把那个藏起来的真正的故事清清楚楚地揭露出来。

音乐要帮助电影表达其真正的深意，不管是从概念上，还是从情感上。这两种情况对于音乐来说是同一回事。甚至就像帕索里尼说的，音乐能够"让概念情感化，或者让情感概念化"。所以，音乐的功能一直没有一个明确的定义。除了让观众产生情感共鸣，我们也不能否认或者舍弃音乐的描述意图和教育意图，这也是刚才讲到的"没有明确定义"的佐证之一。但是我相信，这些都是，且将一直是一个谜。

○ 那么，从技术的角度来说，音乐和画面是怎样结合的呢？

● 在技术层面，音乐的应用有两个标准，静态画面和动态画面，静止和节奏，画面的深度和排列，纵向和横向。向来如此。

横向应用主要是流动的画面，所以表现为加入的节奏特点：从耳朵到大脑，再到视觉感知。纵向应用则关注画面的深度，重要程度更在横向应用之上，因为电影天生是扁平的，就算主观幻想也不能改变这一事实。纵向及深度应用所加持的内容不是物质的，而是精神的，应该说更适合用来强调概念。

我觉得，将音乐应用于电影画面是电影史上决定性的一刻。音乐为电影褪去了虚假的深度，增添甚至创造了一种想象的深度，如果音乐本身能够经受住严苛的听评，借此特别巩固音乐本身的特质，如果音乐从此脱离电影单独存在，这种深度还会更富有诗意。但是要想让音乐完成这些任务，需要导演给予必要的空间，让音乐遵循天性展示自我。音乐一定要有适度的空间，要从电影的其他声音中解放出来。这就是技术的问题，或者说混录问题。

糟糕的混录跟没有空间的音乐一样，都能毁掉一部电影。反之，音乐过量也能破坏总体效果、信息传达以及有效交流。通常情况下，音乐不是严重缺乏就是没完没了。音乐出现和退场的时机和方式，还有对所有声音的把控，包括音效、噪音、对话，以及声音之间的平衡，都需要特别注意。然而基本上都没有做到位。

人们经常问我，为什么给莱昂内写的音乐在我的作品中都是最好的。首先我不同意这个评价，我认为我写过更好的。但是比起其他导演，塞尔吉奥给音乐留的位置更多，他把音乐看作一些片段的支柱。

还需要注意的是，跟耳朵比起来，眼睛更有可能把不同元素有意识地联系在一起，并加以"理解"。

○ 你指的是？你认为这是特定的受众群体所具有的特性？

● 根据我的经验，我认为是生理特性。很有可能视觉相较于听觉具有感官优先权，但是速度不等同于理解力。

眼睛能够解码聚集在一起的一堆元素，视其为一个整体，通过观察各个元素之间的对比和关联，找到一个概括意义。

而耳朵，同时听到的信号超过三个，就开始把所有信息混在一起，每一个声音的个体身份都被忽略不计。举个例子，如果一间屋子里同时有五个人在讲话，你不可能听懂他们在讲什么，结果只是一片嘈杂。还有一个很明显的例子，三声部赋格曲，如果你仔细听，三个声音是可以一一捕捉到的，然而在六声部赋格曲里，每一个声部各自的横向特征（旋律）都无处可寻，你只能听出整体的纵向特征（和声）。

在混合录音阶段，这些都要考虑到，以免让观众混淆不清。其实为了让声音传递达到一定的清晰程度，最好检查一下音乐和其他所有声音之间的混合。

我经常跟导演说，跟其他人也说过，音轨（也就是说不止音乐，还有音效、对话、噪声）及其跟画面相联系的感知有一个原则，我称之为 EST 原则：能量（Energia）、空间（Spazio）、时间（Tempo）。

导演和作曲人需要向观众传递信息，这三个参数对于传递效果至关重要。我发现当代社会总是让音乐沦为背景声，而音乐需要这三块内容来摆脱这一定位，实现自己的价值。

几年前在罗马的人民广场，有一个让人惊叹的装置艺术展。到处都是音箱喇叭，放着我为布赖恩·德帕尔马的《火星任务》写的一首插曲，那天晚上很多人来观展，我还记得他们惊奇兴奋的样子。

我本来已经习惯了在各种场合听到自己的音乐，但是那一天展览所使用的技术让我大开眼界：音量拥有压倒性的力量，人们的身体在颤动，声音在整个广场中回荡。沉默败退。这次体验让我更加肯定了当时在思考的"声音能量"的概念：当音乐达到某个程度，没有人能假装其不存在，它就在那里，最心不在焉的人也放下了心事，开始聆听。

○ 总而言之，在你看来，除了和画面的关系，电影配乐对于听众还有另一种力量。

● 我可能从来没讲过，我对电影音乐的思考主要在于电影之外。我甚至可以说，真正的电影可以不需要音乐，这恰恰是因为，音乐是唯一一种不从属于电影的现实的抽象艺术。

我们能够看到电影人物随着广播或者小型乐队演奏的一段旋律翩翩起舞，这很常见，但这不是真正的电影音乐。真正的电影音乐会把画面没有说出来的东西表达清楚，你看不到，意识不到。所以在混录阶段，要避免把电影音乐和其他音乐、声音或者太多对话放在一起。

我为莱昂内和托尔纳托雷的电影所做的音乐普遍更为世人所认可，原因不仅仅在于音乐本身：其实是托尔纳托雷和莱昂内的混录工作做得比其他人好。怎么做？他们把音乐单独拎出来，和其他声音之间的分隔清爽明了。听者专注在听上，对音乐更加欣赏。

莱昂内、克洛德·勒卢什（Claude Lelouch）、埃利奥·彼得里、贝尔纳多·贝托鲁奇、吉洛·蓬泰科尔沃、托尔纳托雷，还有很多其他出色的导演都把声音分隔得非常清楚，不管是音乐还是噪音，因为这些声音都有自己的效果和意义。

有人觉得电影更多是画面而不是声音，反驳他们没有什么意义，因为他们的认知是错误的。确实，电影诞生之初就是投映的画面，一直延续至今。但是电影艺术包含视觉和听觉，而且只有两者之间享有平等地位，才能展现其意义：想要判定这个断言正确与否，可以试试看在没有声音，或者只有对白的情况下，放映画面，只是扁平的画面。这跟我刚刚说的，一部电影可以不需要音乐，并不矛盾。

○ 在你看来，电影录音师有多重要？

● 在电影配乐之中不可或缺，因为人们听到的不是一场音乐演奏会，而是在录音、混音、后期处理之后得到的数码版本。

在六七十年代,导演们都自己混录,但是后来我发现,更好的方式是只让他们负责把关,避免出现错误就行。

这么多年以来,我遇到了一群杰出的录音师:塞尔焦·马尔科图利(Sergio Marcotulli)、乔治·阿加齐(Giorgio Agazzi)、皮诺·马斯特罗扬尼、费代里科·萨维纳(Federico Savina,卡洛·萨维纳的亲兄弟)、朱利奥·斯佩尔塔(Giulio Spelta)、乌巴尔多·孔索利(Ubaldo Consoli),我跟法比奥·文图里也在这方面先后合作过好几次。

1969年,我、巴卡洛夫、特罗瓦约利和皮乔尼,我们一起买下了一家罗马的录音工作室,在那里开展自己的电影音乐制作工作。那时候竞争非常激烈。

○ 就是现在的罗马论坛录音室(Forum Music Village)?

● 当时的名字是正音工作室(Orthophonic Studio)。这是恩里科·德梅利斯(Enrico De Melis)想出来的,他也当过我的经纪人,是一位非常正派的人。

这间工作室我们开了十年,但是1979年决定卖掉它,因为运维和技术费用增长太快。

不管怎么说,那是一段美好的回忆,而且它还在,在欧几里得广场。买主是帕特里尼亚尼,现在还是他在运营。我的音乐基本上都是在那里录制的。

○ 为电影创作意味着你要构思的音乐跟现场音乐会不同,不是直接从听神经到达听众的耳朵,而是有一个机械以及数码再制造的过程。

在你的作曲过程中,纯粹属于听觉范畴的编曲和配器占多少比重,而另外添加的工具比如控制台上的各种电位器,又有多少比重?

● 总的来说我的作曲方式既要保证现场演奏没问题,又要像音乐会一样在听觉上达到平衡。首先,录音室里的演奏被原原本本地录下来。接着混音，这个环节自由度更高，可以进行一些改动。不过一般我为管弦乐队写的曲子都比较古典。再接下来，后期制作，给双簧管加一点回声，而不是专门给打击乐器加混响，修正平衡。也许在录音室里听起来一切都好，但是麦克风会暴露原本听不出来的细节，因此这些地方的音量要调低。这是个复杂的过程。

有的时候，我的谱子会在多声道录音以及混音的阶段显露出再创作的潜力，我在阿尔真托和布瓦塞早期的电影里——比如《法国合唱团》（*L'attentat*，1972）——用到的多重化或者模块化乐谱，还有达米亚尼的电影，一直到最近跟托尔纳托雷完成的一些实验，都是如此。

录音室音轨叠加意味着一种可能，一种潜力，跟使用特效，使用所有技术一样。最近几年技术发展势头迅猛。

因此，在我看来，乐谱应该要涵盖、考虑、探索作曲人能够使用的新"工具"，将其囊括在构思之中，同时也不能忘记"传统"。

○ 你能举个例子吗？

● 我跟你讲讲我如何完成托尔纳托雷的《隐秘》，因为我觉得这部作品是我在作曲方式上向前迈进的重要一步，尤其在乐曲的"组装"方面。

那部电影充满了闪回和回忆，因为这种叙事结构，我们保留了各种可能性，直到剪辑和混音阶段的最后一刻。

这也是录制环节的宗旨：我们需要那种"百搭"的音乐，不管最后画面效果如何都能适用。

于是我写了十七八张乐谱，能够以各种方法进行组合。不同乐谱就像按照对位法结合的二声部、三声部乐曲一样叠加起来，每一次都能产生新的音乐素材。我们一共进行三轮录制，一方面是技术原因，另一方面是因为，当你进行如此多次尝试，我觉得导演有权利知道结果到底有哪几种可能。

第一轮录制，完成所有主题。第二轮，完成模块化音乐片段的录音，以便我尝试各种叠加方法：这时我会和佩普乔一起讨论，一起剪辑出不同的版本。第三轮，按传统方法录制，配合画面，选择不同的主题叠加在第二轮录制的音轨上［其中就有《那首摇篮曲》(Quella ninna nanna)和女主角那位草莓情人的主题曲］：场景轮换，同时我指挥乐队，努力达到同步。

○ 这场实验的雏形可以追溯到更久远之前的一些实验……

● 是的，比如和新和声即兴乐团一起做的那些探索，以及我为阿尔真托的电影作曲时第一次尝试的多重乐谱……

○ 对你来说这样写谱也非常节省时间，是对创作方式的显著优化，因为你可以用相同的素材，通过层层叠加，不断创造出新的作品。

● 是的，确实有这个关系。但是我的关注点不在于花了多少时间，我更关注这是一条不同的道路，这条路有多新，是否能让我少一些厌倦。这一招我也不可能一直用下去，你得说服别人：用什么方法都得说得出理由。

有些导演的有些要求需要同时提供多种解法，好让导演个人的诉求以及电影的需求得到最大化的满足。不过对作曲人来说，这也是在积攒经验，让他得以探索到达终点的新路径（也许和老路没什么不同，也许彻底走出一条新路）。我会进行各种各样的尝试，我的动力是好奇心。

○ 这套体系需要你和导演在混音阶段一同出现，这样一来，一切由你做主成为可能，或者说几乎一切。就像一场国际象棋对决……这对电影的制作来说非常实用……

● 也不完全是。其实在独立制作模式中，作曲人占据着优势地位，虽然看起来可能不是这样。因为在曲子录好的瞬间，导演要么接受，要么还是接受，没有其他选项。然而有了这个新系统，导演就可以干预音乐，可以在剪辑以及之后的阶段做出各种选择。

以前导演没有选择权，或者说在我发明这套体系之前，他们的权力达不到这种程度。

○ 但是仅限跟你非常信任的导演合作。

● 确实，不然的话我会疯的，导演会跟我一起疯。这样的制作方式让导演也担负起责任。它无法跟所有人共享，因为不是所有人都接受如此开放的体系。我们聊到彼得里和《乡间僻静处》的时候我就提过这一点。

我反复尝试，逐渐发展到了一个新的高度，尤其是电影《最佳出价》的插曲《面孔和幽灵》（*Volti e fantasmi*），其中每一部分都是单独录制的。我独立完成了第一次混音，第二次由法比奥·文图里在他家中完成，但是最后没有采用。最后一次由我和托尔纳托雷在声画编辑机上结合画面进行剪辑。

工作完成之后，我激动地跟佩普乔说："我们到达终点了，但这也是一个新的起点。"

如果塞尔吉奥的梦想能够实现，比如说把他心目中的《列宁格勒》搬上大银幕，我也想运用这套体系，但是也许在录音和混音之后，我会把得到的所有片段按照诞生的先后顺序排列，如此得到一个总谱，之后严格按照电影的实际剪辑情况来重新演奏。

很明显，这样做可能会花费更多的时间和精力，但是为了像《列宁格勒》这样的作品，如果他真的拍出来了，我是可以做到的……

○ 你提到了近期和托尔纳托雷一起完成的实验，好像又开启了一项新的探索。

● 新的创作方法总是让我很兴奋。我喜欢意外、可能以及出其不意。虽然音乐总是在结构和形式上响应一个固定的乐谱，以及呼应我的构思，但是音乐也能够开启完全不同的可能性，每一种可能都是可以接受的。尤其是对于画面来说。

"经过构造的即兴演奏"（improvvisazione organizzata）或者"有乐谱的即兴演奏"（improvvisazione scritta），让碰运气的成分和宿命论的成分能够谐调交融。如果只是纯粹的即兴创作，我不会特别兴奋，但是碰运气的成分电影里也有，也属于创作过程，而且因为科技的进步，机会主义、不确定性和理性、精准架构的结合，变得更加有可能。

我的创意，加上这样的制作方式，让导演在某种程度上变成了合著者：音乐反正都是我写的，但是即兴创作的部分是混音的时候我和导演一起完成的。因此，2007 年，我的奥斯卡终身成就奖获奖感言中有这么一句话：这一刻对我而言，是起点，不是终点。我指的就是那些我正在再次探索的道路，尤其是我在《隐秘》里摸索出的路。

在那之前，我好几年没怎么冒险了，但是那部电影让我向前迈进了一大步！

我总是想在"一大步"之后继续前进，当然我也知道不是所有电影都能提供类似的实验空间。在音乐方面，《隐秘》有点像是《最佳出价》的序曲。

模块化乐谱让我能够精心制作各个片段，再和托尔纳托雷一起把它们叠加起来：不是通过乐谱互相组合，叠加要么通过混音，要么发生在演奏的同时，我会给某些乐器或者乐器组起音、收音的手势。

回顾好莱坞首秀

奥斯卡金像奖终身成就奖

○ 2007 年，在已经得到无数奖项和各种类型的认可之后，你获得了奥斯卡金像奖终身成就奖。这个奖项对你来说有多重要？这个奖来得太迟了，你觉得是什么原因？

● 关于这一点我真的不知该说什么。我所知道的是，之前那么多年我没有赢得过一次奥斯卡奖，我挺沮丧的，因为我跟美国市场也有好几次合作。所以最终能够得到这个奖项，对我来说很有意义。

另一个我很看重的荣誉是圣塞西莉亚音乐学院[5]授予我的院士任命。因为我一直觉得自己被整个学术界冷落。

你知道，获奖只是一瞬间，奖项之间才是人生，也许越多煎熬，越多满足。也许经历一些失望挫折是必需的。而且，奖项本身只是认可的一种形式：比如说拿到奥斯卡终身成就奖的时候，我还收到了昆西·琼斯（Quincy Jones）的一通电话，他的话我永生难忘。我收到了这么多认可，接二连三，都是来自我尊敬的人，每一个都意义非凡。

○ 那次颁奖非常振奋人心，你看起来也很激动。你愿意讲讲那几天你是怎么度过的吗？

● 给我致颁奖词、颁发小金人的是克林特·伊斯特伍德。在我的记忆中，那一趟旅程排满了大大小小的活动。颁奖仪式前一晚，伊斯特伍德给了我一个惊喜，当时意大利文化中心为我举办了一场晚宴，他自己悄悄地来了，谁也没告诉，突然出现在我面前。我很开心，我们差不多有五十年没见了。

颁奖典礼当晚，我跟我的妻子玛丽亚坐在包厢座位，我的儿子站在我身后，帮我翻译台上伊斯特伍德介绍我的内容。

接下来应该是席琳·迪翁演唱《美国往事》中德博拉的主题曲，她突然从第一排的座位上起身，走到我跟前，站在包厢下面对我说："大师，今天晚上我不用声音演唱，我用心。"

这是今晚的第一个"会心一击"。她的表演精彩绝伦：我从来没有想过，一首那么多年之前写就的早已成名的曲子，还能让我感动到这种程度。

叫到了我的名字，我走到幕布后面站着。突然有人拍了一下我的肩膀，我知道该上台了。

我走到聚光灯下，发现台下所有人都起立了：再一次的"暴击"。流程都是事先规定好的，包括获奖感言的时长和我提到的五点内容，学院事先已经把文本翻译好了放在提示屏上，克林特·伊斯特伍德会用英语念出来。

彩排的时候我就被美国人对典礼时间的精准把控震惊了。我们只有几秒钟机动时间，所有人都必须集中精神，按时结束。提示屏一直亮着，但是上面的文本滚得飞快，如果没有在规定时间内完成，导演就会主动打断。观众席上有几个看起来特别暴躁的人在那儿张牙舞爪，我听不懂英语，这一点我保证，但是我也能跟你保证，他们想表达什么，光用看的就能明白。整场典礼就像一台疯狂运转的机器，让我很是焦虑。2016 年，塔伦蒂诺的电影又为我赢得了一座奥斯卡金像奖，领奖的时候为了不出差错，我把所有讲话词都写在一张小纸条上。幸好终身成就奖得主不受限制：2007 年，我有幸享有充足的时间。

获奖词我练过一次又一次，所以我没有因为自己的话有什么兴奋的感觉。但是席琳的那句话，她的演绎，全场起立的那一幕，还有热烈的掌声，让我感觉特别踏实……这种情绪在我将奥斯卡小金人交给我妻子的时候，终于情不自禁地喷薄而出。

作为电影人，我用惯了声画编辑机，而那一刻，我仿佛回顾了我和她共度的一生。

所有这些情绪密集袭来，我没有意识到自己犯了一个严重的错误：我把讲话要点的顺序弄反了，而站在我身边的克林特·伊斯特伍德还是按照提示屏上的文字在念，我们说的内容岔开了。不过幸好他早期在意大利的时候学过一点意大利语，所以他很快纠正了错误。现场有人注意到了，笑了起来。挺有意思的。

○ 在《美国狙击手》(*American Sniper*，2014) 的片尾，伊斯特伍德引用了你为杜乔·泰萨里 (Duccio Tessari) 的电影《林戈归来》(*Il ritorno di Ringo*，1965) 写的一首曲子：《葬礼》(*The Funeral*)。他跟你说过吗？

● 我记得那首曲子，因为那是我根据《葬礼号》[6] 改编的。不过他没跟我说。后来我自己知道了。你要知道我跟他一直没有书信或者电话往来。

○ 因为莱昂内的电影，大家都认为你们是多年老友，类似同学一样的关系，但事实上你从来没有给他的电影写过曲子。你觉得他的电影如何？

● 很棒，不管是剧本还是摄制都很高明，《百万美元宝贝》(*Million Dollar Baby*，2004) 和《老爷车》(*Gran Torino*，2008) 两部都是。伊斯特伍德是一位德才兼备的伟大导演。

○ 为什么你没有为他的电影作曲过？

● 伊斯特伍德刚成为导演的时候找过我。考虑到不好跟莱昂内交代，我拒绝了。他在塞尔吉奥的电影里出演过，我不想给他作曲：对我来说这像是背叛我和塞尔吉奥的友谊。听起来很荒谬吧，但就是这样。

他联系了我两次，之后也明白了我的意思，不再找我了。当我得知他开始自己写音乐的时候，我很欣慰……我对自己说："这样也不错。"我最后一次跟他见面就是 2007 年，在奥斯卡颁奖典礼上。

○ 除了唐·西格尔的《烈女镖客》，还有一部由你作曲，克林特·伊斯特伍德参演的电影是沃尔夫冈·彼德森（Wolfgang Petersen）的《火线狙击》(In the Line of Fire，1993)。

● 在那部电影里，饰演伊斯特伍德的对手、大反派的是约翰·马尔科维奇（John Malkovich），后者凭借这个角色获得了好几项最佳配角奖提名。那是我第一次和沃尔夫冈·彼德森合作，可以说这是一段好运的友谊，因为电影成功打进了好莱坞，拉开了他在美国成功的序幕。

我们在洛杉矶碰面，那段时间我一直四处奔波。我们一起头脑风暴想出了各种创意，之后我回到罗马录音。

我一直喜欢在罗马进行录制，只要有可能我就在罗马。除了我的原创曲目，电影里还有几首迈尔斯·戴维斯（Miles Davis）的作品，比如《完全布鲁斯》(All Blues)。戴维斯是我非常喜爱的小号手。彼德森对我的工作很满意，电影在柏林电影节首映的时候，他甚至提出让我现场指挥乐队，为银幕上播放的画面伴奏。

然而由于一些组织策划上的问题，很遗憾这个想法没能实现。那次合作我获益匪浅，电影紧张刺激的剪辑节奏、动作和悬疑场面，让我也有机会创作一些快速而激烈的作品。可惜我和这位导演的职业道路再也没有交点，我很喜欢他的《完美风暴》(The Perfect Storm，2000)。

美国电影圈首秀

○ 你作曲的第一部美国电影是？

● 《烈女镖客》，我们之前讲到过，主演是沃伦·比蒂的姐姐雪莉·麦克莱恩，以及克林特·伊斯特伍德。导演是唐·西格尔。

○ 你们合作得怎么样？

● 他是一位杰出的导演，但是我们没什么交流的机会。一方面有语言障碍，我不会说英语，另一方面我觉得西格尔在他的母语语境里也是一个寡言的人。他没有我追寻的另外一面。他是一个很好亲近的人，作为导演很出色，但是他似乎什么都觉得好，对音乐也是。也许这是对我表现尊重的一种形式，但是当他这样做，我就有点不知所措，因为我无法得知他对我及我的作品还有什么想法。

○ 和外国导演合作是完全不同的感觉吗？

● 也看情况，一般来说高水平的导演不会相差太多。我必须承认，外国导演整体都更加实用主义。比如说巴里·莱文森（Barry Levinson），我们合作了《豪情四海》（*Bugsy*, 1991）。莱文森不会让关于艺术的讨论牵扯太多精力。他思考的更多是在技术和美学层面上如何处理场景，这种做法有许多优点。

○ 你第一次到美国是什么时候？

● 我记得应该是 1976 年到 1977 年之间，因为约翰·布尔曼（John Boorman）的《驱魔人 2》（*Exorcist II: The Heretic*）。我们第一次见面应该是在都柏林，他在那里工作，我们一起看了成片。他给予我很大的自由度，我积极地写完了全部曲子，之后到洛杉矶录制。

○ 约翰·布尔曼说，你为电影写音乐时总是热情饱满，因为你心怀热爱："他能做到在呼应电影的同时惊艳观众。"[7] 你们合作得如何？

● 一切都很完美。人们都说在洛杉矶，你可以分别请六支管弦乐队来录制六次，充分对比，然后发现每一支乐队都同样精彩。竞争异常激烈，共事的都是顶级的音乐人。我为一支多重合唱队写了一首《佛兰芒黑人小弥撒曲》（*Piccola messa afro-fiamminga*），合唱队由六七位独唱、打击乐器组和其他乐器组成，还有一首《夜间飞行》(*Night Flight*)，也是这支合唱队唱的，但是人声部分使用了效果器。两首曲子的每一条旋律线都可以独立存在，每个人声的加入或静默，都是演唱者根据我随意给出的手势而定。整个合唱是自由的对位，会产生什么样的和声没有限定，而且和声方式可能次次不同。我记得导演把两首曲子都用得很好，《夜间飞行》搭配的场景是驱魔人菲利普神父遇到了恶魔帕祖祖，之后跳到了它的翅膀上，在那样的设定中，有一个人声就代表了恶魔的声音。

○ 在《佛兰芒黑人小弥撒曲》中似乎没有一处完全的统一，《夜间飞行》更是如此。单打独斗的歇斯底里的任性音符战胜了所有声音的总和。

● 是这样的，重点在于不明显的和声以及每一个独立声部的制作。根据当时已有的经验，我很担心跟美国合唱队合作的录制效果。离约定时间还有一周我就赶到了洛杉矶，因为我太紧张了，我想亲耳听到合唱队的准备工作。我记得到了美国，我做的第一件事就是冲到他们彩排的工作室，跨进大门，在去录音间的路上，我听到远处传来的声音越来越清晰有力（他们在排练《佛兰芒黑人小弥撒曲》）。效果好得简直让人不敢相信，而且听得出来他们很努力。"该死。"我低声说，差点哭出来。显然他们已经好好研究过了。我走进录音间，他们停了下来，我热烈鼓掌，激动地喊了一声："太棒了！"现在回想起来，我身上还是会起鸡皮疙瘩。突然，合唱队中的一位成员走到我面前对我说："你应该听一下我们的队长唱得怎么样，就是在指挥的那位。"指挥是一位发量多到惊人的女士，她是有色人种，几乎整个合唱团都是。我对她印象很深。我提议："女士，他们说您唱得好极了，为何不一起唱呢？"她欣然接受，走到麦克风前。她的声音低沉浑厚，有点像男中音，而且她已经把谱子都背下来了。

这段经历以及电影的制作过程都很美妙，但是很可惜，电影本身不像第一部那么成功。说到这里，有一件事很神奇，1987年，第一部《驱魔人》(*The Exorcist*, 1973) 的导演威廉·弗莱德金（William Friedkin）也来找我。他希望我加入电影《愤怒》(*Rampage*, 1987)，这是一部剧情片，讲述的是一个连环杀手的故事，不是恐怖片，但极其血腥。对我来说过于血腥了，不过我还是接受了他的邀约。

在美国安家？

○ 你有没有想过搬到美国生活？

● 迪诺·德劳伦蒂斯跟我提过这个建议，他甚至说要免费送我一栋别墅，但是我觉得可信度不高。

○ 为什么？你跟他的关系怎么样？

● 我们见过几次面，但是说实话一直不是很合得来，这其中有性格的原因，还因为有好几次，他刚邀请我加入一部电影，下一秒又找了其他人。他提出一个合作计划，然后就失踪了。

○ 比如说？

● 1984年，他说大卫·林奇（David Lynch）的《沙丘》（Dune）找我配乐，那位导演是一位极其热忱又特立独行的电影工作者，我原本无比期待跟他至少合作一次。我同意了，但是德劳伦蒂斯就此消失，一段时间之后我才发现配乐已经由美国的Toto乐队完成了。我假装什么事也没发生，我一般避免因为类似争论陷入冲突。但是我从此多了一份戒心。

○ 很有宿命论色彩。

● 他提议我搬到洛杉矶的事发生在这个之前，但是那些年我已经习惯了他那样的姿态，所以我当场拒绝了，而且说实话，一点也不后悔。

尽管有时候会前后矛盾，但总的来说德劳伦蒂斯还是一个伟大的制片人。他总是有天才的想法，也很有执行力；很多人跟我说过，如果对电影的剪辑不满意，他会坐在剪辑室里，自己重新剪。总之，他是那种喜欢对自己的作品全盘掌控的人。他相信自己的投资。

在经历了萨尔切的《春药》，这个我之前讲到过，以及约翰·休斯顿（John Huston）的《圣经：创世纪》（The Bible: In the Beginning，1966）的合作不成之后，第一部真正由德劳伦蒂斯制片、我作曲的电影是佛朗哥·因多维纳（Franco Indovina）导演的《意大利家庭》(*Ménage all'italiana*, 1965)。他很喜欢我的音乐，所以之后又带着两部西部片来找我。我接受了，但也提了个条件，我叫他再给我两部不是西部片的作品。真可惜，这么多年了，我跟他还要用到这种小把戏。

○ 你刚刚提到跟约翰·休斯顿合作《圣经：创世纪》的事遇到了一些阻碍，这部电影的配乐最后是由黛敏郎完成的。发生了什么？

● 在1964到1965年之间，我的老东家RCA提出让我配这部电影，说制片人是迪诺·德劳伦蒂斯。对我来说那绝对是机会难得，当时的我还没有接过这么重要的工作。《圣经：创世纪》是一部国际电影，休斯顿将成为我合作的第一位非意大利籍导演。他们一开始找的是彼得拉西，但是他的音乐虽然好听、深刻，却没有说服导演。就在这个时候，RCA加入，提了我的名字。

当时我连电影的一个画面都还没看到，他们只是叫我按照创世纪的内容准备一首曲子，根据《摩西五经》以及《圣经》中的记载，其他的我都可以自由发挥：简而言之，我需要展示自己，让他们信服。

我为创世纪的场景精心创作了一首曲子，还自行决定再加一首描述巴别塔的。我记得后面这首曲子用到了希伯来文歌词，是我的妻子玛丽亚教给我的。她去罗马的犹太会堂约见了一位拉比，那位拉比挑选了一些语句，录下正确的读音，并将其翻译成了意大利语。

也许是因为这些歌词，我很快就完成了第二首曲子，在低音提琴演奏的持续音 Do 之上，几段人声此起彼伏，互相缠绕。第一个声音在喊叫，第二个声音好像在回应，如此延续。然后慢慢地，所有声音的细流汇聚到一起，凝聚成一股越来越汹涌的大合唱，最终注入铜管乐器的大爆发，五把小号和长号合力吹奏出的和谐的爆发，结束。

我找来了佛朗哥·费拉拉帮忙，我们俩在RCA最好的A号录音室完成了两首曲子的录制。费拉拉不仅跟往常一样出色地指挥了Rai的管弦乐队和合唱团,还利用创世纪那首曲子本身的素材改编出了一段变奏过渡,补足了曲子因为时间仓促篇幅过短的短板。管弦乐队和合唱团的全体成员都配合得很好。

最终的成品所有人都很满意:RCA、剪辑师卡斯泰拉,尤其是休斯顿,他对我的音乐赞不绝口。一切都进行得非常顺利,迪诺·德劳伦蒂斯突然私下找到我,让我绕开RCA,直接跟他合作这部电影。这对我来说是个很慷慨的提议,但这是不对的。

我很不客气地回绝了,虽然我也知道将要面临什么样的后果。RCA对我有约束,除了把我们绑在一起的合同,公司也投了很多钱在制作上。我把事情跟公司讲了,希望能找到一个方法,让我不要失去这部电影。

然而公司拒绝了这次合作,我明白了专有权是没有协商余地的。机会就这么溜走了,最终这部电影由日本作曲家黛敏郎配乐,他的音乐也十分精彩。

○ 你最早配乐的一批外国电影,除了特伦斯·杨(Terence Young)的《冒险家》(*L'avventuriero*, 1967)主要是在意大利制作,其他都是纯外国血统,其中有法国导演亨利·韦纳伊和布瓦塞的电影,俄罗斯导演米哈依尔·卡拉托佐夫(Mikhail Kalatozov)的《红帐篷》(*Krasnaya palatka*, 1969)以及南斯拉夫导演亚历山大·彼得罗维奇(Aleksandar Petrović)的《大师和玛格丽特》(*Il maestro e Margherita*, 1972)。与此同时,除了1970年的《烈女镖客》,美国市场再一次等到你的加盟是在1977年。

那一年,除了布尔曼的《驱魔人2》,你还署名了迈克尔·安德森(Michael Anderson)的《杀人鲸》(*Orca*);然后1978年,特伦斯·马利克的《天堂之日》(*Days of Heaven*)。为什么你和美国电影市场的合作来得晚了些?

● 我说到过,尤其是在"镖客三部曲"之后,大洋彼岸许多导演和制片人都来联系我,因为他们通过莱昂内的电影认识了我,他们都希望跟我合作西部片,只有西部片。跟克林特·伊斯特伍德合作的《烈女镖客》是一部很棒的片子，西格尔也是一位出色的导演，但那还是西部片。

尽管我跟美国电影合作愉快，但是我生在罗马，从未远离罗马，这里有我心爱的人，这是我的城市。我的人生在这里。而且我从来不喜欢坐飞机。如果我出生在洛杉矶，我一定会跟好莱坞联系得更频繁……但是这些"如果"和"但是"都没有什么意义；就像伍迪·艾伦（Woody Allen）说的："我妈妈说过：'如果我祖母有方向盘她就会有汽车'，我妈妈没有汽车，她有静脉曲张。"[8]

○ 你觉得美国电影界是不是对你的拒绝怀恨在心？

● 我觉得没有。反倒是我，1987年，《教会》没有为我赢得奥斯卡奖，我感觉特别糟糕。我不高兴不完全是因为败北，最终获奖的是贝特朗·塔维涅（Bertrand Tavernier）执导的《午夜旋律》（Round Midnight, 1986），虽然赫比·汉考克的编曲很棒，但是电影原声带里的大部分音乐甚至都不是原创的。当然，我从来没觉得这里面有什么阴谋，但是现场观众一片嘘声。

不过有一段时间，我跟美国电影界的关系疏远了，那确实是我刻意为之，理由很简单：我的酬劳在欧洲已经属于一流水平，在美国却还只是跟中等名气的作曲家并列。

美国人因为莱昂内的电影认识了我，而且我后来还发现，在他们的百年电影配乐排行榜上，《黄金三镖客》的音乐排在第二位，仅次于约翰·威廉斯（John Williams）的《星球大战》（Star Wars, 1977）。但是当时我根本不知道自己获得了这项殊荣，于是我决定疏远他们。在这种事上我从来不争，不太关注，因为我胆小，也没有人告诉我。

《教会》的上映是我事业的一个转折点，我的报酬也涨到了合理的水平。

除了2016年的最后一次奥斯卡之旅，这些年我也经常去美国，特别是为了音乐会，每一次旅程都很愉快。

美国作曲家

○ 有哪些你特别尊敬以及欣赏的美国作曲家吗?

● 很多。比如昆西·琼斯,我很欣赏他为电影音乐做的编曲、制作以及作曲工作,他也是我很好的朋友。而且我参加的最近一次奥斯卡颁奖典礼上,是他念出了我的名字,让我登上了洛杉矶杜比剧院的舞台。他对管弦乐队以及各种乐器的潜力都了如指掌,堪称大师。

在他的电影配乐作品中,我印象最深的是西德尼·吕美特的电影《典当商》(*The Pawnbroker*,1964)中,主人公的主题曲,我觉得美妙至极。能和他相提并论的一定要数约翰·威廉斯,一位真正的音乐家,他配乐的电影作品不计其数,其中很多都世界闻名。

更早期的配乐大师,肯定不能忘了伯纳德·赫尔曼(Bernard Herrmann),他跟希区柯克一起开创了新的风格,马克斯·斯坦纳(Max Steiner)、伦纳德·伯恩斯坦(Leonard Bernstein)、杰里·戈德史密斯(Jerry Goldsmith),还有法国人莫里斯·雅尔(Maurice Jarre)……

不过说完这些,我还要讲一个现象,我注意到美国电影界有一个普遍趋势,跟我的做法很不一样。对他们来说,把一首曲子的管弦乐编曲部分交给其他人来做,似乎是一件很正常的事。于是就会发生这样的情况,已经成名的作曲家为乐谱署名,然而实际上,他只是草拟了一段主题,也就是完成了一份草稿[9]而已。

这个发现让我失望透顶,因为我接受的教育告诉我,管弦乐编曲是音乐思维中不可或缺的一部分,跟旋律、和声以及其他一切要素没什么区别。

只可惜,如今大家想到音乐,都只会想到旋律,围绕旋律的其他一切都被认为是次要的。这太荒谬了,在我看来,作曲人就是要制作音乐的全部,从头到尾、从里到外。在意大利,这种理论也影响了一部分偶尔做做电影配乐的作曲人和创作歌手,而我自己,最初的工作就是"协助"那些有名气的作曲家。不过当然,我也知道,有些美国的音乐奇才这么做纯属遵从惯例……

这件事我是在1983年发现的，我和指挥家詹路易吉·杰尔梅蒂（Gianluigi Gelmetti）一起组织了一场音乐会，我们在罗马博尔盖塞别墅公园演出，主题是电影音乐。[10] 我再次跟Rai合作，曲目安排了我自己的曲子，还有斯坦纳、伯恩斯坦、戈德史密斯、威廉斯、赫尔曼、雅尔等大师的作品。于是，我们让美国方面把曲子的总谱传过来，出于好奇，我也拜读了几份。

赫尔曼的《惊魂记》（*Psycho*，1960）乐谱非常干净清爽，一看就是出自他一个人的手笔。《乱世佳人》（*Gone with the Wind*，1939）的谱子只有五行五线谱是斯坦纳自己写的，剩下的都是由他人编曲。从那时候起，我更加关注电影的片尾字幕，我意识到这样做的人太多了。我到现在还是无法理解。

○ 说到约翰·威廉斯，2016年2月28日，你们并排坐在一起，共同等待奥斯卡奖项的揭晓，那场面还挺感人的。昆西·琼斯宣布了你的名字，你们拥抱了一下，在你的获奖感言里，你也提到了对他的尊敬之情，对于那些总觉得你们是竞争对手而不是合作伙伴，总不相信你们互相尊敬的人，这些足以证明你们的关系了，无须赘言。

但是我知道，你对《星球大战》的音乐持保留意见。那部电影是20世纪70年代末的一个传奇。是哪一点让你觉得不那么吸引人，科幻题材，还是别的什么？

● 我喜欢科幻。我的观点跟科幻电影本身无关，跟《星球大战》也无关，我一直很喜欢那部电影，我关注的是配乐风格的选择，有些作曲人和导演（尤其在好莱坞）经常乐于并且惯于使用同类风格。

尽管曲子本身写得很好，但是把进行曲跟宇宙联系在一起，我还是认为这样太危险了。经常使用同样的手法不是因为能力不足或者创造力不足，纯粹是出于商业方面的考量：规则制定者是整个电影产业。

尽管单凭一部作品无法和我刚刚讲到的规则相抗衡，我还是在阿尔多·拉多（Aldo Lado）的《人形机器人》（*L'umanoide*，1979）中尝试了一条新的道路，我在调性音乐的基础上构建了二重赋格（管弦乐队和管风琴演奏到中途分为六个声部，分别演奏两个主题和两个对位旋律）。《六重相遇》(Incontri a sei)，这是曲子的名字，我没有用现成的作曲手法，花了很多精力，但也很有动力，我觉得这种方法为宇宙、无尽的空间以及天空的画面找回了一些东西。

很明显，我做这些实验，想这些新手法，是我自己的需求，不是义务，不是一定要走的路。但是我觉得这么多年大家渐渐囿于一个过于单一的标准，我作为作曲人，同时也是观众，从概念以及谱曲的角度来看，都觉得类似的选择太没意思了。

约翰·威廉斯是一位杰出的作曲家，一位纯粹的音乐家，我无比尊敬他，但是我觉得当时，他做出了一个商业的选择。很好懂，但也很商业。如果是我，我不会给《星球大战》写那样的音乐，然而事实是，不管是卢卡斯还是迪士尼，都没有找我来写新的三部曲的意思……至少到现在还没有。（笑）

我反而觉得有一位导演，也就是说不是音乐家，他更加懂得如何给空间深邃的电影画面配乐，我说的是库布里克，在《2001 太空漫游》(2001: A Space Odyssey, 1968)里，他用了一段华尔兹，小施特劳斯的《蓝色多瑙河》(An der schönen blauen Donau)，特别刺激的搭配，而且非常高级。

特伦斯·马利克

○ 1979 年，你得到了人生中第一个奥斯卡金像奖提名，因为特伦斯·马利克的电影《天堂之日》。这是你为他作曲的唯一一部电影。

● 这也是我最喜爱的电影之一。1978 年马利克到罗马来了，他来之前，我们已经在电话上沟通了好几个月，感谢那位翻译。因为交流很充分，我写出了十八段主题供他挑选。

我发现他是一位对待音乐非常用心的导演，他叫我引用圣-桑的《动物狂欢节》(Carnevale degli animali)。你在电影里能够听到，那一组镜头是几个音乐家在狂欢庆祝。

马利克是一位大诗人，一个文化人，他爱好广泛，绘画、雕塑、文学均有所涉猎。电影描绘的是过去的世界，一个遥远的神奇的世界，那里诗和现实并存。直到今天，我对这部电影还是很有感情。

画面和摄影极其考究，我被震撼了：影片拍摄的加拿大自然风光引人入胜，农民的乡村生活回归原始简单。摄影师内斯托尔·阿尔门德罗斯（Néstor Almendros）的镜头不单惊艳了我，还为电影赢得了奥斯卡金像奖最佳摄影奖——几乎是在向19世纪的大记者们和摄影师们致敬。

有几组镜头我是看着画面开始作曲的，在画面和声音之间我想到了庄重的交响乐。原本我们经过漫长的探讨，已经基本达成共识，但是马利克还是提出了更改乐器编配的要求。一般来说我不是很欢迎这样的干预，但是他提了要求之后，我们的沟通发展成了一段很有意义的讨论。最后，特伦斯自己改变了主意，于是我们回到我最初设想的音乐和乐器编配。我一般都相信自己的第一感觉，这一次看来我的直觉还是准的，我得到了第一个奥斯卡奖提名。虽然电影没有获得音乐相关的奖项有点可惜，但是我在美国电影圈得到了更多人的认可。

○ 你记得那次是谁赢了吗？

● 当然，乔治·莫罗德尔（Giorgio Moroder），《午夜快车》（*Midnight Express*, 1978）。其他获得提名的除了我，还有杰里·戈德史密斯的《巴西来的男孩》（*The Boys from Brazil*, 1978），戴夫·格鲁辛（Dave Grusin）的《上错天堂投错胎》（*Heaven Can Wait*, 1978），以及约翰·威廉斯的《超人》（*Superman*, 1978）。

○ 为什么没有和马利克继续合作？

● 非个人原因。我们的关系一直很好，他还找我做一部日本音乐剧，可惜一直没有做成。

我特别遗憾的是没有加入《细细的红线》（*The Thin Red Line*, 1998），那部电影非常精彩，而且跟《天堂之日》正好相隔二十年。他邀请我了，但是我那段时期太过奔波，没有办法直接跟他交流。结果我们之间产生了一个很不愉快的误会，与我无关与他无关，是因为我的经纪人。不过现在说这些也迟了：我被迫终止合约，马利克继续他的拍摄计划，计划里没有我。我能做的只有一件事：换个新经纪人。

跟约翰·卡彭特一起工作，光有翻译可不够

○ 你跟外国导演一起工作的时候一直依赖翻译吗？

● 对，你知道我的人生经历，而且这一点我耿耿于怀。有时候真的很不方便。可惜我一直没有时间学英语。我工作起来跟疯子一样，也许我得花上十倍百倍的努力才能学会。

有时候就是因为我的语言障碍，我跟一些电影人缺乏交流。之前我们讲到唐·西格尔，不止他，还有约翰·卡彭特（John Carpenter），他把电影《怪形》（*The Thing*，1982）交给了我，但是没怎么跟我说话。或者应该说，他几乎一句话都没跟我说，而且我们第一次见面，一起看电影，他突然中途消失了。

○ 发生了什么？

● 这绝对是件怪事。他到罗马来了，我们一起在他下榻的宾馆审片。影片放完，他拿上磁带就跑了，把我一个人留在宾馆房间里。他是表示尊重呢，还是害羞了，还是别的什么原因？我觉得他的行为有点异常。但是说到底，这次见面是他坚持要求的（他甚至跟我说，他自己的婚礼上放的就是《西部往事》的插曲）。

我回到家，根据审片时做好的笔记写曲子，尽可能覆盖各种不同风格，无调性的有调性的，有几首还再次启用了"多重"乐谱，就是曾经在阿尔真托还有其他几位导演的电影里用过的那种方法。有一段相当长的音乐我做了两个版本：一个版本完全用合成器，我在罗马独立制作完成，还有一个是乐器演奏版，跟其他曲子一起在洛杉矶录制了管弦乐队的演奏。

所有曲子都录好了，一切都很顺利，工作临近尾声时我收到了热情的赞美。我松了一口气："啊，真顺利！"混音是其他人的事，于是我心满意足地回到了罗马。

我很期待电影上映，也很好奇最终成片会是什么样。结果，迎接我的是一个巨大的"惊吓"：在洛杉矶录的曲子一首都没有被选中！整部电影里，卡彭特只用了我在罗马用合成器做的那个版本……我惊呆了，不过也就这样。还能怎么办？只能随他去了。

○ 卡彭特习惯自己作曲，而且他对合成器格外偏爱。你觉得效果怎么样？

● 他不是专业的音乐人，但是他能写出跟自己的电影画面互相感染的音乐。《纽约大逃亡》（*Escape from New York*, 1981）就是一个很好的例子。另外，1982年卡彭特联系我的时候，我就知道他有这样的习惯，但他还是坚持要跟我合作……后来，你也知道，类似的邀约总是能诱惑到我，而且在很长一段时间里我总是会回想起那段经历。

有时候，非专业作曲人也能写出引人注目的作品，也许有些是即兴创作，不是长期稳定的水准，但是在感染力方面，完全不输音乐领域的一些专家、学院派或者出身世家的专业人士，如果不承认这一点，我就太缺乏诚实的智慧了。事实上，为电影创作音乐的时候，简单实用似乎是一条非遵守不可的准则，我觉得这个准则很大程度上是因为人们总是把音乐放在一个次要地位，更主要的是画面，以及其他声音比如对白。专业作曲人要做到简单，很有可能需要缩减乐谱，甚至是大幅删节，而对于业余作者来说，简单基本上就是他们的原始状态，是完全正常的状态。如果限定在电影以及电影配乐的范畴内，这一特性还可以探讨一二，但是界限的限制会严重影响我们定义好坏的能力，拉平一切对作品进行分析的尝试，并且走向相对主义。总之，人们几乎会产生这样的想法：听起来都是简单的，那就是一样的。

制约和创造力：双重审美

○ 我们现在谈得更深入一些，能不能讲一讲，你决定把自己的创造力投入电影音乐的时候，遇到的最大的困难是什么？比如说，你接受或者不接受一部电影的配乐工作，依据的标准是什么？以及，你如何改变自己的创作方式？

● 一开始我什么电影都接，因为我需要工作。后来我稍微挑剔一些了。但是如果有导演来找我，我答应了，我就会做到最好。一定要弄清楚你接的是什么类型的电影，因为作曲人的工作方法不是一成不变的。简单地说，我把电影分为三个大类：艺术电影（也就是所谓的"作者电影"），商业电影，以及处于"中间地带"的电影。最后这种电影通常既希望在艺术水准方面得到认可，又渴望得到大众的好评，渴望成功。

○ 我们聊过艺术电影，说过要给勇于探索创新的导演更多机会，也谈过你为公认的商业电影作曲时，同样对作品高标准高要求。那么"中间"的电影呢？

● 这是最复杂的情况，因为制约因素格外多。"有良心"的作曲人很可能遇到的是层出不穷的麻烦，以及越来越重的负担，因为他不想妥协于简单、平凡，所以他要绞尽脑汁，让电影得到更好的艺术以及商业效果。不用说，这种情况我特别熟悉。我真的总是陷入这种境地。不过我想详细讲一下刚刚提到的制约因素，或者至少讲其中一部分。要知道，作曲工作一旦开始，电影音乐作曲人就不得不面对三个人物：导演、音乐发行方、观众。

我们先说导演，他负责挑选音乐人，有时制片人也参与决策。导演会提出一些电影相关的要求，其中包含了他的期望，这些要求需要仔细留意。

音乐发行方可能是个人，也可以是一家公司，承担原声带的制作、发行等全部相关工作。有时候发行方就是唱片公司，他们甚至会自行推荐作曲人，推荐标准基于他们的评估、交情，但更重要的标准是公司和作曲人签订的合约：原声带价格，音乐合作的商业解决方案，中长期收益，等等……所有发行方都希望花得少赚得多。音乐越简单、商业，越是合他们的心意，产生的潜在利润也更高。

所以很好理解，为什么电影制片人、音乐发行方或者其他投资人，更喜欢有名气的作曲人，因为能给电影的成功加码。商业化作曲人比实验派更受欢迎，因为后者很难仅仅为了换取商业上的成功，而牺牲他想表达的东西。

整套运作体系这么多年下来也有了很大的变化，但实质上还是我经历过、我所熟悉的那一套，体系的影响很明显，甚至可以说很严重，因为作曲人的作品以及音乐，在他们眼里首先是赚钱的商品，有时候他们完全无视电影的真正需求。

我们讲到最后一个限制了，当然排在最后不等于不重要：观众，以及他们的口味和接受度。观众的标准来源于什么，取决于什么？当然，到目前为止我们讨论过的一切都与此有关系，但是还有一些因素不为人知。20 世纪，特定类型的音乐发展壮大，以各种各样的方式改变了音乐的样貌和传播方式。什么是现代音乐，电影音乐人为了顺应时代而写的那种算吗？答案不是唯一的，因为我们的时代不止有一种声音。[11]

举个例子，在我所接受的音乐教育中，先锋音乐是很重要的一部分，但它是远离大众的，并且这个倾向在 20 世纪下半叶愈加明显。如今很多概念经常混淆：古典音乐、现代或当代音乐[12]，都跟商品音乐混在一起，定义如此接近，下定义如此便利，如今的音乐领域到底发生了什么，对这一问题缺乏主动的批判性思考，这方面的忽视暴露无遗。

另外，消费社会——帕索里尼在很久之前就给出了非常明确的定义——也在宣传上投入了不少。宣传要求信息极简化，广告方案要最大限度地做到简单易懂，力求被人群消化吸收。

商业广告的目标从来不是唤醒良知或责任感，而是贩卖商品，而且要在极短的时间内达成目标。对于音乐来说，相当于在创作技巧方面对作曲人提出了几点要求：追求分节歌式的乐句，清晰简洁的旋律象征，对传统调性体系的应用，当然还有，尽可能减少变奏和变化，强调重复性，同时体现个性化的质感。这就是成功的诀窍（也是我们所了解的一些原生态音乐的共同标准）。

所有这些创作的必要元素和限制元素完成了这类作品的自我展示，大众越来越习惯于他们已经熟知的一切，他们渐渐不去寻找新的体验，不去思考，于是也习惯了被动消费。只要我们愿意，这就是一个自我确认自我强化的封闭循环。

科技日新月异，新发明层出不穷，合成器、电脑，如今技术所提供的能力和便利让音乐人都可以速成了，这当然带来了很多好处，但同时也令商品的价值过分膨胀。在讲卡彭特的时候，我们讨论过电影中总是被奉行的"简单"准则，以及非专业音乐人和专业音乐人之间存在的模糊地带。

大众眼中的"电子音乐"，并不是我在录音棚的这些年一直很感兴趣的探索性、实验性音乐，大家总是把电子音乐跟迪斯科、DJ，或者某些摇滚乐队、流行乐团混为一谈。

电影音乐人在这重重包围之中，如果想坚守自己的道义，保留一份尊严，就得找到一种足够聪明的方法，深入地参与进去，每一次都重新挖掘已有的经验，用历史的眼光加以审视，与此同时，重新感受、体验源自音乐历史的进程和经验，然后将其过滤、复原。换句话说，电影音乐人处于自身文化和时代的社会文化之间，担任中间人的角色，面对导演、发行方、观众，他几近分裂，最终的成果就是他的动力。他不想，或者不能允许自己失去观众的理解和欣赏，也不能无视导演和发行方的意愿，但同时，他还想做自己，不断前进，他想一直愉快地创作下去——有何不可呢？——他想把工作做到最好。

每一次找寻折中的道路都是一场磨难，免不了痛苦和辛劳，就像是一个精心制作、变幻莫测的迷宫，迷宫里有生路和死路，还有无数问题纠结缠绕，必须从中挣脱出来。我相信我一直在坚持探索，坚持寻找这条路，我慢慢确立了"双重审美"这个概念。定义并实践这个概念让我的创新能力和个人特色都得到了发展，而且会一直发展下去。但是我花了很长时间才慢慢做到……而且我还在思考。

○ "双重审美"具体指的是什么？

● 就是我说的做好中间人，这在我看来不可或缺。一方面我像是在"利用"大众，好让我的音乐被理解，另一方面要保持创造力，不能流于平庸或者半途而废：要尊重大众，给他们信息，悄悄地也行，告诉他们，在已经听惯的东西之外，还有很多很多。

○ 这几乎是一项教育事业……

● 不，我从来不这么认为。我一直是在为自己谋利。我一般从中等水平的常见的音乐文化入手，遵守大众音乐传播的标准规律。另外，就像我们说过的，原生态音乐和现代音乐之间，很有可能存在强烈的相似性，尤其是那些用于广告宣传的音乐。这种相似性总是让我反思，有时候，改编和制约都是可以接受的，甚至可以是积极正面的。

因此，双重审美也是一种能力，意味着你能把源自历史的音乐经验跟现代技法结合在一起。

为了把玄妙的、非理性的抽象概念传达给听众，我会仿照点描音乐[13]、电子音乐，甚至偶然音乐[14]的创作标准，结合调性音乐，再在标准之中进行调整。我们之前讲到过蒙塔尔多的《乔达诺·布鲁诺》，可以作为一个例子，用来说明我如何做到用音乐讲述抽象的哲学思维。还有战争片，尤其是侦探片，此类电影的镜头感染力把人物和情境各自的创伤融为一体，其中也能见到类似的例子。

所以可以这样说，不管是在纯粹音乐世界之内还是之外，那些表面上相距甚远的事物，都被双重审美拉近了距离。对，我觉得在我的内心深处，那些看似差距很大、水火不容的部分也走到一起了。

有时候在征得导演同意的情况下，我也会尝试运用大部分或者完全属于我自己的无标题音乐语言，但我会格外痛苦，因为就算和导演达成了共识，我仍旧感受到重重限制。比如维托里奥·德赛塔的《半个男人》，或者埃利奥·彼得里的《乡间僻静处》，这几部非常优秀的电影作品都是如此情况。于是我希望建立个人的创作"体系"，用这个体系让当代音乐适应电影观众的理解和需求，我相信我做到了。

○ 关于这个"体系"，能透露更多细节吗？

● 当然。我试着把勋伯格的十二音理论转移到七个音上，所有其他因素则参照韦伯恩及其追随者的标准，总的来说就是继承发扬第二维也纳乐派[15]的技巧。因此，我对音色、音高、休止、音长、强弱等等要素进行有序组织，但理论上来说还是属于调性音乐的写法。在这样一个系统中，音阶里的每一个音都承担了相等的重要性。调性音乐特有的显著吸引力（七音要下行级进，导音要上行级进，走过漫长而反复的音乐创作史，所有规则都没有逃过我们敏锐的洞察力）摆脱了历史和演变所给予的特质，变成了自由的声音。

接下来，我顺理成章地发现，只用三个音比七个或十二个更容易让人记住，我还意识到稳定的和声对听者更加友好，简短清晰的重复乐节比冗长曲折的旋律更加好记。在和声方面，我认为（在某些情况下，不是绝对）要去除基础低音在传统和声运用中固有的支撑作用，直到消除纵向和声，并且必要时避免使用另外五个音（合乎传统和弦逻辑，但是组合方式太过自由），否则和声缺少基础低音（或转位），缺少和弦纵向变化，听起来可能会让人觉得不安。

在和声方面，我还追求将源自无调性的技巧和传统调性体系相结合，只挑选少量和弦，互相孤立，就像瓦格纳《莱茵河的黄金》（*Das Rheingold*，1853—1854）的开头几小节那样（好几分钟里他用且只用了降 E 大调的一个和弦）。其实这些都不是别人提出来的要求，至少我没有见哪位导演或哪家公司表达过这样的意愿，这是我自己的道德义务：创作有尊严的音乐。

○ 你说到道德义务，这是非常私人的范畴，不只针对作曲家身份，更是个人的必备素养。这方面你能谈得更详细些吗？

● 在外部自由受到限制的情况下，我尝试培育一种内在的、隐秘的自由。这种自由尊重对方的需求，尊重我自己音乐构思的需求，同时捍卫我的音乐个性。这就是我说的道德。

我一直觉得自己处事带有一丝中世纪僧侣般的顽强和固执，这一点不是很明显，几乎被我隐藏起来了，但是从未改变。也许这种态度的最外沿大家都察觉到了，想想看这几年我作曲的电影有多少部，这些电影之间又是多么千差万别，而我每一次都要努力突显自己的思想……

但是，因为一直在适应不同电影的需求，我也知道我已经离自己定下的路线越来越远。路线的那一头是纯粹的音乐创作，是尝试各种各样的音乐类型，这个目标一直在我心底，是我内心的需求，几乎可以说是召唤：我停住的脚步是我们这个时代作曲人的命运。

我会在单独一次音乐体验中，尝试着把深奥和通俗、诗意和平庸、民族和传统互相融合，并加以提炼，这样的话，我也许一次又一次地解救了自己，解救了那门可能会变得太过闲散苦闷的"手艺"，我也许能重新找回自己。

所有这一切渐渐地形成了一种风格，我指的是技巧和表现意图的总和，我建立了自己的作曲模式：一张个人标签。

所以我想说，这不仅仅是道德救赎，因为有时候我会特别要求加入实验的元素，尽可能靠近我的需求，靠近我们这个时代作曲人的需求，这种情况尤其会让我意识到，作品能被大家理解、欣赏、认同，那是奇迹，无法预料。相反，很多时候同样的决定却会为我带来激烈的批评。

戏剧、音乐剧、电视剧音乐

○ 作为一个观众，戏剧和电视剧，哪一种你看得更多？

● 当然是戏剧。我很少看电视，看的话一般不是新闻就是体育赛事，比如说周日，我会看罗马队的比赛。

至于戏剧，我最爱的毫无疑问是莎士比亚的戏，我年轻的时候，在伦佐·里奇和埃娃·马尼乐团（Compagnia Renzo Ricci & Eva Magni）当小号手时，把莎士比亚的好几部悲剧作品都背下来了。那是 20 世纪 50 年代初。

有很长一段时间，我和玛丽亚会定期去罗马主要的几家剧院。我们有三张剧院季票：两张我们自己用，还有一张留给孩子们中的某一个，看最后是谁想跟我们一起去。

○ 对音乐剧你有过这样的热情吗？

● 从来没有，不过我很喜欢伦纳德·伯恩斯坦的《西区故事》（*West Side Story*，1957），其中的音乐部分总是从现实出发，从故事的内部世界延伸到外部世界，非常抽象。一位演员开始打响指，另一位加入他，然后更多人加入进来，直到管弦乐队也开始演奏。音乐起，混杂着现实，一起去到别处。几年之前，罗曼·波兰斯基说过要找我写两部音乐剧，但是后来没有下文。

○ 迈克尔·杰克逊（Michael Jackson）的音乐剧呢？

● 不是特别喜欢，我觉得太用力了，从某种意义上来说加工痕迹太重，音乐的自主性少了。化装和虚构技巧的部分我认同，但是不能说整体创作得特别好。

○ 那么美国新拍的这些电视剧呢？你有什么评价，在拍摄方式方面……

● 那些在意大利播出的……我没看。

○ 你配乐的作品中也有很多电视剧集和电视电影。你会为了小荧幕调整创作方法吗？

● 电视作品有显著的不同之处。总的来说，音乐的节奏和空间都要缩减，而且相对于电影放映厅而言，电视荧幕极少能展现出史诗一般的宏大感。但是我用的方法还是一样：和导演交流，找准合适的构思方向，把看到的和听到的结合在一起。

另外，电视作品比起电影规模小了很多，更倾向于迎合观众，而观众的构成也更加多样。这一点导致其较少进行新的探索，更加追求稳定。

《约婚夫妇》

● 说到这里，我突然想到自己为《约婚夫妇》(*I promessi sposi*, 1989) 创作的音乐。那是一部很精彩的电视剧，改编自亚历山德罗·曼佐尼 (Alessandro Manzoni) 的著名小说，导演是萨尔瓦托雷·诺奇塔 (Salvatore Nocita)。每一位演员的表演都非常到位，我联系人物角色的心理进行主题创作。

主要演员有丹尼·奎恩 (Danny Quinn)、德尔菲娜·福雷 (Delphine Forest)、阿尔贝托·索尔迪、达里奥·福 (Dario Fo) 和佛朗哥·内罗，都表现得非常出色。我还写了两段比较实验性的主题，一段用于表白，另一段用于整部剧的结尾。但是诺奇塔跟我说，他觉得对于电视观众来说两段都太晦涩了，都想换掉。

○ 但也不完全是这样……

● 不完全是这样，确实。有一位伟大的导演，埃曼诺·奥尔米 (Ermanno Olmi)，我从来没有跟他合作过。他制作过一部电视电影《创世记：创造与洪水》(*Genesi: la creazione e il diluvio*, 1994)，一部杰作，在我看来非常宏大壮丽。完全打破了我们之前提到的一些刻板印象。意大利有一个很好的电视电影传统：从 70 年代开始 Rai 就推出了一系列巨制。

《立法者摩西》

○ 虽然是一部英意合拍片，《立法者摩西》(*Mosè, la legge del deserto*, 1974) 还是可以算作意大利最早的一批大制作电视电影之一。你有什么印象吗？

● 我为这个项目工作了六个月，其中一个半月是在录音室度过的。这是一项漫长而繁重的工作，但是带给我很大的满足，不过也有些许不愉快。

我写了两段主旋律，都是为中提琴创作的，就音域和音色而言，中提琴是最接近人声的乐器。迪诺·阿肖拉（Dino Asciolla）的演奏一如既往地完美。

几年之后，这部电影拍了一个大银幕版，为此我需要重新剪辑音乐。有一些场景音乐他们决定找一位以色列作曲家来创作，多夫·泽尔策（Dov Seltzer），他的作品非常棒。我在现场遇到他，他很客气地提出，希望我在后期制作的时候，不要把他已经写好的音乐替换掉。我当场向他保证：我完全没有这样的打算，毕竟我觉得他写得很好。此事暂时告一段落。

到了后期制作的时候，我重新看拍好的素材，发现有一场戏，亚伦唱起了一首歌，只有三个音，歌词是"以色列"重复三遍。导演德波西奥跟我说，这是一首希伯来传统歌曲，于是我决定用到我写的《第二哀歌》（*Lamentazione seconda*）里。所有人都很满意。只是电影的后期制作结束之后，泽尔策找到我，他告诉我那个主题是他的。我试图解释到底是怎么回事，但是他不想听。我们只得走法律程序，最后，一切以和解告终，我们达成一致，泽尔策是那个片段（重复的三个音）的作者。他的应对方法我一点都不喜欢。如果我知道那段主题是他创作的，我当然会另写一段，根本不用说。

《马可·波罗》

○ 之后，在1982年，Rai出品了另一部大制作电视作品，朱利亚诺·蒙塔尔多导演的《马可·波罗》（*Marco Polo*），当年获得了好几项提名和奖项，其中包括美国电视艾美奖。

● 《马可·波罗》和电视版《摩西》都是温琴佐·拉贝拉（Vincenzo

Labella）监制的作品。我和蒙塔尔多从 1967 年开始一同完成了那么多部电影，已经非常默契了。《马可·波罗》很有纪念意义，在这部电影中，我得以通过不同的音乐语言表达自己：《致母亲》(Saluto alla madre)，《母亲的回忆》(Ricordo della madre) 以及《父亲的思念》(Nostalgia del padre) 描绘了波罗的家庭记忆，而对于主角发现的新天地，这几首音乐我印象尤其深刻：《向东方（旅途）》[Verso l'Oriente (viaggio)]，《长城传说》(La leggenda della Grande Muraglia)，以及《伟大的忽必烈汗》(La grande marcia di Kublai)。

为了表现肯·马歇尔（Ken Marshall）饰演的主人公内省的一面，我挑选了竖琴和中提琴作为独奏乐器，用轻盈的弦乐加以烘托。

为了陪伴马可·波罗穿越未知东方大陆的探索之旅，音乐原声带的内涵无比庞大，且不拘一格，对我而言这是很大的挑战，我觉得有必要实地探索一番，实实在在地感受一下当地的味道、风情、声音。

一路下来，我和蒙塔尔多了解了那个时代的细节，获得了一些音乐上的参考，所有这些转化成一部对我而言有着重要意义的实验作品。电影的配乐也能够，并且应该去探险，否则就没有意义了。我在旅途中学习，领会到了东方音乐的静谧，并且主动在我的创作中再现。显然，对我而言这是一场"汇报"，不是卖弄学识地去模仿那些音乐……而是根本性的探索。

○ 将和声和旋律空间化，使其宽松、疏落，这个概念事实上在很多部由你作曲的电影以及电视电影里都有所体现。比如已经提过的《立法者摩西》，瓦莱瑞奥·苏里尼（Valerio Zurlini）的《鞑靼人的荒漠》(Il deserto dei Tartari，1976)，还有帕索里尼的《一千零一夜》，以及内格林的《撒哈拉之谜》。

● 缓慢、疏朗、宽阔的小乐句，松弛、舒展、宁静的持续音，以及整体的空间化,创造了一种广阔的空间感,音乐呼吸畅通无阻,如画面上被阳光和沙粒覆盖的荒原一般不断扩张。总谱上各种音乐符号组成的视觉效果,眼睛在画面上看到的平面内容,两者之间在空间和时间上能够相提并论吗?我告诉自己,能。

《撒哈拉之谜》

● 《撒哈拉之谜》的主旋律也固定在一个和弦上展开,就像静止的沙漠一样。开场是一个空茫舒缓的引子,进行到情绪饱满的旋律线最高点,之后又迅速回落到原点,最终回到开头的主题构思。

《撒哈拉之谜》是我和阿尔贝托·内格林(Alberto Negrin)认识的契机,我们后来又合作了好几次,现在是很好的朋友。在我看来,《撒哈拉之谜》是最成功的电视电影之一。这部电影用画面展现了一场神秘的冒险,大部分内容拍摄于北非的茫茫沙漠之中,过程十分艰辛,但是我觉得不管是我还是内格林都找对了方法,比如我在这种环境下选择大量运用电子音乐。我们合作得非常愉快。

《出生入死》

○ 与此同时,1984年又有一系列电视作品开拍了,在意大利获得了巨大的成功,其中就有电视剧《出生入死》(*La piovra*)。第一季的导演是达米亚诺·达米亚尼(Damiano Damiani),作曲是奥尔托拉尼。你从第二季开始接棒,那是1986年。

● 完全正确。而且,第二季导演也换了:接替达米亚尼的是弗洛雷斯塔诺·万奇尼(Florestano Vancini)。我跟他认识很久了。这是我参与的第一部设定在西西里,讲述黑帮黑暗内幕的电影。因此我想用一段取自《对一个不容怀疑的公民的调查》的主题,旋律基本由八分音符组成,与调性音乐的环境相结合。另外,每一季我都会调整一下乐器编配,每一个音色都有存在的理由,而且更重要的是,随着剧情的展开,每一个音色都参与其中,有属于自己的故事。

○ 你借鉴了第一季的元素？

● 没有，事实上我刻意绕开了。加入剧组的时候，第一季的内容我一集都没看完。我直接根据围绕黑手党和正义展开的故事本身创作音乐，一口气写了好几年，一直写到第七季，之后中断了一段时间，2001年又重新开始为第十季作曲。几年之后，在其他电视作品中，我还是会使用类似质感的音乐，包括《法尔科内大法官》（*Giovanni Falcone, l'uomo che sfidò Cosa Nostra*, 2006），主演是马西莫·达波尔托（Massimo Dapporto）和埃莱娜·索菲娅·里奇（Elena Sofia Ricci），还有《最后的黑手党》（*L'ultimo dei corleonesi*, 2007），导演阿尔贝托·内格林。

○ 我们继续聊《出生入死》，2001年，斯汀（Sting）演唱了主题曲《我和我的心》（*My Heart and I*），你们见面了吗？

● 没有，但是我很喜欢他的演唱。这首曲子是十一年前的作品，1990年我为第五季创作的，当时演唱者是埃米·斯图尔特（Amy Stewart）。

○ 你和斯图尔特第一次见面是什么时候？

● 就是录制前不久，在伦敦，她的姐姐也在。当时我就意识到这是一位天生的歌手，后来我们经常合作。

○ 你参与过的电视作品中，还有哪些给你留下了比较深刻的印象？全部讲完是不可能了……

● 《诺斯特罗莫》（*Nostromo*, 1996）。我有一些作曲手法是从莱昂内的西部片开始创立、沿用的，这部剧集让这些手法实现了飞跃。电视剧本身虽然不是西部剧，但是象征着莱昂内开创的那条道路又一次向前迈进。

痛苦和实验

罗伯托·法恩扎

○ 你和许多导演都保持着长久的友谊,其中与罗伯托·法恩扎的情谊最为牢固。

● 我们一起做了九部电影,完全互相信任。第一部是1968年的《升级》,我实验了几种非传统的人声处理法。之后是《硫化氢》(H_2S,1969)、《前进意大利》(*Forza Italia!*,1978)、《如果你想解救自己》(*Si salvi chi vuole*,1980)……

○ 在《弑警犯》(*Copkiller*,1983)里你写了很多摇滚乐曲,也许是因为拍摄现场有性手枪乐队的队长约翰·莱顿 [John Lydon,也叫约翰尼·罗顿(Johnny Rotten)]……

● 那部电影我印象不是很深,罗伯托有一部电影震撼了我,《仰望天空》(*Jona che visse nella balena*,1993),他凭借这部电影获得了大卫奖。特别打动我的是纳粹集中营里的一幕,一个小孩在一位士兵的帮助下重新见到了自己的父母,但他的父母没有发现他,他们在医务室里做爱。出人意料的一幕,但是充满人性。

○ 所以有了马斯特罗扬尼主演的《佩雷拉的证词》(*Sostiene Pereira*,1995),这部电影的主题曲你选用响棒来完成节奏音型部分,之后和管弦乐队的演奏融为一体。这段节奏贯穿全片,会一直在观影者的脑海里回响,很少有这样的情况,你是不是联想到主人公心脏不好,于是进行了这样的创作?

● 不,其实完全不是这样……写这首曲子的时候,我绞尽脑汁,但是什么都想不出来。于是我决定去散个步,回来的时候,路过我家楼下的威尼斯广场,看到一场罢工集会,有几个青年在打鼓,一小段固定的节奏反反复复。我把这些节奏带回了家,用木板演奏出来,最后变成了坚定的"革命节奏"，在电影中指引着马斯特罗扬尼饰演的普通编辑一步步走上了革命的道路。

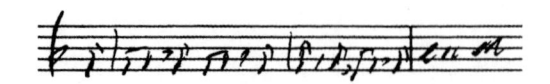

这成了乐曲的中心思想，以此为基础，在这个二拍子的节奏上，我加了一段三拍子的旋律……因为是分别写成的，我也没多想……不过放心吧，不会有人发现的。

○ 歌曲《心之微风》(*A brisa do coração*)，由杜尔塞·庞特斯演唱。

● 她是一位非凡的歌手，我相信她在这首歌里充分释放了自己的才华。她的演绎让歌曲听起来就像真正的法朵[16]。另外，杜尔塞·庞特斯还参与了我的好几场音乐会，2003 年，我们一起合作了专辑《天作之合》(*Focus*)，其中她还重新演绎了《死刑台的旋律主题曲》。

○ 你和罗伯托·法恩扎的最后一次合作是《玛丽亚娜·乌克里亚》(*Marianna Ucrìa*, 1997)。不过这部电影的作曲人写的是佛朗哥·皮耶尔桑蒂(Franco Piersanti)。这是怎么回事？

● 皮耶尔桑蒂后来接替了我的位置。我刚把主题写完，罗伯托跟我说了一句话，我现在回想起来还是觉得很震惊："如果到了录音环节，我突然觉得不喜欢那些音乐呢？"

我说："罗伯托，那你找别人写吧，我退出。"

一开始他觉得我在开玩笑，我一再坚持，他才知道我是认真的。

不过我们的关系没有受到影响，佛朗哥·皮耶尔桑蒂也是我向他推荐的，一位优秀的作曲家，非常出色地完成了这部电影的配乐工作。我还因为同样的理由推掉了罗兰·约菲（Roland Joffé）的电影《红字》(*The Scarlet Letter*, 1995)。

进入录制环节之后，没有大幅改动的余地了：管弦乐队已经安排好，要给他们薪水，我要对付钱的人有个交代。如果导演表现得没有信心，那说明他其实没有完全认可，还有很多疑虑，这些疑虑我承担不起，因为可能要增加的开支不是由我来支付……这也是我之前讲到的，我能感觉到的肩上的责任之一……

尼诺·罗塔

○ 除了皮耶尔桑蒂，还有其他你特别欣赏的意大利作曲家吗？

● 当然。尼古拉·皮奥瓦尼（Nicola Piovani）、安东尼奥·波切（Antonio Poce）、卡洛·克里韦利（Carlo Crivelli）、路易斯·巴卡洛夫……

○ 你和尼诺·罗塔关系怎么样？你如何评价他的音乐，以及他这个人？

● 他创作了很多动人的旋律。但是有些作品我不是特别喜欢，比如《管弦乐队的彩排》（*Prova d'orchestra*, 1978）的配乐，还有他为费里尼写的大部分音乐。但这不是他的原因，费里尼规定他只能创作马戏团音乐。他的参考曲目只有两首：《角斗士进场曲》（*Entry of the Gladiators*）和《我在找我的宝贝》（*Je Cherche Après Titine*）。费里尼很聪明，如果尼诺想要绕开这个限制，通过即兴创作加入一些其他东西，费里尼能立刻察觉到他的意图。于是，那些即兴创作也得录下来了，以便他检查。

尽管如此，渐渐地，我还是发现了尼诺·罗塔的伟大之处。我非常欣赏他和维斯康蒂合作的《洛可兄弟》（*Rocco e i suoi fratelli*, 1960），以及《豹》（*Il Gattopardo*, 1963）。他和费里尼搭档的时候，真正打动我的是《卡萨诺瓦》的配乐，能听出自由的感觉。

也许这一次费里尼开了一会儿小差，忘了给他"推荐"马戏团音乐？

○ 除了艺术家的一面，你对他本人了解吗？

● 罗塔比我年长几岁，但是我们结交的人、去的地方，有很大一部分是重合的。于是时间长了，我们有了好几次交集。我发现他是一个非常优雅，对人很热心，还有点大大咧咧的人。

再后来，我还知道了他私下里对唯灵论感兴趣：他对降神会[17]非常热爱。他跟着阿尔弗雷多·卡塞拉（Alfredo Casella）学习了一段时间，那是我的老师彼得拉西的老师。在学术方面准备充分之后，罗塔赢得了奖学金赴美留学。毕业论文的主题是焦塞福·扎利诺（Gioseffo Zarlino），一位文艺复兴时期的作曲家，大力推动了对位法的发展。[18]

跟我一样，罗塔也努力创作既纯粹又配合电影的音乐作品，虽然有的时候，他的美学我无法产生共鸣，但是我一直很欣赏他的作品完成质量。他是一位伟大的音乐家。

我们还为同一部电影合作过，在他逝世不久之前，联合国儿童基金会联系我为阿诺尔多·法里纳（Arnoldo Farina）和贾恩卡洛·扎尼（Giancarlo Zagni）的一部动画电影《孩子的十种权利》（*Ten to Survive*，1979）作曲。

影片由十个短片组成，分别在不同国家制作。本来所有短片的曲子都叫我一个人写，但是我觉得找更多同等水平的作曲家一起完成会更好。

我提名佛朗哥·埃万杰利斯蒂（Franco Evangelisti）、埃吉斯托·马基、路易斯·巴卡洛夫和尼诺·罗塔。我们每人负责两个片段。

我写了两首童声合唱曲，《大大的小提琴，小小的小朋友》（*Grande violino, piccolo bambino*）以及《全世界的小朋友》（*Bambini del mondo*）。曲子里照例进行了一些探索，在这方面我从未停止过，这对我有特别的意义。罗塔听到乐曲，激动地找到我说："这是调性的点描音乐！"他显得很高兴，嘴角有一丝不易察觉的微笑。在他之前没有一个人听出来，他也没有跟我细讲确切的定义，但我觉得他是懂的。我得到了理解。

难以处理的关系

○ 对于电影作曲人来说，最大的痛苦是什么？

● 如果导演在录音室否决了你的音乐，那种感觉非常痛苦——可能直接就疯了。你一边在录制，他一边跟你说他不喜欢……

○ 什么时候发生过？

● 这种形式的没有。不过有一次，罗宾·威廉斯（Robin Williams）主演的《美梦成真》（*What Dreams May Come*，1998），他们不喜欢我的音乐，全部换掉了。

我记得我在洛杉矶见到了导演文森特·沃德（Vincent Ward），他跟我讲解电影的时候一直很激动。最后我们达成了一致，选好了主题，我甚至录音都录好了。总之制作全部完成，但是最后他说不想用我的音乐了，后来他们找了迈克尔·卡门（Michael Kamen）。

○ 传言说他们觉得你的音乐太浪漫了。他们怎么跟你说的？

● 我的音乐一点也不浪漫。估计是他们听的时候音量太高了，混响不对。那样不可能听出效果。

还有一次，阿德里安·林恩翻拍了库布里克的经典作品《洛丽塔》，我邀请导演到我家里来，把主题弹给他听，他跟我说，好听极了，但是成不了经典。我不知该做何反应，但那还是最初阶段，他只听了钢琴版。于是我们讨论、交流，他告诉我哪些地方他觉得不对，我们得到了很有建设性的结论，我决定全部重写。那是很微妙的时刻，因为一切赌注都押在临时建立起的信任上。

○ 第二版他是否更满意了？

● 是的，可能够得上经典音乐了吧……（笑）但是回到落选这个话题，博洛尼尼的《她与他》也是同样的情况，不过那一次，我给只有两个音的曲子加上了第三个音，总算补救了回来，这件事我们也讲过……幸好他没有对我失去信心，因为我们的关系有稳固的基础。但是如果事情发生在第一次合作，那就是一道深深的伤口。很难愈合了。

有时候导演会不好意思讲他不满意，这也是个问题。或者我自己也不好意思问他们："你喜欢还是不喜欢啊？"有时候，对于一些反对意见，我可以回应："我给你的音乐很好，因为我思考过了。"但这不是在辩论谁说的才是事实，一切都由导演和我的音乐修养决定：如果有交集，合作愉快，否则，就是问题。

有时候，导演听完第一遍没有听懂，需要更多时间。他所承担的角色意味着，对于自己的电影该配什么样的音乐，他可能早就设想好了：因此他默认作曲人也会按照那个方向创作。之前提到塔伦蒂诺是这样的，但是其实，所有我认识的导演都是这样，无非表现形式有所不同。你可以说这是纯真。

如果导演愿意一点一点沟通，我就能明确他想要的方向，或者我也可以直接拒绝。但是如果导演不说，作曲人走进录音室的时候，身上背负着他自己也不知道的期待，那么他就算做了所有的工作，可能也只是背道而驰。

○ 要变身成心理学家才行。尤其是对那些偶尔合作的导演。

● 合作初期特别让人苦恼。其实一直都是这样：想要把作品做好，为电影和导演服务，满足他们的要求和个人品味……但是还有我自己和观众……

乔安诺、斯通以及泛音现象

● 我记得有一次，我为电影《地狱都市》（*State of Grace*，1990）写的音乐，导演菲尔·乔安诺（Phil Joanou）不是很喜欢。他什么都没跟我说，我自己慢慢察觉到的。其中一首《地狱厨房》（*Hell's Kitchen*）尤其不对他的胃口，于是这段主题在电影里出现的频次极低。我没有参与混录，因为我在罗马完成录音，导演在美国自己混录，所以到电影出来之后我才发现他的做法。让我更觉得遗憾的是，那首曲子里面包含了一些实验性的探索，我觉得是很有价值的一曲。

于是我决定把它救出来。在为巴里·莱文森导演、沃伦·比蒂主演的《豪情四海》配乐时，我从《地狱厨房》中提取了一些构思，跟泛音[19]有关，并且在原有的基础上又有所发展。一切都很顺利。然而，这部电影的音乐获得了奥斯卡金像奖提名，乔安诺顿时愤怒了，他公开指责我，说我在他的电影里用了同样的音乐。我回应说，我不能仅仅因为他不喜欢，就让自己的实验不了了之，这是理所当然的。

○ 探索的内容是什么？你说是关于泛音？

● 我写了一首中提琴独奏曲，主题清晰流畅。

在观众的耳朵中，明确的主题就像旋律指南针，为听者指引方向，带领他们。我还围绕主题写了一段调性音乐，到目前为止没有什么特别创新的。但是，在这段和声的基础上，我根据之前讲到的泛音现象搭建了一个架子。我从泛音列[20]中选择了距离基音较远的泛音，比如第十三泛音，第十四泛音，甚至第十五泛音（非八度音），也就是相对而言最不协和的音符，恰恰在旋律休止的时候替换上场、下场，原本就不是很明显的和声透出一丝不和谐，我还通过管弦乐编曲将这种效果进一步放大。

乔安诺当时没有理解，等他明白过来已经太晚了……当然只是对他而言！他是一位非常年轻的导演，拍了一部非常棒的电影，但是我们的合作就此终结。

○ 在其他电影中，你有没有找到机会继续这个泛音实验？

● 有，是在1997年奥利弗·斯通（Oliver Stone）的《U形转弯》（U Turn）。那是一部很特别、很奇幻的电影，西恩·潘（Sean Penn）饰演倒霉透顶的主角，詹妮弗·洛佩兹（Jennifer Lopez）饰演同样麻烦缠身的美丽性感的女主角。

○ 关于这部作品，你还有什么印象吗？

● 斯通自己来联系我，我们很快建立起了深厚的友谊。一般来说，这种友情是一把双刃剑，因为有时候，为了维护和谐的工作氛围，作曲人会做出一些事后后悔的选择，或者更糟糕的，胡乱加入过量音乐。但是跟斯通的合作非常顺利。我记得我们一起审片，整整一天都待在一起讨论。音乐他已经预剪好了，用的是我以前的一些作品，比如《对一个不容怀疑的公民的调查》和《西部往事》的插曲。

我再三强调，这种做法我不喜欢。他还加了很多美国歌曲。而我，从一开始就很真诚地跟他说，电影本身已经很棒了。但是他也很坚持，于是我在他选好的歌曲之上加了一些和声和音效，但是他想要旧音乐的全新版本。我知道斯通为人很诚恳，他只是不懂得像其他人一样，把脑子里的想法解释给我听。他是一个敏感、认真的人。他还说很喜欢我用口琴和曼陀林，我照做了，但是和以前的作品相比，这一次我展现了两件乐器的另一面。

○ 插曲《格雷丝》(*Grace*) 的管弦乐编曲，应该用到了一点你说的基于泛音现象的创作手法。

● 是的，我想到用这个手法，是因为电影讲述了两位主角之间，有一点混乱又有一点讽刺的爱情。跟《豪情四海》的音乐相比，《U形转弯》的配乐在某些地方要不和谐得多，"失真"的谐波进入的位置更加精确。此外，我还大规模使用电吉他，有几段甚至超过了一般的摇滚歌曲。很有趣的合作！

可惜电影上映后评价不是很好，尤其在美国，这又让我想起了一段往事。当时他给我写了一封信，为电影的不成功道歉，他说，对不起我给他写的那么好的音乐。我合作过的电影人中，找不出第二个这么认真的。

他真的很认真，而且最后一次见面的时候，他送给我一本非常精美的彼特拉克的《十四行诗》作为礼物，我一直珍藏在书房中。

沃伦·比蒂

○ 跟你合作多次的美国人还有沃伦·比蒂。

● 我们关系很好。只要我俩在同一座城市，就会带上自己的妻子共进晚餐。我与他结识是因为他找我为《豪情四海》配乐，他是那部电影的制片人，导演是莱文森。在那之前，我知道他是一位杰出的演员、优秀的导演，以及精明的制片人。我很欣赏他。我们在1994年再次相遇，我为格伦·戈登·卡伦导演的《爱情事件》配乐，沃伦还是担任制片人，除此之外，他还与自己的妻子安妮特·贝宁联袂主演。

我们一共合作了三部电影，唯一一部由他自己导演的是最后一部，《吹牛顾客》（*Bulworth*，1998），讲述了一位特立独行的政客的故事。我记得沃伦亲自到罗马来让我审片，我们在我家客厅里一起看电影。他从机场直奔我家，时差还没倒过来，电影一边放，他一边在沙发上睡着了。等他睡醒之后，我们开始制订工作计划，他问我是否可以给他写两段说唱乐伴奏，但是我对他说，我不听说唱音乐。

○ 那部电影的说唱乐插曲《贫民百万歌星》[*Ghetto Supastar (That Is What You Are)*] 取得了不错的商业成绩。你为电影创作了两首组曲。第一首十八分钟，第二首二十四分钟……曲目时长是电影镜头的要求，还是后来你自己分配的？

● 嗯，这两首是我任性了一把。以前我偶尔也会超范围发挥，这样既能让演奏完整，又能让各个段落自成一体。两首组曲有不同的寓意，第二首有一点仿照《对一个不容怀疑的公民的调查》，紧迫、重复、烦人、荒诞。扣人心弦，在某些瞬间也很有张力。

骄傲和懊悔

○ 你经常到电影拍摄现场去吗？

● 不经常，真有必要的时候我才去。莱昂内的电影我去了两次：第一次是《西部往事》，因为克劳迪娅·卡尔迪纳莱在现场，第二次是《美国往事》，塞尔吉奥叫我去的，因为他觉得这样能带来好运。当时正在拍德尼罗在中国茶馆里抽鸦片的那一场戏，但是同一条拍了四十多次都没过，我受不了一溜烟跑了。那位中国先生总是讲错台词，我不知道他们究竟又重复了多少次……

后来我好像又回电影城去过一次，因为詹尼·米纳（Gianni Minà）制作的一档电视节目。节目的最后，罗伯特·德尼罗（Robert De Niro）装扮成"面条"，突然出现在许久未见的朋友家里，成为电视荧幕上的一幕经典。

当晚有一个联欢会，埃达·德洛尔索和她的丈夫——钢琴家贾科莫——还表演了几首我为莱昂内写的曲子。很感人。

我还去过托尔纳托雷《海上钢琴师》的拍摄现场，因为两位钢琴家，蒂姆·罗斯（Tim Roth）和克拉伦斯·威廉斯三世（Clarence Williams III）之间的对决需要我把关。那场戏对所有人来说都不容易。

○ 在你作曲的这么多部电影之中，你最喜欢哪几部？

● 我对那些让我煎熬、难受的电影，感情特别深。或者那些很美但不叫座的电影，我也会对其中的音乐耿耿于怀，比如《乡间僻静处》和《半个男人》……还有《最佳出价》，毫无疑问，我觉得这部电影里有一些特别的东西，比如拍到主人公珍藏的画作的那几幕。

《幽国车站》也是，我特别喜欢故事的主旨和音乐，音乐从一开始的完全不和谐慢慢转为调性音乐。情节决定并掌控音乐的发展，这一点对我非常重要。除了这些，还有《教会》，约菲的《欲望巴黎》（Vatel, 2000）。

○ 那么有没有让你觉得后悔的电影？

● 那些糟糕的电影。我必须说，后悔不是因为我是电影的一部分，而是因为我总是想把那些音乐赎回来……好吧，我为我的态度道歉，我不该把一种美好、纯真的意图商品化。

○ 创作配乐的时候，最困难的瞬间是？

● 太多了。每部电影都会给作曲人制造一个或是好几个难题，我们必须找到对观众、制片人、导演以及我们自己而言都有说服力的解决方法。但是在我看来，为电影配乐这件事有时候变得难上加难，是因为导演的态度，他们希望掌握、控制电影制作过程中发生的一切，留给作曲人的信任并不多。我知道有几个导演是这样的，塔维亚尼兄弟、丽娜·韦特米勒，还有罗兰·约菲，他尤其如此。但是一段关系需要以信任为基础。

○ 能具体聊一聊你跟约菲的合作吗？

● 就像我说的，一直以来，跟他一起工作总是不太轻松。约菲属于那种在创作阶段每一段进程都想跟进的导演。我们合作《教会》的时候，他坚持要求把不同的主题合并起来，跟我的构思完全相反。制片人费尔南多·吉亚（Fernando Ghia）一直劝他放弃。不过也许对他来说，制片人才是那个事事插手的人。

○《教会》的插曲《瓜拉尼圣母颂》(*Ave Maria Guarani*) 听起来特别真实、痛苦，从某种意义上来说很粗劣。这种整体效果是怎么做到的？

● 最基本的一点是将声音混杂起来，有时候冒出一些杂音，会被合唱队随意地吸收掉。我们在英国大使馆的帮助下联系到了几位来自不同国家的非专业歌手，这几位被我安插进一个小型的专业合唱队。站位也混杂在一起，一位女高音身边都是男高音，而一位女低音被一群女高音们包围：这样整体听起来才更真实。在我的构思中，《瓜拉尼圣母颂》来自真实的电影场景，可以算剧情声的又一个例子：所以需要可信度。影片中，教会已经初具规模，传教士和当地人一起歌唱……

○《教会》有两位制片人，其中一位费尔南多·吉亚跟你关系很好，另一位制片人戴维·普特南（David Puttnam），你还记得吗？

● 事实上我对他没有什么好印象。一开始在电影拍摄制作过程中，他表现得很正派，电影上映之后大获成功，一次午餐时，他叫我以电影为基础改编一出音乐剧。我本来很感兴趣，但是他说，这件事吉亚完全不知道，我就告诉他，我不会接受的。

○《教会》之后，你和约菲合作了《胖子与男孩》（Fat Man and Little Boy，1989），一部关于原子弹问世的电影。

● 我记得那部电影里好像还有保罗·纽曼（Paul Newman）……

○ 是的。

● 我只记得一开始我的曲子几乎都是无主题的。旋律是有的，但是非常简单，漂浮在一个管弦乐队演奏的声音综合体之上：研发出那些可怕设备的物理学家们内心都有一点不安和波澜，和这种在管弦乐队的伴奏上漂浮的旋律结合得很好。录音室里，罗兰用一种很难过的口吻跟我说："埃尼奥，很抱歉，这个主题我觉得不对。"我即兴创作了一段，结果他说更好……他好像总是不怎么相信音乐人，慢慢地我开始怀疑，也许他首先是不相信自己。

还有一次，应该是因为电影《欲望巴黎》，他让我在巴黎待了十天，因为他要在那里剪辑，他想要一边剪辑一边听音乐写得怎么样。我没有异议，我们很快开始工作。但是我做了一件特别危险的事：约菲问要我一些参考音乐作为剪辑的基础，我把我为《夜与瞬》（La notte e il momento，1994）写的曲子给他了，那部电影的导演是安娜·玛丽亚·塔托（Anna Maria Tatò），马尔切洛·马斯特罗扬尼的最后一任伴侣。几天后，罗兰跟我说，那些音乐简直完美，他想要改编一下直接用。我吓呆了，想尽办法劝阻他，最后终于说服了他。

为了让他彻底放弃跟塔托用一样的曲子，我在巴黎多停留了几天。每天晚上他到我住的酒店来，我用电子琴把当天新写的曲子弹给他听。要让他满意太不容易了,但是我做到了。而且说实话,《欲望巴黎》的配乐棒极了,有几首曲子重现了17世纪的风貌,电影里的故事就发生在那个年代。

争吵和讨论

○ 你从来没有跟导演发生过激烈的争执吗?

● 我总是这么说,听起来像开玩笑,但实际上,我真的从来不会跟导演吵架。我会先放弃。结束对话,到此为止。实事求是地说,就是因为这个原因,我跟所有人都不至于发展到争吵的地步,我会退一步,不撕破脸,至少维持朋友关系。

但是有些情况我也会生气。比如有一次,弗拉维奥·莫盖里尼(Flavio Mogherini)找我为他的新作品作曲。我们早先因为莱昂内的一部电影互相结识。他的导演处女作《即使我很想工作,又能怎么办?》(*Anche se volessi lavorare, che faccio?*,1972)我也参与了,那本该是我们的第二次合作。但是在电话沟通的时候,出了一些偏差。

他说:"我们一起做这部新电影,但是这次你要给我写出柴可夫斯基一样的音乐……"

我没让他说完直接打断他:"我不会写的。"我骂了他一句,狠狠地挂了电话。

现在,事情过去这么多年,我对那段往事深感抱歉,我觉得自己太过激,太粗鲁了,但当时我气懵了。我很喜欢他的电影,其他时候莫盖里尼一直很有绅士风度,他是一位非常出色的导演。

虽然我觉得每个人都应该坚定地坚持自己的思路、自己的主张,这没有任何不对的地方,但是不能用那样没礼貌的方式提出那样没礼貌的要求……在没有事先讨论的情况下,没有人能直接要求我,来一段柴可夫斯基的旋律。我得先有构思,再开始创作,想法交织在作品之中……如果引用柴可夫斯基的音乐是电影的需求,是必要的,我会欢迎这个提议,主动重审我的创作意图;但是这种方式,不行。

○ 这种情况只发生过一次吗？

● 跟莫盖里尼是的，我们再也没有联系。类似的问题还发生在塔维亚尼兄弟身上。

我们合作的第一部电影是《阿隆桑方》，统一意见的过程非常艰难。第一次讨论他们就直接跟我说要写什么音乐，怎么做……之后他们筹拍电影《林中草地》（*Il prato*，1979），再次找到我。在录制室，他们为了一个音符的存在向我提出抗议，坚决要求我改掉……这从程序上来说没有问题，但是我立刻丧失了积极性，没有了那种主动创作的满足感，主动也许有点冒险，但是创作中有我个人的印记，而且我会特别有责任感，也许会有意想不到的成果。

不管是保罗还是维托里奥，兄弟俩如今都是我很好的朋友，我很欣赏他们的电影，但是他们的做法以及对音乐人理所当然一般的索求，我不是很喜欢，我后来不再跟他们合作了。

在我合作过的导演之中，塔维亚尼兄弟对音乐的认识绝对处于中上水平，但是他们有时候会有点过界。作曲人不是演奏者！那种强加的命令，不管来自谁我都不接受：帕索里尼也不行，我跟你讲过……问我，可以；命令，不行！

○ 他们是受人尊敬的导演，但是提要求的时候太直接了……

● 不能这样做。另一位我不再合作的导演是泽菲雷利。很抱歉用这样的词汇描述一位杰出的导演。

○ 你跟泽菲雷利合作了电影《哈姆雷特》。

● 在我之前，泽菲雷利的作曲人是奥尔托拉尼，但是他们意见不合。我去伦敦看《哈姆雷特》的样片，记录下了可能要插入音乐的精确时间，我们的讨论进展得很顺利。电影由梅尔·吉布森主演。

泽菲雷利跟我说："埃尼奥，我想要不落俗套的音乐，跟一般听到的那些都不一样。我要无主题的，氛围音乐，就像一种气氛，一种音效。"

我说:"这要求提得太棒了。我太高兴了!"那个夏天,我和塞尔焦·米切利一起在锡耶纳教课,我告诉全体学生,我接了一个任务,要为《哈姆雷特》作曲,还特意强调说,导演叫我尝试没有人做过的事:为电影谱写没有主题的音乐,纯粹是声音的音乐。我幸福极了。

音乐写好之后,我马上让泽菲雷利听,他说:"你写的音乐连主题都没有。"

我说:"这不是你要求的吗?"

他反驳:"第一首听起来像中国民歌。"

我用中世纪的手法创作了一首曲子——由五个,至多六个音组成——他觉得那是中国古典音乐……他一直埋怨我连主题都不写,直到我妥协:"别担心,佛朗哥,我马上给你改好。"

我们都在录音室,当时已经很晚了。我为经典的一幕"生存还是毁灭,这是一个问题"写了一段主题。吹奏双簧管的乐手被我留在录音棚里,直到我们商定好了,直接开始录音。录音之前泽菲雷利还说了一通重话,有几位乐手差点上去揍他……因此,他找我配《麻雀》(*Storia di una capinera*,1993),以及之后还有一部电影的时候,我回复了不行。第二次拒绝之后,他再也不找我了。

○ 信任一旦被破坏,什么重要,什么不重要,就无从得知了……

● 电影很美,非常棒,但是在这部电影的美国版里,我为"生存还是毁灭"写的音乐完全被删掉了。我们第一次讨论的时候就确定了那段配乐要用什么样的速度,但就是对那场经典的戏,梅尔·吉布森提出了自己的疑问,他大概是这样跟泽菲雷利说的:"佛朗哥,你真的觉得我表演得不够到位,需要音乐来辅助吗?"

拍《美国往事》的时候,德尼罗也提出过类似的疑问,但是莱昂内没有动音乐,而是用其他办法成功地安抚了演员。

○ 你拒绝了多少部电影?

● 至少比我接受的多。

电影之外，音乐之外

（在漫长的对话过程中，那盘国际象棋早就下完了，当然之后又下了好几盘。不用说，我一盘都没赢。于是我们决定休息一下。莫里康内起身去厨房拿水，我趁机活动活动腿脚。我环顾这间宽敞的起居室，突然，目光落在一座大型木雕上，那是一座看起来让人有些不安的武士雕像，旁边是一扇做工考究的神秘的门。我还看到了几幅画和一张挂毯。我飞快地向左边瞄了一眼，钢琴旁边的墙上也挂着一幅画。莫里康内很快端着水杯回来了。）

○ 埃尼奥，这里的每件物品背后应该都有一个故事吧……

● 当然，它们都跟我生命中的某些回忆紧密相连。比如钢琴边上的那幅画，那是彼得里陪我一起买的，武士木雕是费迪南多·科多尼奥托（Ferdinando Codognotto）的作品。我觉得很有他的风格，而且说真的，这座木雕总是让我想起《哈姆雷特》中父亲的幽灵：尽管全副武装，但是不会让人觉得邪恶。科多尼奥托常用的一些代表性元素我一直很喜欢。

还有一位雕塑家我也很喜欢：亨利·摩尔（Henry Moore）。我慢慢发现，如果认识艺术家本人，他们的作品我会尤其感兴趣。

○ 那画呢？

● 画是我的初恋，对雕塑的喜爱是后来的事。20世纪60年代初，我住在蒙特韦尔德，跟埃娃·菲舍尔（Eva Fischer）是同一幢楼的邻居。我收了很多她的画，有一段时期我家简直可以开她的专题画展。这些画作后来我都送给子女们了。

时间长了，我还观察到很多画家在风格上的变化，比如马法伊、萨尔瓦托雷·菲乌梅（Salvatore Fiume）、萝塞塔·阿切尔比（Rosetta Acerbi）、巴尔托利尼和塞尔焦·瓦基（Sergio Vacchi）。我很喜欢瓦基"最初阶段"的作品，但是等到我认识他，决定买下他的画作《女人与天鹅》（*La donna e il cigno*）的时候，他的创作已经进入"第二阶段"了。我一直觉得他的艺术旅程有点像一个作曲人，一开始写非调性音乐，后来开始写动听的旋律……

○ 你觉得你的音乐创作有没有受到画作的影响？

● 我觉得没有，说实话要我找出两者之间的直接联系，挺困难的。真正的绘画爱好者是彼得拉西。按照鲍里斯·波雷纳对彼得拉西作品的分析，彼得拉西对绘画的热爱与其作品之间是有一定联系的，特别是他的《第八乐队协奏曲》（*Ottavo concerto per orchestra*，1972）。当然我也有自己的偏好。比如卡纳莱托，我一直很欣赏他对阴影的处理，层次非常丰富，叠加得很巧妙；我总是把他跟德基里科联系在一起。我记得有一次欣赏卡尔帕乔的一幅画作，画上一条路，路上满是殉难之人[21]，每一处细节都刻画入微。我觉得这幅作品对于色调深浅和细微之处的专注，和我的工作非常相近。

然而如果让我在20世纪的艺术家中选择一个，一定是毕加索。

○ 我偶然看过一部法国导演拍摄的纪录片《毕加索的秘密》（*Le Mystère Picasso*，1956），讲述了毕加索如何作画，他挥动画笔，一只母鸡变成了鱼又变成其他东西……他完全不考虑风险，打破一切比例和平衡，追求不可捉摸……

● 毕加索有一点让我很好奇：透过他的疯狂，他对寻找和探索的渴望，他还开创了一种介于绘画和摄影之间的技术。[22] 在一间暗室中，让一台照相机拍摄他手握光源移动作画的相片，光源的移动轨迹和他的每一个姿势都被固定在胶卷上。

○ 运动凝结在每一个姿势中。

● 这个想法让我很着迷。

○ 你有自己的画像吗？

● 有几幅，各不相同，分别展示出我不同的面貌。其中一幅是一位环卫工人送给我的。一天早上，他向我走来："我是一名生态治理师，我画了这个给您。"我把这幅画和我的其他画像挂在一起。每一幅我都很爱惜。

○ 所以你也欣赏非专业人士的画？

● 是的，我保存了好几件我妻子的作品，她有一段时期沉迷陶艺，还有两幅画有非常神奇的来历。那是挺久以前的事了，在巴里的一次音乐会结束之后，我马不停蹄赶往波坦察参加一场报告会。来接我的司机很热情友善，旅途很愉快，但是车子开到马泰拉突然停下来了。他说，他爸爸想认识我。

○ 绑架？

● 也可以这么说。他把我带到他父亲家里，老人家送了我两幅画。（指给我看那两幅画）他是一位农民，在空余时间热衷于用绘画记录当地田间村里的真实风光。

我还在墙上挂了两幅音乐画。我解释一下：就是两张乐曲总谱。一张是我自己的，一张是安东尼奥·波切的，他是我在弗罗西诺内音乐学院的学生。我跟他、马基还有达隆加罗一起，在90年代初期合作了管弦乐《一条苦路》(Una via crucis)，他写出了这张像画一样的乐谱。

○ 你的那张呢？

● 是《全世界的小朋友》的总谱，你应该还记得，我为动画电影《孩子的十种权利》创作的插曲。玛丽亚特别喜欢，所以我们决定挂起来。

（我们回到沙发上坐好，默默喝水，我突然想起一件事。）

注 释

1 他指的应该是电影《神女》(*The Goddess*, 1934)。埃尼奥提到的画面应该是这部默片间幕的背景画面,画面之上会有文字写出主要对话、场景,甚至对电影内容的评论。那是一张雕像的照片,是固定不动的,然而莫里康内在他的记忆中为这尊雕像赋予了生命,多有意思。

2 指沃伦·比蒂(Warren Beatty)和安妮特·贝宁(Annette Bening)。比蒂同时也是这部电影的制片人。

3 * 布赖恩·德帕尔马(Brian De Palma),美国导演、编剧、制片人。代表作有《魔女嘉莉》《碟中谍》《蛇眼》《火星任务》《危情羔羊》《节选修订》等。

4 * 流传于意大利南部的一种民间集体舞蹈,其节奏急促,动作丰富激烈。相传14世纪中叶,意大利南部的塔兰托城一带出现了一种奇特的传染病,是被"塔兰图拉"毒蜘蛛咬伤所致,受伤者只有发疯般不停跳舞直至全身出汗方能排毒,塔兰泰拉舞因此得名。

5 * 圣塞西莉亚音乐学院(Accademianazionale di Santa Cecilia),1585年建于罗马,世界上历史最悠久的音乐学院之一。

6 *《葬礼号》(*Silenzio militare*),美军军葬仪式上的标准哀乐。

7 约翰·布尔曼在BBC制作的纪录片《埃尼奥·莫里康内》(*Ennio Morricone*, 1995)中的发言。"He is a tremendous enthusiast and he loves films. What he's doing with music is responding like an audience."

8 《怎样都行》(*Whatever Works*, 2009)中,主演之一拉里·戴维(Larry David)朗读的开场白。

9 相当于一个"钢琴简化版"的乐谱,没有管弦乐队演奏的部分,几乎就是一张草稿。

10 音乐会从7月1日持续到22日,罗马Rai管弦乐队以及合唱团参演。演出叫作"听电影音乐会",由罗马市政府主办。

11 * 现代主义音乐泛指19世纪末20世纪初印象主义音乐以后,直到今天的全部西方专业音乐创作。现代主义音乐起源于19世纪末的美国爵士乐,二战后,以摇滚、蓝调、爵士、乡村等为代表的音乐更加通俗化、多样化。

12 * 当代音乐(musica contemporanea),一般指当代严肃音乐。

13 * 现代主义音乐流派之一,由作曲家韦伯恩创造。点描音乐用许多被休止符隔断的短音和音组构成乐曲,像一幅"点描派"图画。

14 * 现代主义音乐流派之一。指作曲家将偶然性因素引入创造过程中或演奏过程中的音乐。亦称"不确定性音乐"或"机遇音乐"。

15 * 指十二音体系代表人物作曲家勋伯格和他的学生作曲家贝尔格及作曲家韦伯恩。

16 法朵是一种流行于葡萄牙的经典音乐类型。人声像是在与葡萄牙吉他(guitarra portuguésa)或其他拨弦乐器对话,比如 viola do fado 和 cavaquinho。

17 * 尝试与死者沟通的仪式。
18 扎利诺的《和声规范》(*Istitutioni Harmoniche*，1558）和《和声示范》(*Dimostrationi Harmoniche*，1571）两本著作对音符和声部进行量化分析，像研究科学一般对音乐展开讨论，并且修正了八度音程的和谐划分，明确了其中包括的大小调的数量。把音乐和数学结合起来的想法自然和当时的文艺复兴运动有关，但是扎利诺对调式的研究处于时代的最前沿，并且流传到北欧（德国、荷兰、法国），影响了许多巴洛克时期的作曲家，其中多位对莫里康内也有非常深刻的影响。
19 * 泛音（suoni armonici），即谐波。物体（发声源）振动时，不仅整体在振动，各部分也同时分别在振动。因此，人耳听到的声音是由多个声音组合而成的复合音。其中整体振动所产生的音叫基音，各个部分振动所产生的音叫泛音。
20 * 把泛音按照音的高低从低到高排列起来，叫泛音列。每件乐器都有自己的泛音列特征，不同的泛音组合决定了乐器各自的音色。理论上，泛音的频率分别为基频的 2、3、4、5、6 等整数倍。
21 * 此处所指画作应为《亚拉拉特山的一万名殉道者》。传说，改信基督教的古罗马军人在亚拉拉特山被钉上十字架。卡尔帕乔据此绘制了同名画作。
22 * 用光作画并非毕加索的发明，可以追溯到1889年，先驱是法国科学家艾蒂安-朱尔·马雷（Étienne-Jules Marey）和发明家乔治·德梅尼（Georges Demenÿ）。

04
秘密与职业

莫里康内：在心底有一个来自过去的回响，并且让那个声音传达到此时此刻，这是基础。要做好现在的事，我必须走过之前的路，因为那段路程撑起了我的文化、我的音乐个性，还有我的人格和自我。

音乐是什么？/可预见和不可预见之间的微妙平衡/题外话

○ 埃尼奥，我必须坦白一件事，其实我觉得有点尴尬。但是我知道你听完了，会觉得我告诉你是对的。

● 你说……

○ 好几年以前，我们还不认识的时候，我做过一个梦……我在你家里，我们在聊天，就像现在这样。突然我站了起来，我在一个展示柜里发现了一尊小雕像。我仔细一看，是一座奥斯卡小金人，那时候你还没有得过奥斯卡奖。展示柜就放在一扇半开的门边。

现在，我知道这个问题听起来可能有点奇怪和唐突，但是你的那座奥斯卡，或者说那几座奥斯卡奖杯，还有其他的奖杯，都藏在哪里？

● （埃尼奥笑了一下，从沙发上一跃而起）还好你之前一直没告诉我。跟我来，我带你看。

（我们飞快地把棋盘收起来，棋局完全被扔到脑后了——埃尼奥在这一盘也完全占据上风。我跟着大师，他走向那扇我之前也注意到的镶嵌门，门外有科多尼奥托的"武士"忠心把守。所以门背后是他的书房……我们在门前停了下来。我注意到埃尼奥掏出一串钥匙，钥匙圈用一根带子拴在他腰上，从不离身。他打开门。）

● 你要知道，我不喜欢任何人走进这间房间，你得做好准备，特别乱。

（我们走进书房。几张小桌子，一张他伏案创作的书桌。我的目光落在几张照片上：玛丽亚、子女们、孙辈们……房间很宽敞，但不至于太大。有一架古董管风琴，周围一排排大书架，藏书包罗万象，应有尽有：从《RCA往事》(*C'era una volta la RCA*)到音乐百科全书，还藏有大量的黑胶唱片、磁带、CD和音乐类书籍，沙发上散落着报纸，桌上摊着一沓沓各种材质、种类的纸。我不能说那是一间特别整洁的房间，但是可以看到某种秩序，物品的排列有其实用意义。总之，是一个充满生活气息的地方。我面前的一排高大书架装满了白色厚卡纸文件夹，里面是他创作的所有乐谱，房间的主色调也是白色。其中一个巨型文件夹特别显眼，是《理查三世》(*Richard III*)的乐谱，同名电影由威尔·巴克（Will Barker）拍摄[1]于1912年，莫里康内在影片重置的时候整理了这份乐谱。）

莎士比亚是对我具有特殊意义的作家之一。（指向一件木制家具）你看，奖杯我都放在这里……

（顺着他手指的方向，我终于看到了梦中的小金人，就在我眼前，这是我第一次看到实物。有两座，紧挨在一起。没有展示柜，木柜其实就在门后面，集齐了他职业生涯中获得的所有荣誉。好几座大卫奖杯，各种样式的银绶带奖，还有来自其他各个国家的荣誉，音乐界的诺贝尔奖——瑞典保拉音乐奖，格莱美奖，英国电影和电视艺术学院奖，还有一座巨大的金狮奖。）

看到没有？根本没有什么展示柜！

○ 你把两座奥斯卡金像奖都献给了自己的妻子……

● 这是正确的选择，是应该的。我在进行创作的时候，她在为我们的家庭和孩子们奉献自己。五十年来我们共处的时间很少：我不是跟管弦乐队待在一起，就是把自己关在书房里一心作曲。这间书房谁都不能进，除了她——这是她的特权。

工作时我处于一个非常紧绷的状态，有时候无法完成分内的职责，我会变得很难相处。但是玛丽亚懂我，她会支持我，无条件地接受我。

○ 你的孩子们都不在身边吗？

● 女儿亚历山德拉和儿子马尔科住在罗马。另外两个儿子在美国住了有段时间了，安德烈在洛杉矶，乔瓦尼在纽约，但是我们经常联系，感谢电脑……（指了指电脑）我用SKYPE跟他们聊天，也很享受在屏幕上看着孙子孙女们慢慢长大，虽然我觉得这些屏幕很诡异……但是如果没有它们，尤其隔着那么远的距离，事情只会更糟。那么我只能安心地用了。

○ 你也会写电子邮件吗？

● 你在开玩笑吗？好多人跟我讲过那东西怎么用，但我用电话和传真就很好。记录日程我也更喜欢写在单张纸上。每周一张，分成七个部分，分别写上日期，用数字写上月份，底下写时间和待办事项。这样的纸我有一整箱。我讨厌记事本，而电脑，我不信任它。

我知道有作曲家用电脑作曲。我也在工作室里用电脑做过实验性创作，但是我不懂，完全在屏幕上创作的话，比如要给一架大型管风琴作曲该怎么做……

○ 为什么这么说？

● 因为如果不能一眼看到整张谱子，你还怎么写？纵向和声怎么控制？放大局部忽视整体是行不通的。

○ 好吧，有专门的程序，而且现在有可以完整显示总谱的大屏幕。

● 你在用？

○ 是的，经常用。

● 我需要纸。书写这个动作对于总谱来说可能不是特别重要，但是对于我有特别的意义，可以一眼看到音乐的密度，看到纸我就平静了。

创作的秘密

○ 帕索里尼说，书写是他的存在主义：是表达自我的一种习惯，一个陋习。那么你为何而写？

● 书写乐曲是我的职业，是我热爱的事，我唯一会做的事。是一项陋习，是的，是习惯，但也是必需品，是喜好：除了对声音、音色的爱，还有把思维化为有形，把作曲人对作品的好奇和想象化为实体的能力。

关于你的问题我没有更多答案了，我不知道怎么隐藏书写的欲望。没有一定要写的规定，但是我有太多去写的动力……讲得这么复杂，也许是因为这个问题太私密了，我不想跟他人分享。

○ 在什么样的时刻比较容易产生音乐创意？

● 没那么期待的时候。还有，工作得越多，创意越多。有时候我的妻子看到我在发呆，她问我："埃尼奥，你在想什么？"我回答说："什么也没有。"其实我脑子里正在哼一段旋律或是一个构思，也许是我的，也许是别人的，我记下来的。这可能是职业病。一般来说也没什么坏处，只是在书桌前工作了一整天，或者更糟糕，在工作室录音混音一整天之后，吃完晚饭，躺在床上，夜深人静的时候，"病情"会恶化。这样的日子里，我睡觉的时候想的也是音乐。玛丽亚这么多年一直支持我，太不容易了。还有几次，在睡梦中，脑海里浮现出一些声音或者思路，如果能进入半梦半醒的状态，捕捉到它们，等我醒了我会立刻拿笔记下来。所以很长一段时间，我的床头柜上不是五线谱就是白纸。音乐构思和音乐构思之间还不一样，有的可以用五线谱记录，有的不行。

○ 你觉得创作取决于主观意愿，还是表达需求？你如何开始创作？

● 不一定。在我觉得想出一个构思真难的时候，音乐就来了。构思有时迟到，有时失约，还有的时候来得很随意。我可以无视之，或者将其加工，或者和其他构思结合。作曲人在脑内想象音乐，再像其他人写便条写信那样写出来。

电影配乐要考虑更多：即使一时没有特别好的想法也要逼自己写，因为我签了合约，合约里写了录音的日期，还一定要写出适合另一部作品的好音乐。

另一种音乐，就是我们说的无标题的"绝对"音乐，我会等待一个特定的直觉，我一听就知道对不对：触动我的可能是音色方面的一个创意，是整体声音，管弦乐队的即兴发挥，乐器编配，或者是在作品中加入合唱的可能性……总之，在这种情况下，标准多样且不可控，无关主观意愿——至少我是这样的。有的时候某个乐手或者乐器组会对音乐提出要求，那么我就以此为出发点开始创作。

对于无标题音乐我更喜欢不设时限。最近有几位神父找到我希望我写一首弥撒曲。[2] 我接受了，特别明确一点："我写完了就会寄给你们，没寄给你们就是还没写完。"我不想要限期，音乐是自成一体的，有自己的生命，必须尊重。我对待自己的音乐就如同人对待自己的子女，我要对我的乐曲负责。

有时候我感觉自己像孕妇一样在待产，或者说在"孕育"音乐。这个过程会激励我，也让我深深地着迷。

○ 你经历过创作危机吗？

● 最近一段时间我确实没有什么作曲欲望，但是不管怎么样，最后我还是写了，而且我对作曲依然热爱。所以总的来说，只要有时间限制，这样的危机永远不会发生在我身上：我总是能得救。

但是有一次，为《西部往事》配乐的时候，我完全赶不上进度：一段主题都想不出来。制片人比诺·奇科尼亚（Bino Cicogna）知道了这件事，他没多想，直接找到莱昂内，跟他说："你为什么不找阿尔曼多·特罗瓦约利（Armando Trovajoli）呢？这是一部特别的西部片，叫特罗瓦约利试试吧。"他们让特罗瓦约利写了首曲子试听，甚至还去录音了，没跟我说一个字。莱昂内听完阿尔曼多的样带，匆忙离开了。完全不知情的我此时终于突破了自己的困局。这件事我一直不知道，很久之后才从我的誊写员多纳托·萨洛内（Donato Salone）那里得知。我向塞尔吉奥求证，他回复我："埃尼奥，你那时候什么都写不出来……"

○ 所以最好不要在电影制作中遇到这种危急时刻。

● （笑）看来你懂了。总之，大家的感觉都不好：塞尔吉奥，还有当初毫无顾忌的阿尔曼多。而类似的事情还发生过好几次……从那以后，如果我要顶替某位作曲人，哪怕那人我私下不认识，我也会先跟他沟通，听听对方的看法。

○ 你觉得创作危机有什么规律可循吗？

● 我不知道危机是怎么发生的，或者从哪里来的，我只知道这迟早会发生，在任何一个创作阶段都有可能。到了我这个年纪，要坚持不停地创作挺吃力的。我经常问自己："埃尼奥，你还要继续吗？"然后我卷起袖子，埋头工作。但是写无标题音乐的时候，我遇到过好几次危机，真正的问题是如何开头，写完一段还要丢弃一切重新开始，再来第二次，第三次。慢慢地到现在，这类音乐我写得比较少了。

我对自己的作品很严格，而且偏悲观，虽然我认为作者本人不是评判自己作品的最佳人选。所以我也会寻找认可我，或者批评我的旁证。

至于电影音乐，当我没有所谓的"灵感"——我不喜欢这个词——就必须依靠别的东西：职业能力。要找到对的构思，跟另一个作品完美契合，不总是那么容易。虽然我尊重每一部作品，但是像托尔纳托雷的《最佳出价》一样，电影本身就给我指明方向，这种情况不会经常发生……如果每次都能这样，那是最理想的了！

○ 具体是什么样的情况？

● 我读了剧本，对其中一个片段尤感震撼。主人公古董商走进一间密室，他的宝藏露出真面目：收藏室里珍藏着十多幅女性肖像画。这一幕也透露了主人公的内心，我写下了一首曲子，其中收集了不同女性的歌声。穿插在音乐中的女声仿佛来自画像中的人物；从主人公的幻想走进现实，不断呼唤。女声之间通过自由的对位自由地互相影响，类似牧歌[3]，随意打乱，无条理可言，也就是说即兴和有组织并存。

○ 也就是说，这种类型的直觉你才称之为"灵感"？

● 对，而构思是自己想出来的，或者来自电影。但是需要注意一点：构思还需要后续辛劳地加工。我觉得灵感更像直觉，有时候是对外部刺激，比如图像或文字的反应，有时候是一些不可预料的因素，或者是梦。不论何种情况，都跟没有任何提示、自己想出来的构思完全相反。人们赋予"灵感"一词浪漫的词义，与心灵、爱和感觉密切相连，我从来不信。音乐乃至创造性职业主要依靠什么？对于这个问题，事实上，如今大部分人心里的答案都受到这个词义的限制。有多少人问过我灵感的事啊……谁知道为什么这个神秘兮兮的东西这么受欢迎。你怎么看？

○ 我觉得这个概念非常成功，因为我们都在追求确定的事。"从天而降"的东西让我们感觉没那么孤独，意味着有一个神秘的事物可以等待。特别是这个神秘事物还被"天才""艺术家"之类的词绑定了……我们苦苦追寻的，让人安心、不容置疑的东西，最终投射在现实中就成了这个样子，灵感证明了我们期待的意义。

● "天才"这个词总是让我怀疑，而且让我想到一句话，应该是爱迪生说的，"天才是百分之一的灵感和百分之九十九的汗水"。汗水，也就是踏踏实实工作！要讨论灵感，首先认识清楚灵感只占一瞬间，而瞬间之间全是工作。你写了点什么，也许删掉了，扔掉了，然后从头再来。那不是天上掉下来的。有的时候构思中已经包含了可能的具体展开，但是大多数情况下，这些都是需要之后再花精力的。我知道这些话不是特别鼓舞人。（笑）

○ 总之，神秘的灵感很有诱惑力，我们还想挖掘更多。让我们回到托尔纳托雷的电影，回到你对《最佳出价》本能一般的反应，你有没有追随最初的直觉？

● 有，这是我一贯的做法。如果有了对的构思，我就尝试一下，追随自己的创作本能。我会尽可能在纸上还原，渡过最初的白纸危机。但是思考还在继续，只有等到录制完毕，佩普乔点头，大众和评论界也认可的时候，我才收工。这时候，回头看自己的构思，我能辨认出其所有的前身，我以往的经验都凝结于此。

所谓前身，指的是我以前写过的其他作品，比如《全世界的小朋友》《一生的顺序》，还有我为达米亚诺·达米亚尼的《魔鬼是女人》(Il sorriso del grande tentatore, 1974) 所作的插曲。音乐成了表达旧想法的新方法。

说这些的意思是，精彩的灵感或者直觉当然有可能出现，但是由此发展出完整的作品，还是得依靠个人的学习和积累，以及集体的文化与传承，我们认同了一段历史、一种文化，与之相亲相近，最终才得以重塑我们认同的一切。

我写的很多主题现在广为人知，其中，贝托鲁奇《海上钢琴师》的主题是我在声画编辑机上创作的。周围一片漆黑，我的眼前只有电影画面，一支铅笔，一张白纸。我的父亲一手教会了我作曲，这是我从小到大一直在做的事，但是画面告诉我不一样的东西，两者都是真实的，不过作曲人不断学习就是为了把这些因素都融会贯通。和声、对位、历史因素……一切都要考虑……都可以实验。

而且，写主题还不是最复杂的：直觉，或者构思，怎么叫都可以，大多数时候不局限于旋律。比如托尔纳托雷的《幽国车站》，所有音乐都建立在剧本结构的基础之上。最后一首歌《记住》的主题由节选出的旋律部分组成，一段一段浮现，而随着电影的进行，一同慢慢浮现出来的还有主人公作家奥诺夫一度失去的记忆。从创伤到恢复，从不和谐到和谐。

○ 你刚刚强调了过去的经验对你来说有多重要。而你非常尊崇的一位作曲家斯特拉文斯基说过，他每一次创作都会克制心理时间上的过去。

● 我不一样。我觉得，在心底有一个来自过去的回响，并且让那个声音传达到此时此刻，这是基础。要做好现在的事，我必须走过之前的路，因为那段路程撑起了我的文化、我的音乐个性，还有我的人格和自我。个人的过去在作品中的"体现"跟大众无关，不具备传播性，甚至可能跟其他任何人都无关，对我而言却至关重要，那是动力：推动我写出乐曲。比如对弗雷斯科巴尔第的理想化创作，还有这么多年以来，不管是应用音乐还是无标题音乐，我一直坚持在作品中加入几小节巴赫或者斯特拉文斯基，这些行为都是源自同样的愿望。[4]

之前我们提到我创作了一首弥撒曲，后来命名为《方济各教皇弥撒，耶稣会复会两百周年》（*Missa Papae Francisci. Anno duecentesimo a Societate Restituta*），这首曲子我决定参考威尼斯乐派，从阿德里安·维拉尔特（Adrian Willaert）到加布里埃利叔侄，还有电影《教会》中的音乐，把弥撒曲做成一首双重合唱曲，我的另一首无标题音乐作品《第四协奏曲，为两把小号、两把长号与管风琴而作》（*Quarto concerto per due trombe, due tromboni e un organo*，1993）也是如此，我想到将两把小号、两把长号的声音空间化，得到立体声效果，呼应圣马可大教堂的双重唱诗班。我需要把传统和当代联系在一起，让我的过去在我的现在重生，在创作中重生。

○ 这是"永恒的回归"。利盖蒂·哲尔吉（György Ligeti）说过："保持自我！"我更愿意用诚实这个词，不过不管怎么说我们需要先对这些词语的含义达成共识。那么你对音乐（以及其他事物）的自我、诚实以及忠诚有什么看法？

● 嗯，是的，这个问题不好回答……保持自我？（低声问自己，感觉像是在拖延时间……）我自认为内心所想以及亲手所写的东西，都是忠于自我的。当然我也会受他人影响，我可以明确说出影响我的人有谁：彼得拉西、诺诺、斯特拉文斯基、帕莱斯特里纳、蒙特威尔地、弗雷斯科巴尔第、巴赫，某种意义上来说还有阿尔多·克莱门蒂，也许还有其他人。但这不意味着我对自己不诚实。很显然，我不会在谱曲的时候跟自己说："现在我来解决这段彼得拉西式的音乐，或者帕莱斯特里纳风格的音乐……"不是这么回事。我说的音乐都是广受认可的，我甚至不知道自己有所偏好，所以我只能去写，重要的是自我满足，至少在那一瞬间。诚实，至少在那一瞬间。那之后，我愿意从其他角度再度审视自己，听取批评和赞美，重新思考，从头再来。

所以就因为有时候我被迫匆忙赶工，有时候我用平庸的而不是纯粹的"灵感"来完成创作，我就得判定自己不诚实？我不这么认为。

当我读到剧本，或者看到电影，我就知道什么是对的构思，何处是我要追寻的方向，哪里是最精彩的地方；有时候，尤其是以前，我会希望留更多的时间用来发展构思，但是我听到的是："我们在一个月之内把所有曲子都做好吧？"美梦破碎。不管怎么样我总要竭尽全力，我的职业就在于此：在完成任务的基础上，尽可能完善自己和自己的作品。

在工作中，我一直努力舍弃过高的理想化。我写出极其调性化的旋律，然后再进行我的探索，在细节之处做一些安排，让自己作为作曲人的道德心找到归宿，这位作曲人知识储备充足，在应用世界之外还有丰富的"其他"经验。我无论在何时何地都努力恪守职业和艺术诚信，这一点却经常被忽视。

我写的一些东西值得更全面的分析，可惜按照惯例，没有人会为电影音乐这么做。我无意要求什么，只是既然我打算把音乐和创作应得的那份尊严也分享给应用音乐，我当然会捍卫自己的心愿。

○ 总而言之，一个人走在保持自我的路上，也会时不时地偶遇其他人？

● 是的，就是这样。

○ 所以，按照你所说的，你不认为作曲人是发明家，他们不是创造新事物的人，他们寻找、重现并且收集已经存在的东西。

● 一方面，作曲人从历史之中汲取养料，但如果仅仅如此，那就像是在说，他过去、现在、将来所写的任何音乐都早就在那里了，好像他只是照着抄了下来而已。然而作曲人会思考、应对，他下意识地捕捉脑海中闪闪发光的一切，自己的技巧，自己喜欢的东西，以前写过的旧作：只要它们适合再创作。

这样再正常不过了。另一方面，音乐的历史不会徒然而逝，一定会给我们留下什么。（神情激动）但如果这一切只被定义为"重新发现"，或者只是和已有的内容相匹配，那不就相当于说我一直在重复自己，一直在写同样的音乐？这样孤立的推导被设计成唯一真实的可能，说实话，对此我很沮丧。按照这种说法，保存了一切的集体记忆在哪里？又是如何生成的呢？

于是有时候我会想，创作行为跟创造新事物多少是有些相关的，创造只存在于创作者的创作需求之后。也许我需要这样的想法来激励我继续前进，我承认到现在还是如此。

这些想法在我工作的过程中时不时冒出来，也许会导致一些不那么自我的创作。它们都源自未经检验也无从检验的我的个人发现，也许下一秒又被我否定，但是至少那一刻，这些答案是完全属于我的，能给我动力，让我坚持创作。我会在那创造之中，在幻觉之中，画下一个记号，挣脱一切束缚，但是很快，我会回到原地看清周围的世界。

○ 所以，你所说的创作行为是这样的：在历史之中，也许只是个人的历史之中，短暂地开辟一个空间，只在当时，只在一瞬。即使是幻觉，对感受、对行动，也有现实意义。

● 创作行为是专注而冷静的，是去实现一个想法，或者其自身就是一个想法，并且同当时当刻密不可分。蒙塔尔多的电视剧《马可·波罗》中有一首曲子，我尤为记忆深刻，一开始，我只用两个和弦进行创作。一级和弦和四级和弦交替出现（Am/C、Dm），营造出单调的效果，让我联想到某种东方音乐在和声上的静默，一种沉思的气质，和声经常表现为静止，没有去往任何地方的意愿。作为对应，在曲子的中段部分我制造了些许变化，独立使用变格终止[5]。对我来说，那是创造的一刻。到了录音阶段，在混音的时候我偶然发现，我的创造跟里姆斯基-科萨科夫的《天方夜谭》（*Shahrazād*）有很明显的共通之处，尽管那部作品也是对东方世界的二次解读。这并非我主观的期望，但是我用跟科萨科夫完全不同的论据得到了同样的结果。

所以我觉得让创作顺畅进行是很重要的，之后你会发现可能的源头或者相似的存在。也是因此，尽管创造和再创造看起来是互相对立的两种形态，我认为从某种意义上来说，二者皆真实且成立。

○ 也许正是因为这个永恒的难题——创造和再创造——艺术家才总是被看成一个载体，或者一个天才，不管在哪种情况下，都被认为比其他人更频繁地接触一些神秘能量，不论是内在的或是外在的，神圣的或者灵魂的。这种迷信传承至今，但也许就像我们说的，这样的说法绝对有其现实意义，而且直到今天还是暧昧不明，悬而未决。

● 载体的说法让我很想笑，关于天才的那些也是。基本上我认为自己的职业跟手艺人一样：当我在书房里闭关，在书桌前，我通过一系列个人的、具象的、物质性的实践，完成创作行为。跟手工制作，一模一样。

○ 所以你不用钢琴？

● 我直接写总谱。我知道有些作曲家，其中不乏成名已久的大家，喜欢先写缩编的钢琴曲，也就是草拟曲谱，之后到了第二阶段再配上管弦乐曲。这是个人喜好。对我来说，这种操作不可行，因为管弦乐队，或者说所有乐器的整体，已经自成一件乐器，把钢琴曲改写成管弦乐曲是有缺陷的。一般来说，我用钢琴只是为了让导演听一下我对电影音乐的构思：我不能在对方一无所知的情况下直接带他进录音室。那种情况下，我弹奏的肯定是"小样"，我希望之后全体管弦乐队演奏的更完整、更细致的版本也能让导演满意。而且在录音室里，"小样"也有可能走样，因为管弦乐队会有自己的发挥。

但是我要讲清楚，这不是什么奇迹：所有懂音乐，学过作曲，有构思音乐的技巧和能力的作曲人，都能够直接在纸上写曲，不一定需要钢琴。

当我有音乐构思的时候，我反而会用心挑选纸张，能给我施展空间的纸张。通常，我先在纸上画好五条线，根据需要标出或宽松或逼仄的各个小节；当然，我需要对音乐进行空间预测。我可以通过图像看到各方之间的博弈，看到进行，看到强弱，又不至于像西尔瓦诺·布索蒂（Sylvano Bussotti）的绘图法一般，把乐谱变成一件现代美术作品。这样我就知道自己要做什么了。有的时候，情况却正好相反：纸张的条件影响了音乐的构思。

如果我探索的设想在音乐表达和空间表达上有多重可能，我会找来一种又长又宽的活页乐谱，让他们专门打印好。看到那些空白，我的创作思想得到解放，整个过程变得非常有趣……我会想："这里空当这么大，看起来像是早就知道我一定会用一样，那我偏不用"，但是类似的零碎想法闪现的时候，我还没有一个完整的构思。构思的诞生需要一个巨大的空间。（说到这里特别激动）另外，没有小节线，我会写得更好，我感觉更自由，虽然按照电影配乐的习惯我应该加上那些线。

记得学生时期，我曾经认真研究过瓦格纳的总谱。当时觉得——现在也是——他似乎必须删除总谱中所有停顿部分。也就是说他给自己制造了一堆麻烦。他的作曲方法是将所有在同一时刻发声的乐器具象化，总谱密度极高。如果某一件乐器有一段停顿，那一行五线谱也不会空着：瓦格纳直接把那件乐器所在的整行五线谱删掉，总谱整体看起来还是满的。

我估计他喜欢看到一团音乐糊在一起，同时进行。他应该不会是想要节约纸张吧。我和瓦格纳的区别当然不可能是节不节约纸张，这根本不值一提。

○ 事实上瓦格纳不像是会节约纸张的人，也不像是会节约自己构思的人……说到音乐构思：一般来说会以什么样的形式展现在你面前呢？

● 在电影音乐方面，构思和选择是多个"偶然"因素共同作用的结果，当然剧本和画面本身也是很重要的因素；不过有时候，一个意外的、随意的直觉就能掩盖一切。然而我写无标题音乐的时候，情况完全不一样。

比如在我的《第四协奏曲》中，我清楚感觉到，要把两把小号和两把长号配对组合，分别安置在管风琴的左右两边：这是需求，不是要求，我想要在特定的合奏音色之外，得到一种空间感。

我接过一个任务，要写一首《复活节主日洒圣水歌，在贝纳科，为女高音和小型管弦乐队而作》（*Vidi Aquam. Id Est Benacum. Per soprano e* un'orchestra piccola，1993），乐曲的需求显而易见，背景环境的限定就像加尔达湖[6]的湖水一样清澈明晰，我们希望得到一首独一无二的洒圣水歌。我选择用五组四重奏乐队，五组配器各不相同，演奏时一组接一组，一组套一组，逐渐得到一共二十七种组合音色。我为什么这样决定？此种形式有何渊源？为什么我选择了调式不明的音高组合，听起来漫长而缺乏变化，只有女高音在结尾处唱了额外的两个音？

问题的答案在于音乐的构思，我希望写出静水流深的感觉；而构思的来源，正是乐曲的背景环境。

当我为电影写曲的时候，我能够调整自己，"浪漫"的音乐我也写得出来，但是如果要写另一种音乐，无须刻意放大感情和情绪，没有相关画面，没有其他任何条件，只与我有关，那么我会追求更加抽象，更加无边无际的表达。

我再举个反例，虽然只是部分相反。我为托尔纳托雷的《爱情天文学》（*La corrispondenza*，2016）所作配乐中的一曲，是从一张草拟的钢琴谱慢慢发展而来的：确切地说，是为四架钢琴而作的乐谱。但是这么多架钢琴弹什么？为什么一定是四架？单独一位钢琴家没有办法完成全部的声部，那就干脆请四位，每人一次只弹一个音符，甚至用一根手指就能完成。

这样设计纯粹因为我对电影情节的印象：故事关于两个亲密又遥远的人，而我想着他们之间不断靠近的距离，构思就此诞生。最初这只是一个理论上的探索，无关其他，所以，这首曲子的音乐构思和发展方法，有点类似我写无标题音乐时的行为模式。等到真正制作乐曲的时候我才意识到，直觉是好的，但是由此发展出的音乐，脱离应用环境来看太过呆滞，用在电影里则太不舒展。最后我只用了一部分，但是也许有一天，这个构思还能长成别的什么样子。

○ 那么我重复一下之前的问题，我想知道的是那个让你感到无拘无束的时刻：音乐构思出现的时候是什么样子？

● 首先，是音色。音程对我来说是之后的事了，但是音色最基本：想到某一种乐器，或者某几种乐器整体的音色，总是能给我很多启发。然后是曲式，任意一种音乐结构。

说到这个，我再也不相信好几个世纪以前的传统音乐曲式了[7]，虽然它们给我们留下了作曲的主要标准。

如果节奏不需要听从画面的指令，写音乐的人可以自由地为每一首作品都创造一种自己的曲式。

有时候，决定并构建一首作品的总是同样的因素，每一首作品都自带一个或者更多的选项，于是选项之间不断协调、自行发展，在这种情况下根本不用去想。这些对我来说也是选择乐器之后的事（我总是痴迷于配器）。然后，到了真正开始写的时候，会有更多变量：写，删，改，我会问自己这个起音能不能再推迟一些或者提前一些。这不能算思考，几乎是一个下意识的过程，在手中的铅笔画上休止符或者音符的瞬间，立刻承担起现实意义。每一个瞬间都有很多岔路和选择：一首曲子可以有许多不同的方向。哪个是对的？全对，或者全错，但是这些选择让一部作品以及一位作曲家与众不同。

○ 在你的创作以及生活经验当中，你会提前估算自己的步伐和选择，预测路线；还是先做了，再回过头来反思？

● 可以说两种方式都有。在我的人生经历中，还有作曲生涯中，我做的很多——还有很多没做完的——都被我内化为自己的一部分，这要感谢一些实践经验，而且很多经验都是偶然得来的。通过我走过的路，还有我的志向抱负，我总是能找到新的动力。这一切一起塑造了越来越鲜明的我。比如说，1958年的夏天，我到达姆施塔特进修暑期课程，主修"当代"音乐，我强烈地感觉到，必须对我所见所闻的一切做出点什么反应。

我对当年德国新音乐的语言和结构方式有了些许了解，在离开达姆施塔特之前，我写了《三首长笛、单簧管、巴松管练习曲》(*3 Studi per flauto, clarinetto e fagotto*, 1957)，《距离：为小提琴、大提琴与钢琴而作》(*Distanze per violino, violoncello e pianoforte*, 1958)。离开之后，那个必须做点什么的暗示还是很强烈，我又写了《为十一把小提琴而作的音乐》

(*Musica per undici violini*，1958)。

然后我开始为歌曲编曲，为电影配乐，两者都和我原本预想的未来相去甚远。总之，不管生活给我什么，我都全力以赴。

我感觉现在的我，至少在创作方式上，跟刚起步时的姿态距离很远了，但是所有经验的源头，还有我习得的技巧，都在我身上扎根，缓缓渗透，日渐融合，而我的声音、我的风格、我的个性，愈发鲜明。

一切都很清楚了，那么这件事我就不去想，不在意了。

○ 你怎么看待天赋和努力之间的关系？

● 努力是一切，也是煎熬；而天赋，如今经过这么长时间，我觉得我在音乐方面的天赋有所提高。我这么说是因为，现在我的一些第一直觉完全属于我，也许可以称为"创造"了，但是早期这种直觉很少。也许创造是逐渐发展而成的，那么引导这一切的不完全是某些不自知的程序，还有我自己的意愿。所以带领我逐步达到这些结果的，是我的一次次构思和改变。这不就是一个人为进步而投入的努力吗？也许可以这么说，天赋带来的进步，人是毫无自觉的，每一次经历，即使是最微小的体会，都能带来意料外的收获，大部分做梦也想不到，而努力带来的进步取决于主观意愿。天赋也许是在潜意识层面为提升专业能力和创造能力服务。

○ 也就是说，人们一般都认为天赋是一个起点，但是你觉得天赋是一段过程？

● 是的，我觉得天赋源于热爱，同样源于练习和自律。时间长了也能产生才华。而我，我从来不觉得自己有天赋。我说实话，不是客气自谦，完全没有。如今我发觉也许我是有的，但我还是坚持认为那其实是进化。

音乐是什么？

音乐的诞生、死亡与复活

○ 音乐，似乎自诞生以来，一直陪伴着人类，尽管音乐无法触摸，也不能抓在手中，而且很明显，不是生存必需品。声音，一个具有魔力的现象，迷人、神秘、神圣，属于知觉的一种，具有社会文化价值：音乐让历史上的许多大思想家苦恼不已，音乐被归结为主观的或者物质的，生成或者存在。

你觉得音乐来自何处？

● 也许是很久很久以前，我们的一位祖先发现了怎样通过声带发声，慢慢地，发出的声调越来越准确，有一天，声音从喊叫变成了歌唱。此时，声音已经产生了旋律，虽然那时候我们的用意是交流。很明显，音乐的诞生没有人可以完全确定，但我看到就是这个人，我们的祖先，带来了音乐，有几次我还梦到给"音乐人"（Homo musicus）重新命名。

又有一天，几根动物的骨头敲到了岩石，可能从此变成了武器，同时也是第一件打击乐器。然后，他碰巧看见了芦苇秆，他朝空心的秆子里吹气，在他之前，吹气的是风。也许几经尝试他意识到了，要产生声音，气息可以，一层震动的皮，一块震动的金属，或者敲打石头、拨动绳子，都可以。于是他发现了乐器、音色、震动现象、和声，然后这一切由毕达哥拉斯归纳成理论。

人类心脏跳动的节奏大体都是规律的，于是打击乐器的节奏变成了谁都能听懂的音乐呼唤。许多原始音乐建立在打击节奏和歌声的基础上，也许这不是偶然。

在生命中的重要时刻，比如出生或死亡，或者在军事活动、宗教活动中，音乐放大事件的意义，让情绪更加激烈，那些人类灵魂深处的感受，得到了感官的、外放的、甚至内在的提炼和净化。这种联系到今天还存在，音乐在画面上的应用鼓动了我们的天性，尤其是广告，让我们即刻兴奋起来，就是呼应了这种联系。

音乐是什么？也许永远无法得出确切的答案，但是这个问题本身就有不可忽视的哲学分量。也许"做音乐"回应了人类比创造更深刻的需求：交流。

○ 似乎创造和交流都是人类用来自我确认的工具，或者让自己归属于某个更强大的东西。换句话说：让自己生存下来。童年时期就有这个倾向，因为对于新生儿来说，尝试着跟母亲互动是生存的必须，与生存本能牢固地联系在一起。

● 想想我们之前说的喊叫：声音向另一个人证明了我们的存在。转变成人际互动的形式，就是歌唱。像一个魔法。歌唱成了一套代码，编码方式取决于其产生并被享用的社会或文化的具体风俗习惯，并为做音乐及听音乐的人所共同掌握。

○ 一种语言？

● 一种语言，和其他任何语言一样，几经变革，进化退化。但是有一点要注意：我不觉得音乐是"通用语言"。影响人际互动的因素复杂多样，大部分是文化因素，所以有地理区域和历史时期的限制，在这一点上，音乐和其他语言完全一样，在不同的国家、地区，或者不同时期，都有不同的语言。

○ 音乐里的人际互动怎样实现？

● 有人构思、制造，有人欣赏、享受。媒介，或者说传递途径，时不时发生变化：演奏者、唱片、广播、电视、互联网，作曲人可能受到种种制约，自身音乐文化、习惯、在学习实践中形成并使用的风格、对音乐语言音乐历史的认识，或者至少，那些应该知道但可能不知道的知识……但是无论如何，有一种制约，哪怕最自由的作曲人也无法摆脱，那就是约定俗成的惯例，我指的是音乐体裁、曲式、乐队编配还有音乐技巧，经过漫长的时间，惯例早已固化。

○ 也就是之前说到的一个社会或一个文化的语言代码？

● 我称之为制约，其中有一些我们能意识到，有些不能，有音乐的，还有音乐之外的。每个个体都是伴随着这些限制，在特定的环境中成长、生活。

还有接收信息的人：听众或者享受音乐的人，他们也受到诸多影响，文化背景、音乐体验、欣赏习惯。比如说几年前，我和一位先生进行了一番探讨，他跟我坦白："我不喜欢莫扎特，很让人厌烦，他好像总是在写加沃特舞曲和小步舞曲。"我觉得这个认定有点轻率，但是我努力理解他的观点，我反驳他，提出要考虑作曲家所处的历史环境和语言环境，试图为莫扎特的天才辩护。

我觉得是谬误的，对那位先生来说恰恰是事实：听莫扎特让他很不耐烦。当然，他不一定非得喜欢莫扎特不可，但是我觉得那位先生听莫扎特时应该是毫无准备的，或者早就习惯了另一种音乐。由此我推论，听一首对自己来说不太习惯的作品，仅仅欣赏是不够的，就算直觉告诉我们作品有丰富的内涵，就算作品在自身文化中是有价值有质量的表达，我们照样可能无动于衷。

于是，我们回归既有的欣赏经验，回归大多数时候都不太够用的欣赏手段，因为首先，在学校就没有人教我们如何开发这些，这一点需要重新审视，也许不限于音乐类学校。

○ 音乐的传递引出了一些更复杂的问题。所以说，有没有可能存在一种无法交流的音乐？就像两个语言不通的人碰到一起，只能鸡同鸭讲一样？

● 很可惜，这是有可能的，而且当代环境下产生的作品可能性尤其高。我刚刚讲过：我不觉得音乐是世界通用的语言，不可能对每个人都用同一种表达方式，同样地，我也不认为存在一种跟全世界都无法交流的音乐，但是如果一定要让某些人接受某种特定的音乐，确实很难。我们刚才看到的莫扎特的例子就是如此，可想而知，一些所谓的先锋音乐、实验音乐更是这样，比如在达姆施塔特奏响的那些，通常来说，那里的创作和编配原则没有那么一目了然，而是更加学术，有时甚至即兴。大多数时候，听者对这一切全然不知，他们不明白，而且不知道如何才能参与其中。

○ 没有人感觉参与其中。所以你的意思是，有的时候，音乐不再是语言了？

● 重点就是这个：有些音乐不想有所指，既不"表达"，也不"讲述"，至少按照西方的传统来说不算。这类音乐仍然被认定为语言是因为它们作为代码而存在，因为我们察觉到作曲人生成了一整套代码，而我们习惯性地想要解码，但是这种音乐语言变化莫测，且每个作曲人都自成一派，所以少有人能够分享。

○ 然而欣赏莫扎特或者贝多芬的时候，所有人都懂得到了某一刻终曲乐章就要来了。对我们来说几乎是本能地，看到这样的旋律小节：

就会回应：

● 这是因为几个世纪以来，西方的音乐语言都使用同一种系统，也就是所谓的调性音乐，尽管这种体系也在逐步发展，但大体上还是基于一些集体参照的标准：旋律、和声（音阶和音级之间的特定关系），以及节奏（比如有规律的节奏型）。[8]

在这个系统出现之前讲究的是调式，和声已经有所体现，但是只用于合唱，而且还没有发展出调性的概念。

当调性体系及其曲式广泛传播并成为标准，很多人找到了依靠，开始安心地在此基础上构建并表达自己的情感，为制造和欣赏的双方都带来了一系列足以载入史册的杰出作品。

○ 一个稳固确定的基础？

● 就是这个意思。20世纪见证了音乐的迅猛发展，相当于之前五到六个世纪的总和，同时，在更广泛的层面，艺术和科学都在大踏步前进。关于语言的研究呈指数级增长。一切都发生得那么匆忙。

○ 所以，你认为音乐语言在20世纪的改革，至少部分来说，是一个越来越非交流的过程？

● 在20世纪的西方世界，随着音乐的进化，声音走出了封闭的箱子，至少在理论上，得到了解放——结构、曲式、书写规则、音乐表情[9]——几乎所有我们习惯称为"音乐"的东西都被颠覆了。于是，一个真正的问题出现了，如何靠近音乐的真相。想要在构思音乐和欣赏音乐的人之间架设"桥梁"，音乐本身肯定不会提供任何帮助。

瓦格纳创作出《特里斯坦与伊索尔德》（*Tristano e Isotta*），已经标志了革命性的变化：旋律半音化[10]。和声的作用愈发模糊，从前因后果的角度来说愈发不可预见，"由此及彼，于是以此类推"，这样的说法不再成立。

接着，伴随着勋伯格在20世纪初发展完善的十二音体系理论，调性环境里的基础和弦——主和弦（tonica）、下属和弦（sottodominante）、属和弦（dominante）——完全失去了等级地位之分，而这原本仅看"dominante"（主导的；统治的）一词就很明确了。声音的民主化推翻了音阶、音级和音符的专制独裁，最终结果就是调性概念的崩塌。

在勋伯格之后，逐渐产生了理论化的动机和需求。安东·韦伯恩等人对音色、音高、休止、时值、强弱等等这些标准全盘序列主义化[11]，搭建起一套纯逻辑、纯数学的架构：这是对传统的极大违犯。[12]

作为这场革命的结果，旋律被剔除出作曲标准的行列，旋律的和谐和节奏也遭到驱逐。

没有了旋律"指南针"的指引，听众无法找到音乐的含义，随着多种音乐语言飞速发展，这个困难不断加剧，欣赏变得更为艰难。大众被要求接受无视传统规则的声音，而作曲家只希望大家听到并理解声音本来的样子：声音只对他们自己有意义，以一种自由的形式存在。

情况进一步激化，因为在"声音"这个分类之中，慢慢地混进了噪音。未来主义音乐，路易吉·鲁索洛和他的噪音发生器[13]，查尔斯·艾夫斯和埃德加·瓦雷兹，当然，除此之外还有很多流派和作曲人都起到了决定性的作用。这一切催生了"具体音乐"[14]，1949年，皮耶尔·亨利和皮耶尔·舍费尔共同制作了《为一个人而作的交响曲》(Symphonie pour un homme seul)，其中用到了脚步声、呼吸声、关门声、火车声、警笛声。随后，具体音乐研究组成立。

持续的改革和创新将后韦伯恩时代的作曲家们推向了整体序列主义：逻辑严谨的程序和理论覆盖所有参数，完全序列化，不断自我复制，也就是说，一套模型决定一个数学结构，这个结构决定其他一切。梅西昂、布列兹、施托克豪森、贝里奥、马代尔纳……他们也许是那个年代最有名气的代表人物。一种前所未有的复杂性，能带给我们伟大的作品，当然也有彻底失败的尝试。

就是在这样的时代背景之下，我来到了达姆施塔特。我走出校门，想要用整个世界来检验自己，创造一些属于我的、独创性的东西，但是那时的我还不知道，迎接我的将是怎样的世界。

我听到、看到的一切让我忐忑不安。"这就是新音乐？"我问自己。

我记得埃万杰利斯蒂用钢琴给我们弹了几段完美的即兴演奏，跟施托克豪森早期的钢琴曲系列[15]一样充满力量，你听过吗？

○ 当然听过。不过施托克豪森的那些作品不是即兴创作，而是由整体序列主义手法生成。整体序列主义是当年先锋音乐的最后一块阵地，但是在传统意义的曲式、书写规则和音乐表情方面，至少可以说是陷入了危机，其

崩塌并非始于规则的全面缺位，反而源于规则过剩。¹⁶

● 你说到了重点。对于有些人来说这可能是挑战，但是也有很多人，到了某个时机总会问出这样的问题："如果一个烦琐至极的体系，到了听的时候，可以呈现为完全即兴的，甚至可以是噪音，那么构建如此复杂的系统还有什么意义？"不管怎么说，当时的我还是深受吸引，我写了之前说的三组曲子（三首练习曲、《距离》，以及《为十一把小提琴而作的音乐》）。但是这个时候，约翰·凯奇出现了，他用自己的作品告诉我们，在音乐中，随机也是可能的。

他的革命包括无意义、即兴，以及挑衅式的沉默。凯奇的作品让众多后韦伯恩时代的作曲家相形见绌。但是到了这个地步，到底什么才叫作品？即兴、计算，还是别的什么？

没有人能回答，但是道义准则必须得到回应，否则我们无法在所处的历史、社会和文化环境中对创作、作曲家及其作品进行思考和审视。在那个变化不定的当下，必须从内部外部找到一个意义。于是探索变成了一味求新，不惜一切追求独创性，甚至到了不难懂的曲子就不是好作品的程度，必须让别人捉摸不透，相似的作品越少，作曲家越是满足，如此他便能说作品成功了，是有价值的。

而在意大利，带领纯粹音乐走向理想化又走向终结的，是以哲学家贝内代托·克罗齐（Benedetto Croce）的理论为基础的克罗齐式理想主义，这是20世纪初音乐美学中最重要的一部分，受到评论界和学术派一致认同，而我和我的同事们都学习成长于学术派的氛围之中。任何不属于纯粹、自主范畴的音乐都被看轻，人人都在隐晦地表达对应用音乐的责难，判定古典音乐更高级、更有价值，但是这样的判断标准本身就是非音乐的。约束力太过强大，对我们中的许多人来说，不光是审美，"创作"的概念也被限定了。

可能这也是一段必经之路，但是作者和大众之间的交流变得更加复杂，也许已经受到了损害。

○ 我脑海里出现了几句话，是帕索里尼的电影《定理》中的一段台词，工厂主的儿子发现自己是一个画家，还是一个同性恋，他把刚刚在玻璃上画好的画一幅叠一幅地码好，一边自言自语，也就是对我们说：

  必须开创全新的创作手法，没有人看得懂，所以无所谓幼稚或荒谬。开创一个新世界，一如全新的手法，属于我自己的独一无二的新世界，没有标准，无从评判。没有人知道画画的人不值一钱，他变态、卑贱，如虫子一般扭动挣扎，苟延残喘。他的天真幼稚从此无人知晓，一切都是完美的，遵循的标准前所未闻，所以无可挑剔，就像一个疯子，对，就是一个疯子！一幅玻璃画，上面再放一幅玻璃画，因为我根本不懂怎么修改，不过也不会有人察觉。这里就是要脏兮兮的才对，而这个是画在之前一块玻璃上的。没有人会想到这是一堆信手涂鸦，来自一个无能的蠢货，完全想不到的，他们只会看到自信大胆、精妙绝伦的构思，甚至蕴藏了无限的力量！其实就是随机组合，完全经不起推敲，然而一旦组合完成，简直如奇迹天降，当立刻奉入神龛，供世人瞻仰。没有人，没有一个人，能看破其中奥妙！谁能知道，作者只是个傻瓜、可怜虫、胆小鬼、无名小卒，他惶惶度日、自欺欺人，只能回味着再也回不去的从前，一辈子逃不出这荒唐可笑的忧闷泥淖。来张唱片吧，爷们儿！

  帕索里尼为这段独白配的音乐是莫扎特的《安魂曲》，一首死亡弥撒。

  但是如果想要开创一个自己的世界，独一无二的新世界，没有可以参照的评判标准，也就是说，作曲人放弃了和外界的交流，只想跟自己，跟自己的作品建立联系？如果每一段音乐都是独立、割裂、无法交流的，作为一种语言它已经死了，否认自身的交际本能，打算制造死亡和隔离？这可以说是在执行集体的死刑，欢庆个体的胜利，撕毁了交流双方，即作曲者和欣赏者之间为社会所认可的契约。

  ● 大家纷纷响应，各出奇招。如今光是提起那段时期我都觉得沉重。当时空气中弥漫着强烈的空虚感和困惑感，但是与此同时你能感觉到，要求越来越严苛、绝对：不顾一切朝那个方向前进成了道义准则。然而没有出路。

我想到了伟大的长笛演奏家塞韦里诺·加泽洛尼（Severino Gazzelloni），他在达姆施塔特演奏了埃万杰利斯蒂的"填字游戏"，就是随手拿一张报纸画上五线谱，用胶水把苍蝇黏在五线谱上，交给演奏者当总谱……这算邪道吗，算罪恶吗？如果算，那么是对公众而言，对演奏者而言，还是对其自身而言？

我渐渐地觉得，比起罪恶，更应该说是挑衅，或者是在捍卫他们所属的想要与众不同的音乐知识分子阶层。只有少数例外是诚实和真诚的实验。

○ 那个阶层存在的意义及其所拥有的权力的基础就是高不可攀？

● 每个人都想用自己的方式应对这场危机，但是我们正在失去大量听众，他们正是我们交流的对象。

在我开始学习音乐的时候，我们有明确的标准，有神圣不可背弃的原则，然而那段时期，几乎所有人都有自己的选择。作曲界乱成一团。

音乐走向何方？

有人提出一个假说，音乐已死。同时出现的还有其他形式的表达，都是一个意思，音乐走到了尽头。

（……）

一片混乱。

至少这是我的感觉。

就在这个时候，在那个 1958 年的夏天，在一片困惑之中，有一个声音深深地打动了我：诺诺以翁加雷蒂的诗为歌词创作的《狄多的合唱，为混声合唱队和打击乐而作》（*Cori di Didone per coro misto e percussione*）。

诺诺击中了我的心。他在冷静的逻辑基础之上，通过精确的设计计算，完成了高度抽象的情感表达。

听众的反应非常直接，整个剧院都在喊着："再来一遍！"

那首合唱曲汇聚了那段时期最为精巧复杂的逻辑和计算，集前卫与传统表达方式于一身：跟我当时听的众多作品完全相反，成功地感动了我，也激励了我。

还有《被打断的歌，为女高音、女低音、男高音独唱，混声合唱队和管弦乐队而作》（*Il canto sospeso per soprano, contralto e tenore solisti, coro misto e orchestra*, 1956），我去达姆施塔特之前就听了这首曲子的唱片，诺诺的这两首作品尤其体现了同时存在的两套体系——数学体系和表现体系——如何相互协作，相辅相成。这是两首曲子最蓬勃的力量。

○ 是一种希望？

● 是的，在这种互补之中，我首先听到了悦耳的音乐，除此之外我看到了一个希望，一条可以追随的道路，对此我完全认同。回到罗马，我把之前写的三组曲子补充完整，我对它们还是很满意的，因为音乐之中有我的亲身经历，还有在达姆施塔特的思考：设计、即兴、表达，三者能够互通、交流，能够在同一首曲子的创作过程中结为同盟。这个认识不是一蹴而就的，至少不是以我们现在所说的意义。那个时候，我没有太多思考的时间，我还有别的担忧：我要生存，我要养家，我要靠音乐赚钱，这意味着我必须迎合给我工作的人，而他们对于不可交流的音乐，是完全不感兴趣的。

我所受的教育教导我要去探索，但是我远离，甚至背叛了那个世界，我的内心也很苦闷，探索的世界生长着巨大的难题，但是我知道其中的价值和意义。于是，我逐渐找到了一个方法，离那个世界越远，我就越努力地在内心培育我个人的观念，一个开放的观念，不断塑造我对事物的看法，事实上也塑造了我的创作行为。

因此，在达姆施塔特的那段经历对我意义非凡。

寻找自我：如何欣赏当代音乐

● 在我心里，有一个信念越来越坚定，我相信历史上所有伟大的作曲家，都有让科学逻辑跟情感表达相互融合的能力，他们多多少少都会有意识地做一些变化，向同时代的同行们都在使用的语言之中，加上一些新的东西。

西方经典音乐作品流传至今，历代作曲人在所处的时代中身体力行，他们的一次次实践让进化和实验的概念逐渐固化、确定，在现代得到继承，而我在创作时，总是处于逻辑和情感之间，理性和非理性之间，理智和冲动之间，设计和即兴之间，自由和限制之间，实验和不可避免的固化之间，创造和再创造之间。再创造，也就是把现有的名作重新整合，这样的作品像一面镜子，映照出其所处的社会，其他所有人类活动都是如此。我在诺诺身上就看到了这样的特质，当然不止他一位，这一类作曲家我一直非常尊敬和欣赏。

我经常在音乐、历史和思想进化之中发现一些对应的联系。我告诉自己："也许这不是巧合，1789 年爆发的法国大革命喊出了'自由、平等、博爱'的口号，随后发生了欧洲 1848 年革命，还有各国的民主、民族革命，又过了几十年，勋伯格创建了民主的十二音体系，赋予所有音符平等的价值。"这些历史事件肯定在很大程度上影响了音乐的命运：调性音乐里经常出现的词语"dominante"（主导的；统治的），和"民主"对立，从某个角度来看，正好暗示了音符之间的阶级性。这些关联岂不是显而易见？在我看来，音乐系统的这些变动，超越了音乐、语言和内在规则的范畴，可能又反作用于其他非音乐因素：社会、政治、哲学。比如 20 世纪下半叶，独裁的垮台就与音乐的飞速发展不无关系，其他艺术和科学也走向高潮，催生了五花八门的理论、语言、假说和重塑。

○ 音乐和社会环境之间存在关联，我们当然不是最早提出这种设想的人。比如，跟现在的作曲环境相比，莫扎特所处的创作环境，或者至少说语言环境，显然更加稳定。1782 年 12 月 28 日，莫扎特在给父亲的一封信中提到了一组钢琴协奏曲[《F 大调第十一钢琴协奏曲，K. 413》(*Concerto in Fa maggiore K. 413*)、《A 大调第十二钢琴协奏曲，K. 414》(*Concerto in La maggiore K. 414*)、《C 大调第十三钢琴协奏曲，K. 415》(*Concerto in Do maggiore* K. 415）]，他写道："这几首协奏曲难度适中，恰到好处；都是杰出的作品，悦耳动听、自然流畅又不空泛。其中有些乐段只有行家才能完全欣赏；不过一般听众也会满意的，他们只是不懂好在哪里。"[17]

莫扎特的音乐，其创作、演奏、传播的目标受众和背景环境都非常明确：贵族阶级和资产阶级。但是在这样明显"稳定"的环境中，莫扎特还是开辟了自己的空间，他的音乐如流水般划过人们的耳边，复杂但温和，在总谱上看也并不明显。[18] 音乐贯穿着清晰的逻辑，能窥见启蒙运动的闪光，那是一种信念，相信所有事实都在演绎和推理的掌控之下：理性的胜利，也就是说，至少在表面上，一切都是有目的的，一切都是表演出来的，所以，是戏，要放松地、愉悦地去享受，因为胜券已然在握——所谓胜券，即理性。想想《女人皆如此》[19]，一切都很假：正经的演出内容，滑稽的表演方式。

然而到了法国大革命时期，贝多芬已经在拷问人类和历史的关系，包括他自己：是人类创造历史，还是历史造就人类？贝多芬一生都在解构奏鸣曲式——以及其他曲式，他的音乐是创造和想象组成的岩浆，从未停止变化，在他看来，问题的答案是开放性的，他自己就一直是分裂的：信，还是不信？是他掌握着历史和命运，还是命运和历史塑造了他这个人？

大歌剧，还有历史小说，不断向我们抛出同一个问题：人造历史，还是历史造人？通常，问题的外衣总是两个年轻人之间的爱情故事，由于各种历史灾难或困境，他们的爱情一定是悲剧收场。我想到了曼佐尼的《约婚夫妇》，在瘟疫、战争和苦难之间：不可能的爱。爱与死亡，中世纪，古希腊戏剧……这些主题之上，浪漫主义运动蓬勃开展。这个时候，瓦格纳出现了。

瓦格纳创造了一种音乐语言，也是戏剧语言，展现了人类的本性和蛰伏其中的冲动本能，按照这种新语言的语法，一些和声功能被单独处理，突出模糊感，同样含糊不清、变化莫测的还有隐藏其中的非理性主义。半音化旋律和旋律中反复出现的半音，代表了个体受到束缚，代表了个人的情感和冲动，瓦格纳以此进一步破坏垂直方向上的和声，也就是和弦，然而和弦是当时的社会规则，是理性，是显意识。我们之前讲到的和声功能，存在，同时也不存在。瓦格纳的"总体艺术作品"[20]和陀思妥耶夫斯基的"复调小说"[21]有很多共通之处：事实不止一个，取决于你的视角和立场。与此同时，在欧洲，弗洛伊德的精神分析理论已经形成气候，再后来，爱因斯坦提出了相对论。

然而上帝，已经死了，这是尼采的名言，绝对也死了，变成了相对。所有人都感觉到了，一个时代就要终结。欧洲文化被近在眼前的未来粉碎、瓦解，多么悲哀，衰落的沉重感在马勒的音乐和托马斯·曼（Thomas Mann）的文字中已经可见一斑——个人认为托马斯·曼的创作源于他对未来矛盾的忧虑——之后又渗透到其他艺术形式之中，比如莱昂内、贝托鲁奇、帕索里尼、维斯康蒂等人的一些电影作品，从更广泛的层面来说，20世纪标志性的问题和矛盾之中，都有这份沉重感的身影。

● （片刻的沉默，在沉思）上学期间我就注意到，时代交替之时经常出现尖锐的对立。就像浪漫主义音乐关注内心世界，召唤情感的回归，和非理性紧密相连，20世纪的音乐则追求科学性，以逻辑、结构、数学为标准，音乐语言在复杂程度上达到了一个前所未有的新高度。两种截然不同的态度和鉴赏方法，引领了音乐、科学、哲学语言的探索和发展。如此一来，技术得到了发展，反过来也为探索和变化提供支持。有些东西各自成熟，但互相关联，从某种意义上来说，全人类都被联系在一起。所以我必须承认，我相信在历史进程方面，所有艺术范畴都具有天然的同步性。

○ 从你的话里我隐约听出了一丝实证主义的意味。在这动态的对立之中，你提到了人类活动，也就是语言和音乐，如同有机体一般为了存活而改变。这种持续的波动式变化，似乎存在于人类所有的表现形式之中，对生存、探索、发现、传承，还有对各种运动和改变，都起到了推动作用。

● 人们曾经试图在神秘玄想之中寻求答案，但玄奥总是不可捉摸，一时抓住了，下一秒也会溜走：每个终点都是再次出发的起点。这一切带领我们一路走到现在，到我们所处的时代，我们必须亲身实践，找到自己的路，也找到自己。

○ 从这个观点来看,从我们祖先的第一声叫喊,到现在作曲人以及其他人眼中的"做音乐",好像并没有产生太大差别。尽管跟最原始的探索相比,几个世纪下来音乐复杂了很多,但是最初的人际互动目的一直保留到今天,如今音乐还是为了和他人交流,或者和自己交流。也许有些先锋派回归数学和逻辑,是为了逃避人际互动,逃离孤独的苦痛,或者相反,为了逃避对上帝的寻找,结果却反而加剧了自我隔离。假设这个猜想成立,那么比起无法交流,更恰当的说法可能是我们经历了一段封闭交流期:封闭自己,探索内心,不必强求他人,而是反思,是自我交流,以此更好地了解自己,了解内在各部分如何联系,又如何跟世界联系。

● 这个观点真的很有意思。我们讨论假想中的音乐起源,这个话题很有趣,但也很神秘,某些猜测容易被放大,我们说音乐最初是用于确定自己在世界中的存在,用于交流,"喊叫变成了歌唱",这些都是想象。起初,人类赋予音乐的任务应该是他们原始的迫切需求,而太多人有同样的需求,于是在大家的期待之中,经过时间沉淀保存了下来。

我把某种特定类型的音乐比作"声音雕塑",尤其是音乐会上演奏的音乐,或者至少是我自己的作品,我越来越喜欢这种说法。我想"雕塑"这个词能够在很大程度上代表我的音乐作品,因为就像通过触觉可以摸到一块石头,通过听觉也可以听到一场展览,展出的是音色,以及作曲人呈现给我们的音符。和声音材质接触就像摸到一颗石子,或者一块大理石。

"不要用你们习惯的方法去听,"我说,"想象这些音符是有实体的,就像一座雕塑。"

○ 事实上我发现,在研究你的部分作品时也会遇到同样的问题。如何诚实并且尽可能好理解地用文字把一首音乐传达给读者?因为需要用语言来描述非语言,我才意识到自己在两种表达方法之间摇摆,一种是结构式描述,定义并区分各个构成元素、微观及宏观结构,比较并分析重复出现的固定模式。另一种是用语义学的方法来分析，这样听到的描述可能会比较武断。

比如听你的《第四协奏曲》，我的眼前仿佛出现了沙漏一般的旋涡，这完全是我个人的联想，而且涉及现实的材质。但是怎样传递这种感觉？也许不应该追求语言表达，不用在音乐里搜寻可以交流的元素，同样的事物对于不同的人也会有不同的象征意义，那么把一切交给感官，或者说通感[22]，在自己认定相似的象征意义中自由组合。

就像手里有一块大石头：跟物体对话是没有意义的，因为很难得到回应。但是我们有触觉上的感知，这是很私人的体验，对体验的解释和说明又会产生歧义，因为这不可避免地受到自身文化和人类发展程度的影响，根据有些人的观点，其中还有"集体潜意识"的作用。换句话说，物体本身的意义已经被抹去了，现在是我们在赋予物体意义，如果我们有这个需要，我们可以定义它们的功能，定义它们在世界中的位置，从而为与之相关的我们确定一个位置。

● 你说的基本上是一个"投射"程序，事实上，你对《第四协奏曲》的描述肯定有很多自己的东西在里面。当创作者不一定"有所指"的时候，听者对音乐的诠释会更加真实，作曲人只是想展示某种特定的声音体，这种情况越来越多。

○ 那么交流呢？这种时候怎么交流？

● 一切都取决于作曲人想用这个声音雕塑做什么，当时的背景环境如何，以及我们能够，并且想要运用什么样的解读方式。没有唯一的答案。经历过各种形式的思想专政，音乐领域的也有社会性的也有，如今我们的音乐语言比起以往已经自由很多了，尽管音乐的书写还是有很多学术上的规定，但这再也不受限于死板的创作理论，再也不是僵化的规则和惯例，在不同作者和创作环境之间可以存在许多变化。

现在的问题不是交流或者不交流，而是交流的对象以及方式，对我来说重要的是，当我知道一项个人探索很难获得大众的认同，我该如何继续。当然，我并不是说探索和获得认同不能同时进行。

我的直接经验随着阅历的增加日趋成熟，我渐渐明白，如果一段音乐比另一段更受欢迎，除了看是怎么写的，也要看如何传播。然而一段信息对每个人的意义都是不一样的，我在某一刻感受到的东西，不可能传达给所有人，这一点我很早就痛苦地认识到了。我们讨论过：音乐不是一种通用语言，作曲人只是跟大众共享了音乐代码的其中一部分。

所以在我的创作活动中，有一些更具实验性，有一些则更保守，更加清楚、明确，还有一些是二者的集合（无标题音乐和应用音乐都有）。如果我要写的曲子必须让大多数人理解，尽管实验经验对我来说一直很重要，我也会尽可能写得通俗易懂，与此同时避免流于平庸。传统和过渡"跌跌撞撞"地闯进了实验之中。

为此我稍稍离开了自己作为作曲人的音乐观，我原本想要不惜一切代价地传递新事物、新音乐的火炬，然而在交流的过程中，即使一方很矛盾地没有任何特别想要交流的东西，另一方也不可能被忽视。我认为，有时候大众需要更加努力，但是作曲人也要尽自己的一份力。每一位在自己的时代占据重要地位的作曲家都渴望被理解。比如我们之前提到的莫扎特，他遵守当时流行的准则，同时用自己的天才和想象力将其发展到另一高度。现在的作曲人拥有大量的实验空间，而且公认的准则或许更加式微了。但是这就像赛车一样：在实验阶段数据再漂亮，真的上了赛道还是要靠排位说话。我不排斥先锋性，但是我相信在一定程度上，不管是对大众，还是对自己，作曲人都有责任让自己被理解、被感知。这一点至少要在创作意图中有所体现，至于作曲人的态度和作品，交给时间吧，现在，更有可能是未来，也许会给出评判。我不能评判我的作品；更不要说评判其他人的。

我的道路

● 那一段时期，我走过的路程给我带来了新的发现。我和新和声即兴乐团一起做了很多实验，涉及各个方面，肆无忌惮，极致的、纯粹的音乐实验，我们刚刚聊到的很多思考就是源自这个时期的经验，并且我也找到了答案。还有一些答案是我独自找到的，可能来自我走的这条道路，来自我所从事的职业，还有我作为电影作曲人或者纯粹是作曲人所开展的活动。

刚开始我很难协调创作理想和经验技巧，以及我在学校学到的东西之间的关系，学生时代大家都在追求个性和独特的音乐观，于是我也必须融合所有这些追求，这就像是我的义务，然而我写电影音乐，更早的时候我做唱片、编曲，我身处歌曲的世界：唱片是渴望被购买的商品，不可能允许无法交流的音乐！我要好好地为电影服务，更要为大众服务，同时还要做自己，坚持自己的理想和语言，这并不容易。

我举一个例子：在我的人生中有这么一个瞬间，我跟达里奥·阿尔真托最早合作的三部电影［《摧花手》(*L'uccello dalle piume di cristallo*，1970)、《九尾怪猫》(*Il gatto a nove code*，1971)、《灰天鹅绒上的四只苍蝇》(*4 mosche di velluto grigio*，1971)］，我决定使用一种全新的写法，跟人们惯常用于电影的音乐手法完全不同。我想试试看在电影里应用一种更现代、更不和谐的音乐语言，一种超越韦伯恩的技巧。于是我开始积攒音乐构思、旋律以及和声片段，全部建立在几组十二音音列之上，参照勋伯格的十二音体系理论。

我把收集好的素材汇集成厚厚两大本，相当于编了一部主题词表，可以从中选取素材按照不同的方法重新创作。我起了个名字——《多重》(*Multipla*)：每一个素材都有一个编号，我可以找到任意素材，然后分配给任意乐器或是完整的乐组（比如乐句 1 给单簧管，或者小号，或者第一小提琴组），而且每个素材都可以和其他素材（乐句、旋律、和弦）组合，也就是说我创造了可以组装的音乐模块。

到了录音室，我把这些事先写好的、自由且不一致的音乐结构分配给乐队：一个乐器组在演奏第 1、2 部分的时候，我示意另一个乐器组起音第 3 部分，以此类推。(这个策略之后还被我用于《驱魔人 2》里的人声部分。)

总谱充满了各种组合和可能，我又起了个名字，"多重总谱"，放映机播放着电影，乐队跟随画面开始演奏。一种半随机的状态，大家根据我临时给出的手势，制造出各种纷杂的不和谐音效，一切都在演奏的瞬间才塑造成形。显然，演奏者的勇气和实力也至关重要。我一共得到了十六条音轨，接下来，对这些音轨进行剪辑，从控制演奏到后期制作，声音得到了更充分的自由。

很快，我又有了一个构思，给这一层不和谐的、半随机的声音效果加上几段钟琴演奏的调性旋律，带来感官上的双重审美。这种元素在恐怖片和惊悚片中尤其适合，单独使用或者和别的元素结合效果都不错：对大部分观众来说，不和谐的声音会引起紧张、怀疑、不安的情绪，然而在电影的特定背景下，一些简洁、单纯的旋律听在耳朵里，也能够令人毛骨悚然。

在此之前，我一直无法摆脱作品不连贯的困扰（这几段用调性语言，那几段用更前卫的语言），然而这一刻，我第一次将两者合二为一。这种双重审美对我来说是一条潜在的逃生之路，我必须踏上去：我窥见了交流性和实验性合为一体的可能：我感觉自己创造了一些新的东西，至少在电影领域。

达里奥·阿尔真托当时还是电影界的新人，他觉得这些实验跟他的电影非常匹配。但是有一天，他的父亲萨尔瓦托雷，同时也是电影的制片人，把我叫到一边对我说："我觉得，您为三部电影做的音乐好像都差不多。"我回答道："不如我们一起听一下吧，您会听出差别的，我还能给您详细讲解一下。"于是我们走进录音室，一起听完全部配乐，但是结果，我感觉我们还是没能完全理解对方。问题出在谁身上，他，还是我？

这段经历让我明白了一件事，对于有些人来说，不和谐的声音等同于有问题：如果连续长时间使用十二音，就会削弱具备指引功能的和声，或者是引导听觉的旋律线，虽然一般在这种情况下，我会尽力用其他方法弥补。我不断在内心深处问自己："那么十二音体系呢？我的探索呢？该置于何处？"但是我没有办法跟别人解释：对他来说这种音乐听起来都是一个样。

这段小插曲之后，我和达里奥·阿尔真托的合作中断了十五年，直到《司汤达综合征》（*La sindrome di Stendhal*，1996）才再度共事。他们不来找我，我也不去找他们。

我很顽固，在其他给我更多自由空间的电影里，我一直探索和实验，为所欲为，百无禁忌！我用特定的乐队编组在复杂度上达到新的高度，根据电影的故事和背景持续我的创造，但是这样的实验进行了差不多二十三四次之后，我终于意识到了，这条路再走下去，以后就没有人请我了。

我该怎么办？我必须改变。我一边继续工作，一边寻求解决办法，我想要成功的融合，当然是在尊重电影、观众和我自己的前提下。

更惨的是又过了一段时间，有人对我提出批评，一位音乐学家，也是我的朋友塞尔焦·米切利，我对他的专业素养以及为人都十分尊敬。他觉得我把不和谐的音乐应用在电影当中不合适，他大概是这么说的："你把一种现代的、不和谐的音乐语言用在电影最伤痛的时刻，相当于让音乐在人们暴力和苦痛的伤口上撒盐。那个画面本身已经充斥了强烈的戏剧能量，你还要用这么复杂的语言，你这是在给听者制造新的困难，这种组合对不和谐音乐来说只会是有害无益。"

我自觉完成了一场优秀文化的推广运动，而他全盘否定，我感觉到了危机，我失望透顶，但是这也是一个契机，我开始了漫长的自我反省。

○ 或许米切利点出了公众在不自觉中受到的限制，把不和谐和创伤联系在一起，这是"少数人"替"多数人"做出的选择。我们可以看看70年代中期的文化分散运动（decentramento）——也许说"集中"（accentramento）更合适——发起人是跟意大利共产党关系密切的几位作曲家和音乐学家，包括路易吉·诺诺（Luigi Nono）、克劳迪奥·阿巴多、佩斯塔洛扎，他们深入工厂，动员工人阶级走进歌剧院，接触"高雅"的音乐，而工人阶层此前受到种种限制，恰恰是因为出身……[23] 这场运动差不多就是在说"给他们一个机会"。

● 是这样的，他们希望通过一场文化运动让人民群众逐渐习惯于欣赏当代音乐。但是他们需要了解听众的平均欣赏水平，如果不够高，就先在那个基础上下功夫。但问题是怎么做？

随着时间的推移，我逐渐意识到人们普遍缺乏欣赏习惯。如果一段音乐听起来有困难，那就重听两三遍，然后再谈喜不喜欢。我自己就是这样做的，因为我的好奇心相对比较旺盛。同样，我经常建议导演们重听我已经提交的主题，有助于更好地捕捉情绪。第一遍听的时候有些东西一闪而过，很容易被忽视，也许只有多听几遍才能抓住，而且重复听也能增加熟悉度。

我觉得，电影作为流行的文化作品，其中加入一些无意义的特殊语言，也许能让所有人都接触到某些音乐类型，让他们逐渐适应音乐的多样性。就像我曾经"利用"过的距离效应，有些音乐对大众来说"天生"自带疏远效果。我们讨论双重审美的时候，你问我是否有教育意图，我的回答是我不想改变人们的思想，我从来不觉得这可以做到，我只想不声不响地推广、传播，找到符合观众口味和电影信息的个人空间。我感觉这是一项责任，必须做的事，而且在个人层面和职业层面上也会有所回报。如果我为流行文化引入了新的体裁，那一定是实践的结果。我没有可供他人参考的模式，只有需要日复一日扎实锤炼的职业，在这个过程中我也承担着风险，有的时候也会犯错。

当我使用的语言和我创作的声音被认为对于某种应用类型来说太过晦涩，我就从基础开始改造，谦卑、理智地重新思考，同时时刻提醒自己坚持自我和追求。时间、好奇心，还有被认同、不被认同、被批评、被赞扬的经验，将引导我找到真正属于自己的风格，并且最终，回归自我。我能否成功，这个我也不知道。

我扪心自问：我觉得有价值的东西，别人就一定要关注吗，我哪来的自信提出这样的要求？别人为什么一定要听我的？我凭什么要求别人付出努力？就因为我对探索怀有深厚的爱？我觉得美的地方，别人就一定有可能感受得到吗，为什么我会这样认为？这些疑问一直在我的脑海中盘桓，但是我觉得，一定要保持怀疑。虽然这从来都不是一件简单的事，甚至可以说是难挨的煎熬。

○ 也许，寻找自我，就是在内在外在的约束限制中煎熬，在没有尽头的摇摆反复中纠结，毫无客观性可言，这牵扯到"时代性"这个复杂的概念。人际交流当中存在随机因子，不在预期之中而且无法预料；是危险，也是机遇，隐藏着通往新发现的道路。疑问之中，福祸未卜。而且，除了你的自我，你还需要满足其他人的喜好和习惯。

● 我也是这么想的。事实上这是从古至今每一位作曲人都要面对的问题，不客气地说，交流也是为了赚面包钱。对于米切利的异议，我回应他，19世纪的威尔第也会用不和谐来呼应分歧、争执和痛苦，只不过他用的是那个时代的方法，也就是减七和弦。威尔第也保留了听起来悦耳的和弦，但是那些协和音程肩负着与大众交流的特殊使命。一段音乐要发挥其功能，至少要有一部分是听众早已熟悉、认可并且能够解读的：来自应用环境的"限制"有助于产生受欢迎的好作品，这些作品整体看来具备交流功能，同时也能充分还原作曲人的想法和个性。然而这并不意味着解决方案已经找到。自己发挥了几成，作曲人心里是有底的。那么所谓应用环境是什么？是我们的现在，时代性，是我们所处的环境与受到的制约，是可能以及不可能的一切。

扩张的现在

○ 那么我们就聊聊现在。

传统音乐已经"死"了，至少看起来是这样；"高深"的音乐语言发展成了小众的"声音雕塑"；大多数人接触到的新音乐类型伴随着录制技术和传播技术一同发展。从机械——唱片、磁带，到数码——CD、MP3，以及大众传媒——广播、电影、电视、网络，只用了很短的时间，传播方式不断推陈出新。

这是一场革命，如今我们只需鼠标轻轻一点，就能轻松获得任何历史时期的各种音乐和信息。我们可以一边听着上千人演奏的交响乐一边开车；我们可以舒适地坐在沙发上观看记录二战的影像，就好像在自家楼下的体育馆里看一场足球比赛。原本任意一条信息都具有"此时此地"的性质，如今完全分散，声音和画面在技术上已经进入"无时无地"的时代，通过任意一个喇叭或屏幕，在一瞬间或是好几个瞬间，可以传播成千上万次。早在1936年，德国哲学家瓦尔特·本雅明（Walter Benjamin）在他的《机械复制时代的艺术作品》(Das Kunstwerk im Zeitalter seiner technischen Reproduzierbarkeit) 一书中就已经提出了类似的思考。

● 这是时代的变迁，我们能够获得各种类型的音乐经验，至少在理论上可以，这在过去是不可能的。变迁带来了良机，但是畸形异常的模式和昙花一现的改革也如影随形。在 RCA 做编曲的时候我就隐约察觉到了这种变化的两面性，尽管我自己还有其他矛盾，但是我一直在抗争，就像我们这个时代所有制造音乐还有欣赏音乐的人们一样。这是一场革命，过去的音乐、不同地域背景的音乐都被聚集在同一个时代里。

所以，时代性，这个概念至少应该重新审视一下了。

○ 也就是说，我们所说的"现在"在概念上有所扩张，人类不同时期的痕迹都聚集并层叠在一起。人类历史上首次出现几个世纪的文化同时共存，一切都是科技的功劳。我们可以说，在我们这个现在，巴洛克时期的维瓦尔第和今天早上才写好的乐曲也有可能属于同一个时代？

● 听起来很矛盾，但的确是这样。长久以来，人们刻板地以为"当代"音乐就等于"曲高和寡"，等于纯粹且脱离现实需求。几十年前我就认为，在"当代音乐"的定义之中，我们可以自由地加入当下制作完成的所有音乐，其实也可以不限于此。摇滚、流行、爵士、蓝调、民族音乐……还有各种音乐类型之间数量庞大、种类繁多的混杂和融合，几十年来吸引了不计其数的人，创造了不容小觑的文化现象（至少这个现象为我们所处的位置提供了大胆的假设，不仅限于音乐层面）。

唱片工业和电影工业的发展风驰电掣，尤其二战之后，吸引了更多人的注意，不管其本身是好是坏，至少提供了充足的养料。

我感到肩头的重量与日俱增，我也秉持自己的信念——应对，但是总有做不到的时候，我也不可避免地写过一些自觉羞愧的音乐。尽管如此，尽管还有不可避免的矛盾、差错和误解,我从没想过离开这个复杂的现在,我想要充实地活在现在,带着我的好奇心冲在最前线。

○ 在你看来,我们现在最大的问题是什么?

● 我觉得是年轻人自学的时候,对这些矛盾和对立产生了混淆和误解。不只是年轻人,还有那些不知道如何比较现在和其他历史时期的人。一些音乐被当作商品贩卖并传播,它们的侵略和大面积蔓延是误解产生的根源。新生一代面对如此庞大的数量,如此繁多的种类,很难从容应对,他们眼花缭乱,不知道如何选择,不知道什么才是他们真正想要了解的东西,又何谈深入地去了解。

除此之外,唱片行业的绝大部分资金都流向了商业产品和流行歌曲:用最少的投资获得最多的回报。也是因为这个原因,音乐文化和对音乐的欣赏理解——现在应该说是"消费"——普遍处于发展停滞状态,不过商店里的背景音乐却完全无此忧虑。

从机械复制到数码复制,技术改革让音乐得以摆脱文化背景和社会背景的束缚,传达给每一个人。但是这些年音乐的前进方向似乎是更加普及的消费主义。人们越来越不懂得区分爵士乐演奏家的演绎能力和他的音乐。摇滚只看"天赋",看表演者有多特立独行,却不看音乐语言本身。流行音乐也是一样,传递的音乐信息都是枯燥乏味的老生常谈,只有编曲能做出些不一样的东西(有时候连这一点都做不到)。新生作曲人的音乐总是让我觉得很无趣,如果我找到了让我兴奋的作品,很遗憾,基本上都是来自音乐学院,而那是音乐从业者的世界,社会的很小一部分。

这套系统太过复杂,面对如此大环境,那些还不知道应该做什么或关注什么,却必须做出选择的人,只会头脑一片混乱。我说的尤其关系到年轻人,包括那一小群对音乐事业感兴趣的人:新生代音乐家,新一代作曲人。

人们本可以不顾一切地爱上某一样事物,或者说就应该全身心地去热爱,然而干扰项太多——有些是正确的选择,有些不是——很难再集中注意,深入了解。

哪些是正确的？

很难说。

但是我还记得听彼得拉西讲课，记得那对我来说意味着什么，我还是个学生，我学到了对位，当时我觉得这能构建我的专业知识，我的思想……我是个利己主义者，所以我对学习如饥似渴！现在重新回想过去，我才意识到周围环境已经发生了天翻地覆的变化。我这样说不是为了批判现在。我年纪大了，容易伤感，经常回顾往事，怀念一些已经不复存在的东西，它们是神圣的，我会不顾一切去捍卫。不，不是为了批判，我这么做是为了讲述一些经验，来自一个经历过另一种时代的老人。

困难一直都有，但是现在有些东西变了，要有所警觉。

○ 总之，我们对信息庞杂化的迅速察觉，不代表我们能够自动地理解所有信息，相反，很多情况下我们愈加困惑、散漫。一片混乱之中，如何才能学会判断到底哪些音乐有价值，哪些没有？我们好像要聊到完全相对主义了。

● 这很危险：完全相对主义，一切都有价值，那不就等于一切都没有价值吗？我不认同。在我看来，如果用心了，动脑子了，会表现得非常清楚，非常强烈。可惜人们总是被更简单或者更刺激的音乐吸引，因为那些音乐不需要耐心、学习、理解，也就是说不需要思考，如今人们似乎越来越不重视这些能力的培养。我们需要更好的教育，教大家如何去听，我相信自己推动教育的尝试是有意义的，当然还算不上革命，应该说是改变，目标是更多关注，更加专注，更重要的是培养一种创造作品进而创造环境的能力。首先应该从学校开始，最好是小学，正是萌芽的年纪，但是现实情况是这个时期的音乐教育完全不够。有时候我会想，我们需要一个大天才，一位"音乐救世主"，唤醒人类，让他们不要虚耗手中这项珍贵的本领，去取回他们渴望的潜能。但是环顾四周，我还没有发现救世主的身影，也许答案不应该向"外"求，应该向"内"求。

○ 我们来到了一个完全主观的时代。没有绝对的客观真相，只有主观、私有、个人的解释。如今媒体可以轻而易举地传播信息，带我们深入各地，时空的概念被重塑，还有"现在"：一个扩张的现在，现在也包括过去，信息和语言急速繁殖。我再一次想到"音乐人"，想到我们的祖先，他们喊叫，以此确认自己，他们想要告诉别人自己的存在，他们希望突破所在的空间和时间。科技总体而言也朝着这个方向前进，似乎跟语言一样，也许科技和语言也是一样的。[24]

现在学音乐？

○ 我们说了这么多，在你看来，如今学作曲还有意义吗？

● 绝对有。

○ 对那些想要投身音乐世界的人，你有什么想说的吗？

● "别过来！"（笑）首先要热爱作曲人这门职业，渴望从事这一行。第一步，找一位好老师，真正的好老师。找好几位也行，但是他们最好分别研究不同的方向。然后开始学习历史留给我们的那些总谱，这个你的老师会引导你。你需要做的是做好从此开始受苦的心理准备。因为当你学了十年或是十二三年，拿着一张好文凭（也许还是全优）从音乐学院毕业，那只是你在这一行的第零年。

这时候你才走到起点。

此时你有技巧，有责任心，你要去面对如今存在的一切，有些很好，有些不那么好。

我从音乐学院毕业的时候，摆在我面前的就是这个问题。我跟着彼得拉西学习，积累经验。我的老师卓尔不群：我去学院之前会先到他家接他，下课了再送他回家，只为能跟他多聊几分钟。我对他推崇备至，心悦诚服。然而修完了作曲课，我毕业了，发现又要从零开始。我该怎么办？我决定接受当时的音乐：第二维也纳乐派、达姆施塔特、先锋派音乐。我写了那三首曲子，从不否认那就是我的作品。这就是结束学习之后我的初试啼声。接下来才是进一步发展。

○ 如果有一个学生拜你为师，你会怎么教他？

● 我会事先声明，我不觉得自己是个好老师。我没有足够的耐心。但是如果一位年轻人想要成为作曲家，并且他对自己的选择足够坚定，那么他需要专心学习，听对的音乐，源于历史的音乐：所有伟大的作曲家（巴赫、弗雷斯科巴尔第、斯特拉文斯基、贝多芬、马勒、诺诺……），学习的过程可能会极其枯燥，不要刚起步就灰心气馁。传统的和声对位规则会带来数不清的限制（禁止平行五度、禁止平行八度……），学会超越强加在你身上的困难，踏踏实实学习如何应对这些规则，以后才能发展出更加个性的语言。

到了后期，这些规则的重要性会慢慢显现出来。我坚定地相信，一个学生，或者一位学者，都一样，他必须重走人类的历史，重新跨越一座座里程碑，感受引领我们走到现在的每一段进程。摆脱束缚，那是之后的事。

我的这个想法在勋伯格的《和声学》一书中得到了肯定：像他这样坚定的开创者，在书的开头几页就阐明，就算是为了学习新的十二音语言——十二音体系事实上粉碎了传统的和声体系——学生们也应该先掌握传统的规则。我相信就算诞生于过去的一切都被破坏了被弃置一旁，到了那个时候运用规则也还是有意义的。人们很容易以为规则已经不存在了，没落了，但这是错觉，规则从未离开。

如果我用十二音体系写曲子，突然我感觉到可能存在平行八度，我会很不舒服。如果我发现在一组十二音音列结束之前，有一个音重复出现了，我会觉得这是"错误"。学习规则能够改变思维模式，让我懂得选择，因此也更加笃定：规则成就了我们的身份，成为我们的一部分。这就是为什么刚开始的时候，学习作曲可能会非常困难：平行八度五度是错的，三全音不能用，七音要下行级进而导音要上行级进……说这些很乏味，但是如果你积极主动地去接受，这些都是学习路上的里程碑，跨过去，作曲的风景一览无余，你的眼前将是无限的可能。

○ 主动接受不等于一定会带来音乐语言上的问题，也不等于一定能找到解决问题的答案，对吧？

● 相反的做法可以摆脱一切，也会让一切都化为泡影。也许也是一种错觉。

今天，我可以自由地制作自己的音乐雕塑，用理性计算，也用其他方法，我试图摧毁自己的旧习，创新，同时多多少少保留一些过去的痕迹。但我不是非这样做不可，我没有被强迫，也不觉得一定要向某种"手法"靠拢，我下笔毫无勉强。音乐让我们掌握技巧，保有热爱，教会我们自由、探险，有时候也要用同样的勇气去犯错、失败。

说到底，在和大众或者乐手，也就是和外部世界交流之前，作曲人的问题——我的问题——永远都是同一个："我为什么写出这样的声音？"在自己制造的声音面前，总要有个回答。

○ 也就是"为什么""怎么会""什么目的"？把非理性引导到理性，或者至少把二者结合起来？

● 正是如此。为什么和弦要在这个特定的时刻发挥作用？这条旋律线怎么会带来这样的情绪？作曲人安排人声呈现颤抖的效果，有什么目的？这些都是非常好的分析和自我分析的角度。

重要的是，不要被动地应对我们感知和思考的对象。时间、能力和努力组成了天赋，在我们每个人身上会以不同的样貌呈现。

能指与所指[25]互相结合，也让我在声音面前找到了自己的位置。如此一来，那些一开始没有看到，或者只看到表面的东西，会变得越来越清晰。但是不要抱有太大的幻想：理性的理解和掌控也无法面面俱到，就算在分析阶段也会有很多遗漏，而且这是理所当然的，因为这样才能激活一段程序：新实验、新方法，错误，再实验、再确认，每一个事先推测的终点都会立刻变成重新出发的起点。

有时候，某个瞬间，音乐让你忘了呼吸，在这个紧要关头也许无法深入细致地分析，如此时刻可能只有一次，那也不错。一瞬间感受到的情感是一种刺激，好好珍惜。然后在第二次欣赏的瞬间，试着摸索回去的路，尽量更好地理解——手边准备好总谱，如果需要的话。保管好第一印象，然后用知识和技术去理性分析：我们就是用这样的程序构筑起作曲人这个职业。

在写曲的过程中，我们编制语言、分类整合、创作、再创作，出于同样的好奇心，我总是"巧遇"自己曾经用过的手法。有时候也会偶遇效果很好的构思，却完全不知个中原理。有些音乐写在纸上看起来特别乏味，感觉写得不对，没意义，然而演奏出来却能被听进去，能打动人，能得到理解、欣赏，能建起一座连接作曲人和大众的桥梁：这就是效果好。当然相反的情况也有：多少写得很漂亮的音乐遭受冷待，遭到漠视？

○ 音乐被应用于各种媒介，汇聚在"现在"，如今音乐的前沿是什么样的？

● 从这个角度来看，音乐，尤其是那些特别"抽象""反常"的音乐，对其制造者、追寻者、欣赏者而言，可以成为净化心灵、超越世俗的一个途径，越过单一绝对的"意义"，去向别处，到达比听觉更高的境界，因为很矛盾的是，即使语言本身没有一定要说什么或表达什么，我们还是会不自觉地寻找意义，同时我们也在构建意义。

○ 一种冥想仪式？

● 在某些文化，尤其是东方文化中，音乐曾经作为冥想行为的辅助手段长达好几个世纪。在六七十年代，这种做法风靡欧洲和美国。许多摇滚、流行、爵士以及其他先锋派音乐人都受到影响。

○ 音乐和能量有关系吗？

● 有，音乐介于两种能量之间，说不清和哪一种的关系更为密切，一种是积极能量，推动了各种复兴、运动、革新、创举，另一种是消极能量，操纵或剥夺个体选择的权利，用一种权威的、教条的、绝对的交流方式，让人因为遭受更强力量的压制而倍感消沉，几乎等同于暴力。

我个人觉得音乐更接近第一种能量，但是不能否认，相反的那种理论在现实中也发生过。不管积极还是消极,其实主要取决于如何和音乐产生联系。更广泛地来说,我觉得音乐天生适用相对模棱两可的关系,与电影中偶然出现的画面是这样,与能量的关系也是这样。帕索里尼也指出了音乐的这一特性,我们说到过,他认为电影音乐能够"让概念情感化,让情感概念化"。这句话一说出来我就被震撼到了,如今我的理解越来越深刻:这就是我作为作曲人一直在做的事,并且我希望永远如此,不只是为电影而生的音乐,是跟周围一切都有关系的音乐。

○ 音乐就像连接理智和情感的桥梁,桥的两头是理性和非理性,显意识和潜意识……语言和直觉。在某一个"无时无地",我们可能独处,也可能群居,我们可以同时体验到归属感和孤独感,同时迷失自己又找回自己,作为集体的我们遭遇作为个人的自己……我们又一次来到了人类最古老的阶段:矛盾的两面对立统一,意识之舞回归,也许是和死亡共舞,也许是和生命共舞。

所以,为了挖掘音乐积极的潜能,并且积极地加以利用,我们要毫无畏惧地对交流性进行各种探索和实验?

● 是的,但是要带着充分的责任感和充足的认知去做这件事。对我来说,"做"的目标也很重要。有时候恰巧走运,得到一个好的结果,但是不应就此停下脚步。永远追求更上一层楼,永远真诚、诚实,像我们之前讲过的那样,这是我的一个信念,我的个人信念不一定完全正确,但是在我的职业生涯中,以及在其他方面,一直指引着我前进的方向。未来我们会得到怎样的评价?这些关于交流性的实验,有些只存活于现在,很快被历史淘汰,还有一些能坚持很多很多年。对于做音乐的人,还有研究语言的人来说,也许这已经是最大的希望,所以也关系到所有人,以各种各样的方式。

○ 也就是说,那些错觉,那份创造——也许还有交流——的希望,那个被你定义为创作的瞬间,会扩张并且发散,超越"此时此刻",留存在历史、世界之中?

● 如你所见，这有点像一个人一直在进步，在前进，却总是回到第零年。回到某个构思，某个直觉，回到某个充满潜力——或许只是错觉——的瞬间，就像人类第一声喊叫之前的那个瞬间。这就是我说的音乐的更高意义：一种通往明天的可能性。当然，我承认，更多时候这种意义属于绝对的无标题音乐。

○ 所以，你用"绝对的"描述能够存活到未来的音乐，而"应用的"指的是那些留在现在的还在为历史认同而奋斗的音乐？好像纯粹的音乐是一台时间机器，能够让作曲人瞬间萌发的直觉和意愿变成永恒，在时间和空间上无限延伸，超越自身——或者至少，让作曲人能够有此憧憬？

● 从某种角度来看也可以这样说。我所说的以及我所憧憬的是，在某个未来，音乐能够超脱其诞生的瞬间，作为纯粹的音乐被世人听到，当然，不是所有音乐都能留存到未来，这一点从未改变，那么至少那些留下来的音乐，那些技巧扎实、用心创作的音乐，应该作为音乐本身流传下去。如今我为电影所做的音乐和为自己所做的音乐之间，已经找不出太大差别，因为整体而言，我对自己的作品都比较满意。我发展出双重审美的理论并且加以实践，于是冲突的棱角被磨平，我身体里不同的声音得到交流的机会，讨论出明确具体的结论。但是如果让我思考未来可能是什么样子，在五十年、一百年、一百五十年之后……如果那是我的名字和音乐永远到达不了的未来……最好别去想，否则消沉的浪花袭来，怀疑、恐惧会攻占我的心。

○ 你写无标题音乐的时候，会不会觉得自己是在抗拒责任感？摆脱大众的期待，远离你所处的现在，挣脱对一切人事物的义务，几乎可以说是一种革命行为？一声超越时代的呐喊？

● 你说对了。而且，在应用音乐中探索到的一些收获，我会在无标题音乐中还原，反之亦然。我觉得自己是这么做的。刚开始也许是无意识的，我也不确定有多少次成功了。但是我坚信，无标题音乐和应用音乐，两种都属于当代音乐，属于我们的现在。这一切会不会留在时间里？以后会不会谈论到我们？这是历史的决定。

有时候我也会重新思考，也许在电影行业里工作有助于我更好地努力实践，因为电影，或许就是20世纪艺术的代名词，电影之中完美地综合了我们讨论过的一切积极和消极的典型。我觉得电影算得上是社会的一面镜子，是这个时代生命的代言人：一面时代性的镜子。

其实，对于自己时常在写的音乐，我一直严格要求，追求质量，我希望音乐能够纯粹、自主、个性，并且在一个更加宽广的环境内体现其功能性，这个环境可以是电影，也可以是其他形式。

虽然这个追求，这个目标，好像很难达成，表面上看还有点自相矛盾，但是我相信这是我职业进步最重要的基本点之一。

○ 想象一下未来，如果你被时间记住了，你希望别人如何介绍你？

● 一位作曲人。

可预见和不可预见之间的微妙平衡

○ 我们刚刚谈到了音乐里的诚实。你有没有想过，也许有时候不被理解不被欣赏，正是因为太过诚实？你的音乐有没有被人讨厌过？

● 对于自己的作品我一般比较谨慎，有时候甚至可以说是悲观。我会关注作品的反响，但是我从来不问自己某一首曲子能不能得到大家的喜爱。我写的电影音乐，大多数情况下都得到广泛的认可，但是我一般不会征求同行的意见。说实话，我觉得主动问这种问题挺尴尬的。

但是如果别人自发地评论我的作品，情况就不一样了，不管是肯定还是批评都没关系。1969年，我创作的《致迪诺，为小提琴和两台磁带录音机而作》(*Suoni per Dino per viola e due magnetofoni*)进行首演，那是我在无标题音乐领域沉寂八年之后首次回归的作品，奇科尼尼找到我，跟我说："现在你做对了。"当时没有一个人料到我会重新创作跟胶卷无关的音乐。我一直觉得直接找同行评判非常尴尬，但是彼得拉西是唯一的例外，我完成《第一协奏曲》的时候询问过他的看法，那是献给他的作品，还有《欧罗巴康塔塔，为女高音、两位朗诵者、合唱队和管弦乐队而作》（*Cantata per l'Europa per soprano, due voci recitanti, coro e orchestra*，1988）我也问了。但是彼得拉西是我的老师，我偶尔碰到他，和克莱门蒂和博尔托洛蒂一起，感觉像是回到了音乐学院。

在电影领域，我在意导演和制片人是否满意，作品是否达到了我心目中的高度，是否完成了我最初设定的目标。会不会被讨厌，我不是特别关心。

几年前，RCA 想出一张合辑，收录我为电影写的实验音乐。但是后来他们决定终止发行计划，因为觉得专辑"不够商业"。我觉得非常遗憾，因为收录的曲目中，有很多首我特别看重：《命运安魂曲》《来自深海》（*Venuta dal mare*）、《后来人》（*Altri dopo di noi*）、《毒气间谍战》（*Fräulein Doktor*）。

○ 能详细讲讲这四首曲子吗？为什么对你来说特别重要？

● 四首曲子每一首都有自己的故事。我们从《命运安魂曲》说起，那是维托里奥·德赛塔的电影《半个男人》的原声曲目之一。就像我说过的，在所谓的作者电影中，我拥有更广阔的实验空间，能写出更复杂的音乐，不一定非要写调性音乐，我感觉更加自由。这种感觉太容易上瘾，有时候我会控制不住，结果写了太多曲子，远远超出电影需求的数量。但是《半个男人》遭遇了票房惨败，我开始思考，自己是不是过分了，我的音乐是否也是电影遇冷的原因之一。

○ 你觉得自己也有责任？

● 是的，所以我才决定把音乐从画面之中解放出来，到剧院演出，在那里我的音乐永远不会超时。编舞师彼得·范德斯洛特（Pieter van der Sloot）根据音乐编排了一整套芭蕾舞，对于芭蕾我没有特别关注，但是因为这套舞蹈，同样的演奏在不同的背景环境之中显得更加适合和正确。其实

《命运安魂曲》的构思基于一个非常明确的应用目标，音乐的起承转合都是根据画面而定。1967 年 1 月，这出芭蕾舞剧首演于佩鲁贾，舞台布景和服装道具都出自服装设计师维托里奥·罗西（Vittorio Rossi）之手。[26]

○ 那么《来自深海》《后来人》和《毒气间谍战》呢？

● 这三首曲子我都用到了序列主义手法，但是方法各不相同。后两首听起来明显更不和谐。

最后一首曲子出自阿尔贝托·拉图瓦达（Alberto Lattuada）的电影《毒气间谍战》，讲述了一战期间一位冷酷迷人的德国间谍的故事。主人公有历史原型，其真实身份至今无人知晓，名副其实的谜一般的存在。因为这位间谍的"努力"，在伊普尔战役中，德国人对法国人使用了可怕的毒气攻击。关于这一系列战役的配乐，拉图瓦达跟我说："我不要一般意义上的电影音乐，我要真正的交响乐。"这个要求深得我心。

另一首曲子《后来人》，是我为米哈依尔·卡拉托佐夫的电影《红帐篷》创作的。电影由肖恩·康纳利（Sean Connery）、克劳迪娅·卡尔迪纳莱和彼得·芬奇（Peter Finch）主演，讲述了翁贝托·诺毕尔（Umberto Nobile）率领探险队乘坐"意大利号"飞艇远征北极荒原，却不幸遇险的遭遇。《后来人》时长二十多分钟，由一段节奏发展而来，而这个节奏，源自 SOS 求救信号的莫尔斯电码。

大家都知道，探险队被困于冰雪之中，只有成功地用莫尔斯电码发出 SOS 求救信号，国际救援队才会出发搜救。

三短三长三短：这个信号的节奏作为基础小节，管弦乐队不断重复演奏。除了乐器之外还有一些合成音效，一个合唱队，这一部分音乐是无调性的，节奏被不和谐围困。

○ 就像 SOS 是唯一可以识别的信号，是困境中唯一可以抓住的希望？

● 管弦乐队要充分演绎出被困的危难境遇，冰层隔绝、击溃了这群失踪的探险者们。对于不幸的探险队来说，SOS 就是他们的全部……合成器制造出陷入绝境的戏剧张力,他们的等待似乎让时间和空间都凝滞不动、惴惴不安。

○ 你说还有一首《来自深海》,也用了序列主义手法。

● 这一首出自电影《瞧,这个人》(*Ecce Homo-I sopravvissuti*,1968),我决定用四个音、五种乐器——人声、长笛、打击乐器组、中提琴、竖琴——对应电影中出现的五个角色。因此,乐器代表人物,基本序列象征着他们之间的关系和共同命运。

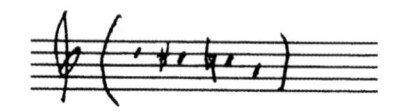

音乐由埃达·德洛尔索的歌声开场,对应艾琳·帕帕斯(Irene Papas)饰演的角色,像海妖的吟唱,带领观众走进这场如末世一般的历险。我在8月份完成录制,非常匆忙,正好赶上假期,几乎所有音乐人都在休假,有几位直接从度假胜地飞奔回来。[27]

《试观此人:幸存者们》是导演布鲁诺·加布罗的第二部长篇电影,是我和他第一次合作。电影没有什么商业野心,但是导演表现得很出彩,故事很触动我,给我留出了很多实验空间。

整部电影几乎没有什么场景变化,角色也没有做出什么实际行为:一场浩劫之后,三个男人、一个女人和一个小孩,他们是最后的幸存者,在一片荒凉的海滩上,戏剧性的故事开始了。这种极端情况下,"进步"社会一夕衰落,三个男人象征了社会的三个侧面:充满男子气概的傲慢士兵,可能派[28]知识分子,颓废消极且在性事上日渐屈辱的丈夫。

作为唯一一个幸存下来的女性,女人成了三个男人追求、讨好的对象,而那个小孩则用他稚嫩柔弱的双眼观察一切。

○ 一般来说,为电影作曲的时候,你会先想好整体的创作构思吗?

● 是的，一般来说是这样。从定调开始——如果我写的是调性音乐——到一些常见的要素：主导动机、基本序列、和弦选择、独奏乐器、器乐编配……直到今天都是这样，如果是我的作品，基本上在同一首曲子或者同一张原声带中，相同的手法会出现至少两次，因为某一种要素被选中具有非常明确的意义。不一定跟大众有关，但是一定于我有用。在音乐中，已经表现过的内容要注意强化巩固，这样才能获得亲近感和连贯性，但是也要注意，每一次都要用得有趣味，有新意。

还有的时候，根据电影本身的情况，发行方可能会决定提前发布一张收录原声音乐的唱片。遇到这种情况，音乐更加需要拥有自主的意识和清晰的架构。

买唱片的人不想听到一堆二十几秒的片段，他们想听更宏大，更令人愉悦的东西（至少不想听到韦伯恩和他的小曲）。

我现在没有在教授作曲，但是如果我教，我会给应用音乐领域的年轻作曲人们提个建议：从更统筹的角度来思考所有曲目。考虑到整体的连贯性，才能在创作的那一刻让想象翱翔，又不至于飞过界对电影毫无贡献。为了应用于画面，我们需要可分解、可调整的音乐碎片，这同样要求全盘考虑。

○ 你有没有试过在电影音乐里腾出一段空间用来实验？

● 反常的写法不是每一次都能行得通的，也要考虑电影世界呈现出的格调和氛围：总之，电影本身和导演的意见都很重要，导演可能早有想法，会叫我用"没有人听过"的音色，写"没有人听过的音乐"，于是我尽情地自由发挥，然而他们听到成品又改主意了。因此如果我有机会在电影音乐中做实验，那是因为导演给了我一定的特权，我有更多操作余地。所以只有两种结果，经济实惠型的作品，或者充满实验可能的作品。

○ 你觉得，在进行各种实验探索的时候，有没有可能过界，越过"得体"的界限，变成一种"变态音乐"？

● 这个我真的不知道，我不想做纯化论者。也许一次没有规则没有感情的即兴创作就可以叫作变态,因为我认为哪怕在无序的作品之中也应该存在一种秩序,或者至少看起来应该是这样。

如果一样东西是完全混乱的,就可以说是不正常的。

但是音乐领域我不清楚。

无规则的即兴创作就是不正常的?

也不一定,实际情况千差万别,有时候我也欣赏极端化的实验。

○ 那么你写过不正常的音乐吗?

● 看来你对这个话题很感兴趣,我可以告诉你,有时候"变态"是必需的,因为这是电影的需求,尤其是某些恐怖片。我想到阿尔多·拉多的一部恐怖片:《黑夜中的玻璃人偶》(*La corta notte delle bambole di vetro*,1971),尤其是那一首《M33》(*Emmetrentatre*),在打击乐和不和谐音乐的基础上,我在埃达·德洛尔索的歌声之上叠加连续不断的急促呜咽声,以此挑衅公众的耳朵。但是包括这个例子,我可以写不正常的音乐是因为有这个环境,而且更重要的是,有氛围,有听的习惯,所以这种音乐在当时就能得到包容和理解。我不觉得有什么东西是可以撇开一切单独考虑的。

○ 所以作曲人运用某些元素是刻意为之,能否让大多数人产生共鸣,其实他早就知道?

● 绝对是这样,如果作曲人确实想要交流,他用类似的手法就只是在玩游戏。其实历史上最伟大的创作者们也一样,大多数时候他们是工匠,把不同内容按照同一个音乐规则整合,制造出一个成品。

而电影音乐作曲人需要意识到,他是为大部分人而创作:不是为所有人。或者应该这么说,我们也可以把所有人都考虑进来,但是众口难调,各种各样的信息要如何一网打尽?其中的平衡很难把握。

我记得很多年前,还是学生的我就在音乐方面大胆实验,我的母亲很担心,她对我说:"埃尼奥,你写音乐一定要让人家听得来,不然大家弄不懂你。""听得来"是一种通俗的说法,因为她不是音乐家,但是她的意思我慢慢懂了。我想举个例子。

1970 年，RCA 邀请我为巴西创作歌手希科·布阿尔克（Chico Buarque）编曲，他很有名气，因为祖国正处于专政时期而流落他乡。当时我已经不为 RCA 工作了，但是词作家塞尔焦·巴尔多蒂（Sergio Bardotti）再三邀请我，他是我的挚友，有一段时间我和他、路易斯·巴卡洛夫、塞尔焦·恩德里戈（Sergio Endrigo），我们四家人都住在门塔纳小镇。最后我同意了。

在这张名为《桑巴风情》(*Per un pugno di samba*，1970) 的专辑中，我近乎苛刻地进行了大量实验，用到很多非传统的技法：比如弦乐队演奏的点描音乐、脱离常规的人声演唱，刻意地为和声制造出一些"瑕疵"。《玛丽亚的名字》(*Il nome di Maria*) 和《你》(*In te*) 这两首曲子中用到的各种手法还不是很明显，另一首歌曲《你是我们中的一个》(*Tu sei una di noi*)，我在一个完全调性音乐的编曲中加入了十二音音列。但是最好的例子是《不，她在跳舞》(*Lei no, lei sta ballando*)，这首歌最能说明这种可听性和创新性之间、常见和不常见之间的平衡与结合，我参照十二音体系，将七个音编为一组加入这首歌曲之中。

这一组七音音列用埃达·德洛尔索的声音演绎出来，慢慢地"侵蚀"了弦乐的演奏，她的歌声触摸到提琴的木质琴身，又回归为纯粹的声音。歌词的主人公是一位年轻的姑娘，第二天她将在里约狂欢节上跳舞，沿着城市的街道，自顾自地疯狂舞蹈，就好像节日永不落幕。

我觉得女声和弦乐的结合产生了独特的味道，透着一丝不和谐，很好地表现出舞蹈的疯狂，正是这首空幻的歌曲想要表达的感觉，隐隐地还牵挂着思乡的梦境。

其实我对这一组音列的用法很奇特，因为除了人声之外，歌曲其他部分的和声简单至极，我需要适应这个调性环境。在 C 大调里用一个 Mi，这当然是可以接受的，再加上一个降 Mi 和一个降 Si，但是升 Fa 就有点问题了，降 La 更不对。

于是我选择了和调性环境非常谐调的音列：如此一来，整首歌曲和声干净、清爽，除了如小蛇一般蜿蜒穿梭的女声。

○ 打击乐器组，尤其是贝斯，安分守己，规规矩矩，让我们感觉如"回家"一般安闲舒适，而且"巴西风格"格外强烈，而人声则把我们领出家门，带我们进入"外面"的世界。总的来说，你刚开始介绍的那些复杂的元素，被简单的部分补救回来了，而简单，其实等于牵住了听众的手。从这个意义上我们也可以说，这是可预见性和不可预见性之间的平衡，让歌曲更加丰富，同时更容易理解。

● 如果把人声部分剔除掉，这就是一段再正常不过的编曲：如果我不这么做，成品可能就会太过"臃肿"。简化是必要的，既照顾到发行方又照顾到听众。那么每当我把一个"正常"的元素变得不稳定了，我就试着加入一些广泛认可的元素，这是我补偿性的承诺。

《桑巴风情》的商业成绩不是特别好，直到二十年之后我才开始陆陆续续收到人们"幡然悔悟"的反馈。似乎连布阿尔克也不得不练习很久，当时他在罗马进行录制，因为编曲太过复杂，总是让他分心，他不知道该从哪里起音。不过我早就知会他："你注意一下，如果要我编曲，我会随心所欲。如果要巴西风格，你就去巴西。"另外，我有自己的规矩：对33转黑胶唱片，我会留出比45转唱片更多的实验空间。因为33转被普遍认为是一种小众产品，更加讲究，而实际发行的唱片大部分都是45转，受众面更广。

○ 你找到了一种"沟通平衡"，也就是刻板印象和新鲜想法的连接点，习以为常和意料之外的连接点，我们可以说，做到这一点，一方面是因为专业技巧和对大众口味的熟知，另一方面是得益于直觉？

● 是的，就是这样。我可以举一个例子，一首虽然过去很多年，但是直到现在我还是很喜欢的配乐：《爱的轮回》（ Croce d'amore ），来自电影《一日晚宴》（ Metti, una sera a cena，1969 ）。那首曲子，尽管最终来看是调性音乐，c小调，但是充分展现了我这种混杂融合的创作"习性"。音乐一开始，钢琴弹奏出三个音组成的旋律：Do，Re，降Mi。

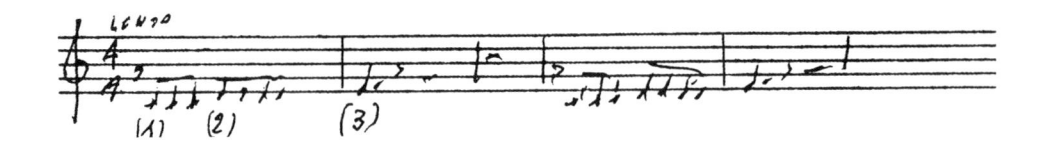

这段主题在间奏之后再次出现,从结尾开始倒过来演奏,节奏有所变化,接下来听觉上更加丰富。作为支撑的低音声部让人联想到巴赫根据自己名字创作的主题。[29] 然后铜管乐器加入,演奏另一段主题,也不能完全定义为"主题",因为只是简单的五度进行。

三个声部,完全独立,位置可换,首先组成一个纯正的三声部对位,然后再加上三个声部,变成六声部对位,毫不混乱,反而一切都很易于理解。

对位法总是好的,对此我深信不疑。我写的一切都离不开对位。甚至最简单的两声部在我看来也能给作曲带来很多益处。不考虑应用环境(和声、色彩、音色),抽象地说,对位总是能丰富作曲的层次,提高作品的质量。

○ 卢恰诺·贝里奥(Luciano Berio)也跟你持有相同的观点。这样做几乎可以说是一种文化"普及"行为,你跟我说过不想表现出说教意味,那么为什么要如此执着地寻找平衡?

● 对我来说这是责任,是需求,反过来说,在个人和事业层面,也会给我很多回报。这是一种无声的举动,绝非他人要求。你也可以这样想,我这么做首先是因为自负和自私,然后这种行为导致了调和,在事实上引起了转变?我不知道。但这是我之前讲到的双重审美的结果。

○ 唱片工业和电影工业的技术革命极大地丰富了承载的信息和探索。你的做法除了达到自己的目标,还形成了新的文化标杆,"莫里康内"模式在高雅和流行之间架起一座桥梁,而很多作曲人根据个人经验选择不这么做。

● 变成一个形容词感觉挺奇怪的……我觉得要感谢那些编曲工作,那是很好的磨砺,也是我开始为电影作曲时,唯一可以借鉴的经验。

我可以按照自己的心意编曲，用简单或者复杂的乐器，用现实中采集的声音，用奇怪的，或者没那么奇怪的，或者只有我自己觉得奇怪的技法，但是所有做法都和唱作人交给我的和弦选择保持一致，虽然迫不得已的时候我也得修改旋律。

我把这种经验嫁接到电影中。我需要尊重观众们的平均欣赏水平，大多数人习惯听类似歌曲的调性音乐，但是我也要为自己谋取空间，做我理想中的音乐，我的探索。我让自己复杂化，那么我的音乐一定能被各种出身和文化水平的人遇见，也许这也是一种手段。我把作曲运用在其他艺术形式上，比如电影，希望拯救这门职业。作曲家沃尔特·布兰基（Walter Branchi）曾经跟我说："你写的音乐听起来像歌曲，但其实不是。"

题外话

变化的电影

○ 从我们的聊天内容可以看出来，你身上有一股坚定、顽强的力量，你在改变自己的同时也没有忘记坚持自我：有些地方不一样了，但你还是你自己。这关系到你的内心世界和你制造的音乐，但是对于外部世界，你认为电影发生了怎样的变化，围绕电影的音乐呢？你看到了进步、退步还是原地踏步？

● 进步，我觉得一直在前进，以各种各样的方式，至于是好是坏，我还没有做好评判的准备。而且我有自己的偏好。我认为美国电影的发展取得了惊人的成绩，在特效领域的探索带领美国电影收获巨大成功，但是他们的音乐手法已经形成了固定的"套路"。总之，他们在走一条高度商业化的路。而在意大利，电影产量越来越少。说起来很不甘心。就在几年前，作品数量飞速下滑，电影产业全线崩溃。相应地，电视方面投入增加，这件事我们已经讨论过，很多因素都在改变我们的语言。

○ 你觉得对于将来的作曲人来说，如果他们不愿放弃实验，并且想要研究我们如今所处的时代，应用音乐的世界能否成为他们的神圣殿堂？

● 这很难说。不过我觉得想要研究我们这个时代的人，应该会在电影中发现关于我们以及这个社会的宝贵证据，其中有些是互相矛盾的。但是就像我说的，电影也在变，不只是因为投资少了，或者电视、网络和其他新兴技术在抢占位置。我不觉得单纯是经济的问题，我相信曾经我们拥有更多勇气，而如今不复当初。很多事物都受到影响，我不再赘述。我愿意经历各式各样，甚至千奇百怪的体验，因为首先，我有实验的愿望，即使条件不允许我也会自己创造条件。现在也有人这样做，但是更常见的情况是人们只求快速成功，只求捷径。我觉得人们如今前进的方向，从任何角度来看都越来越不专业。

有些非专业作曲的音乐人愿意免费工作，事实上这种情况太多了，在版权收入还不错的时候，他们只需要意大利作家和出版商协会（SIAE）分给他们的收入就心满意足了。

几年前，有一次跟内格林合作的机会，我无奈拒绝了。我跟他一起制作电视剧很久了，但是那一次我接到 Rai 的电话，说报酬要打个折，最终开价简直荒谬，我无法接受。不去说我自己的酬劳，那种标准甚至连录制费用和乐队费用都无法考虑。也许弱点只会在处于弱势地位时出现，而导演的弱点在于有时候不能反抗制片人的强硬要求。于是内格林跟我说："埃尼奥，不要在意，我会从你以前为我写的曲子中选几首用。"我们就这么办了，我必须承认，他选得很不错。

不只是音乐，所有的工作环境中都出现了一个业余爱好者的温床，当然最开始也是大环境造成的，他们只要能工作什么条件都肯接受，就算报酬低到不合理也全然不顾。还有合成器。听起来跟真的乐队一样，其实是电脑在发声。听不出差别的人完全会被这种方法哄骗。

另一个问题是管弦乐队大量解散，因为他们接不到多少工作……也许这也会带来进化，但是谁知道呢？我们拭目以待……

○ 经常跟你合作录制的管弦乐队有哪些？

● 罗马音乐人联合会管弦乐队（L'Orchestra dell'Unione Musicisti di Roma），其中聚集了一群最棒的音乐人。我说"最棒"，不是指绝对意义上的最高级，而是指这支乐队由才华出众的专业人士组成，他们精通录音室以及应用音乐录制。电影音乐需要专门的经验。

最近几年，我经常跟罗马交响乐团（Roma Sinfonietta）合作，他们跟着我几乎走遍了全世界，还有一些杰出的独奏乐手：温琴佐·雷斯图恰（Vincenzo Restuccia）、南尼·奇维滕加（Nanni Civitenga）、罗科·齐法雷利（Rocco Ziffarelli）、吉尔达·布塔、苏珊娜·里加奇（Susanna Rigacci），还有很多很多……

音色、声音以及演奏者

○ 说到乐器演奏家，我想到你跟我说过，有时候你选择音色的标准是看当下有哪些好乐手有空。你写的音乐和电影之间总是存在某种具有象征意义的关联，有时候是因为对作曲技巧和规则的运用，但更多情况下，是音色在发挥作用。比如《对一个不容怀疑的公民的调查》，曼陀林和吉他是流行乐器，而那架走音的钢琴，虽然像从路边捡来的，但也是资产阶级沙龙中会出现的经典乐器，只不过可能是一间没落的破旧沙龙，已经不见往昔光彩。《工人阶级上天堂》中机器捶打的声音呼应了工人们机械般的生活，看不到出头之日，一种卡夫卡式的命运。还有《黄昏双镖客》中的口簧琴……你在选择音色的时候，主要依靠直觉推理还是细致思考？如果某个特定的构思找不到合适的乐手，你会怎么做？

● 一般来说，电影音乐的构思来得很快，基本凭直觉。但也要停下来精准思考。要理解音乐之中发挥作用的是什么、怎么做，以及为什么。一段音乐能否成功通常取决于此。《工人阶级上天堂》里我用到了小提琴，本来我可以非常稳妥地在小提琴独奏时加上铣刀的声音，铿锵有力……也许从某种角度来看，这样听起来更连贯，也不会那么像机器。然而我的做法是每一

埃尼奥·莫里康内在威尼斯利多岛精品酒店的斯图基厅（国际象棋室），拍摄于2009年。
(© Lucia Gardin / Rosebud2)

莫里康内在他位于罗马门塔纳小镇莫莱特街的工作室,拍摄于20世纪60年代末70年代初。背景中是他的妻子玛丽亚。(© Marka)

上：新和声即兴乐团成员合影，拍摄于 1976 年。从左至右：乔瓦尼·皮亚扎、安东内洛·内里、佛朗哥·埃万杰利斯蒂、莫里康内、埃吉斯托·马基和贾恩卡洛·斯基亚菲尼。
(© Roberto Masotti / Lelli e Masotti Archivio)

下：新和声即兴乐团在舞台上。从左至右：埃万杰利斯蒂、马基、内里和莫里康内。
(© Roberto Masotti / Lelli e Masotti Archivio)

莫里康内和他的小号,拍摄于 20 世纪 70 年代。(© Roberto Masotti / Lelli e Masotti Archivio)

上：在 RCA 为纪念莫里康内获得金唱片奖而举办的派对上。从左至右：塞尔吉奥·莱昂内、莫里康内、吉洛·蓬泰科尔沃、朱利亚诺·蒙塔尔多和卡洛·利扎尼。

下：莫里康内与莱昂内在法国做客欧洲第一电台，拍摄于 20 世纪 60 年代末。

上：20世纪80年代中期罗马城外的一次聚会。前排左起：莫里康内、阿尔曼多·特罗瓦约利和路易斯·巴卡洛夫。第二排左一是皮耶罗·皮乔尼。这四人与恩里科·德梅利斯一起买下了罗马的正音工作室。

下：1991年，莫里康内与塞尔焦·米切利一起在锡耶纳音乐学院的第一届"电影音乐"进修班上讲课。(© Foto Fabio Lensini)

上：五位作曲家。从左至右：阿尔多·克莱门蒂、戈弗雷多·彼得拉西、莫里康内、毛罗·博尔托洛蒂和鲍里斯·波雷纳。

下：莫里康内与彼得拉西在罗马，拍摄于1998年莫里康内70岁生日当天。

上：电影《天伦之旅》（1990）拍摄期间，（左起）马尔切洛·马斯特罗扬尼、朱塞佩·托尔纳托雷和莫里康内在米兰斯卡拉剧院。在该片的一场戏中，莫里康内客串出演他自己，指挥马斯特罗扬尼的角色所在的管弦乐队演奏一首曲子。(© Mario Tursi [Archivio Mario Tursi Foto])

下：为电影《哈姆雷特》（1990）配乐期间，莫里康内与佛朗哥·泽菲雷利（左）在录音室。

莫里康内在一场国际象棋比赛中。他是一位狂热的棋迷。(© Riccardo Musacchio)

上：莫里康内与父母以及三位姐妹，拍摄于20世纪40年代。从左至右：玛丽亚、埃尼奥、母亲利贝拉·里多尔菲、父亲马里奥、阿德里安娜和弗兰卡。

下：莫里康内的四个孩子在罗马博尔盖塞别墅公园，拍摄于1981年。从左至右：安德烈亚、马尔科、亚历山德拉和乔瓦尼。

莫里康内与妻子玛丽亚。1998年,他为她作了一首诗,然后编成了歌曲《回声》:

你的声音
抓住空气里
无形的时间
定住
瞬间永恒。
那回声进入我的身体
粉碎如玻璃般脆弱的
静止的我的现在
……不再回头。
我要追寻未来
追随那声音
而我,不顾一切的回声
会找到我。

上：莫里康内在书房中专注工作的独处时刻。

下：莫里康内在录音室，拍摄于一次混音过程中。

上：2012 年 11 月 24 日，莫里康内在博洛尼亚的乌尼波尔竞技场指挥罗马音乐人联合会管弦乐队。(© Roberto Serra - Iguana Press / Redferns / Getty Images)

下：1994 年，莫里康内获得 ASCAP（美国作曲家、词作家和音乐发行商协会）终身成就奖。从左至右：乔治·马丁、比尔·孔蒂、莫里康内、玛丽莲·伯格曼、沃伦·比蒂、昆西·琼斯和杰夫·阿普尔。

上：2016 年 2 月 26 日，莫里康内与昆汀·塔伦蒂诺一起出席好莱坞星光大道的授星仪式。莫里康内的名字成为星光大道上的第 2575 颗星。(© Alberto E. Rodriguez / Getty Images)

下：2016 年 2 月 28 日，在第 88 届奥斯卡颁奖典礼上，莫里康内凭借昆汀·塔伦蒂诺的电影《八恶人》获得最佳原创配乐奖。昆西·琼斯为他颁奖。(© Mark Ralston / AFP / Getty Images)

莫里康内手中紧握奥斯卡奖杯。(© Jeff Kravitz / FilmMagic / Getty Images)

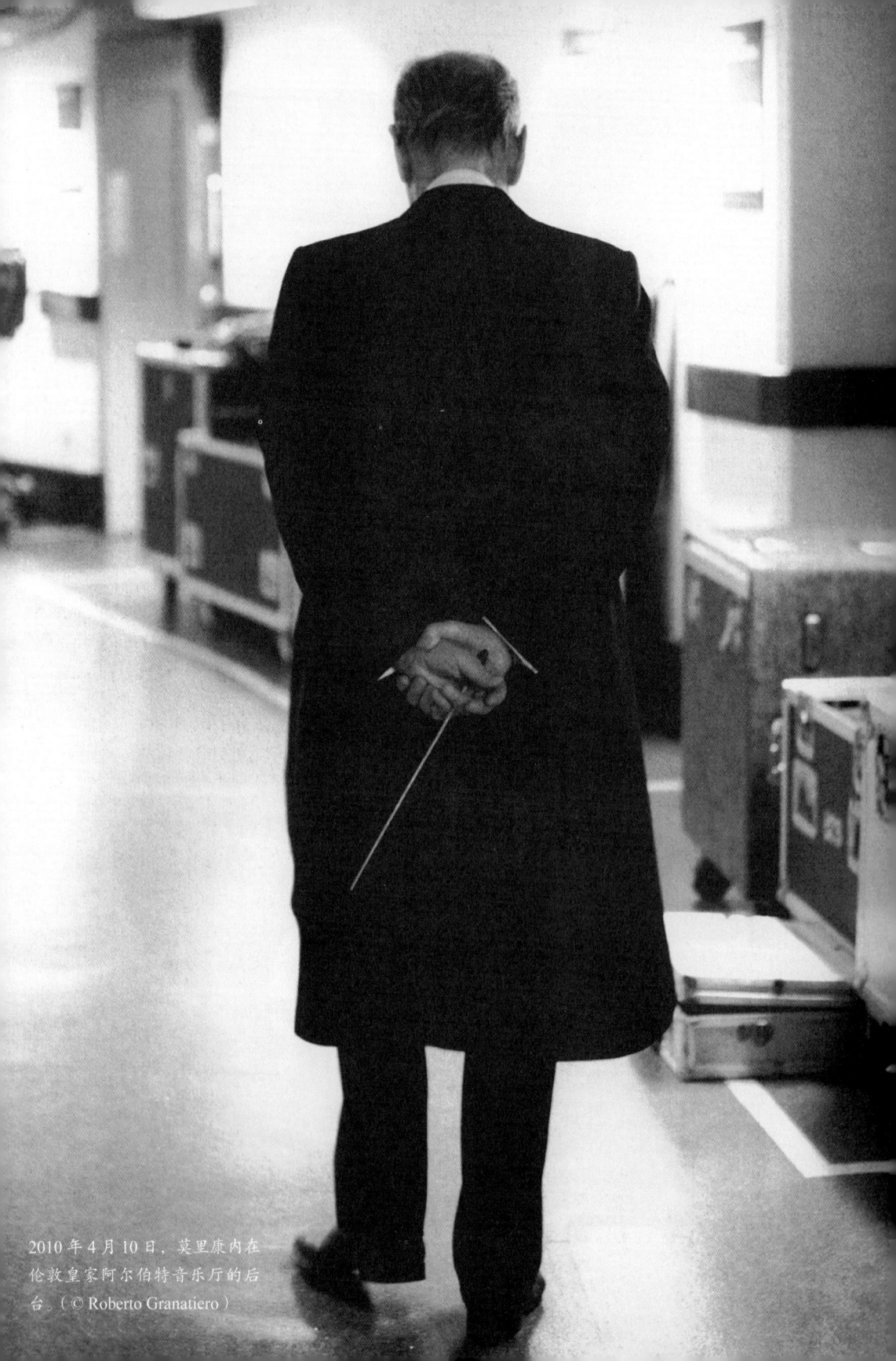

2010年4月10日,莫里康内在伦敦皇家阿尔伯特音乐厅的后台。(© Roberto Granatiero)

次舒缓的小提琴声之后,机器声都反扑得更加凶猛、更加残暴,强行剥夺动听的声音,剥夺人的喜好,完全呼应电影想要传达的信息。

虽然有时候选择音色像直觉一样自然,但是在电影音乐中还是要考虑现实,如果我一时找不到合适的音乐人,如果没有人能够达到我想要的演奏高度,我也不会耽误我的构思,我干脆直接换一件乐器。比如说,如果没有伟大的小号手拉切伦扎,我就不会听任莱昂内对《荒野大镖客》的配乐提出那样的要求。所以我倾向于邀请有独特风格的乐手,他们能为既定的演奏内容染上自己的色彩,用独有的才华让音乐变得不一样。

在影片《教授》(*La Prima Notte di quiete*,1972)中,只是为了一首乐曲的其中一部分,马里奥·纳欣贝内特意邀请到梅纳德·弗格森(Maynard Ferguson)。弗格森是一位伟大的小号手,能够演奏极高的音域。就为了这么一部分,让他专程从美国赶来,这是我做梦也想不到的。有合适的乐手,我就邀请,没有,我就换乐器,我甚至养成了一个习惯,在构思的同时一边想象找谁来演奏。

所以有的时候,电影音乐要适应这些条件。比如我们提到过,我有好几年在配器时基本不考虑单簧管,因为找不到满意的单簧管演奏家。直到巴尔多·马埃斯特里(Mario Nascimbene)出现,我才可以随心所欲。

有时候我不得不冒险为不熟悉的演奏者写曲。但是如果发现对方能力不足,我就取消那段乐器分配,当然由我承担全部责任,然后再安排其他乐器。

○ 我发现一个很有意思的矛盾,你说到将构思转化为无标题音乐的时候,音色的选择排在第一位。但是现在,说到电影音乐,你的构思似乎还要考虑演奏者本身,二者密不可分。这种协调是不是旨在构建一种特定的听觉效果,贴上莫里康内式的声音标签……

● 正是如此:找到合适的音色也有演奏者的贡献,有些贡献是决定性的,二者的关系经常是携手并进。人声是我最喜欢的一件"乐器",因为直接源于肉体,没有经过其他媒介,可以传达任何情感和心情。但是这么多年我一直只依赖埃达·德洛尔索的美妙歌声(有时候甚至是滥用),因为作为一位歌唱家她实在太过出众。

还有中提琴，在一众乐器之中最接近女声的音色，对我来说具有特别的吸引力：尤其是迪诺·阿肖拉的演奏。他的逝世是莫大的遗憾，幸好之后我又遇到了圣塞西莉亚音乐学院管弦乐队和罗马Rai交响乐团的第一中提琴手：福斯托·安塞尔莫（Fausto Anselmo）。

另一位伟大的演奏家，钢琴演奏家阿纳尔多·格拉齐奥西（Arnaldo Graziosi），我也为他写了很多乐曲；还有吉他演奏家布鲁诺·巴蒂斯蒂·达马里奥；小提琴演奏家佛朗哥·坦波尼，一直以来他都是我的第一小提琴手，直到他人生的最后一天……同这些人在一起，我很笃定，我们不会浪费时间，而且一切都会顺利进行。

我总是在寻找能干、可靠、聪慧的音乐人，我会和他们建立持续的合作关系，长期交流。但是这种做法仅限于电影音乐领域：无标题音乐是另一回事。

许多乐手经常跟我合作，后来我们都发展出了真挚的友谊，其中有一些还是我在弗罗西诺内授课时的同事。

关于教学

○ 啊，真的吗？

● 是啊，在1970年到1972年之间。教书从来都不是我的志向，但是当时情况特殊：我们办学是对教育部门的挑衅，达尼埃莱·帕里斯（Daniele Paris）发起了这场行动，而我并不反对。

○ 你们创办了一所学校？

● 是的，学校现在还在弗罗西诺内：就是名字变了，叫作利奇尼奥·雷菲切音乐学院。

成立一所音乐学院的想法是帕里斯提出来的，我的很多好友，还有几位罗马音乐圈的重要人物都来到学校任教：温琴佐·马里奥齐（Vincenzo

Mariozzi）教单簧管，迪诺·阿肖拉教中提琴，阿纳尔多·格拉齐奥西和米米·马丁内利（Mimì Martinelli）教钢琴，达马里奥教吉他，布鲁诺·尼古拉和我教作曲，还有长笛演奏家塞维里诺·加齐罗尼，以及其他多位著名乐器演奏家。我们所有人一起研究实践新的教学项目，完全不理会顶上的政府官员们。

在学校成立的第三年，帕里斯被任命为校长，整个学校被收归国有，变成了国立音乐学院。我们这些教师自然也被教育部收编。这个时候，有人通知我必须一周教两门课。听到这个要求，我扭头就走。阿肖拉和尼古拉也因为国有化放弃了教职。

○ 这是你唯一的教学经验吗？

● 我还组织过几场研讨会……但是持续时间最长的经验是从1991年开始的，奇加纳音乐学院基金会组织了暑期进修班，我和音乐学家塞尔焦·米切利一起在锡耶纳教课。我们在20世纪80年代初就认识了，这很重要，因为很快米切利决定写一本书，关于我和我的音乐。他明白电影音乐属于我们这个时代，当时没有人有这样的认知，对他而言，支持电影音乐需要很大的勇气，尤其是在意大利，学术界对应用音乐的研究普遍滞后。

高产？健全之心寓于健全之体[30]

○ 60年代末70年代初，你曾经一年为二十多部电影作曲。完成一部电影的配乐需要多长时间？

● 这里的完成日期需要注意一下，因为一般来说，电影都是按照上映时间而不是制作年份归类排序，不过我确实有很多年都处于争分夺秒的工作状态。现在我需要至少一个月来制作音乐，但是过去的常态是，我在一个星期之内就把所有曲目都写完了，我很看重的电影也是如此，最长不过十天。尤其是商业电影，配乐被普遍认为无关紧要。导演要全盘考虑，掌控方向，基本上电影都已经剪辑好了才跟作曲人沟通。

我演示一下这么多年我必须做的心理建设：今天是 2 月 8 日，我跟导演约好的日子。他通知我电影上映的日期定在 2 月 26 日，因此混录要在 20 号开始，15 号音乐必须出来了，因为要写还要录……我的精神状态是：勉强可以说还有七天时间，我一定要挤出正确的构思并且发展成音乐。

　　根据我的经验，这种高强度的工作周期能让我思考到正反两面：积极的一面是，我有机会在短短几天之内，听到自己脑内所想和纸上所写的音乐化成真实的声音——虽然对于大部分不从事这一行的，还有出身名门的作曲人来说，这是不该做的蠢事；消极的一面是，这样疯狂工作，除了好结果，当然也会带来不怎么样的作品。有时候我感觉自己又走上了重复的路，虽然我一直避免这种情况。

　　○ 音乐学院、无标题音乐、电影音乐、编曲……你写了这么多音乐，时间从哪里来？

　　● 如果有人觉得这样的成绩很惊人，我建议他们查一下莫扎特或者罗西尼，看看他们曾经被迫在多短的时间之内完成一部作品，还有巴赫，他的效率有多高，他不到一周就能写出一首康塔塔[31]。而且我起得很早。

　　○ 几点？

　　● 每天早上我都要和懒惰做斗争。你知道吗，闹钟会准时在早上 4 点钟响起，现在稍微晚一点了，但还是很早，虽然我也会跟自己说我做不到，我也满肚子怨言，但最终我还是会起来。

　　○ 为什么闹钟要调到 4 点整？

　　● 因为没有别的选择：我开始写曲的时间是固定的，在早上 8 点 30 分到 9 点之间，在那之前我需要健身，读报纸——现在还在读——知晓天下事。接下来才是把自己关进书房好好工作。

　　到了下午，如果没有什么紧急的事，我一般都想休息，但是我现在有一堆急事……然后到晚上，我会动动脚踝和脚趾；锻炼脖子，脑袋先往左边转，到转不过去为止，再往右边转。前段时间我跟妻子一起去看医生，医生叫我转转脖子，他以为我会有困难：我毫无压力，轻轻松松做到了，因为我每天都在锻炼，持之以恒。总共做五十套练习，三套一组，我觉得这样的组合很有效果，我现在身体灵活，这种感觉非常幸福。任何时候都要注意锻炼，一辈子不能松懈，不然就会迅速衰老、僵硬。

○ 你从什么时候开始意识到自己需要每天锻炼，又是如何开始的？

● 少年时期的我就从早到晚整日伏案写音乐。有一次体检过后，医生告诉我，如果继续这样下去，我迟早会得脊柱侧凸。于是他建议我运动，我问他该做什么运动，他很坚定地跟我说："您喜欢什么运动就做什么运动，只要动起来就好。"我开始打网球。打了一段时间换成做体操，之后又继续打网球，直到有一次，我跟我儿子马尔科对战，那是我唯一一次占据上风，然而他打出了几记炮弹一般的击球，我为了接球一头栽倒在地，撞到了下巴，就像被一记重拳正中面门直接倒地弃权。那之后我再也不玩网球了：于是我继续做体操。

每天早上 4 点 40 分到 5 点 20 分，我都履行运动的承诺，坚持了四十多年；现在，体操我不怎么做得动了，只能尽量活动身体。几年前我尝试带动玛丽亚一起锻炼。有一天早上她跟我同时醒了，我在客厅做热身运动的时候，她默默地观察我——我心里特别高兴——然后她跟我说："埃尼奥，你自己练，我继续睡。"

○ 你的职业收入从什么时候开始超过了你想要的保障标准？

● 你可能不相信，我在 90 年代初以前，一直不觉得这份工作能够长久。是的我的工作量很大，甚至可以说是过劳。浸淫电影音乐五十载，我完成了五百部电影（这是别人告诉我的，我自己感觉大概是四百五十多部），还不算无标题音乐和其他作品。我为了不至于陷入没有工作的窘境奋斗了很多年；而很多年以后，我逐渐做到了，我很幸运。

现在我的经济状况基本稳定，我当然没有什么好抱怨的：感谢版权保护，如今即使不工作我也有收入。不过刚开始的时候，我根本不知道今后会发生什么。这是一项自由职业,充满风险和不确定,没有什么打算或计划。你不可能自己打电话给导演说要参加他的新电影。没有哪个导演会同意的!这就像一名律师主动去找客户……不稳定是这种职业的典型特点,我总是因此而焦虑,虽然我现在再也没有这方面的客观需求了。

　　1983年左右,我大幅减少了电影方面的工作量,没过几年我又宣布隐退。不过计划有变:有几部特别有趣的电影找到我,还有一些很有意义的合作,让我改变了主意。我又回到电影行业,尽管我在另一种音乐里的空间愈加广阔——如今我可以这样说了,另一种音乐我写起来要自由得多。

　　○ 费里尼说,他会拍一部电影是因为合同已经签好了,制片方预付了部分钱款,所以没有选择余地。对方用这种条件和责任来束缚他,而不是给予"完全自由",他会立刻感觉很不舒服。但是他还说,对于他那一类人,完全自由也很危险,强加于身的限制能够化为他的动力,面对障碍,压力剧增,他也借此积攒能量。对此你有何看法,电影的限制,或者更广泛地说,当下感受到的所有限制,能够成为你的动力吗?

　　● 费里尼说的限制客观存在,而且早就存在,我也觉得限制能够成为动力,代表一种激励,而不是被动地承受。自由的概念受到束缚,想象力就一定会被唤醒,至少我是这样,在受限的情况下,我尽可能地尊重他人,专业地应对所有条件和要求。尽管如此,我还是会为了那种我称之为"绝对"的音乐设法开辟属于自己的空间,这对我来说尤为重要。

注　释

1　* 原文如此。该片由安德烈·卡尔梅特（André Calmettes）和詹姆斯·基恩（James Keane）联合导演。威尔·巴克拍摄的是另一部《理查三世》（1911）。

2　莫里康内指的是《方济各教皇弥撒，耶稣会复会两百周年》（*Missa Papae Francisci. Anno duecentesimo a Societate Restituta*）。创作于 2013 年，2015 年 6 月首演。

3　* 指意大利牧歌（madrigale），16 世纪欧洲最有影响的世俗音乐形式。歌词多是感伤或爱情内容的田园诗。歌曲多为单段式多声部，风格灵活，织体形式多样，旋律自由。

4　除了巴赫和斯特拉文斯基的经典动机，莫里康内还提到了斯特拉文斯基的 Do、降 Mi、还原 Si 和 Re 组成的动机，出自斯特拉文斯基 1930 年创作的《诗篇交响曲》第二乐章开头。这一动机可以在莫里康内众多作品中找到痕迹：从《映像，为大提琴独奏而作》（*Riflessi per violoncello solo*，1989—1990），到《石头，为双合唱队、打击乐和独奏大提琴而作》（*Pietre per doppio coro, percussioni, violoncello solista*，1999），再到许多后期创作的电影主题。

5　变格终止（cadenza plagale），指四级和弦进行到一级和弦的终止式或收束（cadenza），会产生不安感，且略带古典风味。

6　* 加尔达湖，曾名贝纳科湖，意大利面积最大的湖泊。

7　比如赋格、奏鸣曲、协奏曲、交响曲、幻想曲、夜曲、即兴曲、组曲……

8　调性体系建立在七声音阶的基础上，其中四个音有"主导"地位。这四个音的地位源自长时间积累下来的经验、习惯、规定，保证了调性音乐的旋律织体以及和声织体内在清晰的逻辑规则。

9　* 乐谱上常见的一类术语，用以提示感情或技法，如 tranquillo（安静地）、mf（中强）、staccato（断音）、andante（行板），等等。

10　* 音乐中运用非自然的、半音的声部进行与半音和声的手法与风格总称，其基础为变音，也称半音进行。

11　* 一种音乐创作手法、现代音乐流派，出现于 20 世纪。其特征是将音乐各项要素（称为参数）按照数学排列组合，编成的序列或其变化形式在全曲中重复。序列的概念最早用于音高，即勋伯格的十二音体系。

12　勋伯格仅对十二个音进行了序列化，即十二个音全部出现之前禁止重复任何一个音，但在曲式、音乐表情等方面仍为传统的西方音乐，而韦伯恩以及之后的作曲家们在序列化程度上更加极端和激进：不只是十二个音，一切要素（时值、强弱、节奏等等）都要序列化，由此产生了多变的微观或宏观音乐结构，再也不参照承袭历史的曲式，而是参照作曲家自己设定的体系标准。

13　噪音发生器（intonarumori），一种乐器类型，1913 年由路易吉·鲁索洛（Luigi Russolo）发明，包括嗡声器、爆炸器、雷鸣器、消音器等。鲁索洛认为，音乐的主要素材应该取自日常生活中的噪音，以此进行有组织的创作。

14 * 具体音乐素材来自自然界、器具、环境等一切声源，通过麦克风录制，经过剪辑、播放变速、声音异化、电子加工进行更改，最后固定为作品。

15 钢琴曲系列（Klavierstücke），创作于1952年至2004年之间。如标题所示，主要为钢琴曲。最后创作的几首为电子合成器演奏。

16 施托克豪森1971年将钢琴曲系列定义为"我的画作"。当时有个说法叫"点描派音乐"（punktuelle Musik），施托克豪森将"点描"一词引进音乐语言，用以描述奥利维埃·梅西昂（Olivier Messiaen）的作品《节奏练习曲》(Mode de valeurs et d'intensités, 1949)，这首曲子的所有要素都进行了序列化。

17 书信内容选自《莫扎特的钢琴协奏曲》(I concerti per pianoforte e orchestra di Mozart)，作者吉安·保罗·米纳尔迪（Gian Paolo Minardi），泰西工作室出版社，波尔德诺内，1990。

18 1781年9月26日，莫扎特在维也纳写信给自己的父亲，其中提到了《后宫诱逃》(Die Entführung aus dem Serail) 中的咏叹调《年轻小伙子，对女人老是穷追不舍》(Solche hergelaufne Laffen)，他说："这正像一个暴怒的人，完全忘乎所以，一切秩序、稳重和礼貌都置诸脑后，因此音乐也必须忘乎所以。但由于热情不管是否狂烈，不能表现得使人厌恶，描写最可怕的情景的音乐也不能冒犯耳朵，必须怡悦听众，换句话说，不能失去其为音乐，因此我从不从F（咏叹调的基调）进入远调，而是进入关系调，但并没有进入最近的关系调d小调，而是进入比较远的a小调。现在让我们转向贝尔蒙特的A大调咏叹调……你想知道我是怎么表现这首咏叹调吗……凡是听过它的人，都说这首是最心爱的咏叹调，我自己也是这样。我是专为适合亚当贝格尔的嗓子而写作的。"莫扎特提到的亚当贝格尔是当年备受欢迎的一位男高音歌唱家，因为他习惯为演唱者量身作曲。他继续写道："土耳其近卫兵合唱正像大家所期望的那样短小、活泼，是用来取悦维也纳人的。"这里他指的是另一选段《歌颂威严的帕夏》(Singt dem grossen Bassa Lieder)，这是他为了更好地了解听众所做的进一步尝试。书信内容选自莫扎特的《书信集》(Lettere)，关达出版社，帕尔马，1988。

19 *《女人皆如此》(Così fan tutte)，莫扎特创作的歌剧，剧情是围绕女性贞洁的一场赌局，或者说骗局。

20 总体艺术作品（Gesamtkunstwerk），根据瓦格纳的定义是指戏剧、视觉、诗歌、音乐等艺术的综合体。这一概念是瓦格纳所有歌剧的中心，并且在拜罗伊特节日剧院（Bayreuther Festspielhaus）得到最大限度的呈现。拜罗伊特节日剧院位于德国拜罗伊特，专门表演瓦格纳的歌剧，包括他提到的节日所含的一切活动。

21 *"复调"也叫"多声部"，指一种音乐体裁，没有主旋律和伴声之分，所有声部相互层叠。苏联学者巴赫金借用这一术语来概括陀思妥耶夫斯基小说的诗学特征，以区别于已经定型的独白型（单旋律）欧洲小说模式。陀氏的作品中有众多独立且不融合的声音和意识，各自具有同等重要的地位和价值。

22 触觉–听觉，味觉–听觉，视觉–听觉，嗅觉–听觉。

23 我们回到"慈善""爱心"等词语的定义上，它们的概念很模糊，此类行为到底是强加于人还是推己及人？针对文中的例子，我们很自然会想到一个问题：工人们主观意愿上想要接触所谓的高雅文化吗？这个问题非常重要，却没有被考虑到，这代表了一种思想，它和电影《教会》中耶稣会士、殖民者以及加夫列尔神父对土著人施加的模糊的行为所表现出的思想并没有太大不同。也许这种模糊之中隐藏着所有思想背后的傲慢。

24 两个人都对"技术"（tecnica）和"艺术"（arte）的词源产生了浓厚的研究兴趣，这两个词最原始的语义似乎十分接近。

25 *索绪尔提出的语言学术语。语言符号（sign）联结的不是事物和名称，而是概念（所指）和音响形象（能指），能指和所指是语言符号的一体两面，不可分割，具有任意性和心理性。

26 1967年6月17日在罗马芭蕾舞剧院的演出，由 Rai 2 频道全程直播。

27 迪诺·阿肖拉演奏中提琴，安娜·帕隆巴（Anna Palomba）演奏竖琴，尼古拉·萨马莱（Nicola Samale）演奏长笛，佛朗哥·焦尔达诺（Franco Giordano）演奏钢片琴和马林巴。

28 *19世纪末法国工人运动中，从法国工人党分裂出来的社会主义派别。该派主张不经过革命，而通过可能的、逐步的改良来变革社会。

29 巴赫（Bach），B = 降 Si；A = La；C = Do；H = 还原 Si。在文中所说乐曲中，莫里康内以这几个音以及它们的变调为基础，在低音部实现了半音进行。

30 *原文为拉丁语：Mens sana in corpore sano。出自古罗马讽刺诗人尤维纳利斯。

31 *一种多乐章的大型声乐套曲，包括独唱、重唱和合唱，一般包含一个以上的乐章，大都有管弦乐伴奏。

05
一种绝对的音乐？

莫里康内：静默似乎是这个社会的手下败将，但是对我来说，静默是一处可能的藏身之所，在我的思想之中，与我的思想共存。而音乐中的静默，可以是伤口，是即兴出现的某种存在的匮乏。

起源/对争议的回应：关于"动态固定"/音乐创世主义或者音乐进化主义/理想中的结合：杂糅与希望/语言的交流、形成和渗透/音乐的未来：噪声和无声

起　源

关于"绝对"的简介

○ 能不能更深入地讲解一下，如何区分绝对音乐和应用音乐？

● 个中区别对作曲人来说更加重要一些，大众基本上对这些东西不怎么关心。绝对音乐完全源自作曲人的心愿，其原始构思非常纯粹，而应用音乐产生的目的是"服务"于另外一种居于主要地位的艺术。

写绝对音乐的时候，作曲人会感到更加自由，至少理论上应该是这样的，他能够随心所欲地打造自己的作品，而不是为了某个特定的应用环境，虽然我们说过"限制"一直都在，内在的或者外在的。而且总的来说，限制来自我们自身，来自我们的时代。

○ 事实上，"绝对"这个词本身（除了可能存在的另一项神圣词义之外[1]）暗示了无关实用、无关牵绊，只为自己而存在。这个概念用于音乐，其定义为排除任何非音乐关系的音乐。这一概念出现于浪漫主义时期，虽然不断被提及，但是第一位公开使用的是瓦格纳。

你是否有过冷落了绝对音乐的感觉？可能因为你一直在电影领域努力奋斗？

● 有过。20世纪50年代末到60年代初，我甚至完全停止了这类作品的创作。我一直在争取能够拥有持续长久的工作，我需要更加稳固的收入。

靠"艺术"音乐来生存总是太难，但是我真心渴望的是另一条路，这种渴望源自音乐学院，源自某种特定的思想精神状态，源自某些原则。于是我尝试着在自己的工作中引入一些探索：编曲和电影中都有。彼得拉西向来把作曲人的道德责任讲解得非常明确。

但是，做了这些尝试，我还是很累，我分裂于两个世界，试图拉近二者之间的距离，合二为一，然而两个世界水火不容，背道而驰。

几年之后在罗马，有一天，我和我的老师一起散步，他已然年迈，我们沿着弗拉蒂纳路漫步，我向他倾诉内心世界的分歧。彼得拉西听完，突然停住脚步，他直视着我的眼睛对我说："埃尼奥，你花的时间一定不会白费，对此我坚信不疑。"这句话让我心头一暖，顿时信心百倍。

之前说过，我的职业状态和经济状况刚一稳定，刚刚足够让自己和家人过上体面的生活，我就更加频繁地回到绝对音乐的世界，还宣布从电影音乐界隐退。虽然后来改了主意，但是我觉得这样的创作态度会给我更多自由，果然，我得到了更多空间。

如今我创作的绝对音乐作品超过了一百首。

○ 绝对音乐这一门类之下可谓五光十色、五彩纷呈，除了为管弦乐队所作的乐曲，还有各种乐器独奏曲，为钢琴和人声创作的艺术歌曲，合唱音乐，圣乐，以及为各种类型的乐器组合而作的乐曲。

你创作的绝对音乐中，有没有跟具体委托无关的？

● 当然，如果你所说的委托指的是支付报酬的任务，应该说大部分作品都与此无关。其实对我来说，问题不在于有没有酬金，而是对于这种类型的音乐，在很久以前我就有接受或拒绝的权利。一般来说此类创作都是应邀而成，邀请人是我敬爱的朋友们，或是出色的演奏家们，作品完成之后，提出邀约的演奏家会亲自负责曲目的演绎。我一般都把作品献给他们。

有些乐谱是从应用音乐转化过来的，比如《命运安魂曲》，原本是为德赛塔的《半个男人》创作的，后来用于芭蕾舞剧；《三首音乐小品》(*Tre pezzi brevi*)，是为埃利奥·彼得里的电影《好消息》(*Buone notizie*，1979)

而作；还有《第二图腾，为五支巴松管和两支低音巴松管而作》（*Totem secondo per 5 fagotti e 2 controfagotti*，1981），这是一次不成功的应用，还是来自彼得里的一部电影……

除了这几种情况，其他作品均来自我的主观意愿。

举个例子，创作《第一协奏曲，为管弦乐队而作》的时候，我不知道后来这首作品会在威尼斯凤凰剧院演出，当时我在工作和经济上都有些困难，但我还是坚持完成这首绝对音乐，因为我想这么做。最初所有曲子都是如此；比如以福子[2]、莱奥帕尔迪、尼奥利和夸西莫多等人所作的诗歌[3]为歌词，为钢琴和人声所作的那些歌曲，还有基于帕韦塞的诗创作的两首，《死之将至》（*Verrà la morte*，1953）和《康塔塔，为合唱队和管弦乐队而作》（*Cantata per coro e orchestra*，1955）……我感觉到一种需求，我要写属于自己的东西。这些曲子可能不够成熟，就像我当时还是不成熟的作曲人一样，但是其中包含了我的创作意图，我的音乐品味和兴趣。之后的部分作品也是如此，从《致迪诺》（*Suoni per Dino*，1969）到《孕育，为女声、事先录好的电子乐和即兴弦乐队而作》（*Gestazione per voce femminile, strumenti elettronici preregistrati e orchestra d'archi ad libitum*，1980），再到《华彩，为长笛与磁带而作》（*Cadenza per flauto e nastro magnetico*，1988），还有《四首钢琴练习曲》（*Quattro studi per pianoforte*，1983—1989）……

这些作品都是我自己想写的，是我的意愿。

○ 从最初几首略显青涩的艺术歌曲到1955年的《康塔塔》，我想知道选择歌词的标准是什么。

● 没有标准，从来没有。歌词都是我原本就知道的，某个时刻带来了构思，萌发出作曲的愿望。比如说，《钢琴序曲》（*Preludio per pianoforte*，1952）是我为我妻子写的诗《无题短篇小说》（*Novella senza titolo*）所作。其他诗作大都是碰巧看到，我记得不是很清楚了……不过有一行诗句给我留下了深刻的印象："我们心里只有距离"，来自一位业余诗人，这是他某一篇诗作的开篇第一句，其中蕴含的深意让我着迷。但是我觉得在文字之上，音乐还需要有自主性，那种纯粹为歌词服务的音乐从来不曾打动我。

○ 你如何定义作为绝对音乐作曲人的自己？

● 我属于后韦伯恩一代，这一点无可否认，但是这种定义不能完全代表我。我受到的教育深深扎根于彼得拉西的罗马学派[4]。我对勋伯格及其门人的第二维也纳乐派产生兴趣是之后的事。我不喜欢用绝对的答案回答问题，因为每一种定义对我来说都是压抑，我喜欢变化。按照"纯正"的后韦伯恩风格，我只写了三组曲子，就是之前提到过的三首练习曲、《距离》和《为十一把小提琴而作的音乐》，然后我就换了一条路，到现在，我的音乐语言之中还会汇入新的技巧，包括电影音乐语言。

达姆施塔特：实验之夏

○ 这三组曲子似乎宣告了你绝对音乐作品的第一阶段告一段落。由你的履历可以得知，从1958年开始，你在绝对音乐领域的创作出现了八年的中断，直到1966年你完成了《命运安魂曲，为合唱队和管弦乐队而作》。然后又是三年沉寂，1969年写了《致迪诺》。感觉就像你需要时不时停下脚步，需要反思到当下为止走过的路。而且在1958年，你到达姆施塔特开始了关于新音乐的暑期课程。关于那段经历，还有那三首为第一时期画上句号的作品，能不能再多说一些？

● 在达姆施塔特的经历是崭新的，与之前我完成的一切都截然不同，常常让我思考。1958年，许多和我一起上作曲课的同学都去了达姆施塔特，有几位已经是二度前往。人们都说，如果想要理解音乐领域的最先锋以及"新音乐"潮流，那么达姆施塔特将是一段无可取代的经验，而我，被深深地吸引了。就是在这段时期，我完成了《三首练习曲》和《距离》，这两组作品在一定程度上已经为我指明了序列语言的方向。当时的作曲课总是强制要求在谱曲方式上创新，不允许重样。语言和科技出现爆发式增长，我们说过，激动人心且无从预料，就算一直在前线也很难跟上步伐。

于是我寻找新的前线，我想开疆扩土，发展自己的原创语言。然而在没去德国之前，在跟着彼得拉西学习的最后几年，我已经对一种更加"科学"的写法进行了实验。所以在我的记忆中，去德国之前没多久完成的《三首练习曲》和《距离》才会跟回程时完成的《为十一把小提琴而作的音乐》并列放在一起。三组曲子都具有"后音乐学院"风格，我直到现在都非常看重。创作之时我一门心思想要检验自己，看看自己是否能够匹配得上当年那个"高深"的世界，包括达姆施塔特的先锋音乐。但是真正有意思的是，我以绝对可控的方式对新语言及其语法加以运用，而我自己其实并没有意识到。

○ 这是怎么回事？又会带来什么样的结果呢？

● 我说过，我被深深地吸引了，其中应该有彼得拉西的影响，可能我的同学阿尔多·克莱门蒂也感染了我，我觉得这种写法秩序井然、有条不紊。重点在于创造一个体系，明确需要的素材，不得改动，也就是要表现出"特定的文艺思想"或者"不容置喙的态度"。但是《距离》和《为十一把小提琴而作的音乐》骨子里是数学化序列，而《三首练习曲》，我选择给予三位演奏者更大的自由，每一位乐手都可以随意切换加入其他乐手的演奏，因为乐谱里包含了所有内容。

我为三位乐手创造了一处"自由"的空间，他们还可以彼此偶遇，来一场聚会，乐曲结尾处就是这样。

○ 用这种方法，你在一套严格的体系之内实现了几乎即兴的一面，就像在用偶然的内容弥补严苛的数学体系？

● 某种程度上是的，但只适用于《三首练习曲》。演奏者显然是表演的关键，几年前，在一次演出时发生了一点状况：长笛没有跟上另外两件乐器，结束时间晚了大约十秒钟；那个女孩是一位出色的青年乐器演奏家，但是那天晚上她的心思可能飞到其他地方去了。

也许我的谱曲方式本身就是一种危险，但是当时那种想跟在德国感受到的一切一决高下，跟这些作曲方法做一番较量的想法，确实令我获益匪浅。

那一年，在达姆施塔特，除了用周密至极的逻辑和序列体系写成的严格的、精准的作品以外，我也见识过完全偶然的创作思路，但是鲜有什么有趣的作品，至少我这样认为。唯一特别引起我注意的是约翰·凯奇：一位真正的"反动者"和"教唆犯"。

○ 你对约翰·凯奇和他的研讨班有什么印象？

● 我记得读暑期班的第二天我就到他的班上听讲，应该是我最早听的几门课之一。他先是和戴维·图德（David Tudor）一起弹奏《为两架钢琴而作的音乐》（Music for Two Pianos）给我们听，临近尾声之时，凯奇独自开始另一首曲子，他的身前是他正在弹奏的钢琴，身旁还摆着一台收音机。有几秒钟他完全保持静默。然后他打开收音机，一拳砸在钢琴琴键上。又是一段沉默，琴键上又落下一拳……如此反复好一阵子，人群渐渐开始骚动，大家不明白发生了什么，我也一头雾水。

想要透彻地阐明他的意图需要一些时间：对于当年人们集体追求的音乐，约翰·凯奇的态度极为批判，我自己也很快采取了相同的立场。声音的时值和音高，噪声的声品质，还有在虚构的五线谱上写什么音符，全部由一枚骰子决定，他这样做就是为了挑起争论。说到凯奇，不能不提他行事之中的挑衅和讽刺：在那个历史时刻我们急缺一种思想，他把自己置于备受争议的位置上，正是为了催生这种必不可少的思想。

○ 1952年，凯奇发表了一首三乐章作品，《4分33秒》（4'33"），演奏者来到舞台之上，但是完全不发出声音，哪怕一个音符的动静都没有。你如何看待音乐中的静默？

● 作为一种可能。静默似乎是这个社会的手下败将，但是对我来说，静默是一处可能的藏身之所，在我的思想之中，与我的思想共存。而音乐中的静默，可以是伤口，是即兴出现的某种存在的匮乏。我自己经常这样使用。然而在创作语境下，静默也可以是音乐，或者按照凯奇的做法，静默是反抗。我觉得从这个意义上来说，凯奇称得上是一位真正的革命者，一位斗士，未来许多重要思想都能够追溯到他。他展示了在音乐之中，偶然是可能的。不过这一视角经常被误解成一种全新的音乐。为了理解他的思想，我不得不和当时的一些观点和制约保持距离：那个年代，我能够接触到各式各样的音乐技巧和新鲜想法，和我内在的某些部分形成了强烈的对比，而这些部分我必须通过探索自己的道路来反抗。

○ 这场达姆施塔特之旅还让你遇到了路易吉·诺诺和他的《狄多的合唱》，你对他非常推崇。

● 去达姆施塔特之前我已经听过诺诺的《被打断的歌》。在他的谱曲之中，逻辑性的数学体系和对表现力的不懈追求完美共存，前者让我着迷，后者保证交流。音乐内部的纯粹连贯惊艳了我。尽管隔了那么多年，时至今日，他的作品在审美和音色方面听来还是妙不可言。音色、音高、时值、静默，都经过精确计算，但是还有别的什么——还有诗意，串起了一切抒发和表达。对于已经在后韦伯恩时代的序列世界中探寻摸索的我来说，诺诺的作品不仅是肯定，更是支持，鼓励我继续探索，加倍努力。回罗马的路上，我完成了《为十一把小提琴而作的音乐》，这首作品的标准清晰、明确，有自己的创作体系，尽管也有抽象部分，但是跟我在达姆施塔特参与的过于偶然的经验全无关系。三组曲子中最后完成的这一首对我而言尤为重要，我会时不时地回归这一特别的"作曲方式"，像是永恒轮回。我还窥探到了实验的新世界，从那之后，在我的探索之路上，我从未放弃对实验的改进和调整。我一直坚持的观点得到了确认：预期的"终点"其实是再次出发的良机，百尺竿头，更进一步。

那个夏天，我有所感、有所悟，我改变了道路。从那几首创作开始，我一点一滴地调整，用自己的方法，尽管先锋音乐的世界仍然吸引着我，但是那种态度有些过头，和追求表现力的创作方式相去甚远，而我感觉到，表现力、感染力，更加属于我。不过调整的过程是漫长的，持续多年，历经多个阶段，现在还在发展当中。

从那以后，每当我要谱曲，我必须先问自己准备运用什么样的标准，这个问题不容忽视。每一个音符，每一处停顿，以及其他作曲元素，都应具有各自明确的功能，一起将音乐构思搭建成清晰连贯的实体。但是同时，所有元素都要对最终的声音结果负责。换句话说，音乐构思要以被听为前提，而不只是无交流目的的纯理论研究。

新和声即兴乐团

○ 我们之前说到，你的绝对音乐创作出现过几段真空，这种说法其实排除了一场实验，在真正关乎当代世界的电影之外，在最尖端的先锋音乐之外，从1965年开始，你们一直在进行一场实验。新和声即兴乐团是当代音乐史上第一个自己创作、自己演奏的专业即兴创作团体，包括音乐会和专辑都是如此。乐团是如何诞生的？

● 组建乐团是佛朗哥·埃万杰利斯蒂提出来的，1958年我们在达姆施塔特的时候他就有了这个想法。约翰·凯奇在他的研讨班上完成了一场小型音乐会，第二天一早，我们几个意大利同学一起在附近的小树林里散步。那位美国作曲家的演出让所有人都无所适从，我们一边走一边开始讨论起来。

突然，眼前出现了一小块空地，中间有一块大石头。我们围着石头聚成一个圈，每个人制造一种声音："你负责这种，我负责那种，你还得另找一种不一样的……"我站在石头上，开始指挥：根据我的示意，一种声音起，然后第二种，再另外一种，直到音乐达到最终高潮。大家陶醉于集体即兴创作，所有人都乐在其中：一支小型声音乐队在小树林中制造着奇声怪调。

这一即兴事件在之后好几年间重复上演，成了我们的经验：新和声即兴乐团由此诞生。

○ 所以乐团就这样逐渐成形？

● 基本上就是这样。创始人是埃万杰利斯蒂，组建乐团是他的主意，但是一起听过那堂课之后的第二天清晨，我们自发聚在一起，这是凯奇和他的挑唆带来的反应。但是，如果没有佛朗哥，反应只是反应，不会生成任何结果，从第二年（1959年）开始，是佛朗哥决定把学生之间的玩闹转化为严肃的实验项目，把一切的源起打造成一个即兴团体。

我知道埃万杰利斯蒂曾经向多位作曲家发出入团邀请，包括阿尔多·克莱门蒂，跟其他人一样，他坚定地拒绝了。（笑）阿尔多的谱曲系统排斥即兴成分：他是一位数学家，一位纯粹的序列主义者。而我，1965年他们明确发出邀请，我才正式加入。

○ 你觉得乐团接近你，是不是因为你在电影领域出名了？他们邀请你的时候，《荒野大镖客》刚刚上映一年……

● 我不这么认为。埃万杰利斯蒂很欣赏我作为应用音乐作曲人所创作的作品。有一次他表达得特别夸张，我们在聊天，我说到对于工作我有许多遗憾——我的现实工作对于我原本的创作理想来说，是一场不可持续的中断，他立刻对我说："听着，埃尼奥，你知道你的'中断'有多少人求之不得吗？多少作曲人为了这样一份工作出卖亲妈都甘愿！"

他的话我一字一句地刻在脑海里。这对我很重要。我听到了他的敬意。

○ 在乐团的这段经历让你回归了自己期望中的工作领域？为乐团工作有哪些吸引人的地方？

● 对我来说，加入新和声即兴乐团具有根本性的意义。我终于回到相对开放的音乐实验，重新和我的同行们，以及曾经的同学们建立起联系。也可以说是我的解药，我的职业习惯日渐固化，作为比照，乐团经验不可或缺。我重新开始担任职业小号手，但是这一次，演奏方法完全属于实验性质。在那样的环境中把乐器"大卸八块"，拆析之、解构之，很有意思。

我们的实验基本上都极端超前，几年前我主动远离的先锋音乐体验也"失而复得"。即兴让创作过程更加自主，我大受启发：仿佛推开了一扇门，门后是随机的无政府主义的新世界。

乐器的用法一律反常规，态度坚决果断，程度逐渐递增，我们绕开了一切经典音色，彻底改造，焕然一新。甚至偶尔不小心发出了正常的小号声，哪怕只有一瞬间，我反而觉得很可怕。乐团全员同心一意：吹长号的和吹萨克斯管的也都是这样。

钢琴也经历了"特训"：有时候在琴弦之间放几颗螺丝钉，或是几块布料，可以把手直接伸进共鸣盘拨动琴弦，就像弹奏竖琴一样，或者用扫帚来弹奏琴弦，总之不靠琴锤。钢琴家们用任意一件物体——比如打火机——在琴弦上滑动或者摩擦，制造出滑音的效果。总之，我们运用一切能够带来新意的工具和物品，打破对乐器音色刻板的官方印象。

○ 似乎乐团的某些经验也被你引入电影音乐当中。

● 其实跟随彼得拉西学习的时候，我们已经在探索一些前所未有、不同寻常的乐器组合，不过确实，许多音色上的发现都得益于乐团的努力。

○ 你们即兴创作有什么规则吗？

● 乐团的基本思路在于，尽可能通过集体工作和共同体验制造"声音实体"。即兴是核心，各组成部分自由但有组织。我们设立了严格的自我批评机制，遵循铁一般的纪律。

我们在演奏中全程录音，所以之后能够反复重听，严加控制，便于进一步细致分析。

彰显个性不需要摆出独奏的姿态，乐器之间应该互相结合，从最开始对结构和曲式的构思，到排练，再到演奏，每一步都要保证乐器之间能够民主联合。除此之外，对于六七件乐器的配置来说，让不同音色轮流表现是最基本的，但是受制于有限的成员数量，这一点做起来也没有那么容易。一旦意识到自己的表达太倾向于独奏，我们就会感到内疚。埃万杰利斯蒂的钢琴演奏经常过火，我们会明确告知他；有时候也许是我的小号存在感过强，遇到这种情况，我会立刻认错。

我们先是研究乐手和乐器如何相互影响，各种方法和风格都拿来实验，由此固定几种"样式"，并且一一命名。接下来开始攻克不同样式之间如何转换，这样便搭起一副创作框架，一种更加宽广、包容的曲式。其中一种框架,"长篇音乐",一般持续四十、四十五分钟之久,要把所有研究成果都一起实验一遍:这种即兴创作有自己的结构,但同时也是自由的。

有时候,用哪套样式是提前定好的,但是可以根据需求临时调整。总的来说,我们的音乐对话依赖瞬时回应,回应的标准可以是积极的,也可以是消极的:某一位团员抛出一个音乐提议,另一名乐手加以肯定或者否定,环环相扣,逐步塑造出整体作曲个性。其实这是一种来自东方的音乐结构,我们借用了拉格[5]的相关概念。

我们需要固定的方法,可调整,但明确。而拉格,在我们看来就是静止而稳固的,这种动态可变的固定有时能够持续好几分钟。所以我们的即兴演奏可能是这样的,我敲击小号的活塞,重复的打击声形成一段节奏。这个时候,如果有人想要积极回应,他可以用自己的乐器跟上这段节奏。假如另一个人想要否定我的试探,演奏一串三连音,那就出现了新的动机……以此类推。

○ 可以说是一场辩论?

● 当然可以,这样说也没问题。还有的时候,我们会演奏长段叠加的声音。这种情况下,我们一般关注泛音现象。

○ 能举个例子吗?

● 一般来说,乐团里有两到三件管乐器:我的小号,一把长号,偶尔还有萨克斯。我们从一个持续音开始,降 Si,也就是这些乐器的基音,再从各自乐器的泛音列中选取单音完成乐曲。我们为当时沉迷东方音乐的贾钦托·谢尔西(Giacinto Scelsi)创作了一首曲子,就是用这种方法完成的。曲名《献给贾钦托·谢尔西》(*Omaggio a Giacinto Scelsi*),收录于专辑《样式音乐》(*Musica su schemi*,1976)之中。

○ 你们举办过好几场音乐会,观众的反响如何?

● 非常好。演出总是爆满,大家对我们乐团的音乐非常欢迎,相对前卫极端的曲目也能得到热烈回应。我们想让他们听什么,大家基本都有心理准备，60年代的大众非常乐意配合。仔细想想这已经是四十多年前的事了，真是不可思议……

○ 你觉得来自地下音乐和自由爵士乐的年轻群体也会爱上你们的音乐吗？所谓年轻群体，如果用一个称谓来概括，也就是我们所说的嬉皮士们……

● 那是后来的事了！其实也一样。在乐团的语言中，爵士这个词必须避免，即使我们对爵士音乐毫无异议。比如我一直非常喜爱爵士大师迈尔斯·戴维斯，他不断创新，水准一流，不容忽视，但是那些作品都是独奏音乐。而乐团中，任何非集体的表达方式都会受到"谴责"。压倒其他个体的个性是不能够，也不允许存在的。

为了让大众更感兴趣，我们加入了 Synket 合成器，由沃尔特·布兰基演奏，负责制造没有人听过的声音。事实上，Synket 是历史上第一台电子合成器，60年代初，由我的朋友保罗·凯托夫（Paolo Ketoff）在意大利发明并制作而成。Synket 这个名字其实是凯托夫合成器（sintetizzatore Ketoff）的意思。然后美国人把电子合成器据为己有，设计研发新的型号，其中就有著名的 Moog 合成器，许多现代音乐、实验音乐、协作音乐都离不开这一新生工具。

除了发出特殊的音色，Synket 还可以实现声音信号的分层叠加。

磁带也能预先录音，但是每一次重新录制，旧的内容都会被洗掉；有了合成器这个新工具，分层叠制成为可能，原先录好的声音信号也能够轻松保存。凯托夫曾经为我们做过一场演示，一段已经录制好的乐句重复播放，来自美国的单簧管演奏家比尔·史密斯（Bill Smith）以此为基础即兴演奏，他的表演也被录音，和原有的音乐合为一体。

我蠢蠢欲动，想要利用这一特性完成一次创作，我觉得，电子合成器真是一项伟大的发明。我对技术发展颇为关注，而这一领域中，保罗·凯托夫和吉诺·马里努齐（Gino Marinuzzi）都可谓是开拓先锋。我立刻决定购入一台 Synket。

另外，1968 年，我开始邀请乐团参加一些电影原声带的制作。第一次是彼得里的《乡间僻静处》，之后是卡斯泰拉里的《冷眼恐惧》(*Gli occhi freddi della paura*, 1971) 和辛多尼的《如果偶然一天清晨》(*E se per caso una mattina...*, 1972)。后两部电影的配乐跟我们的专辑《反馈》(*The feedback*, 1970) 拥有类似的录制形式，音乐内容却差异明显。先确定基本样式，再用即兴演奏完成音乐的搭建，这个步骤基本一致，但是显然，为电影配乐还要考虑画面，即兴也要受到故事和同步的牵制。

○ 这些我们已经讲到了，那么埃利奥·彼得里的《乡间僻静处》你们是怎么做的？

● 为《乡间僻静处》配乐时，我进新和声即兴乐团才三年，而且那是我们第一次开展此类实验。彼得里知道这样会大幅度延长录制时间，但他还是答应了。

电影的主角是一位风格独特的画家，他所在的世界似乎艺术已死，他活得痛苦、困惑、格格不入。我记得某一瞬间，画面上的主角突然发起疯来，所有颜料都被打翻在桌子上，看到这一幕，乐团回以一连串的"滑音"，音阶和琶音急速骤降，声音坠跌在地，不成形状。

没有指挥，每个人都用加入演奏作为反馈，同时牢记着我们自己定好的集体原则。除此之外，这次实验的独特之处在于我们的即兴处于埃利奥的严密监控之下，他会说："啊，我喜欢这个，啊，我喜欢另一个……"

我们按照他的判断进行摸索，逐步发展成导演主导型即兴演奏。

○ 这简直是每一位导演的梦想……

● 我跟你保证，有些导演只会觉得这是噩梦。为音乐或者作曲拿主意会让他们很不自在。而我跟彼得里的相遇则有些奇特：他一上来就告知我，他只跟我合作这一部电影。他的意思是每部电影他都会换新的作曲人。我觉得这种态度很极端，我必须得说，我尊重他的想法，但是我很不喜欢他的做法。

之前讲到我们的配乐极具实验性，也可以说是对我遭遇的奇怪对待的回应，同样极端，几乎可以算作挑衅。只不过做得不那么明显。

对于我乐团的同事们来说，这也是一场重要的挑战，这次经验供我们研究了很长时间，后来也完成了许多类似的曲子。总的来说，对于听者而言，结果总是即兴的，但是对于我们来说，我们还是被画面和导演指挥着，有的人觉得这样"不好"，因为我们必须遵守的标准太过束手束脚。

而且如果有些音乐呈现得过于"独奏"，彼得里也要插一嘴。有一段过渡他甚至直接提议换掉低音提琴，用电子合成器代替，演奏两个音符重复的固定音型，很简洁的构思，埃利奥很喜欢，电影一开场就能听到，布兰基有一处起音我到现在仍然记忆深刻。和乐团合作的音乐由我和其他作曲者及演奏者共同署名，除此之外，我还选用了自己独立创作的几首音乐，其中《为十一把小提琴而作的音乐》本来就是献给彼得里的，在原作基础上我加上了女声和打击乐器。

电影的商业成绩并不太好，不过埃利奥还是改变了主意，从那以后他的所有电影都找我配乐，直到最后。一共七部，包括根据同名戏剧改编的电视剧《肮脏的手》(*Le mani sporche*，1978)，这个数字挺让我骄傲的，毕竟这位导演名声赫赫，而且我们的第一次接触那么让人扫兴。这些经历对我来说非常重要。

○ 我相信不管是即兴创作的方式，还是多音轨的结合，都影响到了之后你开展的海量实验，包括但不限于电影领域。

● 是的，不可磨灭的经历。我的所有创作都从中汲取养分，不管是应用音乐还是绝对音乐，否则我可能写不出《全世界的小朋友》，有几部电影的配乐也无法诞生，比如《牢狱大风暴》(*L'istruttoria è chiusa: dimentichi*，1971)和《魔鬼是女人》，这两部都是达米亚诺·达米亚尼执导的作品，以及伊夫·布瓦塞(Yves Boisset)的《法国合唱团》。还有阿尔真托的电影，我在惊悚片里发展出的多重乐谱概念也可以追溯到那一时期，因为两者都运用了多音轨叠制系统。

一开始，我选择不同的素材叠加，有时候用人声，有时候录下现实的声音，有时候让各种素材混搭。

接着，我开始研究写谱技巧，于是我不再需要多音轨和后期制作，可以直接现场演奏出结合了多种素材的成品。《三次罢课》《三首音乐小品》，以及后来我写的许多乐谱都是这样构思出来的。

这样作曲时，我把总谱看作一个创作项目，一种潜力：只有我了解其中潜藏的可能性，只有我知晓能够获得什么样的整体音效。任意乐手或乐器组发声与否都由我决定，曲式和作品按照我的标准塑造成形。

○ 其实，如果把你的作品按照创作时间顺序排成一列，这一段实验的经历正好串起了队列的两头，这一头包括一些近期的作品，绝对音乐比如《来自寂静的声音，为朗诵、录音、合唱和管弦乐队而作》（*Voci dal silenzio per voce recitante, voci registrate, coro e orchestra*，2002），电影音乐比如《隐秘》和《最佳出价》的配乐，而那一头是《三首练习曲》，其中已然可以同时见到逻辑和偶然。你似乎特别喜欢搭配结合，让烦琐细致的创作与偶然随机的一面共存。

● 我总是喜欢琢磨这些概念，乐此不疲。多重化或者模块化总谱带来了不可预见，开启了即兴演奏。但是这种即兴是有组织的，我管它叫作"有乐谱的即兴演奏"。每一个音符都已经确定，但是潜在的组合举不胜举。如钻石般呈现出丰富多彩的刻面。

这些做法的发展成形离不开我曾经的经历，从乐团和编曲到为电影配乐，缺一不可。

○ 你几乎参与了新和声即兴乐团所有阶段的所有活动，如果加入乐团对你来说意义非凡，那么你觉得，你为同事们带来了什么？

● 很多，你尽可以去问，我相信他们都能为我作证。首先，我觉得乐团活动成功地阻止了某些"实验性"的创作倾向，这些倾向有一点为了实验而实验的意思，还有一丝自我参照的意味，我的达姆施塔特之旅已经在新音乐中确证了这一点。其实，暑期课程结束的时候我就感觉到必须做出一些反应，不仅是因为凯奇的挑衅和教唆，还针对当时的潮流，流行的作曲方法越来越趋向于不确定，其实基本上没有这种必要，但是我的许多同行都以此为音乐进步的旗帜，纷纷照做。

比如在五线谱上滴墨水——仿佛是杰克逊·波洛克[6]的画，我还想到了用骰子决定音符，想到谜语一般的规则，还有拿几张报纸塞给乐手……其实有的时候，是一知半解伪装成了进步：作曲人躲在侥幸的自由里，或者相反，藏身于极端假设之中，以此逃避自己的责任。

相比之下，乐团给出的进步是即兴的，自由的，有控制标准，有共同遵守的规则。作曲人变成了演奏者，于是他们得以再一次亲身感受声音素材。一般来说，这种二次检验并不会发生。

○ 总之，你们懂得比起想要得到什么样的结果，有组织、有规则的即兴创作过程更加重要……算是对当时潮流的一种修正。

● 有时候，我们的努力能得到极具表现力和说服力的结果，在不固定乐谱的基础上创作出偶然音乐。顺便说一句，在那个年代，"表现力"这个词被视为洪水猛兽：在当时，写一首表现力很强的音乐从而得到大众认同，甚至可以算作一个污点。

考虑到这种时代背景，我觉得我们乐团的活动可以说是践行诚实，履行责任，带来了新的可能性，把我们从严峻的历史困境中解放出来。

然后渐渐地，世界各地陆续有许多团体和艺术家宣称受到我们的影响。比如我记得有一次，我们去德国参加即兴乐团音乐节，有一场音乐会深深地触动了我：巨大的会堂里，多支小型乐团四散分布，同时演奏各自的曲目，如此宽大的空间里，各种声音回荡、交融，动人心弦。偶尔会有一个乐句，一种音色或者一个单独的音符特别突出，但是只有一瞬间，下一刻音乐又拥挤起来，不断蔓延扩散。我为自己听到的千变万化和随性偶然惊叹不已。

我们的乐团显然激起了强烈反响，有赞同也有反对，但是在乐团内外，我们从来不曾被无视。说到这里，我又想到了亚历山德罗·斯博尔多尼

（Alessandro Sbordoni）的一首曲子，几年前由罗马 Rai 管弦乐队演奏，正好也出现了一个降 Si 持续音。当然，不同于乐团，斯博尔多尼的持续音更加经过深思熟虑，有明确的乐谱，不是即兴演奏，且适用对象为整个管弦乐队。但我还是觉得他的降 Si 参考了我们乐团的集体经验，利用我们之前讲到的泛音现象得到"近似"动态固定的效果，这很明显。

而埃吉斯托·马基似乎就有一点拒绝：他有一首《波莱罗舞曲》（*Bolero*，1988）在维也纳演出，我发现那居然是调性音乐。作为绝对音乐领域的先锋作曲家，他不声不响地回归了调性的怀抱，出乎所有人的意料。

我的同行们是出于什么样的动机引用、再现我们的经验，又为何接受或反对，我当然没有办法完全确定。我只能确定那对我来说意味着什么。

那时我已经认定实验会走向极致。我一直在身体力行，并且毫无犹疑，只是感受太过强烈，几乎不可能用几句话概括，也无法用言语描述。

从这个层面来说，也许我的音乐，尤其是用于电影以及其他商业用途的那些，和我在乐团的经历靠得更近。而在乐团之前曾经是达姆施塔特，是音乐学院，也许我的作曲活动，我的音乐语言以及音乐的发展可以被理解成投降，或是屈服，不过我觉得这种推断一般的解读是不确切的。

其实我觉得自己找到了一种可以用于调性或者样式系统的写法，其中包含了无数现代手法和技巧。我必须找到继续实验的理由，这是一条个人的路，在电影领域也一样，我重新审视某一特定类型的音乐，使其更加有用、易懂，从而完成解救。

我的音乐语言逐渐从危机重重——有几次真的到了生死关头——变得更加自我，更加个人化，通过语言转变，我的所有经验都得到了改进，其中就有我最初定义为"有规则但无意识"的创作方法，还有那些序列主义技巧和偶然，这也要感谢我做过的所有实验，尽管有些开花结果，有些无疾而终。在某些方面我必须不忘过去，一路前进。

换句话说，我不会抹去任何经验，我只会慢慢地调整，让"系统"的规则向我的表达需求低头，创作轻音乐以及电影音乐时也是如此。

甚至，我在声音以及音色选择方面越来越精准，越来越目标明确，这个方向是我真正的兴趣所在。

对争议的回应：关于"动态固定"

《致迪诺》

● 在我们说到的这场探索中，写于 1969 年的《致迪诺》至关重要。这首曲子象征着一次回归，音乐重新成为被单独讨论的对象，而不仅仅是画面的附庸。不仅如此，《致迪诺》还有点像是我思考的结晶。曲子里有我那几年正在研究的想法，也有已经得出的结论，还有一些我觉得很重要的元素，都是我在当时以及之后很长一段时间里一直在探讨的。

《致迪诺》中的迪诺，指的是迪诺·阿肖拉，一位名噪一时的中提琴手。他和我一起合作了许多电影配乐，他本人也是意大利最重要的演奏家之一：《致迪诺》就是献给他的。阿肖拉是一位与众不同的乐手，他奏出的音色独一无二，而多年的合作也让我们成为挚友。我第一次遇到他的时候，他已经在意大利四重奏团工作好几年了。这首曲子来源于一个构思：只用四个音作曲：降 Mi、Re、升 Do、La。我对钟爱的弗雷斯科巴尔第式动机（cellula）中的一部分进行移调后得到了这四个音。[7]

○ 你写的最有名的几段旋律，从《黄金三镖客》到《如果打电话》，基本上都是对很少的几个音使用运音法，以此为基础构成模进。

● 那个时期，我执着于在主题中减少所使用的音的数量。这一准则用于旋律创作效果也非常不错。但是，和那些朗朗上口的旋律不一样，写《致迪诺》的时候，我用组成音列原型的四个音完成了这首作品的所有创作元素。在那几台磁带式录音机的帮助下，这些元素架构起了一条静态的和声通道……

我们逐个分析吧……我想让你看一下《致迪诺》的总谱，这样我们可以一起讨论。

SUONI PER DINO

看到了吗？你得从下往上看。仔细观察，很快就能发觉其"无曲式"的特性。每一个小节持续一秒钟，每一行持续三十秒。

曲子一开始是最下面两行，两个短促的电子信号，电子合成器模拟出钢片琴和打击乐器的音色（前者：一个和弦；后者：降 Mi-La 音程，两者之间间隔五秒钟）。接着，第三行开始中提琴起音，严格演奏我标注的连续重复的三连音音组（gruppetto），而两个电子脉冲仍旧周期性出现，节奏精准，为提琴手给出提示。同时，磁带开始录音。

为了实现我描述的效果，我放置了两台录音机，间隔大约 3 米（2.8575 米）。中提琴手站在两台设备之间，麦克风直接拾取他演奏的部分。磁带以每秒 7.5 英寸（每秒 19.05 厘米）的速度在两台录音机的磁头之间飞奔：第一台负责把迪诺的演奏写到磁带上（已经录好的部分也不删除），第二台负责读取磁带上的内容，通过音乐厅里的扬声器播放出来。

乐手对时间的掌控至关重要，因为每一句，也就是每一行，都必须精确控制在三十秒，三十秒，磁带跑完一圈，每一行都和之前一行完美同步，十轮重复，层次越来越多。

这一系列安排还考虑到了舞台效果……《致迪诺》也需要视觉冲击力，就像戏剧一般：礼堂中，一位音乐家用中提琴制造声音，那是什么样的姿态，听众能够现场观看到，他们还能同时听到其他录制声音的叠加。现场是一个圆形大厅，所以听众被声音环绕包围。

乐曲的声音不断壮大，直到结尾处，提琴演奏一声尖过一声，音乐变得稀疏；叠加到第十一层时，录音停止播放，我们用一个电位计实现了淡出效果，开头的电子音又再度出现。

○ 相当于早期的循环机（Loop Station），也可以说是一种声音记忆技术：四个音总有不同安排，或单独出现，或抱团发声，氛围和谐，有了录音机，和弦得以长时间存在。

● 是的，四个音组成唯一一个和弦，听众的耳朵可以感受到逐步建立的和谐。

○《致迪诺》第一次公演是在 1970 年。反响如何？

● 除了专业人士，对此类探索较为陌生的普通听众也表现出了极大的兴趣。我发现，音的数量减少了，乐曲的其他音乐含义也变得平易近人，因为只靠和声与和声相遇，不会产生太多不协和音，就那么几个，一开始不习惯的人也会因为重复而熟悉，因为熟悉而懂得辨识。

我相信自己找到了一条更具交流性、更加个性化的路，我在 20 世纪习得的复杂制作工序也得以保留。

迪诺去世以后，我和其他提琴手一起演奏，其中毛里齐奥·巴尔贝蒂（Maurizio Barbetti）把这首曲子传播到了世界各地。但总会有一些恼人的小插曲，比如乐器上的麦克风掉下来了，让我们不得不全部重置，从头再来。这样的风险我无法承担：于是演出的现场演奏部分也被换成以事先录好的音轨为主。演出还是照常进行，只是牺牲了一点现场演奏的精彩性。从技术角度来说还前进了一步呢……

然后到了 20 世纪 90 年代，我听到了皮埃尔·布列兹的《重影对话》[8]，那是一首单簧管曲，和《致迪诺》有许多相通之处。演出在法国驻意大利大使馆法尔内塞宫内举行，现场音响设备实现了四声道环绕。乐手站在正中央——我不知道是不是即兴演奏，因为我没见过乐谱——乐句穿过不同的扬声器，变得支离破碎，不再完整。单簧管像是在跟自己玩捉迷藏。真是一首奇妙的曲子，我想：如果《致迪诺》也这样空间化一定会更美。

○ 凯托夫用 Synket 完成的实验对你是否产生了一定的影响？

● 绝对是。第一次演奏《致迪诺》的时候，负责技术部分的正是凯托夫，包括之后的《禁忌，为八把小号而作》（*Proibito per otto trombe*，1972）和《华彩》，尽管没有用到他的电子合成器，但这三首乐曲都源自对凯托夫理念的理想化呈现，如今我还是会时不时地回归这一理念。

大家都觉得《禁忌》是在录音室里录制的，并且传播方式是机械复制（如今是数码复制），而不是现场演奏，那么如果说《致迪诺》有后代的话，《华彩》绝对是其直系后代之一，与自己的祖先秉承同样的理想而生：弗雷斯科巴尔第式的音列，现场演奏叠加的流程……曲式也是循环式的，一行行五线谱一层层堆叠，直到一个音群，然后又回到最初的音符 La，整首乐曲出发的起点。

○ 音的数量减少，序列体系回归，音轨叠加系统，以及电子音效的应用，尽在一场表演之中，礼堂的现场音响效果和事先做好的采样并存。

● 《致迪诺》对我来说太重要了，那些看起来相距几光年之远的想法，这一瞬间汇聚一堂。所谓想法，比如运用电子音效，更重要的比如减少音的数量，我相信缩减到三四个，或者五个，最多六个的时候，公众接收到的信息会更加清晰。有趣的是，在我的记忆里，这个念头是自发产生，自己萌芽的，就在我写完《为十一把小提琴而作的音乐》之后。自此，后韦伯恩序列主义（十二音，以及提前确定创作相关的所有参数，等等）和我乐团、电影，尤其是编曲相关的各种经历之间，开启了交流的"时刻"，一直持续超过了十一年……

其实为歌手编曲的时候，他们会给我歌唱部分的旋律以及几个简单至极的和弦，我必须据此完成编曲，我也愿意这么做。大多数时候我完全遵守既定内容，偶尔（很少）稍做改动。以和声的简化为出发点，通过缩减音的数量，我在和声之间制造了一些模棱两可的"中断"，它们本该串起调性音乐，自身却不是调性的。[9]

○　也就是说，做编曲的时候，你被迫在和声上进行简化，你的作曲方式也因此改变。

●　是的，在简单的表面之下，我还是想重建复杂性，而减少音符数，在我看来这是积极妥协的最好办法。这一过程也让我重新审视那些原本已经无人使用的创作模式，其中就包括模块化。模块化，或者自由的复合模块化，都可以对同一种作曲方法随意地进行处理。

我意识到一点，如果基本动机不超过七个音，大众就能更加轻松地跟上我的"音乐演讲"，如果音符取自古希腊、古希伯来音列，或者任何一种古典音列，则更是如此。六七个甚至更多的音，对于大众的感知力来说，困难增加了许多，整体声音结果疏远、艰涩，甚至让人感到厌烦（这种情况下，效果到底怎样基本上取决于音乐跟画面的亲密程度）。

对我自己来说，限制音数完成的创作更加容易讲解，那么对于当时的听众来说，应该也更好理解。于是我进一步发展这一作曲方法，嫁接在各种大型小型乐队身上，每次都尝试不一样的乐器组合。

○　说到大众感知力的时候，你用到了过去时。你是否觉得和那个时候相比，如今的平均欣赏水平已经有所进步？

●　我不这么认为。也许我应该重新组织一下语言，换成现在时？（笑）

○　总之，你在保障复杂性的同时做到了温和亲切……

●　挺神奇的。我遵照精简的原则进行创作，慢慢发现，在整段过渡之中，任何转调都会被我打断。有时候我只能原地踏步，转来转去又回到原处，停留在某个由四五六个音组成的和弦上动弹不得……我问自己："和声通道"到底是什么？

我觉得应该是一种无调性的过渡，这很矛盾，因为如果只用一种和弦，这一个和弦到下一个和弦之间就没有过渡，调性功能势必中断。那么，尽管自身是简单明了的和弦，但是没有参照物，没有确切的音乐"语境"，发展的方向变成了无调性？我说过，这很矛盾……

○ 命名上的矛盾，是的。

● 但是因为这一矛盾，我逐渐形成了一种应该只有我一个人在使用的作曲方法，更加孤立的纵向和声也有了实现的可能。尽管我曾经投身十二音和序列体系的冒险之旅，韦伯恩也给我带来极大自由，但我还是离开了源自十二音体系的调性和复杂性，转而重新研究起了模块化。

随着研究的深入，到我制作《最佳出价》原声带的时候，里面有几首曲子可以说是将这一音乐语言呈现到了极致，同时也带来了新的起点，你完全无法在其他电影音乐中找到同类，现代室内乐里也没有。我为《最佳出价》写的音乐，除了所谓的爱情主题——最传统的一首——之外，其他曲子都解决了和声环境带来的难题，并且在某种程度上做到了超越。这些曲子被我定义为无调性的，因为没有确切的调性中心，也没有清晰的转调；但也可以说是调性的，因为在最终呈现的作品里，听者能够找到自己的耳朵所需要的东西，那是他自身文化带来的追求，但是他不会承认。

按照调性规则，从一个和弦发展到另一个和弦，之间必须遵守和声的功能性，现在这一功能性被削弱了。这种功能上的沉闷是静态的，但是其内部一样会因为音乐的强弱、表情、音色等元素而生机勃勃，沉闷取代了"和声环境"，我觉得这是必然的结果。

这样的过渡在《致迪诺》里也很重要。只要用心听你就能发觉，这种模块化的音乐每一次都不尽相同，可以说是凝滞不动的，也可以说是富有活力的。

○ 你觉得探索和声的时期已经结束了，和声没有进一步发展或开拓的空间了？

● 不一定是进一步创造的问题，问题在于混搭的可能性。比如说，今天我觉得可以在一个彻底不和谐的音乐语境里完全自由地使用和弦……为什么不行？

我不想再研究受制于特定规则的十二音体系了。我觉得普遍来说，按照传统观念使用和声已经不太现实，所谓传统观念，比如 C 大调的关系小调是

a 小调，可以说是相当陈腐的观点了。然而我发现，把不同的语言逻辑结合在一起就很有意思；比如在调性体系中运用一些与之相矛盾的和声逻辑。

我逐渐发展出了用对位处理和声的作曲方法，类似于横向推进和声，可以通过任何和声转换展开，而且由此带来的和弦变化——如果有的话——再也不是纵向同步发生，而是存在于不同声部对位行进的交合之处：这种作曲方法拥有庞大的可能性。

○ 我好像明白了，不管怎么说，为了实现这一点，你更加关注横向发展而不是纵向发展……换句话说：和声思维从属于旋律思维……

● 是的，我一行一行写，一段一段写，横向地，但其实并不存在什么真正的旋律或者作为参照物的独唱声部，至少不是非有不可。都是凑在一起的碎片。

○ 如何横向发展一个声部？音乐语法随着时间顺序而发展，而你想象在这种发展之中潜藏着的和声可能？

● 对，我都没办法说得更好了。假设我写了一首曲子，配器选了一组弦乐组——也许我想要编织一张声音的网，表面静若止水，实则灵动多变，那么我会规划好，避免出现同步，并且在纵向上避免多个音符同时出现，音符之间至少相隔一个十六分音符或者一个八分音符，这是通常做法。不过有时候，我会允许同一声部中后和弦的和弦音提前出现，并在前和弦中形成外音作为先现音。

写这些横向旋律或者说音列的时候，我会避免同一个音太过密集地重复出现，同一行五线谱中不行，跨行也不行，没有例外：比方说一个声部里安排了 La，那么另一个声部里就不会立刻出现 La，我会寻求其他变化。

还有一个原则，逻辑跟调性音乐完全相反，那就是音的行进方向完全不可预知。比如我有一个 F#7 和弦（b 小调属七和弦，由升 Fa、升 La、升 Do 和还原 Mi 构成），我可以让 Mi 行进到任意位置——可能升一个七度跳到最高的 Re 上——但我不会让它下行，这和调性处理方法完全相反，调性中应该是七音下行级进，导音上行级进。换句话说，我会拉平音与音之间的功能等级：众音平等，这是勋伯格教给我们的民主。

没有重复的音，没有声部超越或声部交叉[10]，对位里藏着和声，却没有主题……

另外，这种作曲方法在纵向上没有三和弦的限制，可以另外加音符进来。比如 D 大调通常是 Re、升 Fa、La，我会加上升 Do、Mi 和还原 Si；六个音的音列让我得到了大调的延留音。但是如果需要转到 b 小调，我就加一个升 La，这个新的音符旨在"污染"之前的和弦，但是在我们听到下一个和弦的瞬间，这个音符又合乎逻辑、合乎规则了。

如果要对提前定好的基本音列进行转调，这种方法也同样有效。假设我在一个 C 大调的调性环境中，要转到升 F 大调，我得选择一个能够帮助我的音符。哪一个？还原 Fa，但是记成同音异名的升 Mi。接下来我需要注意的就是如何让这个音符慢慢出现，悄悄地进入新的"调性"。

○ 所以会同时存在两个主人，或者更多（逻辑上、语言上、语法上都是），但是其实哪一个主人都不能做主：要树立新的规范……

● 这种写法非常自由，因此也没有办法简单仿照。有人尝试过，不过说实话做得不是很好。

最终作品有许多种可能，音乐的表达如此开放，如此引人入胜，有时候我也可以按照调性和功能选取几个节点加入某些固定的内容，比如加入低音提琴的拨奏，这些节点指明了和声通道行进的方向，如果删掉，音乐衔接平衡感难以明确。

也可以轮流出现休止符，或者音符时值交替着来……把序列主义和十二音体系的规则运用在调性环境中，你总能找到新的写法，反之亦然。

我的做法是，用六个音，而不是十二个，仍然遵照十二音体系里的音和音同等价值原则；其中能看到许多其他方法的影子，而且各不相同。为了讲得更清楚些，我举几个比较容易理解的例子：如果把音列中的每一个音都拉长，乐曲的组织结构会更加静态，就算再加以模块化处理也一样；把这些音聚拢，则会得到相反的活泼生动效果，甚至变成了切分节奏。如果选择种类不同的乐器演奏同一段内容，赋予音符个性，结果更是不一样，音色上的细微变化更加丰富，这跟配器是一个道理。

作曲方法可以作为一块基石，上面再叠上另一块，或者直接成为作品的"中心"，"声音雕塑"的"中心"。

就像画画一样，绘画手法本身也能成为"中心"，或者变成中心周围的背景，变成一张网、一方流体，让"海纳百川"成为可能，也许还能容下一个又一个主题。

有一次我写了一首曲子，想要用音乐呈现出表面静止、内在活泼的稳固状态，就是写湖与湖水的那首《复活节主日洒圣水歌，在贝纳科》。这首曲子堪称绝佳典范，除了我刚刚说到的这些，还体现了几个更广泛的概念：动态固定、模块化、有乐谱的即兴演奏。

《复活节主日洒圣水歌，在贝纳科》

● "我见到了水。这里是加尔达湖。"这是标题的含义：贝纳科其实是加尔达湖的古称。作曲委托来自特伦蒂诺-上阿迪杰大区。原本的设想是在音乐厅录制好，到加尔达湖播放，通过湖边沙滩上准备好的扬声器循环一整夜。

这一提议很让我心动，于是我回馈给委托方一首实验之作，让现在的我来评判，我仍旧认为实验相当成功，而且我们刚刚讲到的问题在这一曲中都有所涉及。

我很快想好要用五组四重奏乐队和一位女高音。乐队一共有二十七种演奏组合：第一小节，一组接一组轮流演奏，然后两组为一个组合（1|2，1|3，1|4，1|5，2|3，2|4，2|5，3|4，3|5，4|5），接下来三组一起（1|2|3，1|2|4，1|2|5，1|3|4，1|3|5，2|3|4，2|4|5，3|4|5），四组一起（1|2|3|4，1|3|4|5，2|3|4|5），最后全部五组一起演奏。一种"渐进结构"。

那么五组四重奏乐队分别由什么乐器构成呢？

一组是纯弦乐乐队，一组打击乐器，一组键盘乐器，一组铜管乐器，最后一组都是木管乐器。

○ 按照乐器种类来分……

● 是的。先确定基础音阶，由此衍生出所有素材，一起组成乐曲，《致迪诺》也是这样的创作步骤，但是描写加尔达湖的这一首里不止有四个音，而是整整六个（＋2）：升 Fa、升 Sol、La、Si、升 Do、Mi。顺带一提，在这种情况下，"动态固定"的理念和"传统"的模块化概念产生了重叠，因为这六个音同时从属于好几个音阶，而照理来说不应该出现这种情况。其实我脑子里想的是多利亚调式[11]，不过为了避免 E 大调的感觉太强烈，我选择从升 Do 而不是升 Fa 开始。

○ 这样就更加模棱两可了，六个音既可以说是 E 大调或升 c 小调，又可以算作 A 大调或升 f 小调[12]。Re 是升音还是还原音（是导音还是四级音），我们无从得知……只要升 Re 或还原 Re 不出现，我们的音阶就不会揭晓自己的真实身份。

● 我正是在模糊性上做文章，乐队演奏部分从头到尾都不会出现你说到的两个音，直到最后，女高音出场，随着一段平静的旋律，人声唱出了一个 Re，紧接着一个升 Re，两个音来来回回没有结果。

○ 五组四重奏乐队之间如何互动？

● 首先，我以六个音组成的音阶为基础，为每一件乐器各写一个声部。以第一组乐队为例，某一件乐器和其他三件乐器通过二声部、三声部、四声部对位交织在一起。然后用同样的方法写第二组，第三组……以此类推。

每一个声部、每一组乐队都是单独的个体，但是基础都是同一个音列，所以不同声部以及不同乐队之间也能自由结合，突出由那六个音组成的和声。

○ 乐队进入音乐的节点由你亲自设定吗，还是说乐手或指挥会得到一套随机标准？

● 每一组四重奏乐队都有不止一套编排方案。方案没有规定某个声部要用何种方式在哪一瞬间起音，但是固定了一种模式，我记得每个声部拥有三种可能方案，由指挥示意乐手何时起音，不论结果如何都在特定规则的约束之下。

通过对提前定好的结构进行自由组合，五组乐队逐步完成对曲式的搭建，实现了经过构造的即兴演奏。

我会单独留意每一位乐手的声部，但是在演奏的时候，对于一个声部来说，背景音乐总是有新的变化，单个声部时不时被整体背景消化：整首作品思想高度统一。

类型一致又各有变化的素材组成了一首相当长的曲子，在和弦方面，形成了既平静又活泼的稳定状态，和那片湖水稍微有些接近了。在大众的耳朵里，整首作品可能更加偏向新世纪音乐，其实不管从创作意图还是创作流程来看都不是。

○ 一切和声发展都被抹杀，转化成一条凝滞的通道，既活泼又固定，既有组织又即兴，真正吸引耳朵的就成了每一条旋律线的音乐表情，每一把乐器的音色，以及乐器之间的组合。就像一股凝固的水流之中居住着一群灵活的小蛇，平静只在表面……

你没有感受到和声向其他形式演变的必要性吗？

● 那个时候，我对"结构"和"素材"之类的概念已经有所怀疑，而"演变"这个概念，不管是和声演变还是曲式演变，说的是时间上的前项和后项，也很可疑。我甚至开始认为，乐曲连贯与否跟"语法"是否一致没有什么必然联系。而且为什么一首作品能够成立另一首就不能呢，说实话，我的疑惑越来越深。所以我要寻找新的理论根基，既要清晰，至少自己明白，同时还不能一成不变。

这一次我得到了想要的结果，但是如果遇到其他情况，我可能会做一些调整，也许会构建一套没那么固定的曲式结构。我想让大家听出那片湖水，又不能写成抒情音乐或者标题音乐。这种"似是而非"的"伪装"勾起了我的兴趣，而且是多层面的兴趣，当初的经过构造的即兴演奏也是类似的感觉。

组合带来了意外，带来了不可预见性……但是不会失控，只是有时候挣脱了创作的那一瞬，在后续的演奏阶段，甚至在编辑、混音阶段，意外才会真正到来。

○ 你讲得有点像遗传学。"原始汤"[13]里各种元素汇聚一处，多少有点偶然地开始生成一个更庞大的个体：生命，创造，以及准备创造的念头。还是说应该反过来才对？也许两种可能都成立，就像物质自动觉醒了自我意识。但是同样的问题：是客体通知了主体，还是反过来？

演员卡尔梅洛·贝内（Carmelo Bene）表达过这样的意思："我不说话，我是被说的主题！"同理，你在"写"的同时也是"被写"的对象，但是两种形式不管缺少哪一种，整个过程的完整性都会受到影响，互相对立的玄奥感也无从展现了，虽然对立性似乎只存在于表面……

按照你的叙述，这好像是自发形成的路线，也就是说，某一时刻，你写在纸上的音符和休止符们突然用近乎通知的形式，把自己的个性和相互之间可能的关系都告诉你了。是这样吗？

● 是的，一切都在一瞬间，当我开始创作，一个神秘的程序运行起来，于是所有素材都有了灵性，它们依附于我的意愿，同时也有独立意志，这是一个难题，如果我给一个音符换位置，另一个也要重新考虑……那么加一个停顿进去吧，结果一切都要变了……所以我干脆让两种想法碰撞出一个全新的构思……

你刚刚说到"自发形成的路线"，我觉得这个说法很好地描述了在那样的时刻发生了什么。还有，有时候总谱是全程开放的，也许到了混音或者演奏的阶段才最终成形。

○ 你经常提到一些说法比如"动态固定""经过构造的即兴演奏"，以及"模块化"。这些概念之间有什么联系吗？

● 从某种意义上来说，这三个概念其实是一回事：一个表面上稳固不变，其实能够吸纳各式存在的元素组合。

模块化是针对我选择的音而言，经过构造的即兴演奏是一种方法，让各个声部和元素之间产生联系，而动态固定包含且超越了另外两个概念，因为既涉及了作曲方法，还宽泛地囊括了我的一些思想。

说得更准确些，要达到动态固定，不一定需要模块化，至少不是传统意义上的模块化。关键在于音的数量，如果多达九、十、十一、十二个……结果就会偏离某一个调式，转而跟十二音体系越来越接近，也有可能整体靠近类模块化或者复合模块化。复杂程度以及不和谐程度都会增加……

如果音的数量偏少也是一样，比如弗雷斯科巴尔第或者巴赫式的动机细胞，或是其他由少量音符组成的序列，其中的音无法定义一个典型的"调式"，或者排列出的音阶不止有一个调性中心，可能有两个以上，也可能完全没有。这种情况下生成的和声通道也会跟"传统"的模块化越走越远。

所以我所说的模块化是指音与音的组合，是一个建议。而动态固定是一个更加广泛的概念，既涵盖了模块化，又包括了经过构造的即兴演奏。

○ 我想知道可不可以这样理解：你提到的模块化涉及你所使用的语法（和声语法、旋律语法，取决于音的选择），对应哲学中的"存在"；经过构造的即兴演奏指的是各种组成个体之间的重复反馈，对应的是存在者以及（作者的或偶然的）选择；而动态固定包括了音乐表情、强弱，还包括由上述两项以及"别的什么东西"引发的辩证过程；换句话说，动态固定是碎片的生成，以及更加整体的"生成"？（模块化＋经过构造的即兴演奏＝动态固定？）

● 是的，就是这样。

○ 总而言之，动态固定是潜力的存在，同时，动态固定也生成潜力，不只是音乐潜力，也是能量上的潜力。

● 很准确。可能性造就的潜力，所以也是不可能性造就的潜力。这是对另一种自由的追求,在规则和秩序的前提下,自由地跟混乱、偶然、意外进行互动。所有这一切都是促使我下笔的动力。

○ 你的讲述让我想到了一个半世纪以前,西方音乐第一个明显且长篇运用的静态,也就是瓦格纳《莱茵河的黄金》的开头部分。瓦格纳在总谱的前136个小节里奠定了一部分主题素材,由这些素材诞生出宏大的"四联剧"。

一个降 Mi 持续音带来了漫长的呆滞,这种静如止水的状态停留在表面,内部由琶音和音阶逐渐填充,带来活力。"四联剧"的故事正是从莱茵河底开始,水面之下,生命自行起源的地方。

鲍里斯·波雷纳为此写道:"首先有构思,在任意一个时间点——假设时间是永恒而单调的,这一节点之前没有意义,这一节点之后,意义连锁产生;然后,创造音乐符号——也许此时音乐还未成形,也就是所有语法都还没确定——一个音符,可能说'一个音'更好(一个音可以象征一个正在发育的动机细胞,单一,但不简单,又不至于像遗传程序那么复杂),或是一个完美的和弦,这些符号是基础元素,也是对整个'系统'发展过程以及概念的概述,可以容纳所有可能的含义,容纳所有可能形成符号宇宙的方式:比如说,和弦,可以是降 E 大调上的和弦。"[14] 换句话说,这是声音和概念的原型。

我自己在研究时发现,日本古典剧种能[15]中也能看到"动态固定"的身影。舞者在充满祭祀仪式意味的演出中长时间保持静止,但是外在凝固的动作之内,束缚着一股潜伏的能量,几乎无法被看见或听见,甚至几乎不存在。而在十月革命之后的俄罗斯,基督教用"动态的平静"来概括他们的抵抗思想:这是一种能量,一种信仰,要保存在心底,而不是张扬在外。[16]

总之,动态固定旨在守恒,不是撇开生成谈守恒,而是在语言的悖论中,存在和生成协调共生,通过受到二元论束缚的贫乏语言所能提供的修辞手法,让我们在描述事物时做到正反两面兼顾。

回到《洒圣水歌》，坦白地说，你对人声的使用，还有你在作曲中应用的一系列"哲学"标准，都让我想到了你另一首作品《孕育》的总谱。但是讨论这一首之前，我想先问一下，你对电子音乐有多少兴趣，对于电子音乐领域内正在进行以及已经完成的研究，你有多少兴趣？具体有哪些实验让你特别喜爱吗？《致迪诺》和《孕育》用不同方式使用了几件电子乐器。但是今天回头去看，你是什么样的看法，如今的你会如何使用电子乐器？

● 我们之前说过，这些年科技进步日新月异，我也为之目眩神迷。我还小的时候，有一本专门做电子音乐的杂志，名字就叫《电子》，我买过好几次。新的一期一出我就买下来；但是尽管杂志质量很高，他们还是很快就停刊了。我特别记得有一期附赠了一张 CD，里面收录了卢恰诺·贝里奥的一首很有趣的曲子：他在米兰的音韵实验室（Studio di Fonologia）创作的……曲名就不要去追究了，因为我不记得了。这些是最初的接触，在我还小的时候。

如今，电子音乐以及相关的实验人人都懂，随时随地都能尝试，而就像所有广泛开展的实验一样，能否取得真正的成功取决于对实验结果的应用。我感兴趣的是电子音乐和不插电音乐的混用。单纯的电子音乐我觉得不会有太好的前景。现在电子创作或者数码音效方面的实验都很有意思，但是在我看来，应该选择互相渗透的路线。在一个不插电的声音环境中加入电子音，或者倒过来也行。

有了电子音乐设备，作曲家们手中的调色板上，色彩实实在在增加了，可使用的音色更丰富了，我觉得这是一个值得开拓的大好机会。我自己在很多情况下探索过电子音乐的使用方法，比如和管弦乐队搭档的时候，还有写电影音乐的时候，《红帐篷》，塞缪尔·富勒（Samuel Fuller）导演的《夜晚的贼》（*Les voleurs de la nuit*，1984），《立法者摩西》中的一首《上帝之声》（*Nella voce di Dio*），还有电视剧《撒哈拉之谜》，更晚期的几首作品也是，我觉得电子音乐的加入丰富了这些作品的声效复杂度。

至于你问我的那首作品《孕育》，我使用了 Synket 的续作，另一款电子合成器，但是确切名字我记不清楚了。这一次合成器创造了一个持续音，其他音慢慢地和这个音联系在一起。塞尔焦·米切利有一次分析我的这首作品，他仿照圣经说道："太初有持续音。"[17] 其实他说得一点都没错……

音乐创世主义或者音乐进化主义

《孕育》

○《孕育》(*Gestazione*)一开始的构思是什么样的？

● 我的孩子们有一个朋友名叫埃马努埃莱·焦万尼尼（Emanuele Giovannini），是一位青年诗人，他写了一首歌词，讲的是一个男人回到了女人的子宫里，那个女人既是他的母亲也是他的情人，而他，又一次成了她的儿子。我认为写得很棒，尽管作者本人还处在一个相对青涩的年纪。这个时候，构思来了：我想为母子之间的共生关系写一曲。

用少量的音组成一个"集群"，它可以发展成一种生命形态的遗传核心，一个发育之中的音乐有机体。我在乐谱第一页上加了一句按语："献给狂热而不自知的女人兼母亲。"虽然最初的构思很简单，但是后续的加工还是带来了一些复杂性。在工作过程中，想法发生改变很正常，类似的例子数不胜数。

我从弦乐队和女声开始创作，女声的双重象征我也考虑到了。乐曲的基础是三个音，来自我很喜欢的弗雷斯科巴尔第音列，La、降 Si、降 Do（把 Si 写成降 Do 是因为这几个音高我更喜欢同音异名的记法），三个音固守在唯一一个音域之内。这是乐曲的核心，代表了母亲的声音，以此为中心，其他乐器逐渐发展，最终孕育出生命。

○ 就像 DNA 片段？

● 是的，其实当时我想到了精液（这种程度的坦白前所未有），但我更愿意想象母体子宫中的小生命能够听到这些音符，而这些音符能够帮助胎儿创造一个自己的身份。在此基础上，我增加了两组乐器，功能各不相同：大键琴和钢琴一组，根据一段指定素材——还是那三个音——即兴演奏，而三只达姆达姆鼓和电子音汇成一道音层，[18]音高和人声部分相同，音层和音点混杂一处，效果类似持续音。而人声还是坚守在同一片音域，毫无规则、持续不断地发声。

这个时候，弦乐也加入进来，既支持人声，又支持活跃且平稳的持续音，呈现出多重色彩：拨奏琴弦，用"木杆"敲击琴弦，摩擦琴弦，通过琴弦的多种用法逐渐形成渐进的组织结构。

最初只有三个音，互相间隔半音，而此时，人声带来另外两个音（升Fa 和 Fa）。小生命一边自己成长，一边也要依赖母体，人声发出尖厉的喊叫，还是那几个基本的音，同时我又加入一把低音提琴和一把中提琴。没过多久，弦乐队本就复杂的乐句越发复杂、激烈，直至高潮，又归于沉寂，然后呈示部带来一个转变，直到乐曲快要进入尾声，又再次出现新的音，还原Mi（这个音彻底终结了利用对位从弗雷斯科巴尔第音列中得到的三个音）。

此时我突然由标题想到一个新的意义。"孕育"可以理解成妊娠期，也可以拆成两个单词："gesto"（行为、手势）和"azione"（行动），活动、行为及其反应。于是我想，可以将两者结合起来，创造一种手势舞：把手势动作和舞蹈融合在一起。从沉默中爆发出一阵凄厉的喊声，那是在宣告小生命身上发生的变化，还有他身份的变化。在整个创作过程中，我一直对一些象征意义有所怀疑，摇摆不定。他的各种身份之间是什么关系，这一点不曾明确，也不会明确。

○ 是母亲的声音成就了乐曲的身份还是倒过来？一张白纸还是命由天定？先有鸡还是先有蛋？是女声孕育了胎儿还是胎儿塑造了理想的母亲兼情人？创世主义还是进化主义？

● 可能还是母胎中的婴儿听到妈妈的声音这个猜想更让我感兴趣一些，不过我们不能说得太确切了，毕竟到现在为止，这个问题一直不曾明确。那个胎儿兼男人也是，也许他在理想化母亲的存在，只不过母亲正在唱一首只有几个音的类似摇篮曲的歌……谁知道呢……

但是回到标题以及"gesto"和"azione"的拆解，这种含糊不清一部分源自我的追求，还有一部分是其他人的问题，对于歧义的模棱两可让第一位编舞师朱塞佩·卡尔博内（Giuseppe Carbone）用三步舞编排了一出孕妇之舞，跟我的构思没有半点关系。舞蹈在威尼斯表演，我也去了，我对他说，我觉得他曲解了一部分含义。他跟我保证，说会重新思考一下编舞，但其实他再也没有行动。之后这段舞蹈又由两位杰出的编舞师先后重新编排：来自法国波尔多的约瑟夫·拉齐尼（Joseph Lazzini），还有那不勒斯的维尔吉利奥·谢尼（Virgilio Sieni），他们完全理解了最初的构思。

○ 刚刚你说"这种程度的坦白前所未有"，其实我也震惊了。谈论自己的音乐，谈论音乐和创作过程中最隐秘的内涵，你会觉得尴尬吗？

● 某种程度上会的，因为当我发现自己如此公开坦白地宣讲这些个人的、隐私的内容，我感觉相当分裂。有点兴奋，又有点恐怖。感觉像当众裸奔。有的人可能眼睛都不会眨一下，但我还是有所保留。

○ 你更喜欢含糊一点？

● 有时候这样也许更自在些。

○ 你有没有对科学感兴趣过？比如生物进化方面的研究所取得的进展？

● 不太有。但是我记得我曾经想过学医。也许有什么东西一直在那里，潜藏着。

○ 明白了。还有在布赖恩·德帕尔马的《火星任务》中，有一幕是外星人向宇航员展示DNA链，你选择了大键琴，反复弹奏一段极少音组成的音列，不停反复。我觉得那是整部电影最妙的一处。

● 从演奏的角度来说，《孕育》和《火星任务》的那首曲子不大相同，因为前者的音列像一条优哉游哉的大蛇，前前后后出现了五次，至于你刚刚讲到的画面，我给德帕尔马写了演奏速度极快的一个片段。但是构思是相似的：两首曲子的基本音列都在模仿遗传链、DNA。

信念：生命的起源和宇宙的起源

○ 刚刚说到的这些都是生命的起源，关于一个假设的人，关于他的身份。那么如果是宇宙的起源，你会怎么写呢？

● 我写过。其实一样，我觉得最初是一段浑浑噩噩、没有限期的寂静：既有声又无声，一切始于斯，一切归于斯。漫长的停顿，稀疏的音符……或者一段漫长的持续音，积极、平静、充满活力。20 世纪 60 年代中期，有人叫我为休斯顿的电影《圣经》写一首讲述创世的曲子，我按照自己的想法以《创世纪》为基础：先有光，然后是水，然后有太阳，接着是鸟儿和其他陆地动物，最后，人类。

光以低音部的形式呈现，低音提琴拨奏出低沉庄重的 Do，一切由此开始。在极轻的演奏中，人声一个接一个地出场，分别维持不同的音，缓慢地渐强。合唱分成五十多个声部，每一个声音都有自己的处理方法，但是整体不容许出现空隙。"这是一个集合体。"我告诉自己。

第一个音，我规定是 Do，以此为基础，另一个音出现、渐强，升 Fa，也就是水，极慢的渐强，水渗透进来，开始溶解一切。音乐素材越来越液态化，越来越活跃，生命麇集，直到一个猛烈的渐强，太阳爆发。

○ 升 Fa 的渐强听起来比实际上要长得多：其实总共是一分半钟。

● 确实是这样，我的想法是：我没有时间的限制，不需要对应画面，我的创作先于画面。

接下来出现了动物，我选择了六到八件小型乐器在较高的音域演奏（比如长笛或短笛）。最后是结尾，创造人类，持续两分钟：全体合唱，声音稍稍压低，很有冲击力。那场录制的指挥是佛朗哥·费拉拉，他还是那么出神入化，一如既往！（停顿了片刻）你知道，我一直很喜欢音乐学家马里乌斯·施奈德（Marius Schneider）的一句话，他说，我们都起源于声音。有时候我会想，百年之后，终有一天，我们会化作声音归来。

○ 你信教吗？

● 我接受天主教教育。在我很小的时候有一段时期，特别是战争期间，我会每晚念诵玫瑰经[19]，跟我妈妈一起……现在，我觉得自己是一个教徒，但是没有严格遵守教规。而且，坦白说，"信教"的定义也需要进一步明确。

我相信存在一些感官察觉不到的东西，但是对于身后之事，对于冥界这套说法，我又有很多怀疑。一想到这个可能的归宿，我所有的笃信都蒙上了一层薄雾。我们会荣升真福[20]吗？或者"你本是尘土，仍要归于尘土"？我们会听着宗教歌曲一个世纪又一个世纪吗？还有的人说，肉体会复活。

我没有答案，只有疑惑：尤其是最后这个归宿，我思考得太久了一度迷失在自己的思绪之中。有一次，在一场研讨会上，我问一位从事神学研究的学者："肉体复活的时候，那些已经把器官捐掉的人会怎么样？"也许这个问题听起来有一点挑衅意味，但其实我完全没有那个意思。他回答我说，这只是一种象征的说法。

另外，有的时候，我会陷入心灵深处进行一些思考，自己和自己交流，一般是大清早健身锻炼的时候，这些思考会自己冒出来。但是现在，我能做的锻炼越来越少了，有些想法反而意外地让我恍然大悟……是的，也许这个过程可以叫作祷告。

好了，我想我已经回答了。

神秘主义作品

○ 你觉得圣乐[21]的说法在今天还适用吗？

● 现在我可能更愿意说神秘主义音乐（musica mistica），我觉得"神圣"（sacro）这个词跟特定的传统关系太过密切了。

○ 不管是哪种叫法，作为作曲人，你从未放弃这种类型的音乐。

● 我全身心投入了，真的。除了《方济各教皇弥撒》，我还写过两首康塔塔：《饱满灵魂的空虚，为管弦乐队和合唱队而作》(Vuoto d'anima piena per orchestra e coro, 2008)[22] 和《耶路撒冷，为男中音和管弦乐队而作》(Jerusalem per baritono e orchestra, 2010)[23]。但是创作这类乐曲，感觉到的"宗教需求"越真切，我就越有动力，因为好的歌词能够激励我。

比如《耶路撒冷》，歌词分几段讨论了和平这一主题，分别节选自《旧约全书》《福音书》和《古兰经》，三大一神论宗教的三本经典，这是委托人明确要求的。于是我谨遵传统，特意设计了一个男中音声部，乐曲刚开始，男中音和管弦乐队融为一体。接下来的部分展示了从古希腊圣咏到格列高利圣咏[24]的发展历史，男中音和管弦乐队拉开距离，像一团声音的云雾；管弦乐队的演奏加上合唱团的歌声，经过处理听起来像是从磁带里放出来的，同时声音愈加分散。来自死后世界的众多声音淹没了个体的声音（男中音），希望能让听众感觉到并且铭记住，这些声音是和平使者，来自神秘彼岸，遍布所有土地。

○ 一开始都是单独的声音，聚在一起却一起消逝，声音溺死在合唱里，融化在合唱里。

那么《饱满灵魂的空虚》呢？是什么主题？

● 歌词是弗朗切斯科·德梅利斯教授的一首杰出之作，灵感主要来自圣女大德兰和圣十字若望[25]的诗句，还有印度教和伊斯兰教的一些宗教作品。歌词的丰富内涵和强烈矛盾吸引了我，遇到这样的作品我肯定毫不犹豫积极投入创作。结尾一段给我的印象尤为深刻："我是巨大的鲸／胸中激荡着海／我的身躯之大／冲破深蓝的顶／破海高飞／我触到尽头／纵身一跃／我坠入深渊／天之上那一处／可观世间万物／现在我看着人类／人类看起来真小／我的沉默是雷／雷鸣如神。"

在这几句诗里我嗅到了一丝超验感，深受震撼。

○ 关于这首曲子，有两个地方我想跟你讨论一下：一个是开头，大军鼓规律的鼓点支撑着合唱，还有快要结尾的时候，和声对位渐渐紧绷起来，人声一段半音下行进行，像是被大军鼓一下一下踢着，总是被无情地打断。大军鼓则一直节奏分明，鼓声不断，像是一种责任，一种规则，迈开步子，粉碎一切，超越一切，一路"向前"。

虽然我的解释可能会太过武断，但我还是觉得，整首曲子表达的是痛苦。一个人，面前摆着许多问题，关于自己身份的问题。他的痛苦超越了肉体以及心灵的力量。就好像远超我们智力范围的难题粗暴地把我们撕个粉碎（暂且假设这种情形可能发生）。那么这种撕裂一般的痛苦从何而来？伦理道德上的压力迫使我们不断前进，顽强坚持，牺牲一切，但是首先牺牲的，是我们自己。

这具躯体如今身处一个无法感知的时空。个人意志再也没有意义了。整个过程之中，矛盾是核心，是前进的支点，而前进，是发挥作用的各种动力的意义。也许生命前进的动力正是来自矛盾，来自疑问？

坚持，如此痛苦而苛责，却也如此强烈而有力，因为在某些时刻，还是能听到意外悦耳的段落，然而这些片段一旦结束，立刻沦为纯粹的幻影。总之，如果这是一种"超越"，过程之中少不了痛苦。也许这是我太过个人、太情绪化的解读。

● 我给这首曲子加的副标题正是《神秘的或世俗的康塔塔》(*Cantata mistica o laica*)。我写过五首康塔塔，这一首，还有《来自寂静的声音》，是我最喜欢的两首。其实两者差别很大，有时候我甚至会想，如此截然不同的两首曲子真的都出自我这一双手吗（当然，仔细研究的话，相通之处还是有的）。

标题《饱满灵魂的空虚》本身已经是明显的矛盾，一对反义词，却道尽了人的全部经历无非是在绝望和愉悦之间，可憎和美丽之间，低微和高贵之间，不断摇摆。这一切使得追求有了意义，事实上，也让苦难有了意义。如何解读这首作品，遇见上帝？自我认识？身份认同？一个启示？坠入迷失的冥府地狱？每个人都会看见自己想要看到的东西。但是"苦难"，这个满是疑问和冲突的概念，我觉得才是中心。苦难之中有追求的动力。

对我来说，追求的路上也有痛苦煎熬的时刻，从某些方面来说可谓一条惨烈的路，因为当你感觉无所不知，其实你还一无所知，你得从头再来。

你知道斯特拉文斯基的《圣歌》(*Canticum Sacrum*) 吗？他为威尼斯城以及圣马可大教堂而作的……

○ 当然。那个时期，斯特拉文斯基已经离开法国（也离开了法国的香水[26]，按照欣德米特的说法），整首作品听来极端刺耳、生硬、不和谐。

● 刺耳的不和谐，我也注意到了。

○ 需要承受苦难才能获得的自由……

● 是的。非凡的一曲。《饱满灵魂的空虚》也是如此，我铁了心要用模块化来创作，就是我们之前讲到过的我的模块化，我想在一个音阶里做到保持创作的动态性。

但是，回到斯特拉文斯基，我知道他是虔诚的东正教教徒，至少他本人是这么说的。

○ 你是否认为要写好圣乐必须信教？

● 我不这么认为，这是实话。信教和有灵性是有区别的。灵性的修炼，至少在我看来，与单一的信仰无关，这是一件私密的、个人的事，无论是否归于信仰都可以，灵修的概念超脱了宗教的范畴。但是我认为，要写好圣乐，信仰或者灵性都不是必要的。换句话说，我相信即使不信教我也能写出同样的音乐，或者，关于是否信教，我完全可以发表一段跟先前稍有冲突的声明，而我的作品不会改变，因为要让音乐"神圣"起来，光靠身份是不够的。

○ 你对这类作品的兴趣从何而来？

● 我觉得任何对西方音乐感兴趣的人，不论过去还是现在，都会把圣乐置于中心。第二次梵蒂冈大公会议上，罗马教廷抛弃了传承千年的音乐传统，允许品味极差的现代歌曲登上教会仪式，很长一段时间里我都对这项决议相当失望。问题在于，现如今人们听的歌曲很多都糟糕透顶，历史上流传下来的音乐则具有极高的价值。最重要的是，后者都有一个来由。甚至不止一个。

○ 所以你在学生时代就已经感受到了圣乐的魅力？

● 是的。学习格列高利圣咏的时候我就深深地爱上了它。格列高利圣咏带来了对位的发展，带来了一定时期的作曲发展。

如果不是以此——固定旋律、高声部、二声部、假低音等等——为基础，我们永远不会拥有复调音乐、对位以及和声。我满腔热情地学习圣歌，我相信圣歌在我们的历史中，在我个人的创作史中，都处于极其重要的核心地位。也许我对圣歌，进而对圣乐的兴趣，就是由此开始。

我甚至记得，我给达米亚尼的电影《魔鬼是女人》写的其中一首曲子，在短短几分钟之内回顾了圣歌的历史：高声部、二声部、假低音、格列高利圣咏、中世纪歌曲（这个词被他念得如梦似幻），还有曾被教会判定为"有罪"的音乐……这个构思来得很意外，要感谢我和某个地方发生的实质性接触……

○ 怎么说？

● 你知道，有时候迫于需要，我必须到拍摄现场去。当时，现场的布景是一座修道院，由艺术设计师翁贝托·图尔科一手设计，在这座建筑中，概括性地重现了那段历史时期众多建筑的特色。我对自己说："很好，那么我的音乐也这样做。"

○ 那么在格列高利圣咏之后呢，吸引你的又是什么？

● 在欧洲，音乐技巧的演化发展让人惊叹，几个世纪以来，作曲家们创造出了各种各样的技巧和手法，要么是为了回避教会设置的规矩，要么来自宫廷、剧院，或者独栋小楼里的演出实践。他们能够做到高度概括提炼。

当然，我说的是某些特定的音乐，因为曾经流行过的音乐很大一部分都消失在历史中了。

《方济各教皇弥撒》

○ 我常常会想，历史的任何轨迹，包括音乐轨迹，都以这样或那样的方式和某个强大的力量联系在一起，这股力量让发展和保存变成可能。比如之前你提到的格列高利圣咏，直到今天还被认为是西方音乐的元年。其中起到决定性作用的是查理大帝，出于政治考量，他和罗马教廷一起选择用格列高利圣咏来统一以及确立神圣罗马帝国的身份。这也证明了音乐和社会之间远不止一条纽带。

● 人们总是脱离环境做出一些抽象空泛的音乐，而几个世纪以来传到我们耳朵里的音乐都有非常明确的使用环境：庆典、舞会、戏剧、宗教仪式……说到环境，前面我们讲过制约和强加的规则，我们称之为"限制"——限制一直都在并将一直存在，我想到了文艺复兴时期的伟大作曲家乔瓦尼·达·帕莱斯特里纳（Giovanni da Palestrina）。

帕莱斯特里纳代表了音乐的奇迹，因为即使有特伦多大公会议制定的严格限制，他还是成功地谱出了合唱曲[27]，前所未有，不落窠臼，这份乐谱就算放到现在也足以惊艳世人。他生活的年代是极其混乱的年代，许多事件接连发生。音乐上也是一片混乱。当时音乐有教会和世俗之分，在这种情况下，特伦多大公会议试图重建秩序，强行定下多条规矩，对教会音乐的曲式和语法都设立了极其严苛的限制：只有一位帕莱斯特里纳能够在限制之中找到一丝可能，从而创造出绝对的经典之作。

为了遵守大公会议的决议，他创造出新颖的对位，囊括所有限制同时一并解决，成就了一首让人难以置信的作品。他把一系列妥协转化成了令人惊叹的杰作。

帕莱斯特里纳这样的作曲家真的是我的榜样。特伦多大公会议的规定和限制目的就在于净化作曲者的音乐想象力，在他们看来想象力绝对是魔鬼，跟神的信息相比，想象力只会让人思想涣散，帕莱斯特里纳如何做到一边遵守这样的规定，一边完成如此复杂的作品？

总之作曲家们还是设法找到了表达自己的方法，太厉害了，一想起来就让我心潮澎湃。不可思议！

好几位作曲家，比如若斯坎、迪费、帕莱斯特里纳、弗雷斯科巴尔第、蒙特威尔地、巴赫，都增长了我探索发现的欲望，虽然原因各不相同。如今，他们的作曲方法作为模仿的范本我已经不感兴趣了，但是我相信他们都让我的语言发生过重要的转变，尤其他们自身的语言转变在我看来是一个求胜的姿态：对历史，对他们所处的时代都产生了不可或缺的作用。

从整体来看，《方济各教皇弥撒》的总谱在人声进行以及衔接部分可能会让人联想到帕莱斯特里纳的对位法，但是如果拿放大镜看，又能感觉到这一曲在语法上追求的东西，正是被特伦多大公会议禁止的那些不和谐因素。当然这既不是挑衅，也不是"违抗"，只是因为我想要用自由的对位来表达自己，我不想完全陷于教会传统。

我违反了平行五度的禁令，虽然在双重合唱曲中这样做似乎没有那么严重……但是不管怎么说，我想要表达的是：我完全不在乎。

就像我说过的，这么多年来在这一方面我已经超越了纵向的概念，也就是说我再也不关注纵向上可能产生的冲突碰撞，这已经不是最原始的帕莱斯特里纳对位法了，而他还要考虑如何对不和谐因素进行特殊处理。

如果我用多利亚音阶起头，《方济各教皇弥撒》就是这样，那么整首曲子我都会用这个音阶进行，不再调换。所以由这个音阶产生的对位之中，在双重合唱的四个或者八个声部之间，有时候会发生一些不和谐的相遇。

○ 我们再一次来到了模块化的通道……

● 模块化捆住了我们的双手，和古典音乐以及宗教音乐绑在了一起。对我来说，参考帕莱斯特里纳没有问题，因为他跟罗马教廷之间有历史渊源，而且长久以来我对他的音乐一直非常喜爱。但是，我再强调一遍，要参考；不要模仿。

《方济各教皇弥撒》中还用到了双重合唱，一种对于宗教象征而言非常理想的合唱方式，对于空间感的获得也很重要：历史上的双重合唱曲本就和教堂有关，利用非常简单的声学原理，让两个唱诗班一左一右排布在宽阔的教堂大殿两侧，在空间上分隔开来，从而得到最早的"立体声"效果。

之前还提到过，除了帕莱斯特里纳，我的脑海里也会自动浮现出威尼斯乐派、阿德里安·维拉尔特、加布里埃利叔侄。他们认为内在声部——女高音和女低音、男高音和男低音——可以分成两个部分，合唱团在两个部分中都要有非常坚定的表达。所以要么是两个合唱团一唱一和，要么是交织在一起互相影响，最好是后者，因为我没有用过应答轮唱的作曲方法[28]。

○ 我知道在《方济各教皇弥撒》之前你从来没有写过弥撒曲。能讲讲这首曲子是如何诞生的吗？

● 你说得没错，这是第一次，虽然我的妻子玛丽亚早就想要我写一首弥撒。

2012年12月，我碰到了神父达尼埃莱·利巴诺里（Daniele Libanori），他是一位耶稣会士，清晨我去买报纸的路上我俩经常偶遇。他先是告诉我2014年适逢他所属的修会，也就是耶稣会，复会整两百周年，接着他直接表示希望我为此创作一首弥撒曲。他明确点出他们没有钱给我。这个行为我很欣赏，因为他直接告诉我了，而不是等着我问，我脸皮太薄了问不出口的。

我想这一定会是一次意义非凡的、高质量的演出，典型的能让我激动的那种类型。但是，我们讲到过，我也马上明确了一点："我写完的时候才知道自己什么时候写完。"

事实上这份委托工作量巨大，我花了整整六个月才完成。[29] 我要操心的不光是音乐创作，还有歌词：我原本决定一半用拉丁语一半用意大利语，但是修会的首席神父告诉我，因为计划在教堂内演奏，曲子只能用拉丁语，我觉得非常合理。于是我又一次找到弗朗切斯科·德梅利斯，请他为我改写歌词。

这一曲为双合唱队和管弦乐队而作，时长近半个小时，还包括一个结尾，而一般教会庆典音乐不会考虑结尾。

○ 我觉得对帕莱斯特里纳的参考还有双重合唱，在《教会》的总谱里好像也能看到。这首弥撒曲和大名鼎鼎的电影《教会》的配乐在理念和技巧上有什么相通之处吗？

● 有，除了共同的参考音乐之外还有不止一处。就比如刚刚我们讲到的结尾，我写这一段既是为了陪伴在家庆祝的信徒直到庆典最后一刻，也是因为想到了《教会》里的那一首《宛如置身天堂》。那部电影里也出现了好几位耶稣会修士。人的生命中，这么遥远的事情还能串联在一起，挺神奇的。

我从 2012 年 12 月底到次年 1 月初左右开始写弥撒曲，3 月份的时候，选出了新的教皇。枢机主教贝尔格里奥接替本笃十六世成为历史上首位耶稣会教皇。首先他选择的称号，方济各，已经让我感叹不已，还有他举止谦虚，对一切不必要说不：从纯金十字架到豪车，通通拒绝。只要漫步梵蒂冈博物馆就会明白，说到底，教会永远不会缺少美。

我想罗马教廷会迎来许多变化：教皇方济各提出了"回归信仰的本质"，那些被同样谦逊的本笃十六世认定无力补救的裂痕和伤口，终将得到愈合。

1773 年 7 月 2 日，教皇克雷芒十四世发布通谕《我们的上帝和救主》(*Dominus ac Redemptor*)，宣布废除耶稣会，如今第一位耶稣会教皇庆祝当年被解散的修会复会两百周年，作为观众旁观这些循环交替，我还是很有感触。电影《教会》讲述的故事也可以从那起年代久远的事件中找到头绪。现在我发现，那个修会所遭遇的挫折和复兴，我都为之创作过，而我本身没有做出任何促进这一巧合的举动。

还有更进一步的联系，《教会》中有一个人物，一位传教士，我为他写了主题，他不愿放弃瓜拉尼族人，反而不带武器，降临在他们身边，一直守护着这个受到西班牙、葡萄牙以及罗马教廷势力威胁的民族。

2013 年夏天，任务完成，耶稣会首席神父提议让我把这一曲弥撒献给新任教皇，我没有异议。于是得名，《方济各教皇弥撒》。

○ 你见过教皇吗？

● 见过，在梵蒂冈。我们对视了很长时间，都没有说话。我感觉教皇可能在等我跟他讲述我的作品，于是我向他展示了总谱的第一页：一条安排给圆号和小号的旋律线组成了十字架的纵臂，而合唱团的喃喃细语组成了横臂。音符为墨，画出了一副十字架，这是基督教的象征。

我在《一条苦路》里也做过类似的事。会面结束之前，我把总谱赠给了教皇。

○ 技巧层面，《教会》和《方济各教皇弥撒》的乐谱有哪些共通的地方？

● 相似之处仅限于最后一段，弥撒曲的结束部分。我运用了相似的结构类型以及和声（都是 D 大调，和参考的乐曲一样）。合唱部分完全一样，不过歌词不同。管弦乐队部分，穿插演奏帕莱斯特里纳的内容，但弦乐的进行方式不一样。

理想中的结合：杂糅与希望

《教会》

● 《宛如置身天堂》这一曲的收入比电影还多。这是制片人费尔南多·吉亚告诉我的，他很是苦恼。当然，他也为我感到开心，我们是很好的朋友，但他还是对电影很失望。另一首配乐《加夫列尔的双簧管》(Gabriel's Oboe) 则被多次改编，出现了各种版本。我还听过长笛版的……我知道在欧洲有些地方，比如波兰，这首曲子经常被用于教堂婚礼。总之，就差一个手风琴四重奏版了……

○ 我很确定这个版本也是有的。你会把《教会》的配乐算作自己的绝对音乐作品吗？

● 这很难说：它们是调性的，为电影而写，但是对于很多人来说，这些曲子又成了其他类型的音乐。这些音乐得到了广泛的肯定，包括1986年，我错失了那座奥斯卡奖杯，大家普遍认为这是不正当的，正是因为后续的这些认可，《教会》的配乐可以说在一定程度上代表了我的作品的内在矛盾性。

○ 本来我们在挖掘你的绝对音乐作品，我在这个时候问到《教会》可能有点像挑衅，其实我是想要挑战一下，在两者之间搭起一条直通的线路，类似电线短路，不过短路也有其意义，不管从音乐层面来说，还是对于这本自传来说。实际上，《教会》的配乐，还有那些西部片配乐，毫无疑问已经脱离了最初为之诞生的电影。我自己就是先接触到音乐，之后才接触到电影。

除了最初的电影，后续几年间，配乐被使用在越来越多的场景之中，说到这里肯定不能忘了塞尔焦·米切利：[30] 从功能饮料广告到法国大革命两百周年庆典，都有这几首曲子的身影。说到这场庆典，1989年7月16日的意大利《共和报》上，圭多·韦尔加尼这样写道：高音喇叭里传来了"巴赫、斯特拉文斯基，还有，天知道是出于什么标准，也许是什么好莱坞情结，居然还有电影《E.T. 外星人》（*E.T. the Extra-Terrestrial*）和《教会》的原声音乐"。[31] 庆典在意大利人的电视屏幕上播出时，还加上了"千分之八[32]给天主教"的广告，这段广告沿用至今，如今"千分之八税"已经成为一个相当广泛而普遍的共识。

埃尼奥，你觉得这些音乐为什么会成功呢？真的是"好莱坞情结"吗？

● 我一直觉得也许是因为这些乐曲中满载着禁欲主义和灵性修行，汇集了道德意义和象征意义。在我的电影配乐音乐会上，《加夫列尔的双簧管》和《宛如置身天堂》——这个名字是费尔南多·吉亚取的，我本来起的名字是《荣耀安魂曲》——是毋庸置疑的必演曲目。我已经验证过了，如果不把这两首放进曲目表，外面就要开始抗议了，大家都会觉得不满足……

○《教会》这部电影是怎么找到你的,你又为何接受呢?

● 1985年,两位制片人中的一位,费尔南多·吉亚,从伦敦向我发来邀约,另一位制片人是戴维·普特南,他一开始想好要找伦纳德·伯恩斯坦作曲,伯恩斯坦在我眼里,是声名赫赫的指挥家,才华出众的教育家,首屈一指的作曲家。事情过去几年之后我才得知。如果当时他们告诉我有这个打算,我肯定不会参与了。不过他们好像根本没有联系上伯恩斯坦,尽管他们花了很大力气。就是这个时候,吉亚提出了我的名字。

我还需要声明一点,当时,在那一年之中,我还没有给任何电影写过音乐,因为我已经确定并且公开宣称自己准备放弃应用音乐,投身绝对音乐创作。我的经济状况已经稳定,允许我做这样的选择,那个时候我想的是,最终,我还是要投身于其他事业,投身于我的绝对音乐,我不用迁就任何人的要求,除了我自己。

然而,我收到了来自命运的嘲讽,对我有诸多限制的《教会》把我重新带回了电影的轨道,这一次可以说是前所未有:《教会》的原声音乐取得了世界级的成功,一项奥斯卡提名,还有电影之外的广泛传播。

当时我到伦敦去参加审片。预剪辑的版本还是无声版,我看得既感动又困惑。我说,我觉得这样就很好,就算我现在灵感丰富,但是我的介入会破坏这部电影。这是我一开始拒绝的原因。

○ 我想问一下,是不是因为感动和困惑都是来自电影本身的讯息,或者你担心音乐会被定义成太过明显、刻意的角色——我发现电影中很多线索都用音乐来说明而不是对话,又或者你感到自己想要离开电影的选择受到了威胁?要是你真的接了这个项目写了音乐,你甚至可以称之为奇迹……

● 我觉得这就是奇迹。应该说我当时的心情是你提到的所有因素的总和。电影是技术制约和道德制约的综合体现,如今,为电影工作的作曲人有时不得不以个人身份独自面对这些限制。

不管怎么说,在第一次看片的时候我很受感动,看到最后的屠杀场面,我哭了半个小时。结尾处有一个幸免于难的小女孩在河里找到一个烛台和一把小提琴，她毫不犹豫地拿起小提琴，转身离开……这组画面让我久久不能平静。

"不行，不行，我只会毁了它。"我翻来覆去念叨这句话。但是费尔南多·吉亚根本没有给我离开的机会，他一再坚持，戴维·普特南也加入劝说的队伍，然后是约菲，最后我还是同意了。为了更加详尽地了解故事的历史背景，我买了一本书，书中收录了18世纪的耶稣会士安东尼奥·塞普（Antonio Sepp）的几篇作品。跟电影相关的这篇文章叫作《巴拉圭的神圣实验》（*Il sacro esperimento del Paraguay*）。那一刻起，我的挑战开始了。

罗兰·约菲的这部电影，故事背景设定在1750年，南美洲中部（阿根廷和哥伦比亚交界处），几名耶稣会士来到此地，向当地土著居民传教，也带来了当时欧洲的音乐文明。这一文明的主要成果，尤其在圣乐方面的成果，正是以特伦多大公会议决议为基础，也就是帕莱斯特里纳以及其他牧歌作曲家需要面对的那项决议。这是第一个限制。

第二个限制来自加夫列尔神父，杰瑞米·艾恩斯（Jeremy Irons）饰演的主角，他有好几个吹奏双簧管的镜头，在电影中，欧洲文化和当地土著文化因为这件乐器才得以建立起最初的交流，这不光是加夫列尔神父的个人表达，也成了他道德观念的象征。我之前说过，电影已经拍好了，所以双簧管一定要出现在总谱中，同时还要再现18世纪50年代的欧洲乐器，那个年代正处于巴洛克时期的尾声（除了圣乐，耶稣会士还带来了"当代"音乐，非宗教的、当时的流行音乐）。其实电影的开头就有神父和其他传教士教瓜拉尼族小朋友们拉小提琴的场景。

最后，第三个限制，必须加入民族音乐，当地音乐，瓜拉尼人的音乐，然而关于他们的音乐我毫无头绪。于是我写了一段听起来很符合这一设定的主题——跟一段拉丁语歌词结合在一起，歌词展现了南美印第安人的反抗[《我们的生活》（*Vita nostra*）]——我还搭配了另一个可以用来叠加的版本，同样的素材，只不过多了一个Mi。

05 一种绝对的音乐？　311

生活我们的生活我们的土地我们的生活，他们这样呐喊。

生活我们的生活我们的土地我们的生活，他们这样这样呐喊。

苦难我们的苦难我们的战士我们的苦难，他们这样呐喊。

苦难我们的苦难我们的战士我们的苦难，他们这样这样这样呐喊。

这样的怒火我们的怒火我们的信仰我们的怒火，他们这样呐喊呐喊这样这样。

怒火我们的怒火我们的信仰我们的怒火，他们这样呐喊。

生活我们的生活我们的土地我们的生活。

他们这样这样呐喊，生活我们的生活我们的土地我们的生活，他们这样呐喊。

苦难我们的苦难我们的战士我们的苦难，他们这样呐喊呐喊这样。

○ 请允许我打断一下，我觉得有一个地方挺重要的，那就是最后这首合唱的作曲方法非常简单。在纸上看起来似乎根本"没有"作曲法，但是通过对人声的选择以及由此得到的音色，最后整体的声音渗入了记忆，渗入了管弦乐织体，化为一种强烈又含蓄的个性。

这些音乐是按照什么样的顺序写出来的呢？

● 我先写了加夫列尔神父的双簧管主题，后文艺复兴风格，那个时期几种典型的装饰音我都考虑到了：短倚音、波音、回音、长倚音，同时我也试着参考乐器上演员手指的动作，那一幕是他第一次和瓜拉尼人接触，瀑布下他们围成一圈聆听他的演奏。

接下来我写了一首帕莱斯特里纳式经文歌,展现教会身份的同时,给予加夫列尔神父的主题以和声和支撑。毕竟至少在一开始,教廷对这些耶稣会士的传教活动还是支持的。

我写的第三段主题是印第安人的那段,写完之后,我开始专攻主题的叠加。

整部电影中,我限制自己最多叠加两个主题:第一个和第二个(加夫列尔的双簧管),第一个和第三个,还有第二个和第三个。你可以一次只听一个主题,一前一后,也可以同时听到两个主题成对出现。主要是耶稣会士和瓜拉尼人之间的接触、交流,以及融入对方的努力,音乐技巧方面的努力。三种身份各自独立,但又有所联系。

但是写着写着,我越来越沉浸其中,越来越忘我,某个时刻,我把三个主题重叠在一起,这一刻我才得到了真正无可比拟的成果,一个技巧和道义标准上的奇迹,我完全没有去想,写着写着它自己诞生了,这首作品后来被用作片尾字幕处的配乐,也就是《宛如置身天堂》。三种不同的身份,通过三个主题的复节奏[33]对位,最终融为一体。

我发现我的双手比我的大脑先行一步,从最开始就有所预料。我很满足。

○ 你想表达世俗和教会的融合?

● 我比较愿意说是精神的融合,更确切地说,乌托邦的融合。我觉得比起作为世人的交流工具,音乐更是平等和超越的载体:一个彻底的、横向的联盟,超越每个个体的文化。

最后那种融合方式对我来说是满足，也是发现，再想找出别的把三个部分融合得如此紧密如此自然的版本，没那么容易了。

○ 我原本不知道，那段对位之中保留的合唱竟然融合或者说杂糅进了一个如此悲剧的故事，对反抗如此坚定、坚持、忠诚，这个线索很重要，也很有趣。其实还有另外一个主题你没有提到，叠加在其他主题之上的：瀑布的主题。水、土地还有自然也融入了人类文明，和泛灵论很接近的一个概念，任何生物和非生物之间的壁垒、隔阂、不平等都将消失，一切都趋向同一个方向，在那里，个体和集体互相渗透，遵照彼此的个性联合在一处。

《加夫列尔的双簧管》则显得很分裂，就像一个人的灵魂那样分裂，因为他多少有些懂了，爱与仁爱的行为是"为了"其他行为，而不是"并列于"其他行为，是搪塞和推诿，就算真心诚意，就算看不出来（这样更危险）。整部电影都沾染了爱与仁爱这个不确定的概念，片中有一幕引用了《哥林多前书》（*Paolo ai Corinzi*，借罗伯特·德尼罗扮演的罗德里戈之口念出），可疑的、双重标准的口是心非被放大，而大家正准备带着这种两面性去交流，在与他人的联系之中理解自己，最终，去爱，去生活，去解读生活。

● 我也发现了加夫列尔身上不可调和的分裂。他诚心好意地准备进行福音传教，带去自己的信仰，对其他文化尊重相待，被教廷背叛和抛弃之后，他最终穿着弥撒祭衣，和已经被殖民、被传教的瓜拉尼人一道走向死亡，从任何角度来看他所处的位置都是自相矛盾的。这是一个既坚强又脆弱又仁慈的人物，分裂的人物。他让我很感动。

我想，从人类直立行走的那一天起，人就没有逃离过残忍，各种形式的无耻，屠杀，以及其他类似这样的字眼。但是这些黑暗的、阴暗的、悲惨的甚至残暴的面貌，都是我们生存的世界的一部分。因为这一点，在耶稣基督的教诲面前，我激动不已，我认为他是一位革命者，是我们的文化中最重要、最伟大的人物，反正我坚信，带着信仰的人不可能变成保守主义者。

但是还有一个地方更触动我：他身边出现的所有人物都是脆弱的，第一个就是彼拉多[34]。这份脆弱包围着我们每一个人。

这些主题的结合，对我来说，是一个理想中的结合，乌托邦式的结合，一种平和的联系和交流，但是很可惜，这是违反历史发展规律的，不过可以在音乐里实现。

○ 感觉也是同样的理想促使你在《来自寂静的声音》里引用了《教会》中瀑布的主题。

● 是的，在结尾处。你知道，瀑布主题的基础是三个音交替出现，这三个音对我来说很重要，比单个音重要，在《瀑布》(Falls)里听起来很不错，我在音乐会上也经常用到，比如演奏《教会》组曲时用来连接《加夫列尔的双簧管》和《宛如置身天堂》。

《来自寂静的声音》和《溺亡者之声》

● 《来自寂静的声音》诞生于"9·11"事件之后。我相信任何听到曲子的人都能明白引用《教会》配乐的用意。我还对佩罗坦的弥撒曲中的《垂怜经》(Kyrie)进行采样，录下来，电声处理，倒过来放。[35] 这两段的加入破坏了曲子原本的紧张感，为安魂曲一般的尾声做好准备。

○ 漫长的折磨被希望打断，就像乌黑的云层之中一道蓝色的裂缝。这首曲子里卡尔多·穆蒂（Riccardo Muti）指挥过两次，先是在拉韦纳，然后在芝加哥。

● 我在纽约联合国总部也指挥过一次，不过最早是穆蒂，这一段我记得很清楚，因为那首曲子也是穆蒂为了音乐节[36]委托我写的。草拟完曲谱，我想给他送到家里，我们一起研究。我记得他当着我的面很仔细地读完了整沓谱子，就好像正在台上演出一样。

我们一直在翻阅乐谱，大约有三十分钟一言不发，正好是这首曲子的时长，穆蒂跟我说，他很愿意指挥这首曲子。演出棒极了，对我来说是双重激动，因为还有曲子本身传递的讯息。

○　纽约双子大楼遭到袭击的消息你如何得知的？还记得当时自己在哪里做什么吗？

●　怎么可能忘记？我在罗马，在工作室，正在为利利亚娜·卡瓦尼的电影《魔鬼雷普利》（*Il gioco di Ripley*，2002）录制音乐。有个人进来了，我们继续工作，他告诉我们正在发生什么事。我们打开电视看直播的现场画面，大家都吓呆了。几天之后，我完成了《来自寂静的声音》的构思，给"9·11"事件受害者们的献词已经刻在音符里了。

○　这段记忆是所有人共同的记忆。全世界的电视都在直播同一个画面，但是每个人都沉浸在自己的生命里，（就像瓦斯科的歌里唱的那样）沉浸在和自己相关的事情里：我们每个人的孤独在那一瞬间通过"圣灵感召"连在一起。

●　电视上报纸上关于纽约恐袭的报道铺天盖地，但是还有很多袭击和杀戮没有媒体报道。很惭愧我只记住了这么一个日期，然而不管是历史上还是在现代，还有大量杀戮不会被这么有力地记住。

创作《来自寂静的声音》的时候，我慢慢想到要把人类历史上所有杀戮都囊括进来。除了朗诵声、管弦乐、大合唱，我想再播放一些曾经被记录下来的声音。从美洲印第安人到广岛到前南斯拉夫一直到今天的伊拉克和南非。

○　所以最终的献词其实是"反种族主义，勿忘人类历史上所有的杀戮"。你觉得音乐本身可以激起这一类的反思？换句话说，你相信除了神秘主义的、道德上的、精神上的内涵，音乐还能够承载政治意义？

●　某种程度来说我觉得是的，但是我无法预测大众的反应，也不能控制音乐在听众中会激起什么样的反响。说到这个，我想跟你讲一个小插曲。2013 年，阿诺尔多·莫斯卡·蒙达多利（Arnoldo Mosca Mondadori）到我家来找我。他带来了一些十字架，都只有巴掌大小，由兰佩杜萨岛的手工艺人弗朗切斯科·图乔（Francesco Tuccio）用打捞出来的沉船木片制作而成。那些船只载满难民，他们中的一些人永远都无法到达目的地，有的饿死有的渴死，还有的，活活淹死。

阿诺尔多把这些十字架一一摆放在我家客厅的地毯上，这时候发生了一件事，我突然唱出了一首歌。我和阿诺尔多都激动万分，这首歌就是《溺亡者之声》(La voce dei sommersi, 2013)。2013 年 10 月 3 日，在距离兰佩杜萨岛海岸只有几公里远的地方，一艘运送移民的船只着火、沉没，我将这首曲子献给圣灵和艺术之家基金会，献给在这场悲剧中丧生的难民们，也献给以这种方式遇难的无数的人。[37]

我决定在环境音的基础上加上电子合成音。但是到了剪辑的时候，我坐在录音室里，突然想要用自己的声音录制溺亡者的哀鸣，就像当初想到可怕的海难时，我的声音自动涌到喉咙口一样。

○ 完全感同身受，几乎把自己当成他们中的一员……

● 是的，我一直沉浸在这起灾难之中，沉浸于这些可怜的人们所遭受的苦痛之中。但是我的感同身受，我的投入，实际上对这些难民的境地没有任何改变：我很清楚，我的音乐救不了他们，我很遗憾。

也就是说，作曲人投入自己所有的力量，也许能够触动听到音乐的人，但是让世界做出具体的回应，做出改变，又是另一回事。

但是，这首曲子播出的那天晚上，在米兰，有一群穆斯林和基督徒，他们一起听一边为遇难者祈祷。

就是这样，有的时候，比如《溺亡者之声》这种情况，我遇到的类似悲剧会推动我去创作，我必须摆出个人立场，用我的语言：我的思维模式有一部分是音乐。

○ 回到《来自寂静的声音》，你说从世界范围内收集了许多声音。我想问一下你是如何选择的。

● 我又一次劳烦弗朗切斯科·德梅利斯帮助我。我需要的是片段，五六秒，最多七秒：一共选出二十来个，通过多音轨叠制混杂在一起。

比起内容和每一个单词的意思，我更关注每一段声音的整体效果，单独听或者和其他声音混合起来听，总之要适合听。为了形成鲜明对比，有一些十分平静，有一些就比较激烈，有一些是女声，有一些则是男声。每一段都是孕育我们的世界的真实证明。这一切放到音乐里，音乐回馈给它们的，是一个能够让这些声音改变看法的环境。

说起来，我用的唯一一段"欢快的"歌声只出现了那么一瞬间，在管弦乐队演奏到最惨烈的时候，于是这个歌声忽然承担起了明显对立的角色。通过这种类似装配一样的过程，人的声音和管弦乐相比，变成了一片模糊的阴影，一种存在。

○ 一个声音实体？

● 是的，完全正确：一个可以听得到的身份，从现实的实体变成抽象的实体，也可能是来自想象中的彼岸。乐曲中还有一段现场朗诵，内容节选自理查德·赖夫（Richard Rive）的诗作《彩虹尽头》（*Dove termina l'arcobaleno*），他是一位南非诗人，在自己的祖国被刺身亡。

虽然《来自寂静的声音》对我来说，不能算是突破，更应该说是巩固，但我还是觉得，这可以称得上是一首相当完善的作品：整整两大章节的时长，以及其中包括的音乐素材，引导听众达到一个情感上的敏感状态，他们的"感觉"会更加清楚明白。

○ 在《教会》的片段和加工过的《垂怜经》片段之后，在搭建好的和声通道之上，最后合唱的加入像是一个安慰。但是与其说是笃定的拯救，在这种情况下我觉得一切都还是疑问，也许是一个假设：一种可能，大家都盼望着的那种可能。

在你 1988 年写的《欧罗巴康塔塔》的尾声部分，我也看到了同样的概念。两者都让我想到斯特拉文斯基《诗篇交响曲》(Symphony of Psalms)的尾声。

● 那首曲子也是，没有经过我的大脑，我没有想要写，我直接写出来了。我想用我们经常提到的词来定义这种类型的曲子——爱。

○ 我在想，不管是斯特拉文斯基《诗篇交响曲》的最后一段，还是你在新和声即兴乐团的经历，还有你的谱曲方法，其中都能看到你说的"动态固定"的具体体现，这个概念让人联想到某些古老的东方音乐。[38]

● 首先，我们聊到乐团的时候，我跟你讲过印度的拉格……我们录过一首曲子名叫《几乎拉格》(Quasi Raga)，那是一首实验之作，其实更像是对某种东方音乐的意译。其原型就是印度的那个音乐结构。

○ 你有没有更加具体地研究过这种音乐语言？

● 没有，当时这还不能算一门研究，但我仿照过这类的写法。甚至，与其说是仿照，可以说我已经学会了。

乐团那个时期算是从印度音乐那里汲取一点建议，我们会花十多分钟研究单独的一个素材，它是不断重复的，创造出一个固定的通道，但这个通道又是有所变化的。有点像印度教的唱诵真言，音高音量固定，反复念诵同一句话好几个小时。然而音色时常变化，单词的咬字速度也不一样……

创作素材的重复、否定、固定和变化成为这种思想的支柱，也是我部分思想的支柱。

○ 你不觉得他们经常说你是"神秘主义"的，说你有"神圣感"吗？可能也是因为你经常参考神圣的古典风格，还有你很多作品中体现出的道德观念。

● 很有可能。很多人说我是一个神秘主义的具有神圣气质的作曲人，就算写逗趣的、色情的、搞笑的作品也是一样。萨尔切是第一个这么说的人。不过或许，在我的作品里确实能够感觉到我对待事物的"神圣"，不管是对待音乐本身，对待创作行为，还是最终，对待生活。我相信每个瞬间都要活得热烈，活出个性。这是我每次开始作曲时的追求，我总会想到自己的家庭、妻子、子女和孙辈。想到我的过去、现在和未来。

也许这种行为模式很神秘主义？说到底什么是神秘主义，什么是灵性？这些词语经常跟上帝的概念联系在一起，但是在我看来，这些词指的应该是个体的真实，无关任何宗教信仰。每个人都有，如果化为行动，或者只要去想，就会有所体现。

我们也可以说我赋予某个作品的意义涉及道德观念，这里的作品特指那些非应用音乐的，我们称之为绝对音乐的作品，这些道德观念超越了作品的实际内容，也关系到我为创作进行的准备。

《欧罗巴康塔塔》和一首给玛丽亚的诗

○ 之前你说《来自寂静的声音》和《饱满灵魂的空虚》是你最喜爱的两首康塔塔，也就是说，与之相反，《欧罗巴康塔塔》不在你的最爱之列。能够说明一下原因吗？

● 我必须承认对于自己的作品，我不觉得自己的评判有多可靠。从某种意义上来说，这几首我都喜欢，尽管每一首都有局限。但是《欧罗巴康塔塔》先后多次被我尊敬的人批评，于是我就产生了一些怀疑……你说到的这首曲子的最后一部分我不是很满意，前面两个部分我认为还是不错的。但是我请彼得拉西听，他不喜欢的是前面两段，尤其第二部分，他觉得人声用得太多，可能会让听者产生混乱……

可能他是有道理的。

○ 征求老师的意见是你的习惯做法吗？

● 有时候我会到他家里去，毛罗·博尔托洛蒂（Mauro Bortolotti）和阿尔多·克莱门蒂也在，我们谈论音乐，就跟在音乐学院的时候一样。我跟你说起过，我直接问他对《第一协奏曲》和《欧罗巴康塔塔》有什么看法，但其实这么多次交流，他看过无数张我写的总谱。我们之间能够坦诚相对，这一点我很喜欢。其他地方很难再找到这种坦白。就算他发表批评的意见，那对我来说也是激励。可能在绝对音乐中，他比较不喜欢的一首是《第二图腾》，我用那些巴松管和低音巴松管呼应一位虚构的神祇或者世俗皇帝的俗世情感。

○ 彼得拉西怎么说？

● 他说庸俗得太直白了。

○ 回到《欧罗巴康塔塔》，我知道这首曲子有两个不同的版本。为什么？这两个版本是怎么写出来的？

● 比利时的一个音乐协会找我写一首曲子庆祝欧洲一体化。一开始我写了一个引子，由吉他和长笛演奏，因为这个协会的主席是吉他手，他想亲自参加演出。

第一次演出在比利时的列日市，由我指挥，那一次有四个歌手分别用各自的母语进行朗诵。我觉得必须写一段引子，因为那位主席如此彬彬有礼，给的报酬也很高，但是从曲子的整体安排来说，他演奏的部分我觉得不是太有说服力。于是之后我把那部分拿掉了，那位主席发现了，写信向我表达自己的不悦。

后来我在圣塞西莉亚指挥了一次演出，请两位演员来演绎这首康塔塔，他们朗诵了歌词的意大利文版本，反响相当不错。意大利共产党为他们的一次游行选择了这首曲子，然后我们又在奥林匹克剧院演奏了一次。

最后这次演出之后，毛罗·博洛尼尼也来跟我说他感觉不对。他对这首曲子进行了全面的批判，我问他具体是什么"感觉"，他私下里告诉我，他觉得我在这类华而不实的修饰手法上走得太远了。

○ 也许是因为歌词的原因，更整体地说是委托内容的原因，整首曲子显得有些太过表面，某些想要拍出大场面的电影有时候也会出现这样的情况。

● 你说到了一个真正的陷阱。华丽的修饰手法不一定能抵消掉应该保持的距离。不管怎么说，我一直很信赖来自外部的意见。然而有的时候，不管别人怎么说，我会试着去挽救那些我觉得还有救的作品，把它们带到其他作品里。这样的过程中我能看到进步：我们不用刻意追求进步，不然就到此为止了。

说到这个，我想说《欧罗巴康塔塔》的第一部分我还是很喜欢，尤其是引子之后和声的迅速加入，还有和声单独演唱的部分（所用的音列脱离了整首复调的其他音列）。

我还追加了一个特殊效果，通过加入一些弦乐碎片——每一个碎片都进一步细分成更小的碎片——除了增加活力，还得到了声音累加带来的渐强，以及声音削减带来的渐弱。

这显然是一种充满可能性的写法，我觉得跟"分层化"（stratification）的概念也联系得很紧密，理想中的欧洲应该因此而稳固。

○ 其实我觉得这种累加的写法非常符合理想中的身份分层化。不过不管怎么说，我不觉得这首曲子是彻底的颂歌：尾声部分游移不安，与其说是肯定，不如说是一种可能。除此之外，整首曲子都透着一股艰难的气氛。

低音提琴的持续音 Sol 加入之后，气氛马上变得更加紧绷，不过并不强硬，以一个音群告终；然后又出现了希望，从那个碎片化的持续音开始，一直到最后合唱队用密集的和声唱出单词"欧罗巴"，仿佛还跟着一个问号……

● 这首曲子分成三个部分：等待、告诫、希望。我在第一部分安排了合唱，第二部分双人朗诵，第三部分又是合唱，还有一位女高音演唱维克多·雨果（Victor Hugo）的文字。

○ 我们来聊一下歌词。总谱上有一句话："这些文字来自真正的欧洲观念之'父'。"按照时间顺序来看，歌词中最晚诞生的一句话来自 1963 年。这些文字是如何挑选出来的？

● 我自己选的。都是欧洲各地已故政治家、思想家和诗人留下来的文字，历史留给我们的遗训，我想做成不同语言的混杂。

我不想翻译这些文字，每一句话都保持它原本的语言。各个国家各个时代的知识分子之间超越时间的限制，进行了一场假想中的对话，每个人都用自己的母语表达共有的和谐概念，我很喜欢这个主意：一个声音的万花筒。

○ 多年来你为各种文字谱过曲，有一些节选自世界各地的文学作品，有一些是作者专门为你而作，比如帕索里尼、米切利、德梅利斯。你的音乐里有没有你自己写的歌词？

● 我要先说一点遗憾，爱德华多·圣圭内蒂（Edoardo Sanguineti）有一首诗，我第一次读到就喜欢上了，但是很可惜我没能谱写成曲。诗名叫作《劳动歌谣》（*Ballata del lavoro*）。说的是一些"阶梯"，生命的阶梯，辛勤劳动的阶梯，好几辈人在不同的年代上上下下攀爬这些"阶梯"……现在说起来我还是很有感触……至于你的问题，我自己写歌词就一次，1988 年，我为我的妻子玛丽亚作了一首诗，献给了她。我很快谱成曲子，取名《回声，为女声（或男声）合唱和即兴大提琴而作》[*Echi per coro femminile (o maschile) e violoncello ad libitum*]。我还记得歌词：

> 你的声音
> 抓住空气里
> 无形的时间
> 定住
> 瞬间永恒。
>
> 那回声进入我的身体
> 粉碎如玻璃般脆弱的
> 静止的我的现在
> ……不再回头。

我要追寻未来

追随那声音

而我，不顾一切的回声

会找到我。

○ 那么你所追随的声音不仅仅指音乐。此处，声音，是一种存在……

● 是最基本的存在，是空气，我已经追随了很多很多年，但还是不断地受到鼓舞：玛丽亚，以及我对她的强烈的爱，在许多年以前俘获我、接纳我，接纳我原本的样子。

○ 回想《欧罗巴康塔塔》《来自寂静的声音》《耶路撒冷》《饱满灵魂的空虚》《教会》这几首乐曲，还有《回声》也可以算，你用不同的方法在混合各种元素的过程中做到了标准化的多样性，我很好奇这个过程，这些元素看起来相隔甚远，有时候甚至完全对立：神圣的和世俗的；西方的、地中海的和东方的；大众的和个人的；内在的和外在的……似乎你的歌词和作曲元素都融入了一个概念，"音乐全球化"，或者有个更好的说法，"理想化的结合"。

● 把明显不可调和的东西结合在一起，这一理想指导了我的所有活动，但这不是有待实现的"目标"或者愿望，只是每一次我都会陷入这样的想法。

○ 我们继续说这个"理想化的结合"，也可以说是推动多样性协调统一的力量，我想知道你心里有没有这样的感觉，在最近几年中，也是因为你说过的双重审美概念，绝对音乐和应用音乐之间的差别似乎被打磨得不那么突出了？如果你有这种感觉，那么你创作的绝对音乐中有多少是这样的，具体是哪些？

● 这很难确切回答，尤其我是利益相关者。

可以说从 20 世纪 90 年代开始，我尝试着写一种更加容易感染大众的绝对音乐：减少音的数量，模块化，我还用到了一些可能来自其他经验，来自应用音乐的音色处理方法以及作曲手法。

也没法分得那么清楚，在这个方向上进行创作的第一批曲子，我可以点出来的有《第二协奏曲，为长笛、大提琴和管弦乐队而作》（*Secondo concerto per flauto, violoncello e orchestra*，1984），两首康塔塔《欧罗巴康塔塔》和《厄洛斯的碎片》（*Frammenti di Eros*）。80年代我断断续续一直在写的《康塔塔，为女高音、钢琴和管弦乐队而作》（*Cantata per soprano, pianoforte e orchestra*，1985），当然还有《UT，为C调小号、弦乐和打击乐而作》（*UT per tromba in Do, archi e percussioni*，1991）。

你知道，在我的作品里，这两种态度是互相"趋同"，而不是完全结合，不过不是所有人都有这样的创作意图。其他作曲家比如罗塔就没有类似的问题，他们在两种情况下都用同样的创作模式，但是对我来说不是这样。对我来说两种东西完全不一样。

只要听几首我的绝对音乐，再和我的某一首电影音乐对比一下就能明白了……因此，我觉得我做出的这种区分，就像作曲人遇到的其他难题一样，会一直保留下来。

我不知道在现代的大背景中，是不是由我赋予了"绝对音乐"新的定义，不过这不重要：我自己是这么定义的，没有受到其他人的影响。我很烦现代的一些音乐概念，序列音乐、严肃音乐、当代古典音乐……我们同时有这么多种音乐！

我觉得我的方法能够更加准确地区分电影音乐和绝对音乐，后者诞生自作曲者的意愿，这种意愿摆脱了外界可能带给音乐的污染，也就是说，摆脱了和其他艺术形式的联系——虽然任何形式的参照都是有迹可循的。另外你可能会发现，当音乐提供了一种可以实现的变通性，电影也能分享这种变通，所以这两种艺术形式能够自由地互相"应用"。

换句话说，绝对音乐是一个关于我自己的概念，而应用音乐关系到其他作品。

语言的交流、形成和渗透

《UT》

○ 你提到了一些作品，可以看到绝对音乐和应用音乐的互相交流，其中有一首《UT》，创作于1991年8月。你把这首曲子献给你的父亲，献给毛罗·毛尔（Mauro Maur）和弗朗切斯科·卡塔尼亚，他们都是小号手，跟你一样。

● 献给毛罗·毛尔是应该的，因为这是他要我写的曲子，第一次演出在里乔内市，他在弗拉维奥·埃米利奥·斯科尼亚的指挥下奉献了一场精彩绝伦的演出。

而弗朗切斯科·卡塔尼亚，是我所知的最伟大的小号手，想到他我就悲从中来：他是罗马歌剧院的首席小号手，突如其来的唇部麻痹让他不得不放弃了演奏小号。麻痹，你能体会吗？这怎么可能？歌剧院知道自己拥有的这位艺术家有多么优秀，他们没有解雇他，而是任命他为铜管乐队队长。他继续在那里工作，但是没过几年，他完全丧失了听力，只能失业在家。

弗朗切斯科是杰出的、伟大的，他能演奏出游走在不可演奏边缘的高难度曲目。我们说到过，我为《黄金三镖客》写了几首难度非常大的小号曲，五层叠加录制，五段都由他演奏。他是唯一一个能够严格按照曲谱完成的人。

○ "Ut"是拉丁语中的Do，也可用作谓语。比如"Cicero ut consul"，意思是"奇切罗作为执政官"。总之，一个词融合了两种语言身份，个体身份和结构性的专业身份……我觉得这首曲子描写了一个衰落的过程：从炫技的开头到旋律线条稀疏的结尾，就像对乐器做最后的告别，同时也是对生命的告别。我还想到这是一张描绘你父亲个性的音乐相片。从你成为小号手的那一刻起，而你父亲比你更早，小号Do的音色似乎把你们和同行们联结在一起，在这一曲完美的致意中，互相映照。

● 毛罗·毛尔希望我为小号写一首曲子，我写了。我把它献给卡塔尼亚完全是出于感情，献给小号手们是因为我自己也是其中一员（当时我还能吹，吹得不好，但是我有这个潜能），献给我父亲，因为他成为小号手比我要早（最后这个我必须承认是最重要的）。

○ 所以你不认可我刚才的解读？

● 不认可。开头部分富于变化，所以持续时间只有一分半钟。作为一名小号手，我知道如果这一段再长一点，独奏乐手就要抗议了。于是我制造了一些空白区域，通过休息和喘息同样带来了一些变化。高难度的技巧展示和停顿休息的标记让这首乐曲在不同个性之间轮流切换，直到陷入少数音符构建出的停滞，接着一点一点消散。最后小号往上跳了一个八度，这个音也渐渐沉寂。这就是这首曲子及其曲式结构。

如今传统曲式几乎没什么用了，重要的是再创造，通过再创造，作曲人能够做到"无曲式"，或者"参考"历史上遗留下来的传统曲式，按照个人喜好加以控制。

四首协奏曲：曲式无曲式

○ 我们已经知道了你经常用到曲式循环，甚至"无曲式"的概念：几乎一切元素都在那儿了，悬停于动态的静止和声音的雕塑之中，不一定需要一致的方法。但是同时，在你列举的曲目中还出现了四首协奏曲：协奏曲这个词按照定义来说就是扎根于传统的一种经典曲式，和"无曲式"至少是相抵触的。你怎么想到要写协奏曲，又是如何"参考"那种曲式的呢（假设有一个标准的协奏曲式）？

● 首先，我认为"协奏曲"这个名字更多地是指一类作品：一种绝对音乐，在音乐会上演奏的音乐。这种曲式一般由三个乐章组成，我尊重这一特征，但是组织各个乐章时，乐章之间的传统过渡方式我不做保留。

第一首，为管弦乐队而作的协奏曲，1957年写成，没有谁委托我，我都不确定写完了能不能演出。我把这首协奏曲献给彼得拉西,他已经写了整整八首协奏曲,不过我从来没有要写那么多首的野心。献曲是一份礼物,给彼得拉西,给我们之间的师生情谊;也是一份声明,关于他的创作对我的作曲道路产生了多么深刻的影响,但是我觉得这第一首协奏曲就已经和他的作品有些区别了:实际上我的想法是把涉及的乐器都当成独奏乐器来对待。配器我选择了短笛、长笛、双簧管、英国管、单簧管、低音单簧管、巴松管、低音巴松管、圆号、小号、长号各一把;还有一组定音鼓和一组弦乐器,这个选择不是随意而为的。我记得这首作品的孕育过程花了我很大精力。

○ 第二首协奏曲创作于差不多三十年以后,1985 年。也是献给你的老师。

● 是这样的,我从最爱的弗雷斯科巴尔第动机发展出了许多创作元素,但是和第一首相反,这一次我想写一首双重协奏曲:为长笛、大提琴和管弦乐队而作。彼得拉西从来没写过双重协奏曲。我延续同样的思路写了第三首(1991 年),独奏的乐器是马林巴和古典吉他,另外还有一支弦乐队。最后,《第四协奏曲,为管风琴、两把小号、两把长号和管弦乐队而作》(*Quarto concerto per organo, due trombe, due tromboni e orchestra*,1993)。后面三首都是双重协奏曲,只不过有几首是必须完成的任务。

○《第三协奏曲》非常生动有节奏,可能是因为古典吉他和马林巴的音色,不过主要还是因为乐曲的节奏型,由始至终顿挫分明,同时也支撑住了整首曲子的宏观和微观结构:全曲节奏连贯一致。这是你对极简主义抛了个"媚眼"?

● 你不是第一个发觉我的作品和极简主义的联系的人,我很喜欢极简主义,我发现这是一个很古老的概念,只不过用了一个现代的名字。

极简主义和爵士、蓝调、摇滚以及流行音乐之间都有很强烈的共通之处,因为所谓的即兴重复段(Riff)或者你说的节奏型(Pattern):都是固定音型。作曲人,或者说音乐人,以一个节奏和旋律段为基础构建自己的构思，这一段执着、顽固，不断重复。现在人们为这种做法发展出了一套理论，灵感来自固定音型。不管怎样，想法在于将极简主义和原始音乐联系起来。

在古代社会，人们还没有掌握书写的时候，只有口述传统，一段信息想要保存下来，一定要易于理解，这样才便于记忆。在这种需求之下，什么是最经济、最具有竞争力的应答？节奏动机或者节奏-旋律动机的本质及其重复性都与此有关。有时候人们只专注于两个音符不断重复……别的什么也没有。

这是非洲音乐的典型表现，我们把这种古老音乐的低音声部，和那种听起来似乎超现代的音乐放在一起：在这个概念中还潜藏着极简主义的起源，而极简主义，我重复一遍，我认为是一个现代名词之下的古老概念。原始主义的极致，进化的极致。这个奇怪的闭合圈，如果放在历史之中我觉得是极度新颖的。但是更新颖的是写它的人，这种音乐有的人做到顶级，其他人差一点。

○ 你最欣赏的极简主义创作者有哪些？

● 这一类作品，因为其本质和特性，我觉得需要持续投入，才能逐渐积累。

我最喜欢的极简主义作曲家肯定少不了约翰·亚当斯（John Adams），至少在我听到的几首作品中，他成功地创造出了想象和技巧的混合，连接西方传统和更古老的非洲传统，对原始极简主义进行了必要的修正。

格拉斯我觉得是最有冥想气质的一位，或者说最静态的一位，他几乎不要任何变化。尼曼我觉得有时候他做得很好，有时候无法打动我。赖希我很喜欢。

○ 你会把自己定义为一个极简主义者吗？

● 应该这么说，当我沿着孤独的小路漫步，我会碰巧跌进极简主义之中。

○ 你似乎认为《第四协奏曲》的创作方法跟《第三协奏曲》完全相反，第四首像大理石一般坚硬、稳固。副标题是《此乃我所愿》(*Hoc erat in votis*)，这是贺拉斯的名言，奥古斯都的政治顾问梅塞纳斯送给他一栋庄园，他写下了这句话。

有人给你送过庄园吗？

● 没有，绝对没有。（笑）这个拉丁语副标题也是对罗马大学音乐会协会（Istituzione Universitaria dei Concerti）的暗示，他们邀请我为协会成立五十周年写一首曲子。这个任务我真的没想到。实际上，1993年的时候我还不是 IUC 的艺术总监：当时的主席是莉娜·布奇·福尔图纳（Lina Bucci Fortuna），有一天她打电话到我家跟我说："大师，您过来一趟吧，IUC 为您制订了一个计划。"

她在电话里跟我透露，他们准备专门为我的绝对音乐作品办一场音乐会。要知道，IUC 每年都会组织一场晚会，以当代一位作曲界大腕的作品为主题，彼得拉西、克莱门蒂、诺诺、贝里奥、马代尔纳等都曾收到过他们的邀请，都是非常有地位的人物。

所以对于莉娜·福尔图纳的提议我半点准备都没有：我压根儿没有期待这种事。"女士，您是不是拨错号码了？"我问她。"没有拨错，一点没错。"她回答道，"您是当今深受大家喜爱的作曲家。"我在震惊之中同意了。

这场晚会由安东尼奥·巴利斯塔指挥，大获成功，演出结束后，他们委托我创作《第四协奏曲》，几年前我还在布达佩斯歌剧院指挥过这首曲子，管风琴演奏，卡尔尼尼；毛罗·毛尔和桑德罗·韦尔扎里分别作为小号独奏。

○ 1994年11月15日，适逢 IUC 第五十届音乐季，《第四协奏曲》在罗马大学大礼堂首演，罗马歌剧院管弦乐队和合唱团参演，弗拉维奥·埃米利奥·斯科尼亚担任指挥。这首协奏曲献给音乐会研究院，献给莉娜·布奇·福尔图纳……

● ……还献给管风琴手乔治·卡尔尼尼（Giorgio Carnini），每次我们在圣塞西莉亚音乐学院的周日音乐会上碰到，他都不会忘记叫我写一首管风琴和管弦乐队的曲子给他。说了整整十年。而且我们的位置还很近！到最后我对自己说："见鬼，十年可不短啊。我得做点什么！"

正好这段时间，IUC 委托来了，于是我决定把两个任务合并成一个，就是《第四协奏曲》。也献给卡尔尼尼，为了他那么多年的耐心等待。

一开始我就想到了要有一架庞大的管风琴在中央，这是主角，然后两把小号和两把长号，分别位于两侧。对称排布：一把小号一把长号在左，一把小号一把长号在右。这组立体声的布置被管弦乐队整个包围起来。

○ 在我们的文化中，管风琴的音色立刻会让人联想到教堂，联想到神圣的地方……

● 确实是，我想到了威尼斯的圣马可大教堂，想到他们立体声效果的双重唱诗班，想到加布里埃利叔侄俩……不过我的写法……对于管风琴手来说，协奏曲第三部分的难度可以称得上是丧心病狂……

○ 故意虐待人的写法？

● 嗯是的，为了让他出错。有点像是在说："你想要这首曲子？那就试试看吧！"我记得他把乐谱涂得五颜六色的，就是为了记住不停变换的音域（反正在布达佩斯的那次演出上，他有一位得力助手专门负责这一部分[39]）。

我把管风琴当作一台音序器[40]，一台电子音乐设备。第三乐章中我想要的音色甚至都不再像管风琴的音色了。9/16 拍加上破碎的急速的节奏型达到了一个极端难度，但乔治还是完美无缺地完成了演奏。只不过布达佩斯那次，第二乐章刚开场的时候他犯了一个小错误，而第二乐章跟第三乐章正好相反，特别简单。

○ 欣赏过这几首曲子，我必须承认《第四协奏曲》对我来说具有启迪性的意义，从各个角度来说都是。我很快注意到了这首曲子呈现出的"声音雕塑"的概念，你经常提到这一概念。其实第一次听的时候我就觉得，音乐语法失去意义了。每一层结构的曲式连贯性，以及乐曲的个性，似乎都找到了自己存在的理由，尤其是通过音色和音乐表情。耳朵想要抓住的意义很有可能根本不存在，于是脱离意义，开始塑造一个具象化的实体。（当然，这都是完全个人的联想过程。）

于是我第一次产生了一个想法，音色可以跟远古时期，甚至语言产生以前，前语言时期的东西联系起来……就像人们听到一个声调，这个声音可以延续下去，但不是在说话。不过再深究一点，我相信这种没有表情的音色也是静止的、固定的；而我们耳朵所听到的不是固定的，是动态的实体：如沙漏一般的旋涡。由此，音色和音乐表情拥有了两种不同的功能：如果前者与"存在"，与永远和自己保持一致的个性相关联，那么后者就联系到动态，联系到宏观和微观变化，联系到"生成"。《第四协奏曲》，还有《第二图腾》《孕育》《复活节主日洒圣水歌》——随意提名几首我们讨论过的曲子——都适用于这种观察。

有那么一瞬间我想到，就是因为你如此追求音色、实体以及音色的连贯性，你才成功找到了自己的绝对音乐、绝对矛盾，绝对的矛盾：音色。

● 如果要说是什么定义了一位作曲人，是什么把他和其他同行区别开，我会说，是音色。不过在这个意义上，马上又会出现更多标准：对乐器的使用，他的"怪癖"，他的规矩，他因为喜欢而经常使用的东西，还有被他拒绝的做法，更加概括地说，他的所有思考。

就我而言，我一直认为对音色个性的追求是最基本的，我的所有作品都是如此。有时候我会在编曲或者电影音乐中放大这种追求，希望大众会因为音色而喜欢上整首乐曲，当然在此之上，这也是我的表达需求，是音色的自我庆祝。音色，就是拥有能够直击耳膜的惊人力量。

然而最近，我偶然间踏上了一条完全相反的路。为《最佳出价》作曲的时候，尤其是那首《面孔和幽灵》的"背景音"——在此之上穿插人声——通过音效处理，我把音色参数和乐器本身的特点也处理掉了。我和法比奥·文图里一起把乐器的音头[41]都剪掉了。在物理声学上，如果这样处理声波，获得的声音就难以被检出。

我为电吉他写了一个和弦，罗科·齐法雷利很正常地用拨片弹奏，但是通过逐渐调节音量电位器，出来的声音变得十分尖锐。弦乐也这样处理，录好不同性质的和弦之后，我们删掉了起音，也就是最开始的一瞬间。如此一来，不同乐器发出的音色都变得有些相似。所有素材混在一起，我就得到了"背景音"，在此基础上，六个女声互相交织。这些声音碎片对于各种组合方法都很适合，最后我开玩笑一样叫文图里准备一个第二版本。他一个星期不到就把成品拿给我了。

○ 你更喜欢哪个版本？

● 我自己的，因为我听惯了。不过他的版本也经得住检验！

○ 你经常提到在音乐中弱化原始的创作元素和交流元素，几乎完全随意排布。旋律的音列几乎等同于 DNA，与原始语言背道而驰，渐行渐远，越来越现代化。这种弱化（也可以表达成动态固定）围绕着客体概念，不再一定是主观能动的。经过构造的即兴演奏表现出极大的矛盾性，音色－存在，以及表情－生成，为我们带来了不可预测，甚至，带领我们到达了前语言阶段（假设有这个词组）。现在，在这个阶段之上，还要加上一个音色"去来源化"的概念，刚好跟你先前作品的典型音色特点有些相悖。

总之，在这个包含了音乐意义和哲学意义的新开端里，对立面并存，你不觉得自己作品的个性被逐渐削弱了吗？你不觉得从某种程度来说，你自己作为作曲人的个性也被削弱了吗？

● 为什么这么说？我既不想削弱我的作曲人个性也不想减少我的责任，更不想损害作品的个性。但是我热衷于开启更多不确定性，开启各种可能性，开启完全意想不到的结果。虽然乐谱都是确定好的，但是我相信结构和曲式带来的可能性既丰富多彩，也都可以接受。尤其是搭配上画面。

还有，假设和猜想，未被探索、未被选择的路，都代表着潜力，动态固定之中也隐藏着潜力，这是向着更广阔自由的探索。这些新概念不是突然之间一蹴而就的。

我从来都不觉得有什么东西真的可以一蹴而就。进展，在我看来，是一个过程。瞬间的爆发一般都需要几年间不断提出构思和想法，积累到一定程度才能往前迈进一步，哪怕是极微小的一步。爆发只能形容运用新的方法来思考的瞬间：这是过程链的最后一环，直到下一次爆发出现，还是这样。

你说到的托尔纳托雷的那部电影中涉及的音色去来源化，就是一个历时八十五年的爆发，爆发之前我一直没有明确的概念，但是写下这种音乐的笔还是跟以前一样，连接到同一个思想，连接到我，有时候这种联系显得很微弱很短暂，但是它一定在。

音乐的未来：噪声和无声

○ 你觉得音乐探索应该走向何方？你自己在未来又准备选择哪个方向？

● 这个问题很难回答。我觉得对声音的关注是基本的。而音色的对位至关重要。至于音程——先不提现实中的声音或电子乐，不管怎么说音程还是要有的——和刚刚提到的声音以及音色可能没有太大关联。

现在需要思考的是我们不仅仅有节奏，不仅仅有和声或旋律，我们还有许多其他参数，几个世纪以来都被规则忽略了，或者说排除了。我们要用这些参数去冒险，用我们自己冒险，这样进行创作。我对这些参数毫不吝啬，如果不说清楚这一点，我如何回答？

节奏，从反复出现这个角度来说，不用考虑。和声，在纵向上也不用考虑。至于其他的，我们可以自由地使用，但也要创造……即兴又受控制的参数，多少有点碰运气的乐谱。现在的潮流，过去的潮流……不论哪个方向，一切都要适合作曲人和他的音乐。

○ 噪声呢？

● 噪声也一样。比如说电视电影《法尔科内大法官》，讲述了主人公对抗黑手党组织"我们的事业"的故事，我为其创作了一首《警笛变奏曲》（*Varianti su un segnale di polizia*），赋格主题的开头是法国警察用的警报器的声音。

噪声，或者说现实中的声音，也可以归入抽象语言的范畴。为什么不呢？一切都可以汇集在一起。声音也是，对可能的声音组合进行探索。避免相似音色的重复。对音色的探索。还有音高的多样化，同样的音高要尽可能间隔得远一些，好让乐曲不要一直自我重复，不要只是重复内部元素……但是最终，还是要看写曲的人对于乐曲有什么思考，重要的是他想做什么。

现在我比较忧心的是，我听到了一些没有内在持续性的作品。忧心也只是一种说法，因为其实我一点都不关心。如今这样的曲子太过常见，每五秒钟就来一次彻底改造。而我信奉乐曲内部最大限度的连贯性。每个人都有做自己想做的音乐的自由，但是我作为听者会被这种举动震惊，然后生气，最后失去兴趣。也许乐曲本身水平很高，能够听出作曲人能力不低，但是如此设计会让我产生一些困惑。不过现如今，这样的创作也不是不行。主要还是在于你想做什么，我不反对抛开一切，但是五秒钟一变，间隔实在太短了。

○ 你觉得，结构上缺乏长乐段会不会是因为技巧不足，或者是新生代作曲家的刻意追求？你觉得过度的碎片化以及对音乐创作模式不成功的创新，其源头是什么？

● 我不知道。我觉得技巧不是问题，现在有很多厉害的作曲人，虽然我一般都比较严厉，但我还是对当代创作者们的工作抱有很大的尊敬。不过我确实觉得，音乐世界，尤其是"当代"音乐世界，还缺少一个决定性的转折点，我焦急地等待着答案。

我不想为任何人指路，也不想在独自思索的时候给自己指路。因为这或许先要勇于改变立场。但是我不想谈论其他人，也不想谈论我自己：我的"勇敢的行为"几乎是无自觉的，不是出于意愿或者需求，因为只有通过已经完成的思考我才能真正有所意识。我的勇敢在于，在大家都不再谈论模块化的那个瞬间，我开始重新思考这个概念。谁知道这么多概念里面，会不会有哪一项就在未来对谁特别重要呢。也许就像我们说过的，世界需要一个举世闻名的音乐天才，这个人会改变一切……但是我们只能等待他的出现吗？好吧，可能还是自己忙活吧……

○ 或者答案要于无声中寻找，就像之前说到的凯奇，说得最简明扼要的是你的同事佛朗哥·埃万杰利斯蒂："音乐已死。"你怎么看他的这句断言？

● 根本没死！（笑）这是佛朗哥为不写曲子找的借口。

○ 保拉·布钱跟我说过，60年代末的时候在罗马有一场讨论会，会上全是埃万杰利斯蒂这样的人。而他，会议开始之后才到场，把墨镜稍微往下挪一点，走到话筒前说："你们到底懂不懂？音乐已经死了！"然后扭头就走。

● （还在笑）这完全是约翰·凯奇的风格……

注　释

1 *"绝对"的意大利语是"assoluto",作为名词时有一项词义为"神,上帝"。
2 *福子,阿蒂利亚·普里纳·波齐(Attilia Prina Pozzi)所用笔名,出自小说《一名艺伎的回忆》(Le memorie di una geisha),主人公为年轻的日本艺伎福子。
3 分别为《清晨,为钢琴和人声而作》(1946);《模仿,为钢琴和人声而作》(Imitazione per pianoforte e voce,1947);《分离I,为钢琴和人声而作》(Distacco I per pianoforte e voce,1953)和《分离II,为钢琴和人声而作》(Distacco II per pianoforte e voce,1953);《被淹没的双簧管,为人声和器乐而作》(Oboe sommerso per voci e strumenti,1953)。
4 *20世纪意大利的一场艺术运动,发起人为活跃于罗马的一群表现主义画家,渐渐影响到文学、音乐等领域。
5 *印度古典音乐的基本调(Tune),也可说是旋律的种子。每种拉格都有特定的音阶、音程以及旋律片段,并表达特定的意味(Rasa),但拉格本身只是一种旋律框架,要靠音乐家的即兴表演加以丰富、完善,因此表演者也是创作者。
6 *杰克逊·波洛克(Jackson Pollock),美国抽象表现主义绘画大师。1947年开始使用"滴画法",把巨大的画布平铺于地面,用钻有小孔的盒、棒或画笔把颜料滴溅在画布上进行随机创作。
7 他所说的非常热爱的动机还激发他创作了多首作品,如《孕育》《第二协奏曲》以及几首《弗雷斯科巴尔第主题变奏曲》(Variazioni su tema di Frescobaldi,1955)。第一首变奏曲还被用作《阿尔及尔之战》的片头曲。另外,此处提到的前三个音(La-降Si-Si)也包含在巴赫名字对应的动机中。
8 皮埃尔·布列兹(Pierre Boulez)的《重影对话》(Dialogue de l'ombre double,1985)创作于贝里奥六十周岁诞辰之际,1985年首演于佛罗伦萨。演出时,单簧管独奏乐手("第一单簧管")站在音乐厅正中央,和自己的影子对话,所谓影子即通过高音喇叭播放事先录好的单簧管演奏("第二单簧管")实现空间化声音效果。
9 关于这一点,莉娜·韦特米勒的电影《翼蜥》中的一首插曲《在路上》(Nel corso)可以作为例子;这首插曲的演唱者先是福斯托·奇利亚诺,后来是吉诺·保利。管弦乐编曲部分,如果注意到开头呆滞的弦乐,以及唱到第二段歌词中"火箭飞向月球"(i razzi vanno sulla luna)这一句时弦乐的进行,就能看到莫里康内所说和声中断……也许这是他第一次在编曲中用到,同时也传达出歌词描述的疏远感。
10 *声部超越指在和声进行中,某一声部的音低于前一和弦下方相邻声部的音,或高于前一和弦上方相邻声部的音。声部交叉又称声部交错,指相邻的下方声部高于上方声部,是在一个和弦之内发生的。
11 *以首调唱名Re为主音的调式,音阶关系为全半全全全半全。
12 *E大调和升c小调,A大调和升f小调互为关系大小调,即音列相同,主音相差小三度。
13 *20世纪20年代科学家提出的一种理论,认为45亿年前,地球的海洋中就产生了存

05　一种绝对的音乐？　337

在有机分子的"原始汤"，地球生命起源于此。

14　摘自歌剧演出介绍册（威尼斯凤凰剧院，歌剧演出季，1975—1976）。

15　能是 14 世纪日本的一种戏剧类表演形式。表现剧情的词的部分由多人齐唱，主演一人自由演绎。特点为慢、雅，以及特别的面具。

16　语出俄罗斯大牧首阿列克谢一世。

17　* 此处仿照《圣经·新约·约翰福音》开篇第一句：太初有道，道与神同在，道就是神。

18　电子合成器带来的音是还 Do。一个基本序列以外的音。

19　* 天主教徒用于敬礼圣母马利亚的祷文。

20　* 天主教殉道者或者虔诚者，封圣的第三个阶位，位阶仅次于圣人。

21　* "圣乐"（musica sacra）以及下文的"神秘主义音乐"均为直译，都是教会音乐的意思。

22　为纪念萨尔西纳大教堂建成一千周年而作。弗朗切斯科·德梅利斯（Francesco De Melis）作词。

23　由罗韦雷托阵亡将士之钟福利基金会委托创作。

24　* 天主教礼仪式音乐，名字源于教皇格列高利一世。歌词主要来自圣经和诗篇，演唱形式为单声部、无伴奏、纯男声，演唱方式有独唱、齐唱、交替演唱和应答演唱。

25　* 圣女大德兰与圣十字若望均为同时代西班牙最伟大的神秘家、灵修大师，对教会灵修教导做出卓越的贡献。

26　* 香水一词暗指加布丽埃勒·香奈儿（Gabrielle Chanel）。

27　* 指《马塞勒斯教皇弥撒》（*Missa Papae Marcelli*），帕莱斯特里纳最负盛名的作品之一。

28　莫里康内所用的表达 "trattamento antifonale" 有多个解释，此处指的是两支合唱队以互相应答的方式轮唱赞美诗。

29　《方济各教皇弥撒，耶稣会复会两百周年》于 2013 年 6 月 4 日完成创作。两年之后，2015 年 6 月 10 日才迎来第一次演出。

30　塞尔焦·米切利，《莫里康内，音乐，电影》（*Morricone, la musica, il cinema*，Modena，*Mucchi*，1994）。

31　圭多·韦尔加尼（Guido Vergani），《希拉克的最后一场烟火》（*Pirotecnico finale firmato Chirac*），1989 年 7 月 16 日发表于《共和报》。

32　* 意大利纳税人必须缴纳全部纳税额的 8‰用于"慈善或宗教"活动。他们可以选择将这笔税款交给国家，让国家用于慈善或文化项目，或者他们可以委托国家把相应的数目交给某个与国家签过协议的指定宗教团体。

33　* 又称不对称节奏，在同一乐句或小节中各声部的节奏不一致；或在同一小节中，组成各节拍的时值不一致。

34　* 钉死耶稣的罗马帝国犹太行省总督。

35　出于同样的意图，莫里康内在 1974 年用到同样的录制方法。当时他以希腊革命家亚历山德罗斯·帕纳古利斯（Alexandros Panagoulis）的诗集《我在希腊的监狱里给你们写信》(*Vi scrivo da un carcere in Grecia*) 为歌词创作了几首乐曲，皮埃尔·保罗·帕索里尼、阿德里安娜·阿斯蒂（Adriana Asti）、吉昂·马里亚·沃隆特朗诵歌词。1979 年，这几首作品由 RCA 做成专辑发行。专辑名《〈你不该忘记〉，出自〈我在希腊的监狱里给你们写信〉》(《*Non devi dimenticare*》da《*Vi scrivo da un carcere in Grecia*》)。

36 指拉韦纳音乐节。

37 这首曲子在米兰的圣母加冕堂播放，许多天主教徒和穆斯林赶来为遇难者祈祷。圣灵和艺术之家还在此处拍摄了一部纪录片，片中除埃尼奥·莫里康内和阿诺尔多·莫斯卡·蒙达多利，还采访了大师的两个孙女：弗兰切斯卡和瓦伦蒂娜。

38 仪式通常关乎社会身份或者个人身份，关乎两者之间的关系，以及时间和人生或微小或宏大的各个阶段之间的分隔，从更深层角度来说，是一个解放精神、"再次醒来"的治疗概念。在印度教或佛教对于法螺（Shankha，梵语写作"Sanka"）这个单词的解释中能找到对应细节。

39 *管风琴音域极宽广，除了键盘和脚踏键盘，还有许多根音栓来控制具体音高。这里所说的助手专门负责音域变换，指由其专门负责控制音栓。

40 *又称声音序列发生器，具有丰富的编辑和存储功能。音序器可以将所有 MIDI 通道中的演奏信息同时自动播放。

41 *乐器被触发后第一时间产生的声音。不同声波形状的音头会产生不同的听觉效果。

06
与未来的默契

莫里康内：打一通电话，鼓励一番，不过几分钟的事，但是对于对方而言，若想做出实际成果，需要搭上一生的时间去追求。然而就算这样，就算音乐的世界举步维艰，我鼓励过的这群人之中总会有那么一部分，他们会对音乐兴致不减、热情不灭，永远为音乐保存能量。有的时候，他们也能成就一番事业。所以我觉得这通电话应该打。

(似乎就在刹那之间,沉默填满了整间屋子。这时我们才想起来,已经是午饭时间了。要把一切有待挖掘的内容一一深挖清楚已经不太可能,我们一起走向书房门口……出门之后,我向埃尼奥吐露了这份遗憾之情。)

- 好吧,我工作了一辈子……可说的事情多了……

(埃尼奥反手关上房门。钥匙插进钥匙孔,转两圈锁好,又被塞回小口袋里。我把落在客厅里的录音机和笔记收好,把水端回厨房,和玛丽亚道别。然后,我们穿好大衣,走出家门,希望找到一家此时仍在营业的餐馆。我跟着埃尼奥走到坎皮特利讲坛路,走进"老罗马"餐馆,他经常光顾这家。我们坐下来,点单,等菜上桌,又开始聊起来,聊到意大利国内外的几所音乐学院。莫里康内问我在荷兰学习得怎么样。我们对比各种教学方法,讨论每一种的优点、不足……我们一起回顾了时间如何改变音乐学院的教学方式,有那么一瞬间我意识到,这一刻对我具有革命性的意义,这样的聊天不可能再出现第二次了,不仅仅因为我对如此开放、彻底的一番讨论和比较渴望已久,还因为这个人跟我,尽管有许多观点互相对立,我们构建的这一场对话却流畅自如、毫无滞碍,对谈搭建起座座桥梁,在我们身边或是在很遥远的地方,而一切的中心,皆是音乐。这种滋味只持续了几分钟。不知何故,也许是我们在回顾时重新追溯了音乐史上的20世纪,也许因为我们讨论到了归属感的可朽和不可朽,我产生了一点乡愁,我意识到自己一遍又一遍地吹着口哨,是贝托鲁奇的《一九〇〇》的主题。)

○ 你愿意为我讲解一下这段主题是如何诞生的吗？我没办法把它从脑子里剔除出去。

● 就像你说的，一气呵成，自动成形。贝托鲁奇带我看声画编辑机，当我在黑暗之中看着那些美丽的画面，我的脑海里出现了这段主题。于是我把它写在手边的一张白纸上。

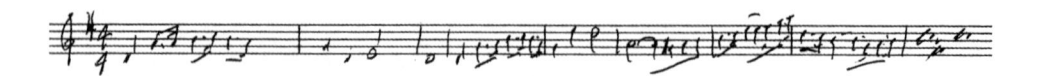

这些画面需要一段既庄重肃穆又易于传播的主题，几乎相当于写一首国歌。我把曲子交给双簧管，比起其他乐器，双簧管的音色特点使其能够更好地刺穿管弦乐织体。

有一种观点认为，旋律拥有鲜明的个性，但是这一个性完全可以通过合唱、合奏来展现，我很认同这个观点。实际上，影片片头的背景，朱塞佩·佩里泽·达沃尔佩多（Giuseppe Pellizza da Volpedo）的名画《第四阶级》，绝妙地呼应了这一观点，不同个体因为同一个理想而聚集成一体。画面的色彩也让我想到了许多其他主题：其中一部分我用了，一部分舍弃了。

○ 你到拍摄现场去了吗？

● 这次也一样，没有去。我甚至可以告诉你，贝托鲁奇为了这部《一九〇〇》花了几乎两年的时间，不过他来找我的时候，电影已经拍完了。我只得到两个月的时间来完成音乐……对于这样一部电影来说，这点时间可不算多！

○ 你如何评价这部电影？

● 我觉得它是贝托鲁奇最美的电影之一，主题完全是意大利式的，但是电影本身的强大魅力超越了国界，在世界范围内获得了强烈的共鸣。当然，面对如此广大的受众，受到欢迎的同时也会招致批评，但是在当时，我觉得有人误解了这部电影。

○ 你指的是？

● 评论很快呈现两极分化，电影的政治主题是出现这种状况的原因之一。我心里一直很清楚，这是一段现实的童话，而不是对历史的批评，但是我记得在一次座谈会上，我与一位记者激烈地争论起来，他坚持认为《一九〇〇》歪曲史实，是一段片面的程式化的历史描写，用英雄主义的笔触塑造广大人民，而法西斯分子被一味刻画成冷血无情的刽子手。

说到这个我突然想到，也许我应该更加频繁地在演奏会上演出《一九〇〇》的主题……这一曲目出现的频率不是特别高……

○ 我在想，当你连续几晚在成千上万的观众面前指挥管弦乐队，对你来说，和他们之间的关系有多重要……特别是你的大半人生都是在书房之中独立工作，独自度过的。我想明确地问出这个问题：埃尼奥，指挥为何如此吸引你？

● 这是很多因素的集合。首先，你知道，音乐是写在纸上的，无声的：需要指挥、乐手、观众……需要一个过程。

而其他艺术形式，雕塑、绘画，都不需要这些过程。比如绘画，艺术家画了，画作就会自己向观众展示。

音乐指挥身处一场仪式之中，这场仪式进行了上百年：通过乐器和乐手，完成从纸上的符号标记到声音的转化。

多年工作室经验的浇灌滋养让我对这种实践活动驾轻就熟，但是从2001年起，我更加频繁、持续地在世界各地指挥自己的电影音乐，直到今天，我的音乐会还是场场爆满，这是大家对我的肯定，从某种程度上来说，也是我对观众的掌控，我发现直接和观众接触让我身心舒畅，恢复了许多元气。作曲人一职则需要漫长的、日复一日的与世隔绝。

我只指挥我自己的音乐，当我的思想通过声音进行转化，我能够成为这一过程的一部分。曲谱上有一些部分会格外出彩——总有几页纸是出类拔萃的——演奏到这些部分，听到管弦乐队和我同心合力，会为我带来深深的满足感。

最近几年，我的年纪给我带来了几次身体上的不适，尤其是2014年的一次疝气手术，那之后很多朋友问我："埃尼奥啊，到底是谁令你如此奔波，如此劳累？"我回答，音乐会让我觉得大家跟我在一起，给我带来力量，我喜欢这样。

○ 你刚刚提到的手术让你不得不休养了很长一段时间。

● 那是我人生中第一次感觉被身体束缚住了，我被困于椅子和床，那段时间太久了。考虑到我的年纪，医生给我定的恢复期格外长，不过我恢复得很好，因为我的身体已经习惯了连续四处奔波。之后我又有些其他毛病，但我总是和病痛作对，甚至继续在工作室里指挥，在世界各地办音乐会。

衰弱是生命的自然结果，但是身体需要不停地活动，否则，必将提前付出代价。

○ 所以你锻炼身体是为了更好地指挥，为了某场演出做准备？

● 在音乐会前夕，或者有比较复杂的录制的时候，我会在自己的书房里排练。按照演出顺序，照着总谱，无声地指挥，过一遍所有曲目和手势，动作要尽可能少，又要保证意思传达准确。我必须时刻关注精力的分配，留神肌肉组织的反应。这也是因为年纪越大，人越容易累。

○ 你比较喜欢的管弦乐指挥家有哪些？

● 当代指挥家中，我很喜欢意大利籍的几位，帕帕诺、穆蒂和加蒂。

○ 你从来没有指挥过其他人写的音乐吗？

● 有时候我会指挥我儿子安德烈的一些作品，还有几次指挥过国歌《马梅利之歌》，都是特殊场合，或者共和国总统在场的时候。

○ 传闻你接到过谱写新国歌的任务，是真的吗？

● 假的，但是贝尔纳多·贝托鲁奇多次宣称我有好几首作品可以担此大任。有一次，我为电视剧《悲壮的阿古依师》（*Cefalonia*, 2005）编写了另一个版本的国歌，更加雄壮、庄严。我提议在总统府奎里纳尔宫演奏这个版本，但是没有得到批准。我很遗憾，在我看来，这一版更能展现我们充满苦难和艰辛的历史。几年以前，阿巴多指挥过一次国歌，我从中听到了类似的情感。我们的国歌通常都以较快的速度进行演奏，听起来像轻快活泼的进行曲，几乎是兴高采烈的；而在阿巴多的指挥和控制之下，国歌焕发出截然不同的色彩，出人意料地低声、内敛。

○ 除了阿巴多的这一次，你还听过哪些让你记忆深刻的指挥吗？

● 我记得一次，在圣塞西莉亚音乐学院，谢尔盖·切利比达奇（Sergiu Celibidache）指挥斯特拉文斯基的《诗篇交响曲》，非常难忘。那是一首宏大的作品，让我触电的一曲，我很熟悉的一曲，但是那天晚上，切利比达奇指挥到尾声之处，演奏速度越来越慢，越来越慢。我觉得自己简直快要疯了：渐慢变成了绝望，我忽然明白了之前那个段落为何要从全音阶转变为半音阶。管弦乐队在他的指挥下保持极慢的速度，他的控制和力量给我留下了深刻的印象。

渐慢很难保持。我指挥自己的某些作品时，最多只能做到柔板，虽然我也觉得应该再慢点才对。我不能冒险，再细分下去我怕会毁掉作品的魅力，但是有些指挥，那些以指挥为唯一职业的大家们，他们能够轻松做到。总之，快速比慢速容易。比如托斯卡尼尼，他指挥的快板总是还要再加快一些：非常神奇。

另外，我还观看过斯特拉文斯基本人亲自指挥，那一天我记得特别清楚，是一场彩排，斯特拉文斯基要在罗马办一场音乐会，他在意大利的最后几场演出之一。当时我还是个学生，得知他要来演出的消息，我一路跑到演出场地，透过一道门缝看完了整场排练。如今回想起来我还是一阵一阵地战栗。

○ 不难想象……你自己的音乐会中，有哪些让你觉得特别荣幸的场次吗？

● 2007年纽约联合国总部的那一场可以算。一开始合唱团出了点问题，但我们还是完美地完成了演出。还有几场：澳大利亚的珀斯；南美；北京，演出地点在天安门广场，历史底蕴太深厚了；还有米兰斯卡拉歌剧院。

还有一次我真的非常激动，在日本，观众极度自律，同时又极度热情。所有人都起立了，我从没想过，在离我们意大利如此遥远，并且如此不同的一片土地上，能看到这样的反应。

○ 你的音乐会有哪些必演曲目？

● 有些曲子是非演不可的，因为我知道略过它们会给观众留下遗憾。比如《教会》《天堂电影院》，以及塞尔吉奥·莱昂内电影组曲。一般来说我会把《美国往事》放在第二首或第三首，然后接上托尔纳托雷电影里的一些音乐，或者其他西部片里的配乐……总之，我努力为大家，也为自己制造惊喜，插入一些新的曲子，或者把隐约有些相似的曲子组合在一起。举个例子，帕特罗尼·格里菲的电影《一日晚宴》，配乐组曲中最有名的应该是主旋律，而另外一曲《爱的轮回》描绘了主人公之间的三角恋情，我把这两段结合在一起，得到一首更加抽象、深切的作品。

○ 面对自己的观众，你感觉如何？通常你在演出中都比较沉默。你想对来听你演出的人们说点什么吗？

● 我爱他们，我很感激他们对我的肯定。我会建议他们闭上眼睛听我的音乐会，因为视觉帮不上什么忙，反而会损害听的专注度。如果有人专程来看我的指挥手势，我建议他们还是待在家里吧……我可不觉得自己算是出色的指挥家！

我的手臂动作一般不会太夸张，几乎都被我的身体挡住。我觉得手上动作只要能让音乐家们看明白就行了，不需要太吸引观众的注意力……

○ 我想象了一下身后有这么多观众的感觉，一定非常兴奋……

● 这倒是真的。有几次音乐会到场人数多得惊人，虽然这么多年来我已经对指挥台无比适应，但经验永远是不够的。不过那种情况下，没有激动的余地，必须全神贯注。如果身后是我的观众，面前是管弦乐队和合唱团，那么我的目标永远不言自明：我要为这些音乐家们提供明确清楚的指示。这是最实在的。

有时候我会焦虑，因为我会开始想，音乐厅里的观众感觉如何，设备表现得好吗，会出差错吗……但这些念头都只是一闪而过，之后我的注意力必须回到手势，回到那一刻的动作上。然后，做到最好。

○ 这么多年这么多场音乐会，有没有引起争议，甚至效果不好的演出？

● 感觉最不对劲的是 2006 年在米兰大广场的那一场。米兰大教堂正门前搭好了舞台，我和乐队在舞台上演奏了几个小时。底下黑压压的全是人，但是没有掌声。一次都没有。

我不是吹嘘自己，但是我习惯了接受热烈的欢呼和鼓掌。而那一次完全没有反应，鸦雀无声：观众席冷得像冰。

在绝对的寂静里，我指挥着自己的乐队和合唱团，那种诡异的感觉我记得清清楚楚：人群在，就像不在一样。两首曲子的间隙处，我甚至连一星半点的掌声都听不到。

怎么会这样？难道他们不喜欢这场音乐会？我有点恼火，当时我真的生气了。我对自己说："等演出结束，我一次也不出来返场。他们不值得我返场。我要直接走。"

我已经记不清楚，演出结束的时候到底是哪种情绪更占上风，闷闷不乐还是愤愤不平？我退到舞台一侧的幕后，把自己封闭在自己的世界里。

这时，玛丽亚还有一位音乐家一起走了过来。我向他们倾吐整晚的扫兴和失望。这俩人都笑了，问道："埃尼奥，你知不知道下雨了？别看地面，顺着路灯的光线看。"

这时候我才意识到，那么长时间，所有观众都身处滂沱的大雨中。他们手上举着雨伞：所以没办法鼓掌。

我回到舞台上，三次返场，心潮澎湃、热血沸腾。这也许是我职业生涯中最奇怪的一次演出。我记得那是 12 月的事。

○ 是的，2006年12月16日。米兰大广场被挤得水泄不通，我从没见过这幅景象……

● 你怎么知道？

○ 那场演出我也参与了，我在现场为观众提供免费问询服务。我自作主张，想用这种方式向你表达感激之情。你听了我的CD，一年之后，你给我打电话，你建议我正规地学习作曲……我说这些是因为我知道，对你来说鼓励年轻人只是寻常事，但这也是你放射出的光芒。

● 我收到的CD很多，很多人向我寻求建议，跟你一样。我尽量都听一下，如果真的有我欣赏的音乐，我就拿起听筒，拨通电话。

有时候我也会困惑，因为某种程度上，音乐这门专业我不想推荐给任何人，我也在某个时机跟你表达过同样的意思。我记得我的儿子安德烈跟我说他想当作曲家的时候，我立刻告诉他："安德烈，放弃吧。这一行太难了。苦学多年你却发现，自己不过刚入门而已。"我真的觉得这一行很难，只有极少数人能够找到自己的位置，以此安身立命。

我当然可以打一通电话，鼓励一番，不过几分钟的事，但是对于对方而言，若想做出实际成果，需要搭上一生的时间去追求。然而就算这样，就算音乐的世界举步维艰，我鼓励过的这群人之中总会有那么一部分，他们会对音乐兴致不减、热情不灭，永远为音乐保存能量。有的时候，他们也能成就一番事业。所以我觉得这通电话应该打。

○ 你成了我们这个时代流行文化的一部分，没有多少人能做到这一点。你得到了广泛的认同，同时也是许多代音乐人心目中的标杆。

之前你跟我说，未来你想要作为一位"作曲人"被铭记。那么，我想问你最后一个问题，如果你同意的话。

● 当然。

○ 你何时意识到自己已经成为近百年来最伟大、最具影响力的作曲家之一？

● 我不认同你的说法。这样的认证需要时间，也许要好几个世纪。反正不是现在能确定的。这很难说。

可以说我是一个愿意交流的作曲人，就这样……如果能跟更多人交流就更好了。（笑）百年以来最伟大？感觉有点难以作答……

不过说起来……你从哪里听来的这种说法？

○ 我只是想试探一下你的虚荣心……

● 哎，你看你看……我就知道！（又一次笑了起来）

（用完午餐，我们一起走回他家。

我们的交流时光已经结束，我还在思考语言带给我们的可能性和不可能性，想着莫里康内似乎永远葆有对音乐语言的信任，而这份信任也连接起了这场对话的各个部分。

其实我也对自己进行了反思，关于各种联系，我和世界的联系，关于这场对话的命运：我希望这些内容真的有用、有趣。

到家之后，埃尼奥说他正好要去罗马歌剧院一趟，可以顺道载我到中央火车站。我万分乐意。我很想看看他开车的样子。

我等他上楼取一份曲谱，然后一起上车出发。

一路上有些沉默，我们趁此良机欣赏罗马城的美景。埃尼奥放了一张CD，帕索里尼的声音微弱而清晰地开始朗读，是那一曲《说出口的沉思》。

到达目的地，埃尼奥停好车。

我们一起走了一段路，他带着他的曲谱，我背着我的包。

罗马歌剧院门前，离别的时刻到了，沉默。一个简单的示意。

我们目光交会，一瞬之后，各自转开，投向前方等待我们的新的相遇。）

就这样，带着与未来的默契，我们互相告别。

众说莫里康内

贝托鲁奇：莫里康内比任何人都更理解电影音乐的性格，此类音乐既需恒久，又要短暂。没有合适的音乐，整组镜头甚至整部电影都会黯然失色；同样，没有好的电影，音乐也会很快被人遗忘。然而埃尼奥的音乐就算只在音乐厅奏响也能走向全世界，这一点我们有目共见。

鲍里斯·波雷纳/塞尔焦·米切利/路易斯·巴卡洛夫/卡洛·韦尔多内/朱利亚诺·蒙塔尔多/贝尔纳多·贝托鲁奇/朱塞佩·托尔纳托雷

跟莫里康内远程交流的几年间，我渐渐想要更加全面地了解他，了解他的音乐，同时为我们的面对面交流做好准备。我意识到必须收集一切可能得到的信息，其中有些资料非常关键，包括几位专家比如塞尔焦·米切利、安东尼奥·蒙达（Antonio Monda）、多纳泰拉·卡拉米亚（Donatella Caramia）、弗朗切斯科·德梅利斯和加布里埃莱·卢奇（Gabriele Lucci）等人的文章，对詹尼·米纳、法比奥·法齐奥、吉吉·马尔祖洛（Gigi Marzullo）、吉诺·卡斯塔尔多（Gino Castaldo）、埃内斯托·阿桑特（Ernesto Assante）、马尔科·林切托（Marco Lincetto）等人的采访，莫里康内在各大媒体以及通过不同组织发布的记录性质的音频和视频，还有我与埃尼奥的几位同事同时也是好友之间的对话。

于是我们决定，在接下来的篇目中呈现一部分"证词"。我开始联系一些人，约他们见面，其中包括我的老师及朋友鲍里斯·波雷纳，他与莫里康内共同受教于彼得拉西；塞尔焦·米切利，第一位致力于研究埃尼奥及其作品的音乐学家；还有路易斯·巴卡洛夫、卡洛·韦尔多内、朱利亚诺·蒙塔尔多、朱塞佩·托尔纳托雷和贝尔纳多·贝托鲁奇，这几位应该不用介绍了。我希望为读者们提供一种"相对视角"。"如果说到目前为止，我们都站在莫里康内的角度看待世界，那么从他人的角度看莫里康内，又会如何？"这就是我们想做的。

从某种意义上来说，我和埃尼奥一同学习……

20世纪50年代的意大利音乐有一部分呈现两极分化：一方以路易吉·达拉皮科拉（Luigi Dallapiccola）为代表人物，亲近十二音体系的各种创作实践（尤其以第二维也纳乐派为引导）；另一方则推崇意大利文艺复兴传统，以彼得拉西为代表。后者有时被视作反十二音体系、反德国传统音乐的旗帜，其流派传承可追溯至彼得拉西的老师阿尔弗雷多·卡塞拉和吉安·弗朗切斯科·马利皮耶罗（Gian Francesco Malipiero）。尽管如此，彼得拉西给予学生们最大限度的开放，让他们接触到不同流派，这群学生之中就有莫里康内和我。这是他留下的教诲中最有趣，也最有可能孵化出未来的一笔。1952、1953年左右，彼得拉西完成了一次转变。德国十二音体系的专制和讲究承载了当年的音乐语言，尽管彼得拉西的创作经过地中海思维的过滤得以远离独裁和做作，但是他的作品，尤其是《管弦乐第三协奏曲》（*Terzo Concerto per orchestra*），还是更加向十二音体系倾斜。

我相信埃尼奥对靠近文艺复兴的那一端理解得比我更深，而我和德国那头更加紧密，也许我的德国血统也是原因之一。不过不要误会，我俩之间没有丝毫敌对。莫里康内到彼得拉西的班上比我晚，我们在音乐学院不是特别熟。

我记得我们在同一个学期毕业，埃尼奥的毕业作品很有学术价值。接下来，1958年，我们同在达姆施塔特，那是我在那里的第二年。如果只看莫里康内最出名的那些作品，他从来不算一个真正的达姆施塔特人。但是我想到了当时他最先锋的一些音乐实验，非常严肃，偏技巧层面（这就是达姆施塔特，勋伯格的十二音体系更是如此），那些实验在他后续的作品中留下了一道连绵不断的线：对探索的追求。也许这不是他最出名最为人知的特质，但其实在他的电影配乐作品之中也多有展现。说到这里我想到他写的一首曲子，通过各种组合方式，调整并统一内部结构，得到十二组不同的音列，由此组成一段音乐。

在那个年代，人们推崇纯粹、绝对的音乐，与庸俗尘世无关的音乐，我想在某种程度上，埃尼奥可能觉得"问心有愧"，因为他把自己的音乐才能"贱卖"给了市场。他打电话跟我提起过。面对从不踏出纯粹音乐神圣领地的人，他会毫无理由地"自卑"。如今听来这简直荒谬，然而很多人，包括我，直到很晚才改变这种思想：荒谬的其实是我们这些人。当然，人们都知道美国有几位电影音乐人才华横溢，知道他们使用大型管弦乐队，他们能创造与电影人物相匹配的世界或氛围：这是一项有趣且值得尊敬的工作，毋庸置疑。然而莫里康内似乎更懂音乐之内的事，他知道如何为外部环境改编音乐，使其更好地服务另一事物。其实这并不奇怪，在音乐史上也并非新鲜事：毕竟巴赫也为新教和莱比锡的圣多马教堂服务过，而威尔第为了迎合歌剧的标准，有时甚至会牺牲一部分音乐性。

和埃尼奥不同，我对不只是音乐的音乐从不感兴趣，一点也不，然而纯粹主义道路太过艰难，渐渐地，我放弃了音乐本身。他不一样，他的作品联系着世界、社会以及市场需求。他以音乐人的身份完成这一切。面对音乐难题，莫里康内的破解方法源自他身上的一股认真劲儿，而当年在彼得拉西门下，他用同样的劲头完成了专业能力的积累。那段学习造就了他极高的音乐素养，他以此创作大家喜闻乐见的音乐。

我发现莫里康内和根据画面进行音乐诠释的"常规"审美，不在一个频道上。我指的是他最出名的，而且我最熟悉的作品，与塞尔吉奥·莱昂内的合作。其实西部片的目标在于，以充足的预算，用几乎是文献考证的方法，还原历史上的美国西部，或者说，重现一个由真实历史组成的幻想中的美国西部。但莫里康内并不顺应这一意图，他从不（或者说几乎从不）附和电影要讲述的内容，而是创造出保持一定距离的第二环境，引导观众走向同样的疏离。在我看来，这一点推动了"通心粉西部片"这一外号的广泛流传。总之，"跟美国相亲相爱"的感觉被削弱了，总有一丝批判挥之不去：在音乐中非常明显，比如音色的选择隐约有所颠覆。在他身上你找不到一丝现实主义或二战后意大利电影传统的痕迹：就算电影本身呈现出某些现实主义的特质，音乐也从来不是，甚至听到的与看到的格格不入，这一点我认为很现代。

这其中应该有彼得拉西（课堂上的氛围）和斯特拉文斯基的影响。斯特拉文斯基永远和自己的作品分裂，对于自己正在"模仿"或是"运用"的语言他总是持批判态度。这么说吧，这批判性、破坏性的一面，我相信莫里康内理解了，并且理解得很好。塞尔吉奥·莱昂内的电影中，作曲家和导演达成某种程度的一致，他们对待西部片的方式与斯特拉文斯基的作风如出一辙，随心所欲，几乎完全背离西部片本质，赋予其浓重的政治色彩。视觉和音乐的疏离可能受到了布莱希特[1]的影响，戏剧以及形成戏剧的所有其他艺术形式，其处理方式中都体现出疏离：总有一部分，通过在主体和客体之间建立屏障，否定并革新中欧的浪漫主义传统。换句话说，在作者、听者以及主题之间，永远存在隔阂。对莫里康内来说，电影音乐及其评论功能即体现隔阂的途径。音乐作为评论的重要地位，使其与美国的同类作品区别开来。

莫里康内还减少了使用的乐器数量，比较少用管弦乐队或大型管弦乐队，和好莱坞的习惯完全相反。他不关心各个元素如何组合成一件电影成品，所以有时候音乐作为干扰元素加入，负责制造距离。我个人很喜欢这种创作方法，另一位在应用音乐领域特别享有盛名的作曲家，尼诺·罗塔，他的作品中，至少某些部分，也能看到这种方法。

也许这是意大利在音乐领域的独特之处：我们既有向自主思想和纯粹主义靠近的努力，也有应用于电影的音乐作品，前者已然不属于我们的时代，后者，可能埃尼奥·莫里康内是其中最主要的引领者之一。莫里康内也许具有"双重音乐人格"，一种人格偏向斯特拉文斯基式的批判主义以及疏离化，另一种更加实验性，来自达姆施塔特以及那个年代欧洲整体的音乐探索。如果真是这样，一定很有趣。要想知道真相，你需要听懂他的所有音乐作品，比我更懂。

鲍里斯·波雷纳

2013 年 5 月 8 日

鲍里斯·波雷纳，意大利作曲家、学者，圣塞西莉亚音乐学院教授，曾任意大利音乐家协会主席。他是莫里康内在圣塞西莉亚音乐学院的同学，二人皆师从彼得拉西。

音乐学家如是说

● 塞尔焦·米切利：有一天，埃尼奥打电话给我："塞尔焦，我拿到奥斯卡终身成就奖的时候，只有你没来祝贺我。"

我回答说："我早知道你是天才，不需要那帮美国佬告诉我。"

其实埃尼奥没少拿奖，不过我俩认识的时候，他还没有拿过学术界颁发的奖项。当时他已经小有名气，在意大利作曲界颇有地位，但是学术界仍然对他保持怀疑，所以我们第一次见面的时候，他整个人都透着一股挫败感。

我自我介绍是音乐学院的老师（那时我还没到大学任教），正在写一本书，想要采访他。一位教师，来自排斥他的"学术界"，正向他寻求帮助，我想他一定无比受用。他向我敞开心扉，我们的友谊由此开始。

时间长了，他发现我还写诗（我不想把自己定义为诗人，这是对诗人的冒犯）。他叫我写几首给他看，其中一部分后来由他谱写成曲——感谢他。后续也有其他作曲家向我邀词，我想是因为他的缘故。

○ 亚历山德罗·德罗萨：你是第一位对莫里康内其人及其作品产生深度兴趣的音乐学家。

● 确实，我是第一个，但其中一部分原因是意大利音乐学家们对应用音乐的研究太过滞后，这背后的根源在于我国历史悠久、根深蒂固的成见。

意大利作曲家之中，第一位关注应用音乐的是尼诺·罗塔，他遭遇了许多困难，不得不远赴美国费城专门学习，结业后再回到意大利继续进修。受过"正统教育"的意大利作曲家们对电影深恶痛绝，比如"80年代人"（皮泽蒂、马利皮耶罗、卡塞拉）[2]。他们对电影一无所知，也不想了解。这种思想一直影响到埃尼奥的老师彼得拉西。和皮泽蒂等人相比，彼得拉西具备更深的形象艺术及戏剧艺术造诣，但是论及电影，他似乎也没有摆脱陈腐偏见的影响。在和隆巴第的对话中[3]，彼得拉西谈到了电影，突然之间他好像再也不是人们熟知且尊敬的那个彼得拉西了，他说，为电影创作音乐等于出卖自己——这句话让埃尼奥十分痛苦——彼得拉西采取了平民出身[4]的精英的立场，但是他的表现堪称糊涂……

说到莫里康内的思想挣扎，我想到了在奇加纳音乐学院的时候，有一次我在备课，公放了一曲《荒野大镖客》，准备课上讨论。莫里康内请求我调低音量，因为他不想这段音乐在他心目中的神圣殿堂里回响。他为自己做的事感到羞耻。

学生时期的莫里康内不顾一切地想要拜彼得拉西为师。莫里康内非常迷信，他绝对不会选择莫尔塔里，因为他觉得不吉利[5]，反正他从来没有叫过莫尔塔里的名字。好了说正经的，彼得拉西对埃尼奥有一种严厉的爱：我见到过好几次他们相处的场景，这对师生总是特别亲近。彼得拉西私下里把埃尼奥看作自己的得意门生，也许因为彼得拉西自己踏入音乐世界的第一步也是"非正式的"（在罗马一家音乐用品商店担任店员）。所以埃尼奥对自己的老师一直敬重有加，但是我个人认为，跟彼得拉西学习对埃尼奥没什么好处，他接受的音乐训练反而有所缺漏：丝毫不影响他谱曲，但问题终究存在。

○ 你如何得出这一结论？

● 我的教学经验告诉我：站得越高，教得越差。虽然我对彼得拉西一直非常尊敬和欣赏，但是我觉得他不会教人。他带到课堂上的永远是自己感兴趣的主题，讲给学生听，和学生一起讨论，到此为止。除了主题选择问题，讨论内容也相对抽象，不是所有人都能跟得上。上作曲课是非常困难的事：哪一种方式最好？没有人知道。学作曲不是研究音乐素材，而是把音乐素材和其余一切，和各方面文化修养及思想素质联系起来。所以不难想象，埃尼奥一定非常拘束，他在音乐上如此有天赋，对"其余一切"却如此陌生，然而埃尼奥的同学们理解彼得拉西的讨论话题毫无障碍：他们普遍家境富裕，上过大学，和埃尼奥不一样，他们接受过其他类型的训练，有一定基础。除此之外，他们所处的 20 世纪 50 年代，正是前所未有的风格变化期。

最终结果是，埃尼奥的理论水平停滞不前，我认为停留在他之前和卡洛·乔治·加罗法洛（Carlo Giorgio Garofalo）学习时的水平。比如法国作曲家们就被彻底无视了：从德彪西到拉威尔再到"六人团"［达律斯·米约（Darius Milhaud）、阿尔蒂尔·奥涅格（Arthur Honegger）、普朗克、乔治·奥里克（Georges Auric）、热尔梅娜·塔耶芙尔（Germaine Tailleferre）和路易·迪雷（Louis Durey）］[6]。埃尼奥消化得最好的应该是帕莱斯特里纳、弗雷斯科巴尔第和巴赫。

不过尽管埃尼奥接受的音乐教育有遗漏之处（再比如说，德国浪漫主义），他还是有信心，有天赋，有强烈的创作本能，即使最简单的和弦到他手里也成了创造。他让我们看到音色的重要性，他特别擅长谱写旋律……事实上没有哪个方面是他不擅长的。

埃尼奥尤其善于诠释导演的意图，有几位导演养成了找他合作的习惯。托尔纳托雷、博洛尼尼和蒙塔尔多的喜好比较传统一些，但是他们同样在一定程度上把音乐交给莫里康内负责，给予他极大的信任。有一位导演让埃尼奥能够完全遵照自己的本心创作音乐，他是埃利奥·彼得里。他们俩对讽刺、污秽以及亵渎有相同的品味。在我看来这是最好的相处模式……不过说起电影导演话就长了……

○ 你和埃尼奥来往非常密切，除了写书、授课等方面的合作共事，你们之间也有起争执的时候。争论的焦点是什么？

● 一般都是创作方面的选择问题。我批评他，因为几乎只有合作的导演或制片人既没有艺术野心也没有票房追求的时候，他才会写一些实验性的音乐；如果作品有野心，他就求稳，走经过市场检验的老路。显然他觉得自己要为大笔投资负责，也许他想让自己的名字成为一块值得信赖的牌子，但我觉得他做得有点过了，他的智慧和能力已然是一块金字招牌。其实埃尼奥这个人很特别；有些话，其他人会认为是指责，他却不觉得。如果要聊其他作曲人，又是说来话长了。

另一个争论点，也是善意的，是歌词的处理和使用问题。埃尼奥基本不关注歌词含义，最多泛泛地表示一下，他只会把文字按照语音和节奏重新分组。这也是一种传统做法，能用，但有时候会让他犯错。类似的情况比如《三次罢课》，埃尼奥将皮埃尔·保罗·帕索里尼的文字谱成乐曲。词作者描述了罢课的过程，最终孩子们被驯服，乖乖听话以求得到认可。也就是说歌词是负面的。帕索里尼的立场是批判的。然而埃尼奥完全颠倒了帕索里尼的本意，童声和大鼓愉快玩耍，听起来很美，却像是在"庆祝"罢课，和歌词的中心思想没什么关系。

我们还讨论过达米亚诺·达米亚尼的电影《魔鬼是女人》。埃尼奥决定实验性地融合五首天主教继抒咏[7]——《复活节继抒咏》(*Victimae paschali laudes*)、《圣神降临节继抒咏》(*Veni Sancte Spiritus*)、《基督圣体圣血节继抒咏》(*Lauda Sion Salvatorem*)、《圣母悼歌》(*Stabat Mater*)、《震怒之日》(*Dies irae*)，五首继抒咏的歌词拼凑成一盘大杂烩，个人认为如此做法实为不敬。埃尼奥作为一个虔诚的天主教徒，走向了去神话化和反传统——这一点上他也和彼得里同一个阵营——然而几首继抒咏来历截然不同，不适合如此组装。

○ 关于应用音乐中不和谐元素的使用，你们也各持己见。具体情况如何？

● 他跟我说："威尔第也用不和谐的减七和弦加强戏剧张力。"但是我以为，威尔第的不和谐有单一而明确的定义。如果现在大家都像莫里康内一样理所当然地认为，不和谐在无标题音乐中是"解放"的象征，在电影音乐中又成了痛苦的表达，这叫两面派，我不能接受。而莫里康内必须接受有人向他指出这一点。

这些话我跟他说过,我甚至写成文章给他看。埃尼奥完全不为所动,照样我行我素。而我,照样继续写。我觉得缺乏连贯性是一个缺点,无缘无故地削弱了自身风格。这一切皆有迹可循,根源就在于他的学生时代。

○ 从一个角度来看可能是"教学疏漏",从另一个角度来看,其实也让他更加自由地写出不同的作品。他的创作过程有哪些创新之处?

● 他一般使用较少的作曲元素,但是能够充分利用,而且总是用闻所未闻的崭新方法。从对主导动机的运用到一些主题的组织原则皆是如此。比如他经常用到弗雷斯科巴尔第《半音阶利切卡尔》中的四个音,大家都知道这是他的参照点。有些主题,比如电影《神机妙算》的主题,源自对巴赫式琶音的排列组合:对和声进行重组得到主旋律,在此基础上,由"巴赫"这个名字的字母所对应的音(降 Si,La,Do,还原 Si)组成第二声部。有一点佛兰芒乐派[8]的味道,当然不是很明显。莫里康内为彼得里电影所做的所有配乐,包括《对一个不容怀疑的公民的调查》,都贯穿了同样的核心思想:"排列组合",《工人阶级上天堂》的片头曲也不例外——这部电影的配乐是我心目中的杰作。

还有一个例子,不过只有部分符合,因为埃尼奥从不在电影配乐领域重复自己,即使有时候旁人会这样认为。我说的是苏里尼的电影《鞑靼人的荒漠》,通过精简作曲元素,埃尼奥在和声和旋律上实现了空间化的稳定感,那是我听过最美的音乐之一。

后来我又发现了埃尼奥的另外两个倾向。我总结为"三重风格"和"模块化"。两者一定程度上呼应了同一个需求,即简化音乐创作程序和大众交流程序的需求。显然这一结论来自个人分析,我用这样两个词来概括说明我的分析。有意思的是,莫里康内对我的理论表现得十分惊讶:他承认描述无误,但他总是说自己走到这一步的中途过程比我想的更实际些,类似手工艺人,得到的音乐成果不需要专门的词汇来定义。

我想到了在奇加纳学院的时候,我在课上给学员们看导演肯尼思·布拉纳（Kenneth Branagh）同作曲家帕特里克·道尔（Patrick Doyle）合作的电影《亨利五世》(*Henry V*, 1989)，埃尼奥也一同观看，他感动得不行。我放这部电影的目的是向学生们解释内部音乐到外部音乐，也就是剧情声到画外音的过渡。那一场戏是战争胜利之后，亨利五世对士兵们说："让我们高唱起赞美诗……"于是士兵考特（饰演者为本片作曲人道尔）开始唱起《荣耀不要归于我们》(*Non Nobis, Domine*)[9]；他微弱的声音很快和士兵们的大合唱汇合；接着出现和声，增加一个对位声部，最后管弦乐队也加入进来。总而言之整个过程是从内部到外部的渐变，电影场景中士兵们的歌声慢慢变成了人们定义的画外音乐。埃尼奥眼眶湿润着说："太美了。"他比学生们还要激动。其实他自己早就实现过类似做法，比如在莱昂内的电影里。只不过不像道尔这样信手拈来。到了片尾处这一曲再度出现时，换成了由专业歌手演绎的另一个版本。

这些小片段以及我们之间的信任，让我偶尔得以窥见他身上的一丝小心谨慎。不是因为我，是因为我的身份：学者、理论家。他和作曲人、乐手等音乐人交往起来比较放得开：我记得有一次我们跟两位作曲家克里韦利和皮耶尔桑蒂一起去吃比萨，玩得特别开心。不过到了我们分析他的总谱的时候，他几乎从不让我看透，他好像总是想考验我，而且不想泄露行业窍门。

○ 之前你提到了源自巴赫的排列组合思想，同时还提到了"三重风格"和"模块化"。模块化指的是什么？

● 我认为这是埃尼奥在音乐上的一个重要转折点，在他的电影音乐生涯中开创了一个新时代。许多乐谱中都可以看到模块化，比如《地狱都市》里的《地狱厨房》，《教会》，还有很多，包括一些无标题音乐比如《三首音乐小品》。

我第一次发现模块化是研究《约翰创意曲》总谱的时候，这首曲子出现在《革命往事》的开场，画面上一个人影，是正在等马车的罗德·斯泰格尔。我很快注意到这份乐谱在纵向上重叠了多种创作可能。根据组合搭配方式的不同，乐曲的各个部分可以组成不同风格倾向的"模块化"总谱。所以

《约翰创意曲》的谱子可以横着读，也可以竖着读：相当于提供了一个方案，我叫它"母本乐谱"，因为以此为出发点，每一个乐器组、每一件乐器，都可以周期性重复自己演奏的模块作为共有素材，不断更换配对组合。我把自己的发现告诉埃尼奥，他说："啊，你看出来了？"

○ 这个概念很有吸引力，且一举解决了多个创作需求：每一个模块都适于叠加，所以同一套素材可以得到各种不同的结果。说到底其实还是对位……

● 当然，这种对位让他能够应对导演方面带来的不确定性。而他在其他方面的探索（旋律、和声）带来的持续的不确定性——应该是从阿尔真托的电影开始——让整体音响效果显得紧张、不和谐。

说实话，还是《约翰创意曲》里的发现更加让我兴奋，多么奇妙的创造。

埃尼奥的非电影音乐作品大多以基本动机为支柱，基本动机作为基本序列，也可以重新组合、重新排序。事实上，分析他的音乐，最难的地方就是找出基本序列：一旦找到，剩下的唾手可得。我还发现，他写的最无调性的曲子中，其实也隐藏着调性的残余。

多年以来，埃尼奥一直在减少主题使用的元素，从半音音阶中的十二个音（按照十二音体系的规定）到六个、五个、四个音，甚至还有一些仅由两个音组成的微型旋律[10]。通过精简这道程序，埃尼奥同时发展出两种潜力：序列主义以及古典风格。四个音可以是莱奥南或佩罗坦的克劳苏拉[11]，几乎如固定旋律一般，或者是勋伯格、韦伯恩序列的一部分。换句话说，音乐动机既古典又极度现代，可以用在模块化环境中，也可以处理成20世纪的整体序列主义。

○ 减少序列中含有的音高数量，等同于直接在创作的DNA层面进行操作，音乐语言进化的两个对立方向因此产生了联系。只有几个音组成的主题拥有更丰富的表现力，而且可以应用于不同的语法系统，根据所处环境加以理解：调性，无调性，模块化……

● 在《约翰创意曲》里已经出现了这个趋势，但那是一个调性环境。埃尼奥通过重复少数几个音，以反复出现的主题元素为基础，搭建出乐曲的框架。由一个纯四度转调（Do-Fa / 降 Si-Fa）发展出电声低音提琴和钢琴演奏的快速乐句，隐隐指向一个调性中心但不明确，乐曲节奏则清楚展现。

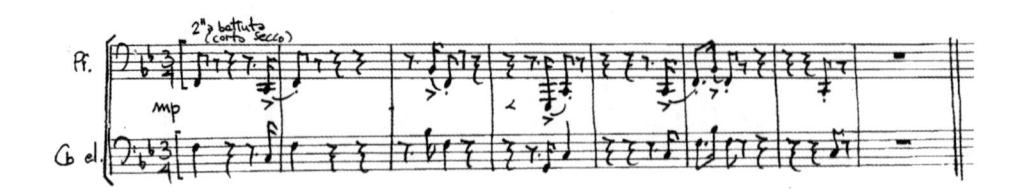

在这第一个素材之上，埃尼奥叠加了由弦乐组演奏的两个可选素材——"选奏1"和"选奏2"。选奏1为3/4拍，音响效果是协和的（引用了《革命往事》的另一首配乐《乞丐进行曲》主题）。

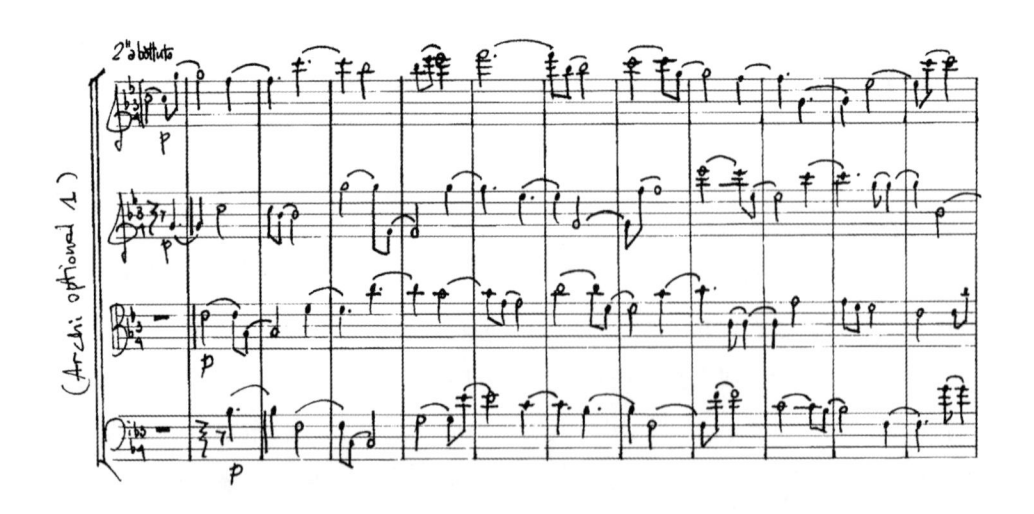

选奏2则是4/4拍，运用了点描手法，音高的选取依据泛音现象而定。调性中心在1中是明确的，在2中是"潜在的"。

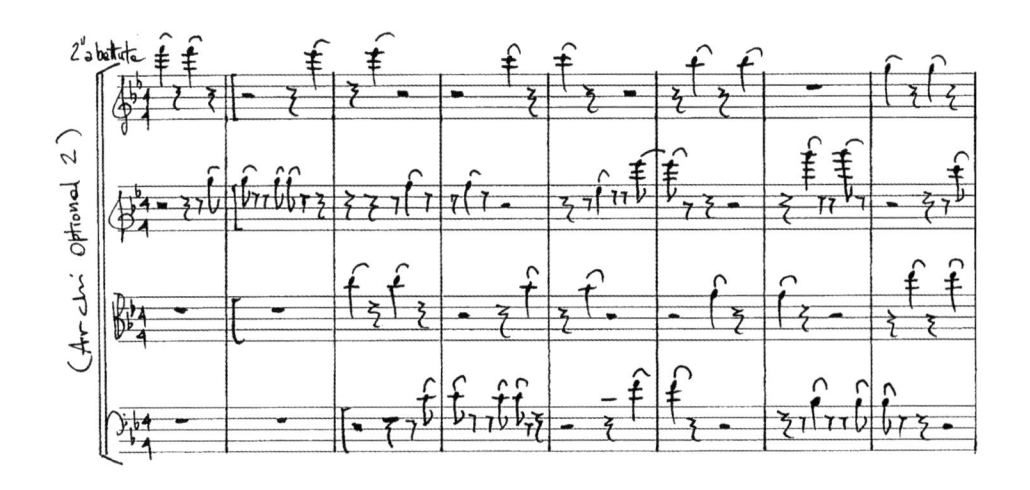

用音乐以外的事物来比喻，这就像是用乐高积木拼一辆小汽车和一间小屋：积木都是一样的，组装方法不同。

○ 组装可以在录制过程中进行，直接向乐手发指令，也可以在混音时完成。

● 完全正确。比如《全世界的小朋友》，埃尼奥召集了不同人种和国籍的歌者组成合唱队，每人录一个音阶，以一道规律的电子脉冲音为底，每一段录音或放或关都由埃尼奥决定。组装发生在混音阶段，通过控制台上的电位器进行操作，技术手段成了作曲方法之一。

这里我要评论一下分配给合唱队的音阶：有一些音阶代表了特定地区的文化，可以接受，另外一些则太过"刻意"：换个说法就是，带来了语言连贯性的问题。（这种连贯性是我所追求的，我刚刚也说到过，不过埃尼奥好像时不时会忘记，或者他根本不在意。）

而彼得里的电影《好消息》中，各样乐器水乳交融，因为采用了非机械的系统：乐手齐聚在埃尼奥面前，他想让某个乐手开始演奏时就用手势示意。这种情况下就不是什么母本乐谱了，而是一件容器，容器里每个部分都能和其他部分相结合。有一次，有人向他指出，如此演奏需要对乐手足够信任，那人问他是不是只有他信得过的乐手才能参加录制。"不是，"埃尼奥

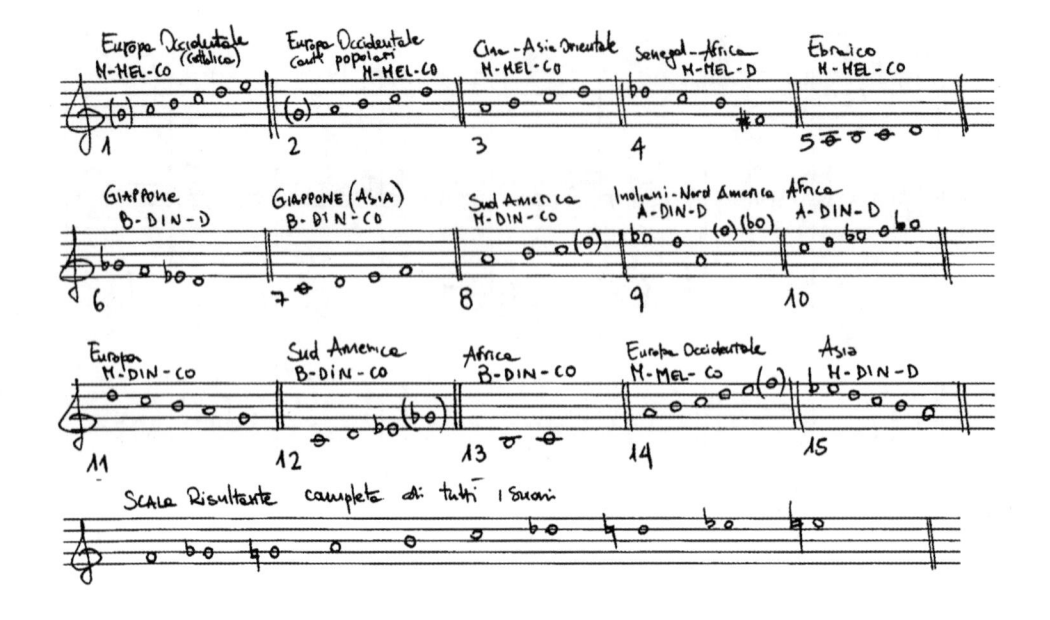

说，"有时候也有我不认识或者我不喜欢的乐手。""那怎么办？""我一个手势也不给他们！"于是某位乐手可能从头到尾保持静默，不过他还是能领到报酬的。这都是玩笑话，说真的，我看这部电影的时候心里想的是：埃尼奥的音乐太美了，迪诺·阿肖拉的中提琴独奏简直有舒伯特的风范，但又没有步人后尘。

埃尼奥的非应用音乐作品中，对"模块化"的探索有所弱化，比如《大大的小提琴，小小的小朋友》这类作品，还有《致迪诺》（此曲正是献给迪诺·阿肖拉的）。我一直认为《致迪诺》是埃尼奥的无标题音乐巅峰之作：可以很冷静，没有任何交流性，也可以完全反过来。两种东西同时存在。这首曲子一般为乐手现场演奏，磁带式录音机录下乐器的声音同场播放，其中凝聚了埃尼奥的很多经验：比如电声声源和现场演奏结合，现场完成模块化等概念。我很为这种演奏法自豪，好像这是我自己的杰作一样，不过有时候由于实际操作原因，录音机会被整套替换成事先录好的音乐，这让我有种被背叛的感觉。

○ 虽然这些"模块化"处理程序在《三首练习曲》中就初见端倪，但是我认为其源头在于新和声即兴乐团。不论如何，这意味着埃尼奥对"有乐谱的即兴演奏"的概念十分关注，这一概念不断发展，更后期的一些作品中也有所体现：从非应用音乐《复活节主日洒圣水歌》到托尔纳托雷的电影，尤其是《隐秘》和《最佳出价》的音乐。

● 跟我的看法一样。我在1994年写过这个观点。

○ 我们讨论了"模块化"概念，能否再为我解释一下"三重风格"？

● 我一直认为莫里康内的音色不是附加在音乐理念上的。埃尼奥在写谱时，脑子里已经有了想要的音色。不是先有草稿，再分配乐器，染上不同的色彩。他的音色是结构。能听得出来。在我看来，这是很多摇滚明星特别爱他的原因：他们被音色吸引，被声音吸引。但是我也很好奇：为什么西部片的配乐格外受欢迎？

特别是"镖客三部曲"（有些改编曲也出现在《神机妙算》中），埃尼奥在自己的作品里串联起了三种风格。"古典风"，来自不太常见的音色和略显"寒酸"的乐器，比如口哨、鞭子、口簧琴、陶埙、口琴、原声吉他等等，不管是作为节奏还是旋律，代表的是一种自由、简单、真实的个人主义。"伪摇滚风"——伪造出来的摇滚，没有什么侵略性——把古典风拖进了现代时间：吹口哨的人只有身处沙漠，才算是我们这个时代齐声高呼"性，毒品，摇滚乐"的摇滚人士。最后，"伪交响乐风"，基本上来自人声合唱团和弦乐队，任选其一或两者组合，带来更加传统的音色及和声：增加一点正统派、保守派的感觉，也就是回归"理性"，回归美好情操，回归小资产阶级品味。

第一种风格在音色上更加新奇有趣，第二种是对前一种的城市化，第三种会覆盖或者从属于另外两种风格，三种风格交替出现，使得埃尼奥打动了各式各样的听者，跨越阶级和代际，同时得到了年轻群体和老年朋友的喜爱。每一位听众都能在他的音乐里找到自己熟悉的东西，找到参照物，虽然因为多个风格共存，每个人都可能更喜欢这一种不喜欢那一种，但是大家在选择的时候就把他的音乐听进去了。

○ 莫里康内认同自己有三种风格吗？

● 我跟他说过，他很惊讶，觉得这个公式完美地描述了他，但他自己从来没想过这些词汇："我作曲的时候想的都是别的事情。"埃尼奥有时候对这些概念化的方法好像不是特别感兴趣，他追随自己的音乐本能。《大鸟和小鸟》的片头曲就出自这份本能，这一曲像是埃尼奥电影音乐概览，短短几秒钟内能听到他从西部片到点描主义的所有风格。

如今，许多导演比如阿梅利奥和莫莱蒂都在自己的影片中大幅缩减音乐所占的比重，莫里康内所说的音乐如"救世主"一般的诠释作用被消除了。这样的大环境下，我觉得埃尼奥有一点孤立无援。不过最近一段时间，他基本上不怎么进行音乐实验了，不像以前那样。只有少数几部电影例外，比如《欲望巴黎》。

曾经还有好几年，他一直以写无标题音乐为梦想，我一直鼓励他。

○ 你的鼓励起作用了吗？

● 如果查一下他的电影音乐作品年表，可以看到 80 年代有将近两年时间几乎完全空白。我不是说自己起到了决定性的作用。完全不是这个意思。有些决定他早就想好了，身边朋友的意见对他来说是支持。仅此而已。不过这段时期没有持续多久，还不到两年……

○ 在你看来，他的探索中断在哪里？

● 无标题音乐中最后的探索我觉得是《UT》，或者我们合写的康塔塔《厄洛斯的碎片》（我负责歌词部分）。电影音乐中应该是《教会》，这首作品涵盖了许多，代表着一个临界点。三重风格和模块化糅合成一首绝对的杰作。但是这里的模块化不是"母本"乐谱，而是更加"传统"的形式，融合不同身份而成的乐谱。《宛如置身天堂》是这一切的结晶。双簧管象征加夫列尔神父的声音，帕莱斯特里纳风格的经文歌代表教廷，同时和双簧管形成和声，在此之上叠加瓜拉尼人的主题（他们唱着"我们的生活"），一首 12/8

拍的貌似民族风的曲子。三个主题融合成一个多节奏的整体。莫里康内很满意自己创造出了这样一个音乐成果，不管在技术上还是精神上都高度浓缩了他一直坚信的原则，即音乐可以成为救赎的源泉。

我觉得奇怪的是埃尼奥似乎曲解了电影的含义。虽然电影本身，尤其剧本，是模棱两可的，其整体基调却是完全悲观的。但是片尾字幕前的最后一幕，一个浑身赤裸的小女孩（仅存的幸存者之一）从躺在水底的烛台和小提琴中选择了小提琴，被埃尼奥解读出了希望和团结，并以此为原点重组一切。可能他有意无意地用音乐同电影描绘的惨败形成对比？这是一个谜。

但是抛开解读，《教会》配乐本身绝对是传世杰作。片尾再次出现的瀑布主题取自拉瓜尼人主题，全曲由三个音组成，总是让我想起《如果打电话》，只不过后者主题有所展开。这就是最奇妙的地方：《如果打电话》是埃尼奥创作的为数不多的歌曲之一，完成于60年代，其身影在《教会》里再现，如果没记错是1986年。两者之间隔了小半个人生。而埃尼奥对自己的保护神始终坚信。

最后，我相信，埃尼奥·莫里康内能够获得不论年龄、不分地域的尊重和感谢，是因为——埃尼奥看到这里一定会嗤之以鼻——因为他有能力让音乐简单而不简陋。20世纪音乐，尤其是德国新音乐（Neue Musik）逃避掉的一些东西，人们在莫里康内身上找到了。

塞尔焦·米切利
2014年6月15日

塞尔焦·米切利，意大利音乐学家，莫里康内研究专家。与莫里康内合著有《为电影作曲：电影中的音乐理论与实践》（*Composing for the Cinema: The Theory and Praxis of Music in Film*）。

高雅音乐和不高雅的音乐？

● 路易斯·巴卡洛夫：我从小接触各种不同的音乐类型，先是学习西方伟大作曲家的钢琴曲，又对南美的民族音乐和城市音乐产生兴趣。

在哥伦比亚生活了一段时间之后，我决定回到欧洲，我想要学习先锋的创作潮流。但是我需要在罗马找一份工作，于是我成了 RCA 的编曲师。

在这里，我结识了莫里康内。

当年，RCA 应该是意大利最重要的一家唱片公司，旗下歌手和乐手在很短的时间内取得了巨大的成功。埃尼奥已经在那里工作了一段时间，他同时为唱片和电视作曲——我特别记得有一个电视节目叫作《小小音乐会》，他在里面重新编配了很多有名的曲子。随着为 RCA 完成的作品数量不断增加，公司逐渐放开权限，让我们自己选择合作歌手：我们都有自己的工作，各自努力，互不干涉。我们彼此都很熟，是很好的朋友。

其实我们的职业路径大同小异：都是从编曲起步，转而写歌曲——我写得更多些——最后，为电影配乐。

他的学术基础比较扎实，编曲显得独特而复杂。但是做到一定程度之后，他想要更加长久地在唱片行业工作，为此他必须转变观念：每一个行业的根本目标都是实现盈利，RCA 并不例外。

埃尼奥是一个充满智慧的人，他看到了编曲的需求是简单有效，于是他写出来的编曲跟当时的"典型"做法很不一样。听一听 20 世纪 50 年代末 60

年代初米兰出品的一些唱片就知道，RCA 发展的编曲诠释方式是一种革新。

到 60 年代中期的时候，莫里康内为塞尔吉奥·莱昂内的西部片创作的音乐让他在世界范围内取得了轰动性的成功，一时风头无两，得到了观众的一致喜爱，现在我还经常说他不是普通人，是摇滚明星。他真的可以像滚石乐队一样让整个体育馆座无虚席。

我们之间还有另一段重要时刻，我感觉自己所受的学院教育有些"漏洞"，而莫里康内在这方面更加专业一些，于是我问他能不能给我上几堂课，教我和声和对位。他对我说，跟和声相关的一切实用手法我都掌握了，但是他又补充了一句，针对对位的学习应该会对我很有帮助。这样的小课堂持续了好几个月，我受益良多：埃尼奥·莫里康内是一位非常严格的老师，他对其他人跟对自己一样严厉。我有时候会跟他争论，大量规则在我看来都是无用的，但是如今想来，严谨的对位学习是非常培养人的。

我和埃尼奥的友谊非常稳固，有时可以说是热烈，不过最近我们见得少了。在我的记忆里我们之间没有太大的争执，只在一件事上有分歧：他认为电影的原声带应该自成一个创作整体。

在我看来，莫里康内的观点和许多著名音乐家一样，源于音乐作品是一个有机整体的概念，这可能是西方音乐一脉相传的。但是这种观念可能会带来争论。举个例子，19 世纪末之前，奏鸣曲曲式一直被认为是"高雅"的西方音乐的支柱之一，然而由此呈现、发展出的音乐理念，有时却迥然不同。

可能有人还记得，关于"高雅音乐"也有过一番议论。"高雅音乐"的说法意味着一定有一种"不高雅的音乐"存在。但是这个词组是无意义的：在我看来音乐只有不好听，哪有什么"不高雅"！

还有一个说法我也持怀疑态度：绝对音乐，埃尼奥很喜欢用这个概念和应用音乐做区分。我更喜欢说器乐音乐。

○ 亚历山德罗·德罗萨：这个概念应该来自德国，狂飙突进运动[12] 和浪漫主义运动。贝多芬等人用绝对音乐的概念解放了作曲家的社会身份。像是在说：我的语言带来了新的讯息，而且只能通过我（指作曲家本人）和乐器来表达。

纯粹、高等、绝对，随便我们怎么叫，我觉得类似这样对某一种创作理念的否定在埃尼奥身上留下了痛苦的印记，他成为一名编曲时不得不"改变身份"。想到这些我就难过，提到歌曲和应用音乐的时候，他不止一次用到了贬低的词汇，因为这些音乐在结构上几乎总是调性的或者模式化的，和他的绝对音乐不一样。幸好我听说——我和他有一段时间没见了——最近他这种给音乐划分"等级"的执念稍微柔和了一些。贝里奥就曾提出，只有音乐和音乐，到此为止。他喜欢甲壳虫乐队，同时他写他自己的先锋音乐。然后某一天他写了一张专辑叫《民谣》(*Folk Songs*)。有什么关系？他不觉得羞愧。他脑子里没有什么伦理家的说教："你应该做这个，你不该做那个。"

在这方面，直到今天还是有许多"高雅"的意大利作曲家们在选择榜样的时候只选多纳托尼、贝里奥、布列兹、诺诺等作曲家。不过在极简主义的影响下情况也在改变。

在您看来，为何他们和大众的距离变远了？也许可以说这两个社会群体，大众和（某种特定类型的）作曲家之间的"信任公约"已经被毁掉了？

● 我稍微思考过这些问题，我说"稍微"是因为我是作曲的，不是做理论研究的，但是我认为——您说到"信任公约"，我觉得这个表述很恰当——它遭到破坏是因为有些当代音乐人完全脱离了大众。他们看不到苦心孤诣和探索发现能带来什么。换句话说他们已经放弃和大众产生联系了。但是他们仍旧自我陶醉，幻想着那些基本上只会造成不适，甚至引起痛苦的音乐在剧院和音乐厅里上演，然而众多音乐爱好者只会迟疑、拒绝，然后继续听德彪西和普罗科菲耶夫。

但是搭配上文字和画面，20世纪一些特别激进的音乐也能变成大众可以接受、可以欣赏的音乐。

我以库布里克的电影为例，试问：有人因为电影配乐中有利盖蒂的曲子而中途离场吗？没有。

○ 您认为莫里康内的秘诀，他成功的秘密是什么？

● 我认为在应用音乐领域，埃尼奥·莫里康内是自有声电影问世以来意大利最好的音乐家，应该也是欧洲顶尖的音乐家之一，和肖斯塔科维奇、普罗科菲耶夫一个级别。

他有很多创造，集天赋、创意和精练于一体。

然后他的成功，就像几乎所有成功的音乐一样，永远是一个谜。

当然，如果有人想要用20世纪的激进风格获得普遍的认可，我相信他会失败的。

在我看来，成功的作品会有一些特定的标准：乐曲必须是调性的或者程式化的，还要有好听好唱的旋律，器乐曲也一样。

仔细研究埃尼奥的电影音乐作品，我们发现他的器乐作品一般都是"好听好唱的"。

所以这是一部分原因，但是一定还有一些原因是无法解释的：人们可以写出成千上万条旋律，为什么只有那几条能够受到欢迎？谁也说不清楚。

阿尔班·贝尔格（Alban Berg）在20世纪20年代对舒曼的《梦幻曲》（*Träumerei*）进行过一次研究。他分析了形成"完美"乐曲所需的各种因素。在他选取的诸多标准之中，他觉得音程结构特别重要，尤其是对纯四度的应用。但到底怎样，谁知道呢……我不知道埃尼奥对贝尔格的研究怎么看，不过看他写过的旋律总数，以及其中有多少是广为传唱的，他应该已经找到了自己的诀窍。那么这个问题，就留待他来解答吧。

路易斯·巴卡洛夫
2014年3月26日

路易斯·巴卡洛夫，阿根廷裔意大利作曲家，曾凭借电影《邮差》（*Il postino*，1994）获得奥斯卡最佳原创配乐奖。他曾与莫里康内在美国广播唱片公司共事，二人也曾长期共用一个录音工作室。

两位宗师

带领我开始导演生涯的是一位导演界的宗师：塞尔吉奥·莱昂内。他有如天降奇兵，为我最初的两部电影担任制片人，还为我引荐了埃尼奥·莫里康内。他在一档音乐喜剧式电视节目《我们不喊停》(Non stop)里看到了我，可能我给他留下了还不错的印象，他想见我。"我想跟你合作个事儿。"他说。那是1979年左右，我手上有好几位制片人和导演的邀约。比如切伦塔诺，我记得他准备找我演主角，而他自己扮演上帝。但是我知道自己想做的是什么，我很肯定，于是我推掉了所有片约，我要等待对的机会，对的人。莱昂内来找我的时候，我立刻明白，机会来了。当时他已经在筹备《美国往事》，不过也为其他电影担任制片人，包括蒙塔尔多导演、尼诺·曼弗雷迪主演的《危险玩具》。我们一拍即合，感觉特别谈得来，简而言之，我们开始合作《美丽而有趣的事》。

塞尔吉奥希望这部电影成为我转行导演的首秀。我们找到莱奥·本韦努蒂（Leo Benvenuti）和皮耶罗·德贝尔纳迪（Piero De Bernardi）来写剧本，他们是塞尔吉奥心目中最好的编剧，应该能给我提供很大帮助。剧本一完成，莱昂内就带我到美杜莎影业，我当着投资人科拉亚科莫和波乔尼的面，一人分饰不同角色念了一遍台词。我感觉他们可能没怎么看明白，但是我记得结束时波乔尼说了一句话："噢，你看感觉还行……如果投资不大……行吧，我们来拍吧！"总之，虽然是一点一点在摸索，我们还是启动了。

剧组的演职员班底日渐明确：我们找到了演员、剪辑师和摄影导演［恩尼奥·瓜尔涅里（Ennio Guarnieri）］。然后我们开始考虑配乐的问题。"你有什么想法吗？"有一天塞尔吉奥问我。我提议请文迪蒂，那个年代最流行的创作歌手。塞尔吉奥听过他的唱片之后跟我说，据他判断，这一位更适合在体育馆里对着人群演唱，我明白了他不是很喜欢我的提议。接着他又说："我们再想想……你说呢，卡洛？我们冷静地想想……"于是我们转而考虑《一座歌唱之城》（Una città per cantare），杰克逊·布朗（Jackson Browne）的经典歌曲《路》（The Road）的意大利语版，演唱者是罗恩，当时他有卢乔·达拉（Lucio Dalla）的大力赞助，我们还见面谈过一次。

不过我看莱昂内似乎更不满意了。最后他对我说："卡洛，我们必须找一位真正的作曲家，他还要有丰富的电影音乐经验。你知道我们要去找谁了吧？走吧，步行过去，没几步路，莫里康内就住在附近。"

我感觉像在做梦。看过塞尔吉奥的电影之后，我疯狂爱上了埃尼奥的音乐，他的每一张 45 转唱片一发售我就立刻买下。那一刻简直是幸福无止境。当时埃尼奥住在 EUR 区，在缅甸路附近，一栋大房子，他家有许多现代画，客厅正中央摆着一架三角钢琴。我记得按门铃之前，塞尔吉奥停顿了片刻，他问我："卡洛，你觉得我有钱还是没钱？""我觉得你很有钱……"我回答道。"好，"他说，"你要想到埃尼奥·莫里康内拥有的钱是我的四倍！"大师很简短地介绍了一下自己，客气地称赞了一下在电视上看过的我演的角色，说他很喜欢。莱昂内给他讲了一下《美丽而有趣的事》的梗概，三个故事：莱奥邂逅了一个西班牙姑娘，一个嬉皮士遇上了神父马里奥·布雷加，一个傲慢自恋的家伙准备去波兰。

这时候我问是否需要演几段台词，埃尼奥说没有必要，他说他看过我演戏。他只问了我一句话："你觉得这是一部什么样的电影？"我说这是一部喜剧，要让大家开怀大笑，但同时我还希望能有一点诗意，故事发生在一个冷冷清清的罗马城[13]，此时三位主人公的生活本身就带着诗意。我又开始讲解人物。"一个是'妈宝'：自己住在特韦雷河岸区，妈妈住在拉迪斯波利，卓别林式的人物。那个嬉皮士需要多一些配乐，因为他的戏对白比较多，相对更戏剧化。最后那个自大的男人，这一段的音乐我已经有了一个想法，如果您同意的话，我会想好所用的曲目。不过您会不会生气……？"

他叫我具体讲讲。

于是我告诉他，电影的开场是那个自恋男的更衣仪式，他刚洗完澡，裹着一身蒸汽走进画面，穿好衣服，往裤裆里塞了一坨棉絮，挑好项链、墨镜，准备出发去波兰，当然他是去不成的。我说这一幕是按照英国奶油乐队的歌曲《列车时刻》（*Traintime*）设计的。我提出给他听一下。于是第二天，我带去一张双面 LP 唱片《火轮》（*Wheels of Fire*），其中就有现场演奏版的《列车时刻》，杰克·布鲁斯（Jack Bruce）吹口琴并演唱，金格·贝克（Ginger Baker）负责节奏。我听得特别兴奋，这首蓝调给人列车飞驰的感觉，真是一首伟大的歌曲。莫里康内则显得比较谨慎，莱昂内说："等下我们看看用它要花多少钱……"我再三强调自己只是提出一个想法，因为我构思这场戏的时候受到了这首音乐的影响。"要不然……"我说到一半，塞尔吉奥接上我的话："……要不然让埃尼奥帮你写一首类似的。"我赶紧表示不如放弃奶油乐队的歌，但是塞尔吉奥说："听我的，埃尼奥什么都能搞定。"

接下来，我还看到了对于自己信任的作曲家，莱昂内如何习惯性地干预人家创作，其实本韦努蒂和德贝尔纳迪都跟我说过。塞尔吉奥说："我看莱奥写的西班牙女人那一段很有诗歌的感觉。"他又补充道，"我觉得你应该写这种感觉的音乐。"说着他开始吹口哨。吹得特别糟糕，真的都不在调上，而莫里康内一边用钢琴弹奏。本韦努蒂提醒过我："你看着吧，等你到莫里康内家了，塞尔吉奥就会开始唱那首《我在找我的宝贝》。他也不是成心总唱那一段，但是他多少还能唱出调来的就这一首，然后你就看可怜的埃尼奥有多心累吧。"事实上莫里康内默默听着，到某一刻他示意自己懂了，看上去有一点不耐烦。他拍了一下我的肩膀，像是在说："这需要多大的耐心啊。"

与此同时电影拍摄也在进行中。有一天我们带莫里康内在声画编辑机上看已经拍好的片段：我觉得他挺满意的，我也很满意。但是这时候我们收到一个消息，奶油乐队的公司报了个天价，我觉得完了：开场戏就是根据那段音乐拍的。塞尔吉奥马上安慰我："别担心，埃尼奥给你来段更好的。"我无论如何都想保留口琴的声音，但是我记得莫里康内是这样说的："嗯，我们不能用口琴，不然太显眼了。我尽量给你写一首相似的，用同样的节奏。"结果就是这样了。神奇的是我们说到的这首配乐，被莫里康内命名为《原版》(Originale)。

这首曲子，还有几乎所有配乐，都直接用在拍摄和剪辑现场了。不过我还是有点特权的，我旁观了片尾曲的录制，作曲家本人指挥，电影投映在管弦乐队背后，他边看边指挥以求同步。我记得是在欧几里得广场上的一间录音工作室。这个片段我印象很深：我感觉自己是一个真正的导演了！

回想那些日子，我想说莫里康内不到拍摄现场来对我来说可能是件好事，因为和莱昂内一起拍戏，什么都可能发生……他甚至打过我！

那一场戏讲的是妈妈打来的电话，呆头呆脑的主角正要跟西班牙美女亲热，但是被母亲的一通电话打断了，他意外地鼓起了反抗的勇气："为什么？我就不能有女人吗？！"这个人物我觉得几乎是"一张白纸"，这是他第一次反抗：他甚至直接挂掉了妈妈的电话。

"我要看到青筋直暴，我要看到一个真正被激怒的人。"莱昂内给我的设定是汗流浃背、气喘吁吁、青筋暴起，要一眼就能看出来。他说："你下楼绕三圈，用跑的。你回来我就打场记板，你直接说台词。"

当时正是 8 月份，罗马的气温有四十度。我提醒他天气很炎热。

"这跟我有什么关系？！我们在拍电影，不是在演马戏。你必须绕着大楼跑三圈。"

我走出摄影棚，关门下楼。我顺着台阶上上下下跑了好几趟，根本没出大门，刚有一点喘我就回到了现场。

"我准备好了，塞尔吉奥。"

"啪。"

他坐在那儿看着我。用他出了名的冷漠语气说道:"开拍。"

我还没来得及说台词,突然塞尔吉奥·莱昂内戴着红宝石戒指的大手伸过来给了我一记特别响亮的耳光。

那个电子场记板还在计时。

"停!"

"混蛋玩意儿……叫你绕大楼跑你根本没去。我就站在窗户边上,我没看到你。"

现场冷得像冰,化装师试图用粉底盖住他在我脸颊上留下的五道手指印。

那一瞬间我简直恨死他了。我们对视的目光火星四溅,就跟他拍的西部片一样。他当着所有人的面扇我一个耳光,我恨不得送他下地狱。

莱昂内说:"那么,下去跑圈?"

我气冲冲地下楼。街上的沥青仿佛在沸腾。我一边跑一边用余光偷瞄,发现他真的在窗户后面监视我。

回到拍摄现场,用来遮五指印的装都掉了,我浑身湿透,热到通红,甚至发紫。

"啪。""开拍。"他喊道。

"喂,妈妈……"

一条过。

"我觉得挺好。"塞尔吉奥说。然后他站起来,离开了。

莱昂内对我而言就是这样,有时像父亲,有时像长官。莫里康内则总是谨慎周到地表达自己的意见。他是一位非常细致的音乐家,为我打造了一张非常精致的原声带。我总是长篇大论,而他从来不会把自己的东西强加给我,我在演戏时有时会想到这里应该加一段音乐,这时他的音乐就会出现,就像一个支柱。我能感觉到他非常喜欢电影角色。口哨声用得也很成功,既丰满了电影描述,还为整体增添了一丝热情、孤独和诗意。

《美丽而有趣的事》大获成功,投资方更加信任我,以及我的下一部电影,《白色、红色和绿色》。这一部我也是听着配乐完成构思,这一次,演奏配乐的乐队规模更加庞大。我觉得莫里康内的音乐比在前一部里作用更大了,音乐极大地增强了特定片段的诗歌韵味。比如三个主人公之一的米莫,他带着自己风烛残年的老祖母一起踏上旅途,莫里康内为这一段故事谱写的主题几乎有点孩子气,精彩至极。另一个移居海外的主角选择了一条令人啼笑皆非的回乡路,陪伴他的是具有意大利风情的乐器演奏的意大利南部音乐,其中还引用了意大利国歌。总的来说,《白色、红色和绿色》中给人印象最深的就是米莫和他祖母的曲子:那几场戏真的很美。

莫里康内从来不到拍摄现场来。他会在纸上做笔记,但是我感觉他不用多想,很快就知道该怎么做了:看过一遍电影之后,两三天内他能交出好几个主题任君选择。他的作曲速度很快,创造力十足。

我一直觉得莱昂内和莫里康内的组合跟列侬和麦卡特尼很像:这两个人一起绝不会出错!

我还发现埃尼奥·莫里康内非常懂得讽刺的艺术,至少在艺术作品中是这样,他能在音乐中恰当地表现讽刺。我不知道在我的电影之后他又配了多少部喜剧。听他为托尔纳托雷的电影写的音乐,我能察觉到一股浩然刚劲:宏大的画面配宏大的音乐。而跟我合作的时候,是小音乐,很合适,而且总是在恰当的时机出现,很有智慧。他行动谨慎,但是效率奇高,而且会适时地加入一点讽刺。在我的印象中,他还是一个非常幽默的人。他在给我的原声唱片上写了一句非常有意思的话:"祝你再接再厉再导一百部,期待再度合作。"还有,我们碰面的时候他总是问我:"你对我不感兴趣了吗?"我回答道:"埃尼奥,你看,你的报价那么高……""这有什么关系?我们之间可不一样,我们是朋友啊。""有机会一定,"我说,"一定!"然而实际操作又是另一回事,他写的音乐光键盘、吉他或者架子鼓是不够的,他需要一整支管弦乐队,所以他开的薪酬是有道理的。

在我看来,莫里康内的伟大源于他受到的教育。他有戈弗雷多·彼得拉西这样的老师,他熟知马代尔纳、达拉皮科拉的音乐以及当时的当代音乐;

这一切让他为电影发展出了一种现代的、非惯例的音乐思维。由他编曲的歌曲中也能看出他扎实的基础：最经典的要数《如果打电话》，这首歌即使放到现在还是那么特别。他的伟大，很大程度上是因为他的教育背景以及他的几位老师。当你背后有坚实的文化支撑，你就能够去到任何想去的地方。

卡洛·韦尔多内

2014 年 3 月 28 日

卡洛·韦尔多内，意大利喜剧演员、导演，曾出演保罗·索伦蒂诺（Paolo Sorrentino）的电影《绝美之城》（*La grande bellezza*，2013）。莫里康内曾为他自编自导的电影《白色、红色和绿色》配乐。

献给你的赞歌

  如果有人叫我说说埃尼奥,我可以讲一下我们是怎么认识的,还原一下那前后发生的故事,不过我也不会忘了趁机评论一番如今的电影环境以及电影音乐环境。所以我想这样开头:2013年,我在威尼斯电影节担任原声音乐评委团主席,如今大家都说"原声音乐"了,我非常直观地看到,电影配乐正在消失。音效依然很受重视,但是所有参赛电影中,作曲人读过台词本,专门创作音乐,在录音室里指挥管弦乐队完成演奏,这样的电影只有一部,吉安尼·阿梅利奥(Gianni Amelio)导演的一部意大利电影。只有这一部拥有真正的原声带,录音室里录制的那种。但是在哪里录制的,哪个录音室?在匈牙利、保加利亚,或者在罗马尼亚,如今大家就是这么做的,所有人都跑到东欧录制音乐,因为那里好的管弦乐队开价更低。唱片公司和出版公司都在紧缩开支,反正传统行业都很难过。除了电影,我还导演过歌剧,持续了很长一段时间,我的第一部歌剧作品是《图兰朵》(*Turandot*),在维罗纳圆形竞技场上演,还有其他几部作品,比如在维也纳演出的《魔笛》。我最后一次导演《图兰朵》是在都灵,观众反响热烈,歌剧本身也很精彩,但是舞台……我们分到的演出时间只有三四天。同时期还有另外一部歌剧上演,于是剧院"优化"了各个剧目的演出时间。现在歌剧整体水准普遍下滑。生活不易啊。

  以前不一样。我来到罗马的时候是20世纪50年代,我发现自己所到的这座城市，只需要一个晚上就可以认识所有人。如果你去人民广场，你就会碰到利扎尼、彼得里、德桑蒂斯、乌戈·皮罗、多尼诺·古埃拉（Tonino Guerra）……再去克罗齐路上的那家餐馆，你能遇到富里奥·斯卡尔佩利（Furio Scarpelli）、保罗·本韦努蒂（Paolo Benvenuti）、德贝尔纳迪、斯科拉、马卡里、蓬泰科尔沃、索利纳斯、莫尼切利……所有人都在那儿。最后，如果你再顺便逛一下威尼托大道，你可能会跟正在散步的费里尼和埃尼奥·弗拉亚诺（Ennio Flaiano）擦肩而过。

我觉得这是一种幸运，不过那时候生活也很艰难，不一样的艰难，因为当年既没有电视也没有广告，导演们只能拍电影或纪录片。我当过几年演员，为了养家糊口，为了不向我父母求助，否则他们可能会有所警觉，发现我过得不是那么好。

"甜蜜的生活"就在威尼托大道[14]，这是费里尼教给我的：当年我从没去过那里。我们吃的是炸饭团，没有车，从来都是步行。我们都没什么钱，但是我们很团结。那个时候我还不认识埃尼奥，但是我们有许多共同的朋友。我和埃利奥·彼得里的关系就很好，我们还一起拍了电影《裸活》（*Nudi per vivere*，1963），还有切特·贝克（Chet Baker）和一个叫埃利奥·蒙泰斯蒂（Elio Montesti）的导演。有人可能会问最后这个家伙是谁。我来回答：是埃利奥·彼得里、蒙塔尔多和朱利奥·奎斯蒂（Giulio Questi）。一个化名。

还有一个人跟我们俩关系都不错，吉洛·蓬泰科尔沃。我在他家住了五年。房子是吉洛的，在阿弗里卡诺区的马萨丘科利路上，他是家长。同住的还有佛朗哥·吉拉尔迪（Franco Giraldi），佛朗哥·索利纳斯时不时会来借宿，卡利斯托·科苏利希（Callisto Cosulich）住了很长时间，还有其他房客……基本上都是五六个人一起住。蓬泰科尔沃告诉我，他发现了一位才华横溢的作曲家：埃尼奥·莫里康内。

我和莫里康内的合作始于1967年。我保持着一项纪录，他创作了那么多张原声带，合作次数最多的导演就是我，还有博洛尼尼、内格林。我们一共合作十二次，包括电影和纪录片——电视电影《马可·波罗》（八集）居然只算一部作品，真不敢相信……我第一次见到埃尼奥就对他很有好感。他很有礼貌，不复杂，让我感觉十分自在。我当时的感觉，说起来可能有点诡异，我觉得自己认识了一个"普通人"：他很平和，愿意配合别人。显然我臆测的傲慢是不存在的，从来没有存在过。除此之外，埃尼奥的生活十分规律。如果要请他吃晚饭，一定要控制好时间，因为一到晚上10点他就困得不行，要回家睡觉了。夜场电影对他来说也有变成"催眠曲"的风险，所以我总是比较注意这方面。不过这也难怪，想想他每天早上几点起床……

我们成了很好的朋友，我真的很喜欢他，也很喜欢他的家人们。

《不惜任何代价》是我们合作的第一部电影。虽然早就想好了背景设定在里约热内卢，但是因为版权问题我不想用什么巴西名曲。不过对某些场景来说，巴西风格的曲子是非常有必要的：于是我叫埃尼奥写几首巴西民谣，拍摄的时候就在边上放，本身拍摄计划也是开放式的。哎，不过他写得太好了，还给我制造了一点麻烦。我说到的那一场戏是狂欢节，奇装异服的人群、五颜六色的花车把灯火辉煌的街道挤得水泄不通，一大群舞者在路中央疯狂舞蹈。在拍摄现场，我按照计划用最大音量放埃尼奥给我写的三首桑巴曲。舞蹈演员们跳得很起劲。我都喊停了他们照样跳个不停，完全的里约风情。不可思议。他们都被音乐感染了。

埃尼奥让我学到很多，因为他喜欢让导演参与音乐制作，即使是像我一样并非音乐专业出身的导演。比如《死刑台的旋律》的片头曲，埃尼奥设计了一个很明显的电椅音效。制片人审片的时候，一开始没有看懂。我自己向制片人进行讲解（我和埃尼奥事先讨论过），最后我们留下了这一段。不过，另一部电影《乔达诺·布鲁诺》，他写音乐时先写了一段弦乐曲作为基础，像是一块地毯，在此之上摆上其他音乐部件。那一次他没有跟我讲自己的作曲计划，我听到弦乐曲心想可能这就是他写的配乐。他如往常一般和颜悦色地告诉我："啊，朱利亚诺，这只是一块地毯，不是最终成品，上面还要放别的东西。"后来他老是拿这事开我玩笑："这一次我给你做张地毯吧？"

我们会互相挑事儿，但我们感情很好。完全的信任：我拍好电影，你来写音乐。

和他的相处也让我意识到了对于导演来说，有一些小细节不可忽视，最重要的就是要尽早和作曲家好好聊一次。最好从台词本的开头开始聊，因为哪些空间要留给音乐必须尽早确定。你不能在空投炸弹的时候把音乐垫在爆炸声底下。这种事在拍《神与我们同在》的时候发生过一次，他很温和地问我："你听得到音乐吗？听得到吗？要是听得到那你可太幸运了！"他说得格外轻柔，但是话语中的讯息坚定明确。幸好我们看的是预剪辑版，我还能想办法。从坦克或者炸弹身上下手，不然就只能动音乐……

一般来说，在一部电影里，观众能意识到的音乐有两首：片头曲和片尾曲，如果他不提前退场的话。绝大多数情况下，音乐是渗透于其他声音之中的。如果想要把某一场戏完全交给埃尼奥和他的音乐，需要为音乐构建一个表达的空间。比如，假设有这么一场戏，一个男人到公园去沉思，那么他到底在想什么就由音乐来表达。不需要话语或其他声音。这是埃尼奥教我的。我不知道自己是不是领悟了，但是我尝试过，有几次还挺成功的。

对这一点，我在美国剪《马可·波罗》的时候再次加深了理解。在我个人看来，如果镜头中一匹马跑远了，马蹄声也要听起来越来越远，不能留下来给配乐"打节奏"。但是埃尼奥和莱昂内是这么做的：西边传来马蹄声，这声音变成鼓声，也就是变成了音乐。我曾经好几次偷偷摸摸跑去电影城看塞尔吉奥剪片子！每一次都是一场生动的教学。如此我才明白了电影应该怎么拍。每次有人找我拍西部片，我总会想起莱昂内，于是我都推掉了。毫无疑问：莱昂内和莫里康内的西部片给美国人上了一课（想想克林特·伊斯特伍德的职业生涯：西部片让他成了世界级巨星，他自己如今也承认从中学到了很多）。我跟莱昂内的关系也很好，在达米亚尼的电影《一个天才、两个朋友和一个傻子》里，我们俩共同负责第二摄制组，这部电影的拍摄因为天气原因延迟了不少，塞尔吉奥还是制片人。1979年，塞尔吉奥也为我的《危险玩具》担任了制片人。当然，音乐都是埃尼奥写的。

拍完《神与我们同在》之后，埃尼奥传授给我的"秘诀"，以及声音和音乐在电影中所需的空间，引发了我更多的思考。接下来的电影，约翰·卡萨维茨（John Cassavetes）和布里特·埃克兰（Britt Ekland）主演的《铤而走险》，我按照先前得到的经验拍摄，再一次被他折服，他总是能够找到电影中适合变成音乐的那段沉默。毕竟音乐中也有休止符。《铤而走险》是一部典范之作，我将毕生学习。接下来，自然到了拍摄《死刑台的旋律》的时刻！我永远都不会忘记，开拍前一次闲聊，我跟埃尼奥说我要加一首民谣。那时候正是民谣的时代。他呛我："怎么加，你来唱吗？"我们在现成的民谣歌曲里选来选去，有一天埃尼奥突然想到："你为什么不找琼·贝兹？"这个主意简直太疯狂了！"我怎么联系得到她？"要知道当年贝兹正处在自己事业的巅峰。

但是命运把我送到了美国，我去寻找合适的拍摄地，见了几位演员和制片人。有天早上，我离开酒店准备去见一位制片人，半路上我碰到了富里奥·科隆博[15]，当时他因为工作方面的原因也在美国。

"朱利亚诺，你怎么在这里？"他问道。

"我准备拍一部关于萨科和万泽蒂的片子。"我回答道，"回国之前要是能和琼·贝兹见一面就好了，我想邀请她为我的电影献唱。"

"你看，怎么这么巧：她今天晚上到我家做客。"

"真的？"

"真的，那位贝兹今晚在我家！"我赶紧请富里奥帮我转交我的英文剧本，还声明负责音乐创作的是莫里康内，当时他已经是传说级的作曲家了。"埃尼奥会专门给她写一首歌，一首民谣。"

第二天一早，我接到贝兹女士的电话，她同意了。为了这首歌，埃尼奥专程赶去见她。埃尼奥说不了牛津口音的英语，她也不会佛罗伦萨口音的意大利语，但是音乐是一种国际语言，音乐可以传播到任何地方，所有人都听得懂……只要他知道音乐这个东西……

埃尼奥仔细研究贝兹的唱片，全面了解她的歌唱能力和潜力，她跟我说:"感觉像是我们合作很久了。"他们的第一次碰面如田园诗一般清新愉快,非常神奇。贝兹准备了笔记,她从万泽蒂写给父亲以及辩护委员会的信上摘抄了几句话,埃尼奥以此为素材写下了那首如列车般滚滚向前的歌。

毫无疑问,《死刑台的旋律》获得的巨大成功也有音乐的功劳。电影上映之后,有好几年,我走到哪里都能听到我们那首民谣。有一次我在柏林遇到一场学生游行。警察拦住了我的车,前方正在行进的队伍声嘶力竭地唱着:"这是给你们的赞歌,尼古拉和巴特……"[16]

这不是战争之歌,这是自由之歌。《乔达诺·布鲁诺》里也是这样,主人公所受的苦难传递出痛苦折磨的感觉,但是埃尼奥的音乐里似乎有什么东西,又给电影带来了一丝希望。他的一些灵感非常奇妙:只有艺术家才能想到。从我们一起合作第一部电影开始,我再也没有想过要去找第二个作曲家——他儿子安德烈除外。那一次我对埃尼奥说:"我和你儿子背叛了你。"其实只要有埃尼奥在,音乐部分我根本不去操心。

有时候他好心邀请我到他家,用一场钢琴"独奏会"把他写好的主题弹给我听,我特别享受。其实要什么样的音乐,我完全由他做主。在他家,我也经常跟他的妻子玛丽亚打照面,非常可爱的一位女士。埃尼奥给我听的钢琴版主题是他计算了声画编辑机上的时间之后写的,同一场戏会写四五个版本。我仔细观察、认真研究,慢慢学会了读他的想法。于是,通过他弹琴时的投入程度,我能看出哪一版是他最喜欢的。在音乐方面,我相信他,不相信自己,我会选出他最喜欢的,跟他说:"埃尼奥,我要这一段。"瞬间,他脸上的神情更加平静了,像一道阳光。在他身上,我知道了什么叫对音乐的热爱。

这种做法持续了好几年,另外我们还有一个小小的记忆游戏。我会突然哼一首歌,我记得的他给我写的歌,他要说出是哪一首。当然,他一首接一首全都猜中了。

在他配的那么多部电影中,我对《教会》印象特别深刻,不是我的作品,但堪称埃尼奥的经典之作,部落音乐和神圣音乐互相转换,甚至合为一个整体。要我说，也许是渎神之作，用音乐亵渎。这部电影居然没有为他拿到奥斯卡奖，我觉得很震惊。一直要等到2007年，他才收获那个终身成就奖。当然埃尼奥不缺大奖，但是那个空缺还是有点分量的。他和莱昂内合作的那些电影，比如《美国往事》，都值得一座小金人。

《死刑台的旋律》之后间隔了很长一段时间，直到80年代初期我加入《马可·波罗》的拍摄，我们才再度合作。我向所有人，包括演员、技术人员、制片人团队，提出了一个可怕的要求：在一片遥远的土地上，封闭拍摄至少两个月，其间无法跟外界联系。这对美国演员来说尤其难熬，他们恨不得把电话绑在身上。那个时候还没有手机：在蒙古，通讯靠的是……点火起烟，就像美洲印第安人一样。我记得摄制组里还发生了一次抗议，他们跟我说："导演啊，都快三个礼拜了，咱们都不知道罗马那边发生了什么事。"于是我们想办法联系意大利大使，七天之后我收到了一条消息，罗马队主场败给了当年还在意甲的阿韦利诺队。我召集所有人宣布了这个消息，他们说："不用说了导演，就这样吧。"听起来像编故事一样，但真的就是这样。

我们在中国拍摄时，莫里康内来了。他到北京的时候全剧组正在紫禁城里。我安排了一队皇家卫队护送他到拍摄现场。特别有意思。他在北京城里四处转悠，这里听听，那里看看，研究一下中国乐器，但不止这些……闲逛让他收集到许多声音和画面。他去看舞蹈，看演出。电影中有他的旅途和体验留下的痕迹。这让我想到普契尼，尽管他从未离开意大利，但是通过幻想和音乐，他能去到世界上任何一个地方：去日本是《蝴蝶夫人》(*Madama Butterfly*)，中国是《图兰朵》，巴黎有《波希米亚人》(*Bohème*) 等等，美国则是《西部女郎》(*La fanciulla del West*，如果叫我改编这部歌剧，我会拍成黑白电影：场景都是黑白的，服装也都是黑白的，然后临近尾声慢慢显出色彩)。

除了《马可·波罗》，埃尼奥应该没有来过我的其他拍摄现场。我倒是经常去听他的音乐会。2007年威尼斯圣马可广场的那一场我也偷偷去了：连续两晚的精彩演出。他的音乐会举世瞩目，因为他本身才华出众，也因为许多电影带来了宣传效果，比如曾经莱昂内的电影，还有现在跟他关系也很好的托尔纳托雷、贝托鲁奇，以及许多伟大导演的作品。

我总是第一时间把剧本和台本拿给我的合作者们看，其中也包括埃尼奥。作为一项仪式，我管这道工序叫作："剧本分析会——为合作者们写批注"……埃尼奥一般会写一些表扬的话，或者保留意见，他总是表现得非常谦逊。或者他可能会写一条建议："这个镜头结束之后我们可以给音乐留出一段空当？"我回复他："当然可以。"第一遍审阅剧本并且比较各方意见之后，接下来我就直接给埃尼奥看成片了。总的来说他不怎么评论，但是他把自己的工作做得很好：他会给我一些提示，告诉我哪里应该加音乐。我会把他说的信息都收集起来，然后交给他做。

如果埃尼奥不喜欢某位导演，他不会犹豫：对方的电影他直接拒绝。我问过他好几次："为什么你不接某某某的电影？"他总是回答："他没找我。"要知道这种情况下很可能就是有什么地方让他感觉不舒服了。

彼得里那个老好人偷偷地把《对一个不容怀疑的公民的调查》里的音乐全都换掉的那次，我也在场。"如果你喜欢的话。"埃尼奥这样回答，看得出他心里特别乱，完全没意识到那是个恶作剧……但是他的反应再一次证明了这个男人有多么谦逊。

我最初的两部电影请到了鲁斯蒂凯利作曲，之后是乌米利亚尼。但是等我发现了埃尼奥……之后我再也没有遇到过第二个埃尼奥。有些导演还和巴卡洛夫、罗塔合作过，都是非常出色的作曲家，但我还是找莫里康内。制片人一直在换，但是没有一位对这个选择有过异议。我撞开大门才能进入的宫殿，对他而言完全开放。他就是好作品的保证。我和蓬蒂很熟，我在德劳伦蒂斯制片的几部电影里担任助理导演，我也和帕皮、科伦波（《死刑台的旋律》以及莱昂内第一部电影的两位制片人）一起工作过，不论制片人是谁，只要提名莫里康内，就像手握一把万能钥匙：对于电影的音乐他们完全不插手，从第一个音符到最终的片尾曲，从音乐录制到管弦乐队的管理，一切都交给他。

最近几部电影我们都在罗马论坛录音室进行录制，那是莫里康内和其他几位电影音乐作曲家共同买下的，在欧几里得广场上。我感觉他在那儿跟上帝一样，那里就像他家。他肯定觉得比 RCA 的录音室好。

我从不重看自己拍的电影，那是无尽的折磨。我只有一个共同拍摄的伙伴：上帝，但是他老人家不愿意跟我合作，我拍摄的时候他从来不帮忙。你想要拍一道美丽的日光，天边马上飘来一朵云；你正在一家餐馆门前拍摄，老板跑出来赶人你只能收工；要不然就是你缺少某种许可……可能发生上千种状况。

上帝本该是一位超凡出众的联合导演，然而在我拍摄的时候他总是消极怠工，真的很遗憾。

幸好埃尼奥一直在我身边，他是一个手艺人，一位艺术家，一个伟大的人。

朱利亚诺·蒙塔尔多
2014 年 5 月 26 日

朱利亚诺·蒙塔尔多，意大利电影导演，代表作《死刑台的旋律》。他有十二部电影由莫里康内配乐，是与后者合作次数最多的导演之一。

许多个埃尼奥·莫里康内

我来到蒂布尔蒂娜车站，RCA 公司应该就在附近，吉诺·保利（Gino Paoli）正在那里为我的电影《革命前夕》录制配乐。他向我介绍了他的"编曲师"。一位非常非常年轻的音乐人，圆框眼镜后面的脸上直白地写着他的心情，他叫埃尼奥·莫里康内。保利写了两首插曲：《请你记住》（*Ricordati*）和《依然活着》（*Vivere ancora*），还有配乐的旋律部分。录制开始之后，我意识到了莫里康内在这些音乐中的重要性，他完成了管弦乐编曲部分以及两首歌连接部分的创作。我记得《依然活着》没过多久就被 Rai 审查了，"你的长发披散在我的枕上"，他们说这句歌词太露骨，必须删掉。不可理喻。保利决定不理他们，这首歌后来成为 Rai 的禁忌。

一段时间之后我发现那位编曲师埃尼奥自己也在作曲，而且他是著名的新和声即兴乐团的成员，在当时的意大利，这支乐团在音乐方面的实验最为彻底。

拍完纪录片《石油之路》（*La via del petrolio*，1967），1968 年我又回归虚构类电影，《搭档》，一部"处于精神分裂边缘"的电影：1968 年对我来说——对许多人来说——是特别喧嚣的一年。

同时间，埃尼奥完成了莱昂内"镖客三部曲"的音乐，他的音乐和塞尔吉奥对西部片的伟大改写成就了一部模仿的典范：这是一部先于后现代概念的后现代作品。塞尔吉奥还找我和达里奥·阿尔真托一起为他的西部片终章

《西部往事》编写脚本。莫里康内的配乐奠定了又一部精彩的模仿之作，不过如今这种风格已然打上了塞尔吉奥的标签，成为影史经典。当年甚至有人指控我背叛了"作者电影"。我告诉他们，莱昂内是意大利20世纪60年代最好的导演之一。第一次见他的时候，站在他面前，我的心里满是崇敬。

1966年，一部《大鸟和小鸟》昭示着埃尼奥与帕索里尼的合作拉开序幕。我记得埃尼奥跟我讲起他的时候，无比深情、无比尊敬。他应该是欣赏皮埃尔·保罗的特立独行，因为他自己从来无法做到。莫杜尼奥演唱的《大鸟和小鸟》片头曲至今仍是音乐和讽刺艺术中的一颗明珠。一想到这首曲子，我就默默地在心里唱了起来。

西部片音乐对我影响颇深，所以1968年筹拍《搭档》的时候，我又想到了埃尼奥。我叫他写一首浪漫的弦乐曲，镜头画面如好莱坞音乐剧一般，斯蒂芬尼娅·桑德雷莉在夜色中走下台阶。

这些工作经历让我有机会看到莫里康内的其他品质：他天生果敢，直觉惊人，又很多变，不管合作导演的风格相差多远，对于不同电影不同要求，他总有超乎常人的适应能力。在录音室这块战场上，他能迅速而准确地记住其他作曲人写下的曲谱。他的天资让他能够轻松运用任何一种音乐语言，并且从内部重建，化为自己的语言。

1970年到1974年之间，我的电影从一个人的自言自语慢慢向对话转变，至少向着和观众进行对话的方向进行探索。《同流者》（*Il conformista*，1970）请到了法国作曲家佐治·德勒吕（Georges Delerue），他曾为特吕弗、戈达尔以及许多法国新浪潮电影导演的作品作曲。《巴黎最后的探戈》（*Ultimo tango a Parigi*，1972）我邀请了我的阿根廷朋友加托·巴维里（Gato Barbieri），一位吹奏黑人音乐的白人次中音萨克斯管演奏家，其实片名中的"探戈"这个词就是献给他的。之后，当我开始构思《一九〇〇》，我知道不会再有第二人选，只有埃尼奥·莫里康内能够写出如此史诗性的意式音乐，同时他还能兼顾20世纪初的流行音乐以及当时的政治背景。

这部电影成了一场挑战十足的冒险，我记得整个摄制期间我和埃尼奥经常聚在一起讨论。他给我听写好的主题，我在拍摄时当场再加工。不管我提出的要求多么奇怪，他都能迅速把整场戏的音乐重写好或者修改好：他走到钢琴边，几分钟之后，我得到了一个新的版本。这也是一种极为难得的天赋。

《一九〇〇》的配乐于当时还在人民广场的罗马论坛录音室旧址录制完成，用时超过一个月。整支管弦乐队几乎全程在岗，那么多弦乐器、铜管乐器等等，对于电影制作可以说是一笔巨大的开支。但是我只关注埃尼奥的音乐，而且制片人完全没有干预。此一时，彼一时啊。

《一九〇〇》大获好评之后，我又请埃尼奥加入我的新电影《月神》。临近他准备开写的时候，我突然想到，片中吉尔·克莱伯勒（Jill Clayburgh）饰演的母亲是一位女高音，围绕她的配乐只能是歌剧音乐。于是，在《月神》中，埃尼奥的音乐只剩下非常短小的一段钢琴曲，作为片头曲。

我会非常详细地向共事的音乐家们提出我的要求。我和他们走得很近，有时候可能太近了。我知道不是每一个音乐直觉都能强加到电影里，所以我会用语言加以描述和解释：必须是共同情感才可以，要在我的需求和电影需求之间找到平衡。所以埃尼奥的超强适应性真的让人无法舍弃。《一个可笑人物的悲剧》我又邀请莫里康内，这是我们最后一次合作。我要他写一段让人百听不厌的主题，一段能在拍摄过程中指引我的主题。我第一次这样提要求。埃尼奥别出心裁地用一把手风琴为旋律增添了一分深情和忧郁。

我记得合作的开始，但是我不记得结束。合作为什么中断了，关于这部分的记忆不存在了。

后来我拍了《末代皇帝》，这部电影离一切都很远，就像那个年代的中国一样。我把拍摄过程当成对古老而迷人的文化的探索。我狂热地爱着那个国家。我远离了在我看来被腐败击溃的意大利，那个我想与之保持距离的意大利。我计划在《一九〇〇》之后再拍一部"国际"电影。于是我找到三位分别来自不同国家的音乐家：日本的坂本龙一代表东方文化，原为苏格兰籍后来又加入美国籍的戴维·伯恩（David Byrne）代表西方文化，还有年轻的中国作曲家苏聪代表宫廷音乐。然而结果和我预料的完全相反：坂本龙一写的最接近交响乐（或西方音乐），戴维·伯恩交给我的是简约音乐（Minimal music），和黑泽明电影中的音乐很像。

莫里康内配乐的电影如此之多，似乎存在着许多个埃尼奥·莫里康内。因为他写《对一个不容置疑的公民的调查》的音乐时，在某些方面跟彼得里很像，而《西部往事》时期，他给人的感觉又完全不一样。私下里的莫里康内应该一直在挖掘自己音乐人格的最深处，只不过每一次都用到不同的方法。他能用自己的音乐把导演的想法包裹起来，但是尽管他有变色龙的天赋，我还是无法想象一个把自己的曲子、自己的想法强加给导演的埃尼奥。埃尼奥喜欢这样说："你看，这段音乐只用了三个音……"他总能找到向导演展示音乐的方法。

我想，莫里康内比任何人都更理解电影音乐的性格，此类音乐既需恒久，又要短暂。没有合适的音乐，整组镜头甚至整部电影都会黯然失色；同样，没有好的电影，音乐也会很快被人遗忘。然而埃尼奥的音乐就算只在音乐厅奏响也能走向全世界，这一点我们有目共见。

贝尔纳多·贝托鲁奇
2014 年 5 月 27 日

贝尔纳多·贝托鲁奇，意大利电影导演、编剧，曾凭借《末代皇帝》获得奥斯卡最佳影片、最佳导演、最佳改编剧本奖，2007 年获威尼斯电影节终身成就奖。他与莫里康内合作过五部电影。

工作模式的进化

● 朱塞佩·托尔纳托雷：1988年我第一次见到莫里康内，在那以前我早已是资深音乐爱好者。我八岁听巴赫，二十五岁已经对"古典"音乐了如指掌。人们一般认为有一些音乐类型对那么小的孩子来说太过艰涩，但是我特别喜欢那种音乐。巴赫之后是贝多芬、马勒和莫扎特，同时我也发现了意大利作曲家比如贝利尼、威尔第、罗西尼；相反，爵士音乐我不太能欣赏。后来，我对电影的热爱日渐深厚，刚刚接触到纪录片的我开始研究电影原声带，我逐渐积累了海量的收藏，33转黑胶和CD唱片都算上，如今我拥有的原声带总量超过两千张。也许是这样的背景让埃尼奥感觉到眼前这个人可以好好聊一聊。但是我对作曲领域的专业术语缺乏认识和意识。而且，导演和作曲家之间的对话注定是复杂的：作曲家必须顾及导演的"音乐幻想"，也就是导演长时间以来的音乐积累让他形成的音乐思路，对于某一组特定镜头需要怎样的音乐，他心中有一条第一原理，然而他不知道如何表达。我也不例外。

于是我一直借助比喻的手法和夸张的举例，最终说出来的话七弯八绕、意义不明，然而从一开始，埃尼奥就能够理解我。可能我们的关系也是因此才这么特别：我不懂他的专业词汇，于是自创了一种根本不存在的语言。结果我们居然能够理解对方的意思，真是个奇迹。

○ 亚历山德罗·德罗萨：也就是说，莫里康内对你的想法进行了提炼总结，如果没有他，你可能找不到恰当的表达语言。

● 没错。而且当时，埃尼奥已经为三百部电影创作了音乐；而我，正在拍我的第二部，他的伟大之处在于，他自始至终都非常平等地对待我，并不因为自己经验多、资历深而借势压人。与他相处是我人生中的一堂课。第一次见面在他家，他直接说："我们都别用敬语了吧。"他仔细观察我，在告诉我对《天堂电影院》剧本的想法之前，他先问我的是："你打算用口簧琴吗？"他想知道我对电影音乐的理解是深是浅。我回答他说，我不想要西西里风情的音乐。这时候他才说同意接我的电影："结局写得太美了，是我读过最美的；我已经有一些构思了。"他原本正在准备《烽火异乡情》的音乐创作，然而他推掉了这部美国电影，转而为我的《天堂电影院》作曲。

那时候的我就是这么"聪明"，如果觉得音乐有不对的地方，我毫不顾忌，直接挑明，可能人在青年时期某个阶段特有的单纯和自负会让人变得特别"聪明"。那段时间我们经常见面，一聊就聊很久。我说我的想法，他说他的经验：也许这也是我们互相了解的过程。

多次讨论之后，埃尼奥说要把写好的音乐用钢琴弹给我听。他给我听了很多主题，各种思路，我深受震撼。这是他的态度，他让我能够直观地进行选择，他用这样谦逊的方式指引我、教导我。接下来就是对不同主题的评论和比较。

我们之间关系牢固还有一个原因。要知道，按照惯例，大部分情况下，作曲家会拿到一个预剪辑版的片子，有时候拿到的甚至是完全剪好的最终版。但是从音乐开始录制到拷贝送到电影院，基本只有一个月的时间，甚至更少。"好的构思根本没有时间沉淀。"我告诉自己。剧本可以编写，删改，重写……在电影的筹资阶段，他们有充足的时间不断精炼剧本，就算有时候已经没有必要再改了，你还是要不断重复创作过程，直到你看到剧本就头痛。拍摄电影的外部制约条件很多。从前期筹备到准备台本，还有布景：这一切都有时间。大概只有服装不一样，直到最后一刻，你还可能告诉服装师你又换主意了。基本上电影拍摄的每个部门都有时间，但是音乐不一样。音乐几乎从来没有时间。

我跟埃尼奥说，这样的模式我觉得有问题，因为音乐仿佛处于电影之外，像是最后一分钟才被贴到胶片上。除此之外，现在还有一种广为流传的做法，剪片时先用一张现成的原声带，剪好之后交给作曲家，让对方以此为模本，这种方法我也不认同。"我想在拍摄的时候就听到音乐。"我对他说，"我想一边拍一边放，剪辑的时候直接用同一个版本。"这个想法在电影界显然不算新鲜，但是实际上很少这样操作，埃尼奥听我说完，告诉我，莱昂内有几部电影就是这样拍的。对我来说，这是我反复思考的必然结果。

〇《天堂电影院》就是这样拍的？

● 是的。我认识埃尼奥的时候是1988年的1月末2月初。4月，他开始录制主题，我经常在现场播放。这部电影有许多外国演员，收录的同期声无法直接使用，需要后期配音。现场的音乐让摄影机的行动和音乐同步，音乐成了许多场景的支柱。举个例子，影片临近尾声时，雅克·佩林（Jacques Perrin）来到废弃的电影院：警察为他打开栅栏门，他走进电影院，一台移动摄影机环绕着他拍摄四周破旧的放映厅。现场音乐完美地指挥了摄影机的移动。

拍摄片头时现场也放着埃尼奥录好的一首曲子。多数时候，我们会用最初录制的版本进行混音；也有必须再加工的时候，适当增减或者更换配器。总之，最后都会用上。

在论坛录音室，我会一边听埃尼奥指挥管弦乐队，一边把脑子里想到的都写下来。我想从第一步开始参与音乐录制，哪里都有我：录音、混音、根据画面剪辑，当然最后这一步我本来就应该在。埃尼奥经常询问我的想法。我记得有一次，他录完一曲走出录音间，我对他说这一首棒极了。"这只是最基础的弦乐部分，"他很不高兴地说，"我们还要加上很多其他乐器。"我才知道这叫多音轨录制。接着埃尼奥告诉我，朱利亚诺·蒙塔尔多也犯过类似的错误。我想这类经验可能在某种方式上影响了莫里康内以及他音乐风格的演化。

随着时间的推移，我逐渐掌握了一定数量的专业术语。我记得有一次，听《巴阿里亚》（*Baaria*，2009）的一段主题，我突然说："这里是不是有个第一转位连续重复了四次？"他从椅子上跳了起来："你是怎么知道的？""埃尼奥，第一转位你用得特别好，这种风格我只在你的音乐里听到过。"

○ 你怎么听出来这是埃尼奥的第一转位？转位和弦的运用在许多作曲家的音乐中都很常见……

● 他的用法不一样，第一转位在他的手里能够触动人心。总的来说，他用第一转位来打断情感：你的情感被主题牵引着，以为会到达某个地方，但是他打破你的预想，突然抛出自己的旋律规划，那一瞬间的慌乱和迷惑让你感觉灵魂都要被扯碎了……真是叹为观止。

可能因为我稍微专业一点了，埃尼奥对我绕来绕去的语言多了一点敬意，我发现我们慢慢走向了新的工作模式，对他来说不是全新的，但是我们用创新的方式加以诠释，而且毫无疑问，是"我们的"方式。第一次体现在作品中是2006年，《隐秘》。

○ 莫里康内也提到了《隐秘》是他作曲方式上向前迈进的"一大步"，创新之处在于创作"百变"的音乐，后续可以自由变化、混音以及叠加，于是足以适应画面，并且在剪辑阶段适应导演和作曲的需求。

● ……还有剪辑完成之后的需求。《幽国车站》已经出现了这样的苗头，但是技术还不够成熟。于是，到了《隐秘》，又出现了同样的情况：埃尼奥发现他和我各自的需求最终可以交汇、结合。他对我说，新技巧将是一个多变的音乐体系，能够最大限度地满足电影的不可预见性，说实话，因为他的推动，我不仅发挥出了自己筛选音乐的最佳水平，还建立并且稳固了这方面的真知。

《隐秘》是一部侦探片。没有需要揪出来的杀人犯,只有一场自相矛盾的错误调查。故事情节太过复杂,导致场景很难在拍摄开始之前规划或者预测。在这种情况下,埃尼奥引导我说出想要的和声色彩和音色。我们听鲍尔托克和斯特拉文斯基,听到某处我会告诉他,这种音响效果我觉得用在电影里会很有趣。我们谈了很多,他开始用那个新的模式进行创作。

○ 你说的这个"新的模式"应该是指模块化乐谱,这让我想到了"多重乐谱""有乐谱的即兴演奏"以及"动态固定"。这类探索总是吸引着莫里康内,即使是非电影音乐创作。这样的探索让他自己,他的创作个性,乐谱,他的音乐思维,都步入了持续的发展期。埃尼奥绘制了一张地图让大家一起探索,而不是打下一块领地一个人固守。这种模式在录制和作曲上节省了许多时间和财力,同时也让音乐本身在组合和功能上拥有更多的可能性。

● 对精力的节约和优化:最少的力气,最多的收获。

埃尼奥性格坚强,在这坚强之内又有一部分出人意料的虚怀若谷、自得其乐。我们最初的几次合作,每一首曲子他都写两三个主题,有时候甚至更多,我甚至会建议他把几个主题糅在一起;而且由于他的新创作模式,在某种意义上,我们可以共同"创作"音乐(此处引号着重强调),比如《隐秘》。而到了《最佳出价》,我们又向前迈进了。除了在音乐片段之间互相组合,我们还把音乐片段运用到剪辑中。有一次我跟着录好的音乐低声哼唱,主题被我改头换面,增加了一分紧张感:埃尼奥一听就懂了,他马上记录成谱,回到录音室加录。我们把这一段叠加进原有的录音版本。这首曲子叫《空房间》(Le vuote stanze)。类似的情况还发生过一次:我们在剪辑时的一次争吵,催生了片头曲中小提琴演奏的叠加部分,我想刺激他产生新的音乐直觉。

对于用电脑和电子合成器的人来说,此类做法大概非常普通,但是对于电影音乐来说这很不普通,说实话,我不是很喜欢电子合成器的声音。说起来,我记得《巴阿里亚》中,埃尼奥提议用采样的管风琴声音。他坚称听不出差别。我坚决反对:"埃尼奥,我不喜欢!"最后,我们在半圆形广场上的天使的圣母马利亚教堂完成录制,教堂内的管风琴壮丽辉煌。完全不一样的声音。埃尼奥说:"佩普乔,现在你知道得太多了!"其实并非如此,这些年来我学到的那一点皮毛都是他教给我的。

显然,一场真诚而纯粹的谈话应该拥有的一切要素,在我和埃尼奥之间都能找到。我们滔滔不绝,但是主要意思用一个手势或者一个微笑就能表达。这一点对我非常重要。

我在工作中遇到很多次,向合作者提出要求,对方直接回复我:"做不到。"这种情况会触动我身体里的某个开关,我会自己想办法完成。等对方看到我做好了,此时两人之间的关系要么变好,要么终结。埃尼奥从来没有跟我说过"做不到",从来没有,哪怕我叫他写很庸俗的曲子甚至提出不可能的要求。

我又想到一件事:我们会在录音室根据拍摄机上的画面校准音乐,所谓画面即电影——我很喜欢埃尼奥一直用"拍摄机"这个词,虽然这种说法早就过时了——在这一步,所有音乐都要确定。埃尼奥习惯在看完第一遍之后,在正式录制之前问我一句:"怎么样?"这是最后的加工机会,录制之前的最后一次斗争。必要时我会说出我的意见:"这里铜管乐器起音是不是太尖锐了",或者"弦乐的颤音制造的紧张感太夸张了"。如果他不同意,他会说:"先这样吧,之后我会跟你解释原因;你要是还想改,一秒钟就能改掉,别担心。"或者他会回到录音室,再做最后一次修改,录下来。向来如此,非常顺利。只有一次,《海上钢琴师》的音乐,面对他如常的那句"怎么样?"我的回答是,感觉不对。我叫他再对一次画面。这一次我确定了:"埃尼奥,完全不行。"当然他写的音乐是我们之前商定的,但是配上画面,我觉得突然不能成立。

我向他解释,我觉得这首曲子要重新写,因为在概念层面就错了。

我说的是一段剧情里的真实声音:1900遇见了那个女孩,他被迷住了,他在夜晚弹起了钢琴,执拗地重复着同一个乐段,一个不和谐的音不断出现。当 1900 走进船上的女子宿舍，寻找正在睡梦中的女孩，这段音乐又成了配乐。就是这里不行。我觉得太过抽象。

两个人都清楚问题在哪儿，但是解决起来很困难。面对这样的情况，我想任何人都会非常焦虑，尤其管弦乐队已经处于最后一轮演奏。最专业的作曲人到了这种时候也会需要再多一些时间，但是我们没有时间。埃尼奥面不改色。距离管弦乐队中场休息结束还有三分钟，埃尼奥回到录音室，打开乐谱架，开始在上面写写画画。乐队成员回来了他还在写。乐手们窃窃私语，渐渐地越来越吵，他坚定的话语打断了一片嘈杂："安静，安静，少安毋躁。"所有人都不安地静候着……他们不知道发生了什么事。

埃尼奥在极短的时间之内重新进行创作，画面同步限定的时间框架不变，乐曲和配器都做了改动。除了结尾，其他部分完全变成了另外一首曲子。他直接把新乐谱口述给乐手听：木管乐器、铜管乐器、弦乐器、打击乐器……十分钟后他告诉我："听着。"他转向管弦乐队和技术人员，喊道："跟上拍摄机！"结果堪称完美。

如今我跟埃尼奥讲起这个片段，他总是说事实跟我想的有所出入，他说有些应对办法对他而言非常容易，因为他早有准备，他作曲时会多写几种备选，根据导演的反应临场换上。但是在我眼里，这样的真相反而更加突显了他的天才。

○ 我相信在音乐方面问题最多的就是《海上钢琴师》。

● 对。因为电影本身的宏大，也因为影片中真实存在的音乐和画外配乐的碰撞，甚至交锋。众所周知，故事改编自亚历山德罗·巴里科（Alessandro Baricco）的小说《海上钢琴师》（*Novecento*）。作者提到钢琴家的演奏时，所用的表达都是类似："他弹的音乐前所未闻"，而作曲家却要把这样的音乐写出来让人去听，无疑是一个莫大的挑战。

另外，这部电影的配乐拍摄共有三十三处之多，而且经常和对话同时进行。复杂程度更是呈指数级上升：剪辑起来需要时刻注意同步。埃尼奥为此特意到现场来了好几次，这种化圆为方一般的任务总是不容易的。

幸好他向来喜欢接受新的挑战。我提出的要求有时候会缩小我们可选的方向，但我总是说："埃尼奥，我们必须做到这个，同时也不能放弃那个……"这种情景发生了不知多少次！

还有一句话让他印象深刻，我问他："音乐能描绘人的长相吗？"

我的解释是："因为有很多人来来去去，1900把船上过客的脸都转化成了音乐。"我用一场戏表达了这个意思，但是联想到埃尼奥的工作，你会发现，这恰恰是他做了一辈子的工作。

○ 你们之间从来没有不可调和的冲突或者分歧吗？比如我知道在电影《巴阿里亚》里，关于一段"贝利尼式"主题的使用，你们发生了一次小小的口角，不是作曲家那个贝利尼，是那支同名乐队……

● 那一次我们各持己见。我觉得有必要来一首"流行"曲，但是合作了这么多年，我注意到埃尼奥不喜欢写这一类型的音乐。他说他觉得不需要其他主题。我坚持要他用上流行乐的主题，因为容易上口，他对我说："不，是太容易上口了！"我们无法达成一致，僵持了一段时间后我说："埃尼奥，我从来没有提过这样的要求，现在我不得不提。我有点惭愧。"我深吸一口气，继续说道："希望你帮我做一首贝利尼乐队风格的作品，不一定要完全照他们来！"我做梦都没想过自己会要求埃尼奥模仿别人的风格，甚至我向来认为导演摆出这样的态度是非常无知且不尊重人的。如果制片人叫我按照其他导演的样子来拍电影，我无论如何都不可能接受。

埃尼奥什么也没说，最后交给我一段精彩的主题。即便是自己不习惯的做法，他一样能够不负期待，这就是他的职业积累！

《西西里的美丽传说》的结尾也是。有一场戏，贝鲁奇的橙子掉在了地上。小主人公跑上去捡橙子，第一次也是唯一一次成功地和她说上了话。她向他道谢，甚至他的手蹭到了她的。

按照原计划，整段戏包括片尾应该都是搭配电影主题曲。但是看到配好音乐的片段，我叫埃尼奥试一下换另外一首曲子《我的情意》(*Ma l'amore no*)，这首插曲在其他关键场景也出现了，卢恰诺·温琴佐尼的原始剧本论述也叫这个名字，我以此为基础创作了电影剧本。埃尼奥不喜欢把别人已经写好的主题重新编曲，虽然这门技术他是顶级的。在他的职业生涯中，这样的改编有好几次：《美国往事》中的《罂粟花》主题，还有《新天堂星探》中的《星尘》。于是他不情不愿地开始改编《我的情意》，刚开始听我就觉得节奏太密集了。"我不喜欢。"我埋怨地说。"为什么？"他有点不开心。"埃尼奥……我觉得这个版本听起来像是在圣雷莫音乐节！"我们一下子爆笑起来：这句玩笑瞬间打消了先前的紧张气氛。

然而有时候，如果我让他不断重做一首曲子，他会主动提出："佩普乔，你需要建议吗？这一版最好。"然后他会告诉我为什么。他会倾听你的需求，但是如果你犯错了，他也会温和地指出来，不带半点强迫的意思。

埃尼奥无所不能，但是叫他被动地退回已经探索过的领域，他会很厌烦。对他来说，每一种可能，每一次机会，都应该用来寻找新的东西。他是不知疲倦的实验家，在某些方面还有些不顾后果。有时候他的发明能吓我一跳，他还要展示背后的原理。

比如《最佳出价》中的画像主题，他创造了一个疯狂的音乐环境，但这对我也是一个刺激。他说主人公收藏的女性画像让他产生了一个想法，把女声五声部对位和牧歌融合在一起，仿佛画像中的主人公们一个个活了过来，开口歌唱。有趣的是创作剧本时我也想到过牧歌，我听了几首，也跟埃尼奥说起过。所以我特别喜欢他这个想法，我们的主人公对画像中这些陌生女人们的爱，在一道道女声中得以体现，这个男人能够辨别所有古董的真假，却不懂得在生活中分辨人的感情。

录制阶段，每一位歌手都单独在麦克风前演唱自己的段落，她们不知道自己的歌声会被用在什么地方。弦乐队也被分开录制。和人声一样。录音室显得空空荡荡，这些音乐家们各自演绎某件神秘物品的其中一块碎片，如此这般日复一日。物品的完整面貌只存在于埃尼奥的脑海中。他单独完成所有剪辑工作，然后打电话给我。他很亢奋，很自豪，但也有点害怕。他问我："怎么样？"我说，这是他最美的创造之一。他很感动："你知道吗，人到了一定年纪就会在工作的时候问自己：我还能不能做到？我还有这个能力吗？"

有时候他会让我听一个构思，我负责评论："埃尼奥，我很喜欢，但是这一小节不是很好。""为什么？"他问。"因为你在1969年的电影里写过类似的，那部电影叫……""你确定吗？"他呆呆地问我。"确定，我放给你听吧！""啊，你说得对，我都不记得了，那我现在就换掉！"我们一起笑着结束讨论。

他的作品太多了，有时候某些音乐元件会无意识地"重现"。

○ 一切元素都能在他的过去找到根源，但是他愿意一边回忆一边前进。

● 你说得很准确。他总是这样，同时还能照顾到别的事情。我在《天堂电影院》时期就发现了。他会直接问我喜欢什么乐器的音色，我回答："单簧管。"于是由他儿子安德烈作曲的爱情主题就有了一个单簧管演奏版。很好听。

几年之后，另一部电影，他对我说："这个主题我还会再做一个单簧管版的，你喜欢……"他对导演能接受的声音范围特别注意：他明白对方的喜好，他会用心记着。

○ 很多导演说到了他的超强适应性。埃尼奥如何做到既与导演和电影的个性、信息结合，又能保持自我？

● 这是他又一个伟大的地方：他能把自己和自己的音乐与某一位导演的音乐、知识、文化格调交织在一起，埃尼奥能够挖掘导演的"音乐幻想"，转换一下，为他所用。如果他找不到"幻想"，可能会比较累。这些标记框定了导演的文化方格，以及音乐方格，埃尼奥就在方格范围之内构筑自己的音乐。他是自主的、自由的，但他的概念结构要能在导演的脑子里搭建起来。这一点至关重要。就像他自己说的："你让我知道，或者隐约看到你的方向，我就在这些方向之内行动，我的创作是完全自由的，但是你一定会喜欢。"

○ 他很有风度，很会照顾别人的想法。

● 这是一种处世哲学，也是难能可贵的对他人的敏感。但是注意：这个形象不是他的全部。有些时刻他也会放任自己，松开一切保险。他往前走，不管任何人，不管自己，不管导演，也不管什么方格、方向，通通不管。看着镜头他就开始写。这是直觉。然后他找到你，宣布："你听一下，我看那场戏的时候想到了这个。"听完音乐，你会感觉此曲只应天上有。这种情况发生过很多次。贝托鲁奇的《一九〇〇》就是他在一片黑暗之中看着影片写出来的。他知道什么时候该探索导演的世界，和他会合，什么时候又应该单纯依赖电影，如有必要，无视导演的意见。

○ 也许这是一个机会，携手前进，跨出你所说的格子。

● 这很了不起。另外，现在我很了解他了，我知道如果在汽车生产车间进行拍摄，埃尼奥会找到这个地点有代表性的噪音放进作品。《幽国车站》就是这样：故事情节完全在雨夜展开；雨水落在地面上，渗透屋顶跌进瓶瓶罐罐里。我跟埃尼奥说到这一设定，他马上说："我要把所有能想象到的跟水有关的乐器都用上。"我知道这是他的一贯做法，类似的还有《工人阶级上天堂》，他把管弦乐队理解成听觉比喻，复制出生产线的噪声。

为了证实他的这一偏好，我记得《最佳出价》里，我叫他用玻璃竖琴，一种由玻璃酒杯注水组成的乐器。一开始他不同意：他认为音色和电影方向不符，希望我用镜头让乐器的出现合理化；比如拍到一扇窗户玻璃破了所以发出这种声音，或者特写一只酒杯……我对他说我们不一定要为某种音色的出现补充原因，但是他觉得有点为难，因为他自有一套逻辑：捕捉剧情中的某个关键元素，然后加以延伸。最后我们还是各退一步，我真的从布拉格找来一位玻璃杯音乐演奏家：埃尼奥特别兴奋，还让他演奏了其他内容，后来也用在电影里。

○ 从电影中的世界选择声音，明显表达了唯物的实用主义思想。但是同时，莫里康内似乎还建立了符号体系，他的音乐超越了简单的配合功能和放大功能。《天堂电影院》的音乐展现了让人伤感的功能，对欣赏电影方式的伤感，对一个正在瓦解的世界的惆怅……

● 这正是我所期望的："那一处地方，那一种看电影的方式，再也不存在了，但是电影会永存。"最后的亲吻镜头表达了同样的概念。我给他的导向从情感角度来说是很有作用的。

○ 在这个意义上，主题曲的旋律变化、加速，反复出现，可能喻示着永恒回归，但是同时也象征着对再也不复从前的事物的回忆。让人感到伤感、怀念，是此类回忆的典型功能，电影和音乐正是利用了这一功能。

按照这样的观点，你们为每一部电影找的关键符号是什么——如果有这么一个关键符号的话？我们可以列一下你们合作的影片。

● 这个问题特别难回答，但是至少对于《天堂电影院》来说，我们用到的音乐元素比较传统：音乐的来源是剧情片段以及其中人物。

你说到的主题曲源自主人公和女孩之间的苦涩感情，会反复出现直到最后的亲吻镜头。此外还有一个电影院的主题，我们讨论了好几天。放映厅是很个人、很私密的场所，同时又很普通、很常见，大家都能去。我们想，失去这样一个空间，痛苦的情感一定要表现得无比强烈，结果我发现这首主题甚至比爱情主题更加触动人心。

然后是童年主题，最轻快诙谐。曲中能听到小男孩的灵气和狂热，但突然之间曲风一转，小男孩长大成人，来到了遗憾主题：一个事业上功成名就，感情上一败涂地的男人的主题。主人公身上的这种冲突似乎特别打动埃尼奥，比我们说到的其他任何因素都更加吸引他。那时候我还不敢叫他写一首"流行"的主题，但是我们总体还是朝那个方向走：也许因为这个原因，在我拍的所有电影中，配乐最受欢迎、最广为流传、最为观众所熟知的一部，到现在仍然是《天堂电影院》。

按照同样的方式，接下来我们合作了《天伦之旅》（*Stanno tutti bene*，1990）和《新天堂星探》。每一部埃尼奥都要找出一个关键点，以此为基础搭建他的音乐框架。写《新天堂星探》的音乐时，他直截了当地说："这部电影没有给音乐多少发挥空间。"我说，西西里是一块文化融合的土地，尽管她经历了那么多代统治更迭。"我们正被迫面对新的统治者、新的语言，这是为什么我们要用那么多肢体语言。"于是，埃尼奥以分层叠加为概念创作了一个主题，某种卡农曲式。想象一下主题由字母构成：A-B-C-D-E-F。第一条旋律线延续的同时，从"E"开始又有一条新的旋律线，这段旋律重复了不知多少次，每一次都换一种演奏乐器，直到叠加的层次越来越多，混杂到无法分辨：一座巴别塔。

影片中一个如此深刻的隐藏元素，提炼出了一段如此强烈的音乐主题。

而《天伦之旅》，我们以人物和情节戏剧冲突作为音乐的灵感源泉。马尔切洛·马斯特罗扬尼饰演的主人公深受当时流行的音乐文化的影响，他爱好歌剧：市民文化的典型特点，因为就连庄园里的奴隶们都知道，每年一次，有一支乐队，小型管弦乐队，会来到广场上，演奏《乡间骑士》的间奏曲，或者《塞尔维亚理发师》序曲……

○ 广场成了文化碰撞和再分配的场所。

● 我小的时候经常去看这样的演出，所以我想主人公斯库罗应该是一个非常喜欢歌剧的人，他会用歌剧里的著名人物给自己的孩子们命名。根据这个设定，埃尼奥设计了一段结构非常复杂的主题，涵盖多个歌剧选段。在荒诞滑稽的基调上，能听到罗西尼、莫扎特等人的影子，但是都以埃尼奥的方式写成。而对于反复出现的梦境，我们制造了一个对比。说起来，埃尼奥一般会在开始一部新作品的时候问我："调性，要还是不要？"我几乎每次都回答："要。"……（笑）

○ 你瞬间就让他死心了……

●（继续笑）他总是想要无调性……

几乎整部电影我们都用调性语言和画面色彩作对比。我选择冷色调，甚至可以说是灰色调，代表主人公经历的现实，与生活、与世界，维持着表面上的和谐。然而在梦里，无调性平衡了彩色。焦虑的、过度的对比，也让他越来越清醒：原来自己和别人，和亲人之间的关系，不像他一直以来想的那么积极；说到底，这是斯库罗的悲剧。这部电影中还有妻子的主题，孩子的主题，噩梦的主题，以及旅行的主题。

现在回想起来，从最开始埃尼奥就经常告诫我："记住：如果你有一段很美的主题，不要让它经常出现，不要滥用。"我一直在工作中思考这个建议，现在可以说已经完全消化吸收，甚至比他给我的建议本身更进一步。如果某一个主题连一次重复都没有，我还会问他要乐谱。

《幽国车站》就是这样，主题曲只出现在影片结尾处。埃尼奥根据画面和电影剧本的创作手法设计了乐谱。这一思路他在别处也有运用，但是我相信源头在此。尽管影片中有多个解读的关键点，但故事实质是一个自杀者把自己自杀的事忘掉了。起初只是一个灵感：在分隔生死的无限短的时间碎片之内，自杀的创伤能被消除吗？我的回答毫不犹豫且毫无理由：能。如果死亡移除了自杀之人关于自杀的全部记忆，那么在他真正死亡之前，在某些比时间碎片更加微小的时间粒子之中，他完全不记得自杀这件事。这就是我的电影。（拍了一下手，仿佛在打场记板）

创伤消除的状态会被一场独特的审讯慢慢削弱，意识到所处的新境况，一些细枝末节再次浮现。只有恢复记忆，主人公才能通往存在（或不存在）于死亡之后的世界。

人们经常说："这部电影拍的是死后世界。""不，"我回答他们，"如果真要这样说，电影拍的是死后世界之前的世界。"

埃尼奥很喜欢整个构思："我想做这样一首曲子，一开始是无调性的，随着主人公的记忆逐渐恢复，微小的调性片段慢慢融合进来，一开始几乎无法察觉，最终建立起调性和记忆的主题。"总而言之，他把剧本创作转换成了音乐结构，这让《幽国车站》成为我心目中我们最好的一次合作。

有几首曲子我们讨论了多久啊，比如电影开场那首！这过程太折磨人了……因为开场音乐，我们的角色第一次互换了：试图用语言解释音乐的人变成了他。"这一首我不能用钢琴弹给你听。"他一点一点把理由和具体做法讲解给我听,有那么一会儿我完全不知道最后的录制结果会是什么样。

如今想起来,真是特别美好的一段经历。

○ 他的音乐在电影中总是很积极,但不突兀,已经开始摆脱电影音乐的固定功能。努力成为个人感受,努力成为电影内容的一部分。

● 具体做法可以来自影片自身结构(《幽国车站》),来自不一定是固有情节的文化考量(《新天堂星探》),来自人物的心理或者复杂的情绪(《海上钢琴师》),牢牢地和更加传统的东西结合在一起。总之莫里康内的做法从不平庸。"这是一个爱情故事,那么就用一个爱情主题吧。"这种想法从来不是他。他的想法要深刻得多。这也让我更加确定自己一直以来的认知,即音乐是影片潜台词的揭露者,某一刻画面不能或不想展示的内容,音乐可以展示。

关于这种做法,《隐秘》里有一场略显争议的戏。主角突然把小女孩绑起来,不停地让她摔倒,看起来似乎是在折磨这个她认为是自己亲生女儿的小女孩。这是一个爱的行为,她在教导无力自保的小女孩去改变,学会保护自己不再跌倒,也就是让她成长。这是影片非常重要的一幕,因为从伊莲娜的角度来说象征着她重新夺回母亲的身份,对小娣亚来说则是成长的时刻。

我们对这种多少有些不道德的主题态度比较一致,而我因为这种镜头收到过不少批评。埃尼奥建议我用无声作为音乐。我不同意:"我们需要简单的、小心翼翼的音乐,感觉和无声一样,但是又要提醒观众,'有些事不像看起来那样'。"几次实验之后,他写出了一首非常"轻"的主题,由竖琴演奏。画面上小女孩被反复推倒在地,备受折磨,动作和配乐形成强烈的对比。

○ ……音乐就像看不见的爱抚。更加广泛地来说,电影之中,那些描述重复的变化和意外的视觉镜头之间,担任黏合剂的似乎总是配乐。音乐一直在引导观众用情感和思考去理解他们看到的内容。音乐成了理解画面的唯一钥匙。

● 《隐秘》就是这样做的,给音乐留了很多空间。在《最佳出价》中我们更进一步,因为那部电影你看到的一切都不像看起来那样。这个概念也延续到音乐中。埃尼奥说:"我要写一首弦乐曲,把每个音的起音都剪掉。只有共鸣组成的音乐。"没有个性,没有触发,没有缘由,只有最终效果。听到的声音无法分辨。我觉得这一次对概念的延伸很美很好听。

○ 你认为他未来会走向何处?

● 我正在拍摄一部关于他的纪录片,最近我们又合作了《爱情天文学》。埃尼奥为这部电影作曲时身体正处于恢复期:他一直说这是"永久修正",但是他想出的构思仍然很有难度。他给我的最初两个版本,我听完之后直言不讳地说出了自己的想法:"埃尼奥,音乐很好听,但是我的评论可能不会好听。""我知道。"他回答我。和往常一样,我们继续投入工作。然后,和往常一样,他全力以赴,最终的乐谱真的让我惊叹。

○ 你是唯一一个让莫里康内成为演员的导演,在《天伦之旅》中,他扮演米兰斯卡拉歌剧院的乐队指挥。希区柯克也做过类似的事,在《冲破铁幕》(*Torn Curtain*,1966)中,他让深得他信赖的作曲家赫尔曼出现在电影的主要镜头中。你是在向希区柯克致敬吗?

● 说实话我没有想到他。我叫埃尼奥参演是因为我想这么做。好玩的是他接受了。我记得指导他演戏不是难事,毕竟他其实不需要表演,只要指挥乐队就好了。但是当我叫他面向镜头,和马斯特罗扬尼目光交会,我发现他露出了一点少年般的羞涩。

○ 在认识他之前,你的孩童时期,莫里康内对你来说意味着什么?

● 莫里康内让我明白了电影中的音乐也能单独存在。在我故乡的浴场,就像我在《巴阿里亚》里重建的那种,一般都会有一台自动点唱机。45转唱片,50里拉听一张,100里拉听三张:投入硬币,输入字母,享受音乐。有一天在海滨浴场,有人用最大音量点播了一首曲子,我两天之前刚在电影院听过，《荒野大镖客》的插曲。

为什么那首音乐会出现在那里，在沙滩上陪伴着我们所有人？

那台机器点唱率最高的通常是米娜、切伦塔诺和甲壳虫乐队的歌。而那可是电影里的曲子。音乐放了很多遍，我很喜欢，其他人也很喜欢。我走到点唱机前，看到唱片封面和电影海报一模一样：我有了一个重大发现。封面上写着音乐作者的名字叫莫里康内，他的名字和我的新认知关联起来了。

后来，我在点唱机还有唱片店里找到了许多原声带，但是浴场上的发现绝对是第一次：原来电影里的音乐可以脱离电影单独存活。不只如此，你终于可以把电影里的东西带回家了。

朱塞佩·托尔纳托雷

2016 年 4 月 4 日

朱塞佩·托尔纳托雷，意大利电影导演、编剧，代表作"时空三部曲"《天堂电影院》《海上钢琴师》《西西里的美丽传说》。其中，《天堂电影院》不仅为他赢得了戛纳电影节评审团大奖和奥斯卡最佳外语片奖，也拉开了他与莫里康内连续合作十三部电影的序幕。

注　释

1 * 贝托尔特·布莱希特（Bertolt Brecht），德国戏剧家、诗人。其最重要的戏剧理论之一"陌生化效果"或"间离效果"，即演员与角色的情感并不混合在一起，且观众以一种保持距离（间离）和惊异（陌生）的态度看待演员的表演或者说剧中人。

2 * "80年代人"是一个由作曲家组成的音乐团体，旨在复苏意大利传统器乐音乐，重现巴洛克时期意大利音乐辉煌，反对当时流行的真实主义创作风格。

3 * 指1980年出版的《对话彼得拉西》（*Conversazione con Petrassi*）一书，作者为意大利作曲家、音乐评论家卢卡·隆巴尔迪（Luca Lombardi）。

4 * 原文为英语：snob。18世纪末，剑桥、牛津等英国大学的学生名册中，贵族学生姓名之后标有NOB的字样，即拉丁语"nobilitate"（贵族）的缩写，而平民学生的姓名之后标以"s.nob."，拉丁语"sine nobilitate"（非贵族）的缩写。因此，贵族学生就用"snob"来称呼平民学生。

5 * 在意大利语中，莫尔塔里（Mortari）的发音与单词"mortale"（死的，致命的）非常接近。

6 * "六人团"的名称于1920年由法国音乐评论家亨利·科莱（Henri Collet）提出。此六人在创作上反对19世纪音乐中的浮夸风格和印象主义的朦胧特点，风格清新、明快、朴实。

7 * 天主教礼拜仪式音乐，可咏唱或诵读，弥撒礼仪的一部分。

8 * 15世纪中叶至16世纪文艺复兴时期的一个重要音乐流派。佛兰芒乐派的重要贡献是创立了一种新的复调风格，每个声部同等重要。

9 * 出自旧约《诗篇》，原文为拉丁语："Non nobis Domine, non nobis, sed nomini tuo da gloriam."（耶和华啊，荣耀不要归于我们，不要归于我们，一切荣耀归于你的圣名。）

10 * 指旋律短小简单，音域较窄，音与音之间通常在二度或三度音程内环绕级进。

11 * 华丽奥尔加农中以第斯康特风格写成的圣咏复调段落。

12 * 18世纪60年代晚期到80年代早期德国文学和音乐创作领域的变革，是古典主义向浪漫主义过渡的阶段，代表人物为歌德和席勒。

13 * 三个故事都设定在8月15日，即八月节，这一天前后意大利人普遍开始度假。

14 * 罗马城中最著名的街道之一，20世纪50年代时曾是富人聚集的港湾，名流最爱的浪漫大道，拥有众多高档酒吧和餐厅。费里尼的电影《甜蜜的生活》（*La Dolce Vita*，1960）记录了奢靡的罗马上流社会生活，故事的主要发生地即威尼托大道。

15 * 富里奥·科隆博（Furio Colombo），意大利著名记者、作家、政治家。

16 * 《萨科和万泽蒂进行曲》中的一句歌词："Here's to you, Nicola and Bart."

莫里康内绝对音乐作品年表

本表中所列年份为作品的创作年份。

1946   *Mattino* per pianoforte e voce

1947   *Imitazione* per pianoforte e voce
        Intimità per pianoforte e voce

1952   *Barcarola funebre* per pianoforte
        Preludio a una Novella senza titolo per pianoforte

1953   *Distacco I* per pianoforte e voce
        Distacco II per pianoforte e voce
        Oboe sommerso per voci e strumenti
        Sonata per ottoni, timpano e pianoforte
        Verrà la morte per pianoforte e voce

1954   *Musica* per orchestra d'archi e pianoforte

1955   *Cantata* per coro e orchestra
        Sestetto per flauto, oboe, fagotto, violino, viola e violoncello
        Trio per clarinetto, corno e violoncello
        Variazioni su tema di Frescobaldi

1956   *Invenzione, Canone e Ricercare* per pianoforte

1957   *3 Studi* per flauto, clarinetto e fagotto
        Concerto per orchestra

1958   *Distanze* per violino, violoncello e pianoforte
        Musica per undici violini

1966   *Requiem per un destino* per coro e orchestra

1969   *Caput Coctu Show* per otto strumenti e un baritono
        Da molto lontano per soprano e cinque strumenti
        Suoni per Dino per viola e due magnetofoni

1972   *Proibito* per otto trombe

1978   *Immobile* per coro e quattro clarinetti
        Tre pezzi brevi

1979   *Bambini del mondo* per diciotto cori di bambini
        Grande violino, piccolo bambino per voce bianca, violino, celesta e orchestra d'archi

1980   *Gestazione* per voce femminile, strumenti elettronici preregistrati e orchestra d'archi ad libitum

1981   *Due poesie notturne* per voce femminile, quartetto d'archi e chitarra
        Totem secondo per cinque fagotti e due controfagotti

1983-
1989   *Quattro studi* «per il piano-forte»

1984   *Secondo concerto* per flauto, violoncello e orchestra

1985   *Frammenti di Eros.* Cantata per soprano, pianoforte e orchestra

1986   *Il rotondo silenzio della notte* per voce femminile, flauto, oboe, clarinetto, pianoforte e quartetto d'archi
        Rag in frantumi per pianoforte

1988   *Cadenza* per flauto e nastro magnetico
        Cantata per l'Europa per soprano, due voci recitanti, coro e orchestra

            Echi per coro femminile (o maschile) e violoncello ad libitum
            Fluidi per orchestra da camera
            Mordenti per clavicembalo
            Neumi per clavicembalo
            Refrains. 3 omaggi per 6 per pianoforte e strumenti
            Tre scioperi per una classe di 36 bambini (voci bianche) e un maestro (grancassa)

1989   *Specchi* per cinque strumenti
            Studio per contrabbasso

1989-
1990   *Riflessi* per violoncello solo

1990   *Quattro anamorfosi latine*
            Frammenti di giochi per violoncello e arpa

1991   *Canção para Zelia na Bahia* per due voci di soprano e pianoforte *Questo è un testo senza testo* per coro di voci bianche
            Terzo concerto per chitarra classica amplificata, marimba e orchestra d'archi
            Una via crucis. Stazione I «... Fate questo in memoria di me...»
            Una via crucis. Stazione IX «... Là crocifissero lui e due malfattori...»
            UT per tromba in Do, archi e percussioni

1991-
1993   *Epitaffi sparsi* per soprano, pianoforte e strumenti

1992   *Una via crucis. Intermezzo in forma di croce* per orchestra *Una via crucis. Secondo intermezzo* per orchestra
            Una via crucis. Stazione V «... Crucifige!... Crucifige!...»

1992-
1993   *Esercizi* per dieci archi. *I. Monodia interrotta e improvviso canonico*

1993 *Braevissimo I* per contrabbasso e archi
Elegia per Egisto per violino solo
Quarto concerto per organo, due trombe, due tromboni e orchestra «hoc erat in votis»
Vidi Aquam. Id Est Benacum. Per soprano e un'orchestra piccola
Wow! per voce femminile

1994 *Braevissimo II* per contrabbasso e archi
Braevissimo III per contrabbasso e archi
Canone breve
Canone breve per tre chitarre
Il silenzio, il gioco, la memoria per coro di bambini
Monodie I per chitarra e voce

1995 *Ave Regina Caelorum* per coro, organo e orchestra
Blitz I, II, III
Coprilo di fiori e bandiere
Corto ma breve
Omaggio
Ricreazione... sconcertante
Tanti auguri a te (Happy Birthday to You)

1995-
1996 *A L.P. 1928*
Lemma [con Andrea Morricone]
Partenope. Musica per le sirene di Napoli

1996 *Flash (due canzoncine)*
Passaggio
Scherzo per violino e pianoforte

1997 *Tre duetti* per violino, viola e voce
Il sogno di un uomo ridicolo per violino e viola

Musica per una fine per coro a quattro voci, orchestra e nastro magnetico
Ombra di lontana presenza per viola, archi e nastro magnetico
Quattro anacoluti per a.v.

1998　*Amen* per sei cori
Grido per soprano, orchestra d'archi e nastro magnetico ad libitum
Non devi dimenticare per voce, soprano e orchestra
Notturno e passacaglia per Cervara (tre variazioni)
S.O.S. (Suonare O Suonare) per corno, tromba e trombone

1998-
1999　*Il pane spezzato* per dodici voci miste, strumenti e archi ad libitum

1999　*Abenddammerung* per soprano, pianoforte e strumenti
Grido per soprano e orchestra
Grilli per quattro quartetti
Il pane spezzato per coro e orchestra
Ode per soprano, voce maschile recitante e orchestra
Per i bambini morti di mafia
Pietre per doppio coro, percussioni, violoncello solista

2000　*A Paola Bernardi.* Per due clavicembali
Flash. II versione. Per otto voci e quartetto d'archi
Ode per soprano e orchestra

2000-
2001　*Vivo* per trio d'archi

2001　*Due x due* per due clavicembali
Immobile n. 2 per armonica a bocca e archi
Metamorfosi di Violetta per quartetto d'archi e clarinetto
Se questo è un uomo per voce recitante e archi

2002　*Finale* per due organi
Voci dal silenzio per voce recitante, voci registrate, coro e orchestra

2003   *Geometrie ricercate* per otto strumenti

2004   *Cantata narrazione per Padre Pio (fuori da ogni genere)*

2005   *Come un'onda* per violoncello solo o per due violoncelli
       Frop per pianoforte a quattro mani

2006   *Sicilo e altri frammenti*

2008   *Vuoto d'anima piena* per orchestra e coro

2009   *Monodia* per violoncello

2010   *Jerusalem* per baritono e orchestra
       Ostinato ricercare per un'immagine
       Roma (Pensando al «Ricercare cromatico» di Girolamo Frescobaldi)

2011   *Bella quanno te fece mamma tua*

2013   *Missa Papae Francisci. Anno duecentesimo a Societate Restituta.* Per doppio coro e orchestra

莫里康内应用音乐作品年表

本表中所列年份为作品首演或首映的年份。

由于不可能罗列所有使用过莫里康内原创音乐或其片段的艺术作品，在此仅列出其中一部分意义较特殊的，以 MP（*musica preesistente*，引用旧作）作为标记。出于同样的原因，本表未收录由莫里康内作曲，或使用其原创音乐、编曲、歌曲的广告。

F=*Film*，电影

FE=Film a episodi，分段式电影

A=Film d'animazione，动画电影

D=Documentario，纪录片

T=Teatro，戏剧

FTV=Film tv，电视电影

STV=Serie tv，电视剧

TT=Teleteatro，电视戏剧

M=Musical，音乐剧

VTV=Varietà tv，电视节目

*=除莫里康内原创音乐之外，还包括他以自己或第三方原创歌曲为基础创作的改编作品 [尤其是与 RCA 以及各类电视节目合作时期的 "歌曲电影"（Musicarello）]

1958　«Le canzoni di tutti», regia di Mario Landi [con Franco Pisano]* (VTV)

1959   *Il lieto fine*, regia di Luciano Salce (T)
       La pappa reale, regia di Luciano Salce (T)

1960   *Rascelinaria*, regia di Pietro Garinei e Sandro Giovannini [con Renato Rascel] (T)
       «Gente che va, gente che viene», regia di Enzo Trapani* (VTV)

1961   *Il federale*, regia di Luciano Salce (F)
       Non approfondire, regia di Enzo Trapani (T)
       Rinaldo in campo, regia di Pietro Garinei e Sandro Giovannini [con Domenico Modugno] (T)

1962   *Diciottenni al sole*, regia di Camillo Mastrocinque (F)
       I motorizzati, regia di Camillo Mastrocinque (F)
       La cuccagna, regia di Luciano Salce (F)
       La voglia matta, regia di Luciano Salce (F)
       Caccia ai corvi, regia di Anton Giulio Majano (T)
       I drammi marini, regia di Mario Landi (TT)

1963   *Duello nel Texas*, regia di Riccardo Blasco (F)
       I basilischi, regia di Lina Wertmüller (F) Il successo, regia di Mauro Morassi (F)
       Le monachine, regia di Luciano Salce (F)
       Gli italiani e le vacanze, regia di Filippo Walter Ratti (D)
       La fidanzata del bersagliere, regia di Paolo Ferrero* (T)
       Tommaso d'Amalfi, regia di Eduardo de Filippo [con Domenico Modugno] (T)
       «Musica Hotel», regia di Enzo Trapani* (VTV)
       «'Ndringhete 'ndra», regia di Romolo Siena* (VTV)
       «Smash», regia di Enzo Trapani* (VTV)

1964   *E la donna creò l'uomo*, regia di Camillo Mastrocinque (F)
       I due evasi di Sing Sing, regia di Lucio Fulci (F)
       I maniaci, regia di Lucio Fulci (F)
       I marziani hanno 12 mani, regia di Castellano e Pipolo (F)

In ginocchio da te, regia di Ettore Maria Fizzarotti (F)
Le pistole non discutono, regia di Mario Caiano (F)
Per un pugno di dollari, regia di Sergio Leone (F)
Prima della rivoluzione, regia di Bernardo Bertolucci [con Gino Paoli] (F)
I Malamondo, regia di Paolo Cavara (D)
Una nuova fonte di energia, regia di Daniele G. Luisi (D)
La Manfrina, regia di Ghigo De Chiara (T)
«14° Festival della canzone italiana di Sanremo», regia di Gianni Ravera* (VTV)
«Biblioteca di Studio Uno», regia di Antonello Falqui* (VTV)
«Ma l'amore no», regia di Romolo Siena* (VTV)

1965 *Agente 077 missione Bloody Mary*, regia di Sergio Grieco (F)
Altissima pressione, regia di Enzo Trapani* (F)
Amanti d'oltretomba, regia di Mario Caiano (F)
I pugni in tasca, regia di Marco Bellocchio (F)
Idoli controluce, regia di Enzo Battaglia (F)
Il ritorno di Ringo, regia di Duccio Tessari (F)
Ménage all'italiana, regia di Franco Indovina (F)
Non son degno di te, regia di Ettore Maria Fizzarotti* (F)
Per qualche dollaro in più, regia di Sergio Leone (F)
Se non avessi più te, regia di Ettore Maria Fizzarotti* (F)
Slalom, regia di Luciano Salce (F)
Una pistola per Ringo, regia di Duccio Tessari (F)
Thrilling, regia di Carlo Lizzani, Gian Luigi Polidoro, Ettore Scola (FE)
«Mare contro mare», regia di Romolo Siena e Lino Procacci (VTV)
«Rotocarlo», regia di Mario Landi* (VTV)
«Senza fine», regia di Vito Molinari* (VTV)
«Stasera Rita», regia di Antonello Falqui* (VTV)

1966 *7 pistole per i MacGregor*, regia di Franco Giraldi (F)
Come imparai ad amare le donne, regia di Luciano Salce (F)

El Greco, regia di Luciano Salce (F)

Il buono, il brutto, il cattivo, regia di Sergio Leone (F)

La battaglia di Algeri, regia di Gillo Pontecorvo [con Gillo Pontecorvo] (F)

La resa dei conti, regia di Sergio Sollima (F)

La trappola scatta a Beirut (Agent 505 – Todesfalle Beirut), regia di Manfred R. Köhler (F)

Mi vedrai tornare, regia di Ettore Maria Fizzarotti* (F)

Navajo Joe, regia di Sergio Corbucci (F)

Svegliati e uccidi, regia di Carlo Lizzani (F)

Uccellacci e uccellini, regia di Pier Paolo Pasolini (F)

Un fiume di dollari, regia di Carlo Lizzani (F)

Un uomo a metà, regia di Vittorio De Seta (F)

L'amore delle tre melarance, regia di Silvano Agosti (T)

Lo squarciagola, regia di Luigi Squarzina (FTV)

1967 *Ad ogni costo*, regia di Giuliano Montaldo (F)

Arabella, regia di Mauro Bolognini (F)

Da uomo a uomo, regia di Giulio Petroni (F)

Dalle Ardenne all'inferno, regia di Alberto De Martino [con Bruno Nicolai] (F)

Faccia a faccia, regia di Sergio Sollima (F)

I crudeli, regia di Sergio Corbucci (F)

Il giardino delle delizie, regia di Silvano Agosti (F)

L'avventuriero, regia di Terence Young (F)

L'harem, regia di Marco Ferreri (F)

La Cina è vicina, regia di Marco Bellocchio (F)

La ragazza e il generale, regia di Pasquale Festa Campanile (F)

Matchless, regia di Alberto Lattuada (F)

OK Connery, regia di Alberto De Martino [con Bruno Nicolai] (F)

Scusi, facciamo l'amore?, regia di Vittorio Caprioli (F)

Le streghe (episodio: *La Terra vista dalla Luna*, regia di Pier Paolo Pasolini) (FE)

Giotto – Il libro dell'arte, regia di Luciano Emmer (D)

«Musica da sera», regia di Enzo Trapani (VTV)

1968 ... *E per tetto un cielo di stelle*, regia di Giulio Petroni (F)

C'era una volta il West, regia di Sergio Leone (F)

Comandamenti per un gangster, regia di Alfio Caltabiano (F)

Corri uomo corri, regia di Sergio Sollima (F)

Diabolik, regia di Mario Bava (F)

Ecce Homo – I sopravvissuti, regia di Bruno Gaburro (F)

Escalation, regia di Roberto Faenza (F)

Galileo, regia di Liliana Cavani (F) *Grazie zia*, regia di Salvatore Samperi (F)

I cannoni di San Sebastian (La Bataille de San Sebastian), regia di Henri Verneuil (F)

Il grande silenzio, regia di Sergio Corbucci (F)

Il mercenario, regia di Sergio Corbucci (F)

Mangiala, regia di Francesco Casaretti (F)

Partner, regia di Bernardo Bertolucci (F)

Roma come Chicago, regia di Alberto De Martino [con Bruno Nicolai] (F)

Ruba al prossimo tuo, regia di Francesco Maselli (F)

Teorema, regia di Pier Paolo Pasolini (F)

Un tranquillo posto di campagna, regia di Elio Petri [con il Gruppo di Improvvisazione Nuova Consonanza] (F)

Orgia, regia di Pier Paolo Pasolini (T)

Geminus, regia di Luciano Emmer (STV)

«Gran varietà»* (VTV)

1969 *Cuore di mamma*, regia di Salvatore Samperi (F)

Fräulein Doktor, regia di Alberto Lattuada (F)

Gli intoccabili, regia di Giuliano Montaldo (F)

Gott mit uns – Dio è con noi, regia di Giuliano Montaldo (F)

H$_2$S, regia di Roberto Faenza (F)

Il clan dei siciliani (Le clan des Siciliens), regia di Henri Verneuil (F)

L'alibi, regia di Adolfo Celi, Vittorio Gassman, Luciano Lucignani (F)

L'assoluto naturale, regia di Mauro Bolognini (F)

La donna invisibile, regia di Paolo Spinola (F)

La monaca di Monza, regia di Eriprando Visconti (F)

La stagione dei sensi, regia di Massimo Franciosa (F)

La tenda rossa (Krasnaya palatka), regia di Michail Kalatozov [versione sovietica musicata da Aleksandr Zatsepin] (F)

Metti, una sera a cena, regia di Giuseppe Patroni Griffi (F)

Queimada, regia di Gillo Pontecorvo (F)

Sai cosa faceva Stalin alle donne?, regia di Maurizio Liverani (F)

Senza sapere niente di lei, regia di Luigi Comencini (F)

Tepepa, regia di Giulio Petroni (F)

Un bellissimo novembre, regia di Mauro Bolognini (F)

Un esercito di 5 uomini, regia di Don Taylor e Italo Zingarelli (F)

Una breve stagione, regia di Renato Castellani (F)

Vergogna schifosi, regia di Mauro Severino (F)

Giovanni ed Elviruccia, regia di Paolo Panelli (STV)

1970   *Città violenta*, regia di Sergio Sollima (F)

Giochi particolari, regia di Franco Indovina (F)

Gli avvoltoi hanno fame (Two Mules for Sister Sara), regia di Don Siegel (F)

I cannibali, regia di Liliana Cavani (F)

I lupi attaccano in branco (Hornets' nest), regia di Phil Karlson e Franco Cirino (F)

Indagine su un cittadino al di sopra di ogni sospetto, regia di Elio Petri (F)

L'uccello dalle piume di cristallo, regia di Dario Argento (F)

La Califfa, regia di Alberto Bevilacqua (F)

La moglie più bella, regia di Damiano Damiani (F)

Le foto proibite di una signora per bene, regia di Luciano Ercoli (F)

Lui per lei, regia di Claudio Rispoli [film non uscito in sala] (F)

Metello, regia di Mauro Bolognini (F)

Quando le donne avevano la coda, regia di Pasquale Festa Campanile (F)

Uccidete il vitello grasso e arrostitelo, regia di Salvatore Samperi (F)

Vamos a matar, compañeros, regia di Sergio Corbucci (F)

Forma e formula, regia di Giovani Cecchinato (D)

Giovanni ed Elviruccia, regia di Paolo Panelli (STV)

1971 *... Correva l'anno di grazia 1870*, regia di Alfredo Giannetti (F)

«Forza G», regia di Duccio Tessari (F)

4 mosche di velluto grigio, regia di Dario Argento (F)

Addio fratello crudele, regia di Giuseppe Patroni Griffi (F)

Giornata nera per l'ariete, regia di Luigi Bazzoni (F)

Giù la testa, regia di Sergio Leone (F)

Gli occhi freddi della paura, regia di Enzo G. Castellari [con il Gruppo di Improvvisazione Nuova Consonanza] (F)

Gli scassinatori (Le casse), regia di Henri Verneuil (F)

Il Decameron, regia di Pier Paolo Pasolini (F)

Il gatto a nove code, regia di Dario Argento (F)

Il giorno del giudizio, regia di Mario Gariazzo e Robert Paget [con Claudio Tallino] (F)

Incontro, regia di Piero Schivazappa (F)

L'istruttoria è chiusa: dimentichi, regia di Damiano Damiani (F)

La classe operaia va in paradiso, regia di Elio Petri (F)

La corta notte delle bambole di vetro, regia di Aldo Lado (F)

La tarantola dal ventre nero, regia di Paolo Cavara (F)

Maddalena, regia di Jerzy Kawalerowicz (F)

Sacco e Vanzetti, regia di Giuliano Montaldo (F)

Senza movente (Sans mobile apparant), regia di Philippe Labro (F)

Tre nel mille, regia di Franco Indovina (F)

Una lucertola con la pelle di donna, regia di Lucio Fulci (F)

Veruschka, regia di Franco Rubartelli (F)

Viva la muerte... tua!, regia di Duccio Tessari (F)

Oceano, regia di Folco Quilici (D)

Tre donne, regia di Alfredo Giannetti (STV)

1972   *Anche se volessi lavorare, che faccio?*, regia di Flavio Mogherini (F)

Barbablù (Bluebeard), regia di Edward Dmytryk (F)

Che c'entriamo noi con la rivoluzione?, regia di Sergio Corbucci (F)

Chi l'ha vista morire?, regia di Aldo Lado (F)

Cosa avete fatto a Solange?, regia di Massimo Dallamano (F)

D'amore si muore, regia di Carlo Carunchio (F)

I figli chiedono perché, regia di Nino Zanchin (F)

I racconti di Canterbury, regia di Pier Paolo Pasolini (F)

Il diavolo nel cervello, regia di Sergio Sollima (F)

Il maestro e Margherita, regia di Aleksandar Petrovic (F)

Imputazione di omicidio per uno studente, regia di Mauro Bolognini (F)

L'attentato (L'attentat), regia di Yves Boisset (F)

L'ultimo uomo di Sara, regia di Maria Virginia Onorato (F)

La banda J. & S – Cronaca criminale del Far West, regia di Sergio Corbucci (F)

La cosa buffa, regia di Aldo Lado (F)

La violenza: quinto potere, regia di Florestano Vancini (F)

La vita, a volte, è molto dura, vero Provvidenza?, regia di Giulio Petroni (F)

Le due stagioni della vita (Les deux saisons de la vie), regia di Samy Pavel (F)

Mio caro assassino, regia di Tonino Valerii (F)

Quando la preda è l'uomo, regia di Vittorio De Sisti (F)

Quando le donne persero la coda, regia di Pasquale Festa Campanile (F)

Questa specie d'amore, regia di Alberto Bevilacqua (F)

Un uomo da rispettare, regia di Michele Lupo (F)

Io e..., regia di Paolo Brunatto, Walter Licastro, Luciano Emmer (D)

L'Italia vista dal cielo – Sardegna, regia di Folco Quilici (D)

L'Uomo e la magia, regia di Sergio Giordani (D)

1973 *Ci risiamo, vero Provvidenza?*, regia di Alberto De Martino [con Bruno Nicolai] (F)
Crescete e moltiplicatevi, regia di Giulio Petroni (F)
Giordano Bruno, regia di Giuliano Montaldo (F)
Il mio nome è Nessuno, regia di Tonino Valerii (F)
Il serpente (Le serpent), regia di Henri Verneuil (F)
Il sorriso del grande tentatore, regia di Damiano Damiani (F)
La proprietà non è più un furto, regia di Elio Petri (F)
Quando l'amore è sensualità, regia di Vittorio De Sisti (F)
Rappresaglia, regia di George Pan Cosmatos (F)
Revolver, regia di Sergio Sollima (F)
Sepolta viva, regia di Aldo Lado (F)

1974 *Allonsanfàn*, regia di Paolo Taviani e Vittorio Taviani (F)
Fatti di gente perbene, regia di Mauro Bolognini (F)
Il fiore delle Mille e una notte, regia di Pier Paolo Pasolini (F)
Il segreto (Le secret), regia di Robert Enrico (F)
L'anticristo, regia di Alberto De Martino [con Bruno Nicolai] (F)
La cugina, regia di Aldo Lado (F)
Milano odia: la polizia non può sparare, regia di Umberto Lenzi (F)
Mussolini ultimo atto, regia di Carlo Lizzani (F)
Sesso in confessionale, regia di Vittorio De Sisti (F)
Spasmo, regia di Umberto Lenzi (F)
Trio infernale (Le trio infernal), regia di Francis Girod (F)
Il giro del mondo degli innamorati di Peynet, regia di Cesare Perfetto [con Alessandro Alessandroni] (A)
Mosè, la legge del deserto, regia di Gianfranco De Bosio (STV)
«Italiques», regia di Pierre Boursaus (VTV)

1975 *Assassinio sul ponte (Der Richter und sein Henker)*, regia di Maximilian Schell (F)

Attenti al buffone, regia di Alberto Bevilacqua (F)

Divina creatura, regia di Giuseppe Patroni Griffi* (F)

Gente di rispetto, regia di Luigi Zampa (F)

Il giustiziere (The Human Factor), regia di Edward Dmytryk (F)

Il poliziotto della brigata criminale (Peur sur la ville), regia di Henri Verneuil (F)

L'ultimo treno della notte, regia di Aldo Lado (F)

La donna della domenica, regia di Luigi Comencini (F)

La smagliatura (La faille), regia di Peter Fleischmann (F)

Labbra di lurido blu, regia di Giulio Petroni (F)

Leonor, regia di Juan Luis Buñuel (F)

Libera, amore mio!, regia di Mauro Bolognini (F)

Macchie solari, regia di Armando Crispino (F)

Per le antiche scale, regia di Mauro Bolognini (F)

Salò o le 120 giornate di Sodoma, regia di Pier Paolo Pasolini (F)

Storie di vita e malavita, regia di Carlo Lizzani (F)

Un genio, due compari, un pollo, regia di Damiano Damiani (F)

Spazio 1999 (Space: 1999), regia di Lee H. Katzin* (STVMP)

1976   *Il deserto dei tartari*, regia di Valerio Zurlini (F)

L'Agnese va a morire, regia di Giuliano Montaldo (F)

L'eredità Ferramonti, regia di Mauro Bolognini (F)

Novecento, regia di Bernardo Bertolucci (F)

Per amore, regia di Mino Giarda (F)

San Babila ore 20: un delitto inutile, regia di Carlo Lizzani (F)

Todo modo, regia di Elio Petri (F)

Una vita venduta, regia di Aldo Florio (F)

Alle origini della mafia, regia di Enzo Muzii [con Nino Rota e Gino Marinuzzi Jr.] (STV)

«*Cinema concerto*», regia di Sandro Spina (sigla) (VTV)

1977   *Autostop rosso sangue*, regia di Pasquale Festa Campanile (F)

Holocaust 2000, regia di Alberto De Martino (F)

Il gatto, regia di Luigi Comencini (F)

Il mostro, regia di Luigi Zampa (F)

Il prefetto di ferro, regia di Pasquale Squitieri (F)

L'arriviste, regia di Samy Pavel [con Klaus Schulze] (F)

L'esorcista II – L'eretico (Exorcist II: The Heretic), regia di John Boorman (F)

L'orca assassina (Orca), regia di Michael Anderson (F)

Stato interessante, regia di Sergio Nasca (F)

Tre simpatiche carogne (René la Canne), regia di Francis Girod (F)

La polizia non sarà informata (Le Ricain), regia di Jean-Marie Pallardy [con Bruno Nicolai e Luis Bacalov] (FMP)

Alla scoperta dell'America, regia di Sergio Giordani (D)

Nella città vampira. Drammi gotici, regia di Giorgio Bandini (STV)

1978   *Corleone*, regia di Pasquale Squitieri (F)

Così come sei, regia di Alberto Lattuada (F)

Forza Italia!, regia di Roberto Faenza (F)

I giorni del cielo (Days of Heaven), regia di Terrence Malick (F)

Il vizietto (La cage aux folles), regia di Édouard Molinaro (F)

L'immoralità, regia di Massimo Pirri (F)

One, Two, Two: 122, rue de Provence, regia di Christian Gion (F)

Dove vai in vacanza? (episodio: *Sarò tutta per te*, regia di Mauro Bolognini) (FE)

Invito allo sport, regia di Folco Quilici (D)

Le femmine puntigliose, regia di Giuseppe Patroni Griffi (T)

Il prigioniero, regia di Aldo Lado (FTV)

Noi lazzaroni, regia di Giorgio Pelloni (FTV)

Le mani sporche, regia di Elio Petri (STV)

1979   *Dedicato al mare Egeo*, regia di Masuo Ikeda (F)

I... come Icaro (I... comme Icare), regia di Henri Verneuil (F)

Il giocattolo, regia di Giuliano Montaldo (F)

Il prato, regia di Paolo Taviani e Vittorio Taviani (F)

L'umanoide, regia di Aldo Lado (F)

La luna, regia di Bernardo Bertolucci (F)

Le buone notizie, regia di Elio Petri (F)

Linea di sangue (Bloodline), regia di Terence Young (F)

Ogro, regia di Gillo Pontecorvo (F)

Professione figlio, regia di Stefano Rolla (F)

Viaggio con Anita, regia di Mario Monicelli (F)

Ten to Survive, regia di Arnoldo Farina e Giancarlo Zagni [con Luis Bacalov, Franco Evangelisti, Egisto Macchi, Nino Rota] (A)

Rose caduche, regia di Luisa Mariani (T)

Orient-Express, regia di Daniele D'Anza, Marcel Moussy, Bruno Gantillon (STV)

1980　*Il bandito dagli occhi azzurri*, regia di Alfredo Giannetti (F)

Il ladrone, regia di Pasquale Festa Campanile (F)

Il vizietto II (La cage aux folles II), regia di Édouard Molinaro (F)

L'isola (The Island), regia di Michael Ritchie (F)

La banchiera (La banquière), regia di Francis Girod (F)

Si salvi chi vuole, regia di Roberto Faenza (F)

Stark System, regia di Armenia Balducci (F)

Un sacco bello, regia di Carlo Verdone (F)

Uomini e no, regia di Valentino Orsini (F)

Windows, regia di Gordon Willis (F)

Dietro il processo, regia di Franco Biancacci (D)

Pianeta d'acqua, regia di Carlo Alberto Pinelli (D)

1981　*Bianco, rosso e Verdone*, regia di Carlo Verdone (F)

Jeans dagli occhi rosa (So Fine), regia di Andrew Bergman (F)

Joss il professionista (Le professionnel), regia di Georges Lautner (F)

La disubbidienza, regia di Aldo Lado (F)

La storia vera della signora delle camelie, regia di Mauro Bolognini (F)
La tragedia di un uomo ridicolo, regia di Bernardo Bertolucci (F)
Occhio alla penna, regia di Michele Lupo (F)
The Life and Times of David Lloyd George, regia di John Hefin (STV)

1982 *Alzati spia (Espion, lève-toi)*, regia di Yves Boisset (F)
Butterfly – Il sapore del peccato, regia di Matt Cimber (F)
Cane bianco (White Dog), regia di Samuel Fuller (F)
Extrasensorial (Blood Link), regia di Alberto De Martino (F)
Il tesoro delle quattro corone (Treasure of the Four Crowns), regia di Ferdinando Baldi (F)
La cosa (The Thing), regia di John Carpenter (F)
Sette bare per Rogan (A Time to Die), regia di Matt Cimber (F)
Marco Polo, regia di Giuliano Montaldo (STV)

1983 *Copkiller – L'assassino dei poliziotti*, regia di Roberto Faenza (F)
Hundra, regia di Matt Cimber (F)
La chiave, regia di Tinto Brass (F)
Nana: la vera chiave del piacere (Nana), regia di Dan Wolman (F)
Professione: poliziotto (Le marginal), regia di Jacques Deray (F)
Sahara, regia di Andrew V. McLaglen (F)
Una cascata tutta d'oro (Le ruffian), regia di José Giovanni (F)
Scarlatto e nero (The Scarlet and the Black), regia di Jerry London (STV)

1984 *C'era una volta in America*, regia di Sergio Leone (F)
Les voleurs de la nuit, regia di Samuel Fuller (F)
Don't kill God, regia di Jacqueline Manzano (D)
Wer war Edgar Allan?, regia di Michael Haneke (FTV)

1985 *Il pentito*, regia di Pasquale Squitieri (F)
La gabbia, regia di Giuseppe Patroni Griffi (F)
Matrimonio con vizietto – Il vizietto III (La cage aux folles III – «Elles» se marient), regia di Georges Lautner (F)

Yado (Red Sonja), regia di Richard Fleischer (F)

Chimica e agricoltura. Documentari per l'ENEA, regia di Luciano Emmer (D)

Le Louvre: le plus grand musée du monde, regia di Jean-Marc Leuven e Daniel Lander [con Munir Bashir] (D)

Via Mala, regia di Tom Toelle (STV)

1986   *La venexiana*, regia di Mauro Bolognini (F)

Mission (The Mission), regia di Roland Joffé (F)

La Piovra 2, regia di Florestano Vancini (STV)

1987   *Assassino senza colpa? (Rampage)*, regia di William Friedkin (F)

Gli occhiali d'oro, regia di Giuliano Montaldo (F)

Il giorno prima, regia di Giuliano Montaldo (F)

Mosca addio, regia di Mauro Bolognini (F)

Quartiere, regia di Silvano Agosti (F)

The Untouchables – Gli Intoccabili, regia di Brian De Palma (F)

Il segreto del Sahara, regia di Alberto Negrin (STV)

La Piovra 3, regia di Luigi Perelli (STV)

1988   *Frantic*, regia di Roman Polanski (F)

Il grande odio (A Time of Destiny), regia di Gregory Nava (F)

Nuovo Cinema Paradiso, regia di Giuseppe Tornatore (F)

Gli angeli del potere, regia di Giorgio Albertazzi (FTV)

Gli indifferenti, regia di Mauro Bolognini (STV)

Il segreto del Sahara, regia di Alberto Negrin (STV)

1989   *L'ombra di mille soli (Fat Man and Little Boy)*, regia di Roland Joffé (F)

Tempo di uccidere, regia di Giuliano Montaldo (F)

Vittime di guerra (Casualties of War), regia di Brian De Palma (F)

12 registi per 12 città, (episodi: Udine, regia di Gillo Pontecorvo; *Firenze*, regia di Franco Zeffirelli) (FE)

Gioco senza fine (The Endless Game), regia di Bryan Forbes (STV)

I promessi sposi, regia di Salvatore Nocita (STV)

Il principe del deserto, regia di Duccio Tessari (STV)

La Piovra 4, regia di Luigi Perelli (STV)

1990　*Amleto (Hamlet)*, regia di Franco Zeffirelli (F)

Cacciatori di navi, regia di Folco Quilici (F)

Dimenticare Palermo, regia di Francesco Rosi (F)

Légami! (¡Átame!), regia di Pedro Almodóvar (F)

Mio caro dottor Gräsler, regia di Roberto Faenza (F)

Stanno tutti bene, regia di Giuseppe Tornatore (F)

Stato di grazia (State of Grace), regia di Phil Joanou (F)

Tre colonne in cronaca, regia di Carlo Vanzina (F)

Il viaggio del terrore: la vera storia dell'Achille Lauro (Voyage of Terror: The Achille Lauro Affair), regia di Alberto Negrin (FTV)

La Piovra 5 – Il cuore del problema, regia di Luigi Perelli (STV)

1991　*Bugsy*, regia di Barry Levinson (F)

Crossing the Line, regia di David Leland (F)

Deutsches Mann Geil! Die Geschichte von Ilona und Kurti, regia di Reinhard Schwabenitzky (F)

La villa del venerdì, regia di Mauro Bolognini (F)

Money – Intrigo in nove mosse, regia di Steven Hilliard Stern (F)

La domenica specialmente, regia di Francesco Barilli, Giuseppe Bertolucci, Marco Tullio Giordana, Giuseppe Tornatore (FE)

1992　*Beyond Justice*, regia di Duccio Tessari (F)

La città della gioia (City of Joy), regia di Roland Joffé (F)

La signora delle camelie, regia di Gustavo Serena (1915, restaurato con commento sonoro) (F)

Una storia italiana, regia Stefano Reali (FTV)

La Piovra 6 – L'ultimo segreto, regia di Luigi Perelli (STV)

1993   *Il lungo silenzio*, regia di Margarethe von Trotta (F)
        Jona che visse nella balena, regia di Roberto Faenza (F)
        La scorta, regia di Ricky Tognazzi (F)
        Nel centro del mirino (In the Line of Fire), regia di Wolfgang Petersen (F)
        Palermo – Città dell'antimafia, regia di Giuseppe Tornatore (D)
        Roma – Imago urbis, regia di Luigi Bazzoni (D)
        Piazza di Spagna, regia di Florestano Vancini (STV)

1994   *La notte e il momento (The Night and the Moment)*, regia di Anna Maria Tatò (F)
        Love Affair – Un grande amore, regia di Glenn Gordon Caron (F)
        Rivelazioni (Disclosure), regia di Barry Levinson (F)
        Una pura formalità, regia di Giuseppe Tornatore (F)
        Wolf – La belva è fuori (Wolf), regia di Mike Nichols (F)

1995   *Con rabbia e con amore*, regia di Alfredo Angeli (F)
        L'uomo delle stelle, regia di Giuseppe Tornatore (F)
        L'uomo proiettile, regia di Silvano Agosti (F)
        Pasolini, un delitto italiano, regia di Marco Tullio Giordana (F)
        Sostiene Pereira, regia di Roberto Faenza (F)
        12 novembre 1994, regia di Francesco Maselli (D)
        Lo schermo a tre punte, regia di Giuseppe Tornatore (D)
        Missus, regia di Alberto Negrin (FTV)
        Il barone, regia di Richard Heffron ed Enrico Maria Salerno (STV)
        La Piovra 7 – Indagine sulla morte del commissario Cattani, regia di Luigi Perelli (STV)

1996   *I magi randagi*, regia di Sergio Citti (F)
        La lupa, regia di Gabriele Lavia (F)
        La sindrome di Stendhal, regia di Dario Argento (F)
        Ninfa plebea, regia di Lina Wertmüller (F)
        Vite strozzate, regia di Ricky Tognazzi (F)

Laguna, regia di Francesco De Melis (D)

Nostromo, regia di Alastair Reid (STV)

1997 *Cartoni animati*, regia di Franco Citti e Sergio Citti (F)

Con rabbia e con amore, regia di Alfredo Angeli (F)

Il quarto re, regia di Stefano Reali [con Andrea Morricone] (F)

Lolita, regia di Adrian Lyne (F)

Marianna Ucrìa, regia di Roberto Faenza [con Franco Piersanti] (F)

Naissance des stéréoscopages, regia di Stéphane Marty (F)

U Turn – Inversione di marcia, regia di Oliver Stone (F)

In fondo al cuore, regia di Luigi Perelli (FTV)

La casa bruciata, regia di Massimo Spano (FTV)

1998 *Bulworth – Il senatore*, regia di Warren Beatty (F)

La leggenda del pianista sull'oceano, regia di Giuseppe Tornatore (F)

La città spettacolo, regia di Giuliano Montaldo [con Andrea Morricone] (D)

Ultimo, regia di Stefano Reali (STV)

1999 *Il fantasma dell'opera*, regia di Dario Argento (F)

I guardiani del cielo, regia di Alberto Negrin (FTV)

Morte di una ragazza perbene, regia di Luigi Perelli (FTV)

Concerto apocalittico per grilli, margherite, blatta e orchestra, regia di Stefano Benni [con Luca Francesconi] (T)

Ultimo 2 – La sfida, regia di Michele Soavi (STV)

2000 *Canone inverso – Making Love*, regia di Ricky Tognazzi (F)

Malèna, regia di Giuseppe Tornatore (F)

Mission to Mars, regia di Brian De Palma (F)

Vatel, regia di Roland Joffé (F)

Padre Pio – Tra cielo e terra, regia di Giulio Base (FTV)

2001 *La ragion pura*, regia di Silvano Agosti (F)

Richard III, regia di André Calmettes e James Keane (1912, restaurato con commento sonoro) (F)

Aida degli alberi, regia di Guido Manuli (A)

Un altro mondo è possibile, regia di A.A.V.V. (D)

Nanà, regia di Alberto Negrin (FTV)

La Piovra 10, regia di Luigi Perelli (STV)

2002   *Il gioco di Ripley*, regia di Liliana Cavani (F)

Senso '45, regia di Tinto Brass (F)

Perlasca – Un eroe italiano, regia di Alberto Negrin (FTV)

Un difetto di famiglia, regia di Alberto Simone (FTV)

2003   *Al cuore si comanda*, regia di Giovanni Morricone (F)

La fine di un mistero (La luz prodigiosa), regia di Miguel Hermoso (F)

Kill Bill – Volume 1 (Kill Bill: Vol.1), regia di Quentin Tarantino [con altri] (FMP)

Ics – L'amore ti dà un nome, regia di Alberto Negrin (FTV)

Il papa buono – Giovanni XXIII, regia di Ricky Tognazzi (FTV)

Maria Goretti, regia di Giulio Base (FTV)

Musashi, regia di Mitsunobu Ozaki (FTV)

2004   *72 metra*, regia di Vladimir Khotinenko (F)

E ridendo l'uccise, regia di Florestano Vancini (F)

Guardiani delle nuvole, regia di Luciano Odorisio (F)

La bambola di carne (Die Puppe), regia di Ernst Lubitsch (1919, restaurato con commento sonoro) (F)

Kill Bill – Volume 2 (Kill Bill: Vol.2), regia di Quentin Tarantino [con altri] (FMP)

2005   *Cefalonia*, regia di Riccardo Milani (FTV)

Il cuore nel pozzo, regia di Alberto Negrin (FTV)

Karol – Un uomo diventato papa, regia di Giacomo Battiato (FTV)

Lucia, regia di Pasquale Pozzessere (FTV)

2006   *La sconosciuta*, regia di Giuseppe Tornatore (F)

Gino Bartali – L'intramontabile, regia di Alberto Negrin (FTV)

Giovanni Falcone, l'uomo che sfidò Cosa Nostra, regia di Andrea Frazzi e Antonio Frazzi (FTV)

Karol – Un papa rimasto uomo, regia di Giacomo Battiato (FTV)

La Provinciale, regia di Pasquale Pozzessere (FTV)

2007 *Tutte le donne della mia vita*, regia di Simona Izzo (F) Grindhouse – A prova di morte (Death Proof), regia di Quentin Tarantino [con altri] (FMP)

L'ultimo dei corleonesi, regia di Alberto Negrin (FTV)

2008 *I demoni di San Pietroburgo*, regia di Giuliano Montaldo (F)

Resolution 819, regia di Giacomo Battiato (F)

Pane e libertà, regia di Alberto Negrin (FTV)

2009 *Baarìa*, regia di Giuseppe Tornatore (F)

Bastardi senza gloria (Inglourious Basterds), regia di Quentin Tarantino (FMP)

Mi ricordo Anna Frank, regia di Alberto Negrin (FTV)

2010 *Angelus Hiroshimae*, regia di Giancarlo Planta (F)

L'ultimo gattopardo: ritratto di Goffredo Lombardo, regia di Giuseppe Tornatore (D)

The Earth: Our Home, regia di Pierpaolo Saporito e Vittorio Giacci [con Luis Bacalov, Philip Glass, Nicola Piovani, Arvo Pärt, Michael Nyman] (D)

Il teatro di Eduardo – Filumena Marturano, regia di Massimo Ranieri e Franza Di Rosa (TT)

2011 *Come un delfino*, regia di Stefano Reali (STV)

Il teatro di Eduardo – Napoli milionaria!, regia di Massimo Ranieri e Franza Di Rosa (TT)

Il teatro di Eduardo – Questi fantasmi, regia di Massimo Ranieri e Franza Di Rosa (TT)

The Mission – Heaven on Earth, regia di Stefano Genovese [con Andrea Morricone] (M)

2012   *Il suono delle fontane di Roma*, regia di Massimo F. Frittelli [con altri] (D)
        Paolo Borsellino – I 57 giorni, regia di Alberto Negrin (FTV)
        L'isola, regia di Alberto Negrin (STV)
        Ultimo – L'occhio del falco, regia di Michele Soavi (STV)
        Il teatro di Eduardo – Sabato, domenica e lunedì, regia di Massimo Ranieri e Franza Di Rosa (TT)

2013   *La migliore offerta*, regia di Giuseppe Tornatore (F)
        Django Unchained, regia di Quentin Tarantino [con altri] (FMP)
        Riccardo III, regia di Massimo Ranieri (T)
        Come un delfino – seconda stagione, regia di Stefano Reali (STV)

2014   *American Sniper*, regia di Clint Eastwood [con altri] (FMP)

2015   *En mai fais ce qu'il te plaît*, regia di Christian Carion (F)
        The Hateful Eight, regia di Quentin Tarantino* (F)

2016   *La corrispondenza*, regia di Giuseppe Tornatore (F)

莫里康内 1953—2020 电影作品年表

（1）本年表系此次出版中译本特别增加的附录，源自"莫里康内爱好者"网站 2020 年编制的最新（第 4 版）《莫里康内电影类作品年表》，该年表包括由莫里康内独自谱曲或者合作谱曲的影视类作品共计 675 部。由于篇幅限制，本简表省略了其中的短片、电视片、纪录片和有关视频等部分内容，仅保留电影部分，此目录下的作品总计 436 部（包含引用莫里康内音乐的作品）。有关该网站最新年表的完整资料，读者可自行参阅该站的年表专栏 http://morricone.cn/ns-works/ns-works-000.htm。

（2）年表中的作品年份主要依据"互联网电影资料库"（IMDb）网站的数据。

（3）年表对于每一部作品尽量使用其英文名称和汉语通用译名。对于没有官方或通行英文名称的，则使用原有的意大利文或其他文字名称。

1955　*Abandoned* 逃兵 / 沉沦 / 放逐犯

1956　*The Railroad Man* 铁路员工

1959　*Death of a Friend* 死亡的朋友
　　　La duchessa di Santa Lucia 圣卢西亚公爵夫人
　　　Violent Summer 暴力的夏天

1960　*Run with the Devil* 马古塔大街
　　　Lipstick 口红
　　　Hercules' Pills 春药
　　　L'Avventura 奇遇

Gastone 加斯托内

1961　*The Fascist* 法西斯分子
Enrico '61 恩里科的 61 年
Totò, Peppino and... the Sweet Life 托托、庇皮诺和甜蜜生活
The Last Judgment 最后的审判
Le ambiziose 雄心勃勃
Barabbas 壮士千秋

1962　*Eighteen in the Sun* 太阳下的 18 岁
I motorizzati 超级机车
A Girl... and a Million 百万女孩 / 一女一百万
Crazy Desire 欲海惊心杀人夜 / 痴狂
Il sorpasso 安逸人生
I Due della legione 外籍军团中的两人
Ombre vive 生活的阴影

1963　*Gunfight at Red Sands* 红沙地上的枪战 / 决斗德州
The Basilisks 翼蜥 / 蛇怪 / 去死吧
Il successo 成功 / 成功之人
The Little Nuns 小修女
Secret Violence 秘密暴力
Tutto è musica 一切都是音乐

1964　*Full Hearts and Empty Pockets* 男人和女人
Two Escape from Sing Sing 两名逃犯
The Maniacs 靓眼
The Twelve-Handed Men of Mars 火星人
In ginocchio da te 跪在你面前 / 女孩和新兵
Bullets Don't Argue 我的子弹不说谎
A Fistful of Dollars 荒野大镖客
Before the Revolution 革命前夕
Countersex 异性相斥

Bullets and the Flesh 铅和肉

1965　Highest Pressure 高压
　　　Nightmare Castle 梦魇城堡
　　　Fists in the Pocket 怒不可遏
　　　Idoli controluce 发光的偶像
　　　The Return of Ringo 林戈归来
　　　Menage Italian Style 意大利家庭
　　　Non son degno di te 我配不上你
　　　For a Few Dollars More 黄昏双镖客
　　　Slalom 花言巧语
　　　Thrilling 扣人心弦
　　　A Pistol for Ringo 林戈之枪
　　　16 Year Olds 十六岁
　　　Agent 077: Mission Bloody Mary 特工 077 血战玛丽行动
　　　Rita the American Girl 丽塔，美国女儿
　　　Se non avessi più te 如果我没有你
　　　Te lo leggo negli occhi 我能从你的眼睛里看出来
　　　It's a Mad Mad Mad Mad World 疯狂的歌唱世界

1966　Agent 505: Death Trap in Beirut 特工 505 大战贝鲁特
　　　The Battle of Algiers 阿尔及尔之战
　　　Un uomo a metà 半个男人
　　　The Hawks and the Sparrows 大鸟和小鸟
　　　How I Learned to Love Women 教我如何爱上她
　　　Navajo Joe 印第安人乔
　　　Wake Up and Die 早死早好
　　　The Hills Run Red 群山染赤
　　　The Big Gundown 大捕杀
　　　The Bible 圣经：创世纪
　　　The Good, the Bad and the Ugly 黄金三镖客
　　　El Greco 格列柯传

Seven Guns for the MacGregors 七枪客
Mi vedrai tornare 我会回来
Smoke Over London 伦敦之雾
Fort Yuma Gold 虎侠

1967　*The Cruel Ones* 残酷的人
The Rover 冒险家 / 战火蛟龙
The Girl and the General 虎落平阳
The Witches 女巫
Matchless 无敌 / 绝密任务
Up the MacGregors! 七女子
Grand Slam 不惜任何代价 / 智多星巧破钻石库
Arabella 阿拉贝拉 / 湖边的女孩 / 湖边女尸
Death Rides a Horse 死神骑马来
Dirty Heroes 肮脏英雄
Face to Face 面对面
Garden of Delights 尘世乐土
Her Harem 后宫
China Is Near 中国已近
Long Days of Vengeance 复仇有日
O.K. Connery 上吧，康奈利 / 兄弟行动
An Italian in America 一个意大利人在美国
Django, Prepare a Coffin 准备棺材
Per amore... per magia... 为了爱……用魔法……
Gentleman Killer 绅士杀手

1968　*Danger: Diabolik* 危险：德伯力克
Escalation 升级 / 势力扩张
Come Play with Me 快来和我一起玩 / 谢谢你阿姨
Once Upon a Time in the West 西部往事
Comandamenti per un gangster 追杀黑帮老大
A Sky Full of Stars for a Roof 屋顶满天星

Eat It 吃吧

Galileo 伽利略传

Guns of San Sebastian 双虎将大追踪 / 一卒将军

The Great Silence 伟大的寂静 / 雪海深仇

The Mercenary 无情职业快枪手 / 雇佣兵

Partner 搭档 / 同伴

Bandits in Rome 罗马大盗

A Fine Pair 老千兵团 / 鸳鸯大盗

Listen, Let's Make Love 听着，让我们做爱吧 / 我们会相爱吗

Theorem 定理

A Quiet Place in the Country 乡间僻静处

Chimera 基迈拉

Run, Man, Run 大捕杀 2

1969
Cuore di mamma 母之爱

Ecce Homo 瞧，这个人

Fräulein Doktor 毒气间谍战

H$_2$S 硫化氢

Alibi 托词 / 借口

The Lady of Monza 深院偷情 / 蒙扎的修女

The Red Tent 红帐篷

Love Circle 一日晚宴 / 爱的轮回

Tepepa 革命万岁

That Splendid November 再见吾爱 / 偷情世家

Vergogna schifosi 肮脏的天使

Machine Gun McCain 铤而走险 / 机枪麦凯恩

She and He 她与他 / 绝对自然

The Invisible Woman 无形女

Season of the Senses 感官季节

The Sicilian Clan 西西里黑帮 / 神机妙算

Burn! 凯马达政变 / 烽火怪客

What Did Stalin Do to Women? 斯大林对妇女们都干了什么？
Senza sapere niente di lei 对她一无所知 / 道德隐私
The Five Man Army 五人军队
A Brief Season 一个短季 / 和你共度一个夏天

1970　*The Cannibals* 食人魔
The Bird with the Crystal Plumage 摧花手
The Fifth Day of Peace 神与我们同在 / 停战的第五天
Investigation of a Citizen Above Suspicion 对一个不容怀疑的公民的调查
Metello 我的青春
Kill the Fatted Calf and Roast It 杀牛烤肉 / 谋杀和烧烤的舞蹈
Violent City 狼之挽歌
The Voyeur 特别的游戏
Hornets' Nest 天龙特攻队
Lady Caliph 卡里夫女人
The Most Beautiful Wife 最美丽的妻子
The Forbidden Photos of a Lady Above Suspicion 一位女士的可疑照片
When Women Had Tails 有尾巴的女人
Two Mules for Sister Sara 烈女镖客
Compañeros 同伴 / 决斗者
Crepa padrone, crepa tranquillo 死吧老大，小心点

1971　*The Decameron* 十日谈
'Tis Pity She's a Whore 再见了残忍的兄弟
The Fifth Cord 黑色的一天
Duck You Sucker 革命往事
Cold Eyes of Fear 冷眼恐惧
The Cat o' Nine Tails 九尾怪猫
Incontro 离别 / 罗曼史
The Case Is Closed, Forget It 牢狱大风暴 / 调查已经结束，忘了吧
The Working Class Goes to Heaven 工人阶级上天堂
Short Night of Glass Dolls 黑夜中的玻璃人偶 / 玻璃娃娃的短夜

Black Belly of the Tarantula 塔兰图拉毒蛛
The Burglars 大飞贼
Maddalena 玛达莲娜
Four Flies on Grey Velvet 灰天鹅绒上的四只苍蝇
Sacco & Vanzetti 死刑台的旋律
Sans mobile apparent 北回归线
Tre nel mille 千禧年的故事
A Lizard in a Woman's Skin 蛇蝎心
Veruschka 维鲁斯卡
Day of Judgment 以眼还眼 / 判决日
Hayat sevince güzel 欢乐美丽人生

1972　*Winged Devils* G 力 / 魔翼
My Dear Killer 我亲爱的杀手
Anche se volessi lavorare, che faccio? 即使我很想工作，又能怎么办？
Bluebeard 蓝胡子
What Am I Doing in the Middle of a Revolution? 革命时我都干了什么
Who Saw Her Die? 谁看见她的死亡
What Have You Done to Solange? 索朗热怎么了？
D'amore si muore 爱到死
I figli chiedono perché 孩子们问我们为什么
Devil in the Brain 大脑中的魔鬼
The Master and Margaret 大师和玛格丽特
Chronicle of a Homicide 一个被控谋杀的学生
The Assassination 法国合唱团 / 大阴谋
Sonny and Jed 桑尼和杰德
La cosa buffa 有趣的故事
Life Is Tough, Eh Providence? 生活是艰难的，是吗？
Les deux saisons de la vie 生命中的两个季节
Quando la preda è l'uomo 当人是猎物的时候
This Kind of Love 这种爱

The Sicilian Checkmate 暴力：第五权力

The Master Touch 贼王

When Women Lost Their Tails 当妇女失去她们的尾巴

1870 罗马1870

Lui per lei 他为了她

Don't Turn the Other Cheek 死亡万岁

A Noose Is Waiting for You Trinity 克林特孤独归来

The Canterbury Tales 坎特伯雷故事

Fiorina the Cow 菲奥里纳的奶牛

E se per caso una mattina... 如果偶然一天清晨

1973 *Property Is No Longer a Theft* 财产并非赃物

When Love Is Lust 当爱充满情欲

Here We Go Again, Eh Providence? 又来了，哦，普罗维登斯？

Crescete e moltiplicatevi 多子多福

Giordano Bruno 乔达诺·布鲁诺

My Name is Nobody 无名小子

The Serpent 蛇

Massacre in Rome 屠杀令

Revolver 转轮手枪

Woman Buried Alive 绝望之旅

Vaarwel 再见

1974 *L'ultimo uomo di Sara* 萨拉的最后一个男人

The Devil Is a Woman 魔鬼是女人

Allonsanfàn 阿隆桑方

The Murri Affair 穆里事件

Arabian Nights 一千零一夜/阿拉伯之夜

Il giro del mondo degli innamorati di Peynet 环游世界的爱

The Antichrist 反基督者

The Cousin 表妹

The Secret 秘密

The Infernal Trio 凶恶三人帮

Almost Human 绑架米拉诺

Mussolini: The Last Four Days 墨索里尼的末日

Sex Advice 性的忏悔

Spasmo 死亡经销商

Autopsy 太阳黑子

1975　*Libera, My Love* 自由，我的爱

Weak Spot 陷阱

Leonor 莱昂纳

Eye of the Cat 猫眼

End of the Game 杀手挽歌

The Divine Nymph 一个神圣的女人

The Flower in His Mouth 值得尊敬的人

Last Stop on the Night Train 暴行列车

The Sunday Woman 星期天的女人

Lips of Lurid Blue 耸人听闻的蓝色嘴唇

Down the Ancient Staircase 沿着古老的阶梯

Fear Over the City 恐怖笼罩城市

Salò, or the 120 Days of Sodom 索多玛120天

The Teenage Prostitution Racket 生命与邪恶

The "Human" Factor 以牙还牙

A Genius, Two Partners and a Dupe 一个天才、两个朋友和一个傻子

1976　*The Desert of the Tartars* 鞑靼人的荒漠

And Agnes Chose to Die 阿涅丝选择去死

The Inheritance 遗产

1900 一九〇〇/新世纪

Per amore 为了爱

San Babila-8 P.M. 圣巴比拉晚八点

Todo Modo 托多·莫多

A Sold Life 出售一个生命

1977　*Rene the Cane* 同是沦落人
Hitch-Hike 凶险旅程
Exorcist II: The Heretic 驱魔人 2
Holocaust 2000 大屠杀
The Cat 灵猫
The Fiend 怪物
The Iron Prefect 铁官
Orca 杀人鲸
Stato interessante 青涩体验
L'arriviste 暴发户
Pedro Páramo 佩德罗·帕拉莫
The Man from Chicago 美国人

1978　*Forza Italia!* 前进意大利
One Two Two 普罗旺斯大街 122 号
Father of the Godfathers 教父之父
Stay as You Are 你不要走
Days of Heaven 天堂之日
Where Are You Going on Holiday? 你去哪儿度假
Cock Crows at Eleven 背德 / 西蒙娜宝贝的复仇
La Cage aux folles 一笼傻鸟

1979　*The Humanoid* 人形机器人
Lovers and Liars 情人与骗子
Bloodline 朱门血痕
Good News 好消息 / 佳讯
Dedicated to the Aegean Sea 献给爱琴海
I as in Icarus 我像伊卡洛斯
A Dangerous Toy 危险玩具
The Meadow 林中草地
Luna 月神 / 迷情逆恋
Ogro 奥科罗行动

            Footloose 威尼斯谎言

1980   *The Blue-Eyed Bandit* 蓝眼睛的强盗
            The Thief 义贼
            The Lady Banker 女银行家
            La Cage aux folles II 一笼傻鸟 2
            Si salvi chi vuole 如果你想解救自己
            Stark System 斯塔克体系
            The Island 魔岛生死劫
            Fun Is Beautiful 美丽而有趣的事 / 美丽的袋子
            Men or Not Men 男人，或者不是
            Windows 窗口
            Nouvelles rencontres 新军论战
            L'oeil pervers 邪恶的眼睛

1981   *Bianco, rosso e verdone* 白色、红色和绿色
            Butterfly 蝴蝶
            La disubbidienza 启发性教育
            Tragedy of a Ridiculous Man 一个可笑人物的悲剧 / 荒谬人的悲剧
            The Professional 职业杀手 / 阴谋的代价
            Buddy Goes West 哥儿们，我们去西部
            So Fine 带粉红眼睛的牛仔裤
            Endless Love 无尽的爱

1982   *Espion, lève-toi* 醒来吧，沉睡的间谍
            Blood Link 血线
            The Thing 怪形
            White Dog 白狗
            Pink Force 红粉兵团
            A Time to Die 死亡时刻
            Golden Queen's Commando 红粉兵团

1983   *Copkiller* 弑警犯
        The Ruffian 歹徒
        Treasure of the Four Crowns 魔宫夺宝奇兵
        Hundra 亨德拉
        The Key 欲望之翼
        Le marginal 侠行边缘 / 莽汉
        Nana, the True Key of Pleasure 娜娜，游乐场的真正关键
        Sahara 撒哈拉

1984   *Thieves After Dark* 夜晚的贼
        Once Upon a Time in America 美国往事
        The Forester's Lads 游侠男孩 / 护林人的儿子
        Code Name: Wild Geese 野鹅敢死队

1985   *The Repenter* 忏悔
        La Cage aux folles III: The Wedding 一笼傻鸟 3
        The Trap 陷阱
        Red Sonja 女王神剑
        Dario Argento's World of Horror 达里奥·阿金图的恐怖世界
        Commando Leopard 火豹屠城
        The Girl from Amalfi 阿马尔菲的少女

1986   *The Venetian Woman* 威尼斯女人
        The Mission 教会 / 战火浮生

1987   *The Gold Rimmed Glasses* 戴金边眼镜的人
        Farewell Moscow 再见莫斯科
        Quartiere 居民区
        Rampage 愤怒
        The Untouchables 铁面无私 / 义胆雄心

1988   *Frantic* 惊狂记 / 亡命夜巴黎
        A Time of Destiny 战地情天

Cinema Paradiso 天堂电影院

1989　*Tie Me Up! Tie Me Down!* 捆着我，绑着我
　　　Casualties of War 越战创伤 / 孽战
　　　Fat Man and Little Boy 胖子与男孩 / 肥佬大作战
　　　Time to Kill 杀戮时刻

1990　*Only One Survived* 深海余生
　　　The Palermo Connection 忘却巴勒莫
　　　Hamlet 哈姆雷特
　　　The Bachelor 单身汉 / 我亲爱的格雷斯勒医生
　　　Everybody's Fine 天伦之旅
　　　State of Grace 地狱都市 / 优雅之邦
　　　Tre colonne in cronaca 三栏纪事
　　　The Big Man 大人物 / 强人

1991　*Bugsy* 豪情四海
　　　Law of the Desert 铁胆威龙
　　　Especially on Sunday 尤其是在礼拜日
　　　Husbands and Lovers 爱你恨你更想你 / 丈夫与情人
　　　Money 钱
　　　Lucky Luke 幸运星卢克
　　　Paprika 红辣椒

1992　*Ilona and Kurti* 伊洛娜和库提的故事
　　　City of Joy 欢喜城
　　　The Lady of the Camellias 茶花女
　　　A csalás gyönyöre 欺骗的狂喜

1993　*The Long Silence* 长久的沉默
　　　Jonah Who Lived in the Whale 仰望天空 / 住在鲸里的约拿
　　　In the Line of Fire 火线狙击
　　　The Escort 保镖 / 四大天王

1994　*A Pure Formality* 幽国车站
Disclosure 桃色机密 / 叛逆性骚扰
The Night and the Moment 夜与瞬
Love Affair 爱情事件
Wolf 狼人恋

1995　*The Star Maker* 新天堂星探
L'uomo proiettile 人炮
Who Killed Pasolini? 帕索里尼，一桩意大利犯罪 / 谁杀了帕索里尼
According to Pereira 佩雷拉的证词 / 佩雷拉先生如是说
The Scarlet Letter 红字

1996　*We Free Kings* 释君者 / 流浪贤士
La lupa 女人本色
The Stendhal Syndrome 司汤达综合征
The Nymph 平民天使 / 平民天仙
Strangled Lives 扼杀生命
Twister 龙卷风

1997　*Lolita* 洛丽塔 / 一树梨花压海棠
U Turn U 形转弯 / 不准掉头
Richard III 理查三世
Il Quarto re 四贤人
Con rabbia e con amore 爱恨交织
Marianna Ucrìa 玛丽亚娜·乌克里亚 / 沉默的公爵夫人
Naissance des stéréoscopages 立体镜头的诞生

1998　*Bulworth* 吹牛顾客 / 布瓦茨
The Legend of 1900 海上钢琴师
The Phantom of the Opera 歌剧魅影
What Dreams May Come 美梦成真 / 飞越来生缘

2000　*Canone inverso* 爱欲旋律
Mission to Mars 火星任务

Vatel 欲望巴黎／巴黎春梦
Malèna 西西里的美丽传说
Before Night Falls 夜幕降临前
L'ombra del gigante 巨人的阴影

2001　*Nanà* 娜娜
The Sleeping Wife 沉睡的妻子

2002　*Perlasca：The Courage of a Just Man* 佩拉斯卡／惊劫重生
Black Angel 黑天使
Ripley's Game 魔鬼雷普利

2003　*The End of a Mystery* 神秘的终点
Instructing the Heart 情可自禁
Kill Bill: Vol. 1 杀死比尔

2004　*Guardians of the Clouds* 云的守护者
72 Meters 潜艇沉没／72米
Kill Bill: Vol. 2 杀死比尔2
The Doll 娃娃

2005　*E ridendo l'uccise* 微笑和死亡
Fateless 命运无常

2006　*The Unknown Woman* 隐秘
A Crime 罪行

2007　*All the Women in My Life* 我生命中的所有女人
Death Proof 死亡证据

2008　*The Demons of St. Petersburg* 圣彼得堡的邪魔
The Seed of Discord 不和谐的种子
What Just Happened 即时发生

2009　*Baarìa* 巴阿里亚

Inglourious Basterds 无耻混蛋

Nine 九 / 华丽年代

2010   *Angelus Hiroshimae* 三钟经

2011   *The Thing* 怪形前传

2012   *Django Unchained* 被解救的姜戈

Paolo Borsellino: The 57 Days 保罗·博尔塞利诺的 57 天

2013   *The Best Offer* 最佳出价

2014   *American Sniper* 美国狙击手

2015   *Come What May* 随心所欲的五月 / 五月的花朵

The Hateful Eight 八恶人

2016   *The Correspondence* 爱情天文学 / 信件

Il Fascino dell'impossibile 不可能的魅力

2017   *See You Up There* 天上再见

Aline & Wolf 艾琳和沃尔夫

2018   *The Child of the Sahara* 撒哈拉的孩子

A Rose in Winter 冬天的玫瑰

致　谢

我要感谢我的妻子玛丽亚，我的孩子马尔科、亚历山德拉、安德烈亚、乔瓦尼，他们的孩子和我所有的家人，感谢他们一直陪伴在我身边。还有我的老师戈弗雷多·彼得拉西。

感谢多年来给予我工作机会和信任的导演、制片人和发行商。感谢我有幸与之合作的歌手、音乐家、誊写员和优秀的录音师，特别是法比奥·文图里，感谢那些特别为我的谱曲作词的词作者。当然，还有关注我的公众，他们的喜爱和热情支持着我，给了我力量。

我也要感谢那些长期以来对我保持兴趣的人，他们的工作和研究使我的思想和作品变得更加为人所知。在此，我必须提及塞尔焦·米切利、加布里埃莱·卢奇、安东尼奥·蒙达、弗朗切斯科·德梅利斯、多纳泰拉·卡拉米亚和朱塞佩·托尔纳托雷，感谢他们作为"证人"，与鲍里斯·波雷纳、路易斯·巴卡洛夫、卡洛·韦尔多内、朱利亚诺·蒙塔尔多、贝尔纳多·贝托鲁奇和塞尔焦·米切利一起参与了这本书的出版，使之变得意义重大。所有这些人的"证词"对我来说都很重要。

最后，感谢亚历山德罗·德罗萨，在我们合作这本书的四年里，他是如此敏锐、忠诚、智慧和努力。

埃尼奥·莫里康内

特别感谢那些一直以来以不同方式、在不同阶段为我的思想发展提供帮助的人，他们为我指明了正确的道路。同时也感谢那些在我完成这本书的过程中直接或间接地帮助过我的人，他们自己可能都没意识到。（编注：以下皆为原书中的致谢名单，原样照录，不做翻译。）

Raffaella Faiella, Gianfranco De Rosa, Francesco De Rosa e tutta la mia famiglia. Patrizia Bacchiega. Chiara Mantegazza. Ivana Suigo. Paolo Fusi, Pinuccia e famiglia. Giuliano Riva, Maria Teresa Cattarossi e il gruppo di Caronno. Salvatore Esposito e famiglia. Maria Pia Cordaro, Giuseppe Lo Iacono, Roberto e Gabriella. Ettore Lo Iacono. Settimo Todaro, Francesca Setticasi e Roberta. Maria Teresa Sacchi. I miei insegnanti e compagni di scuola. Patrizia Zafferami. I compagni di pallavolo. I ragazzi dei Sopracultura del Black Crow e degli Extend. Riccardo Carugati. Francesco Aragona. Cristian Orlandelli. Francesco Altamura. Manuel Strada e Alex Lauria. Fabio De Girolamo. Maurizio Colonna. Via San Pietro 34. La signora Michela (Danzi Carniato). Mario Belli e famiglia. I ragazzi della SG di Solaro. Marta Basilico. Camilla Pagani. Davide Falciano. Valentina Fraccascia. Francesca Locati. Jessica Clerici Durante. Selena. Stefano Solani e famiglia. Alfredo Ponissi. Eddy Palermo. Carola de Scipio. Zio Achille (Mughini). Marco Guerri, Marcella e famiglia. Armando Brasca, Francesco de Matteis, Alfredo Bassi, Laurentio, e i ragazzi di Free Consulting. Arsenio De Rosa. Valentina Aveta. Renata Di Rico e famiglia. Giovanni Gorgoretti. Giampiero e Stefano Aveta. Jon, Jane e Deborah Anderson. Paul Silveira. Alessandro Anniballi e i ragazzi del Coro Orazio Vecchi. Davide Rossini. Angelo e Davide Del Boca. Francesco Telli. Stefano Bracci. Claudio Perugini. Wanda Joudieux. Pasquale Pazzaglia. Mayah Kadish. Dvorah Kadish e famiglia. Paola Bucan, Boris Porena, Thomas, Noris. Ana. Yvonne Scholten e Wessel van der Hammen. Rita Pagani. Michele Arcangelo Firinu. Giuditta Isoldi e Giuliano Bracci. Alessio Bruno, Marcello

Spagnolo e i ragazzi del conservatorio di Den Haag. Guy Farley. Antonella Ciacciarelli, Marco, Alice, Giorgio e Margherita Aresti. Matteo Manzitti. Ania Farysej. Francesco De Rubeis e famiglia. Andrea di Donna. Andrea Bevilacqua. Federico Bartulli. Ilaria Fondi. Stefano Lestini e Nanni Civitenga. Doina Murariu. Nicola Sisto. Plamen D. Georgiev. Allegra Betti Vander Noot. I colleghi e colleghe della Rai. Guus Jansen, Peter Adriaansz. Diderik Wagenaar e Gilius van Bergeijk. Anna Trombetta. Francesca Tandoi. Franco Proietti. Zbyszek Kuligowski.

亚历山德罗·德罗萨

两位作者还要共同感谢：

诗人 Arnoldo Mosca Mondadori，他向出版社推荐了本书；

Michele Turazzi, Lucia Stipari, Paola Mazzucchelli, Rachele Moscatelli，以及米兰的 pym 出版社；

Alberto Gelsumini, Paola Violetti, Claudia Scheu, Stefania Alfano, Emanuela Canali, Marco Mariani, Elena Olgiati, Ottavia Mangiagalli, Donata Sorrentino, Chiara Giorcelli, Mara Samaritani, Gian Arturo Ferrari，以及所有在 Mondadori 编辑出版本书的过程中出过力的人。

埃尼奥·莫里康内
亚历山德罗·德罗萨
2016 年 5 月于罗马

出版后记

2020年7月6日,一张第一人称的讣告传到心碎的人们手中:

我,埃尼奥·莫里康内,已故。

我以这样的方式向所有或亲或疏的朋友道别,满怀深情。无法一一提及他们的名字。

但是,有一段特别的记忆来自佩普乔和罗伯塔,他们是我人生最后一站的密友。

决定这样告别并举行私人葬礼,只有一个原因:我不想打扰。

我满怀深情地向伊内斯、劳拉、萨拉、恩佐和诺尔贝特道别,他们在我的生命中是家人般的存在。

我满怀爱意地想起我的姐妹阿德里安娜、玛丽亚和弗兰卡,还有她们所爱的人,希望他们知道我的爱有多深。

我想紧紧地、深深地拥抱我的孩子马尔科、亚历山德拉、安德烈亚和乔瓦尼,我的儿媳莫妮卡,还有我的孙子孙女弗兰切斯卡、瓦伦蒂娜、弗朗切斯科和卢卡。

希望他们知道我有多爱他们。

最后(但同样重要的)是玛丽亚。无数次、最后一次向她表达我对她无与伦比的爱,这份爱让我们相伴一生,让我不忍放手。

与她永别是最痛苦的。

莫里康内是20世纪最著名也最多产的电影配乐大师。据"莫里康内爱好者"网站统计,从1953年到2020年,由莫里康内独自谱曲或者合作谱曲的影视类作品共计675部,平均每年10部。其中很多乐曲的引用率极高,比如《西部往事》中的乐曲就在至少 5 部电影中被引用，包括李小龙的《猛龙过江》。在我们的日常生活中，如饭店、咖啡馆、电台、汽车等场景，也常常可以听到他的配乐作品，如托尔纳托雷的"时光系列"，莱昂内的"往事系列"和"镖客系列"。极高的作品产量和极具辨识度的曲风让其在全世界拥有难以计数的乐迷。然而，一直鲜少有关于莫里康内的书。

2016 年，我们引进出版了《莫里康内：50 年一瞬的魔幻时刻》，当时世界范围内唯一一本莫里康内访谈录，其话题主要关注大师的成长历程、家庭背景、工作方式、兴趣爱好等方面。而就在同年，意大利出版了 Inseguendo quel suono: La mia musica, la mia vita，被莫里康内称为"关于我的最好的一本书"。时至今日，中文版的《追逐那声音》终于得以与读者见面。

本书是莫里康内和青年作曲家德罗萨之间多年交流的思想结晶。这是一场密集而深刻的漫长对话，渗透着生活、音乐以及二者之间奇妙而难以预测的相互影响，深入了大师音乐思想的核心。莫里康内以罕见的丰富细节分享了他的职业生涯，以音乐的语言揭开了电影故事背后最真实的画面。

与一般的访谈不同，同行之间的话题更多关注专业领域，因此书中涉及了大量关于意大利电影、音乐和文化历史的事件和人物的参考资料，时间跨度从二战后到现在，覆盖了莫里康内七十多年的音乐生涯。在翻译过程中，考虑到意大利与中国的文化差异，以及音乐、电影等领域之于普通读者的藩篱，译者对一些社会事件的时代背景和一些专有名词补充了注释。在本书的所有注释中，标有星号（*）的皆为译注。

此外，本书在音乐专业方面得到了季子赫、毕竞老师的热心帮助，感谢他们在百忙之中对本书的审校。

在编辑过程中，我们保留了意大利语版的《莫里康内绝对音乐作品年表》《莫里康内应用音乐作品年表》，并特别收录了中英对照的《莫里康内 1953—2020 电影作品年表》。此年表编辑整理自"莫里康内爱好者"网站 2020 年编制的最新（第 4 版）《莫里康内电影类作品年表》，但考虑到篇幅限制，只保留了电影作品。若读者对更全或更新的年表感兴趣，欢迎登录该站的年表专栏

http://morricone.cn/ns-works/ns-works-000.htm。

  作为莫里康内生前最后的口述历史，本书以前所未有的细节充实了乐迷和影迷对大师人生的全部想象。对于音乐创作者、电影从业者，本书将鼓舞他们热情不灭，追逐自己心底的声音。

  为了开拓一个与读者朋友们进行更多交流的空间，分享相关"衍生内容""番外故事"，我们推出了"后浪剧场"播客节目，邀请业内嘉宾畅聊与书本有关的话题，以及他们的创作与生活。可通过微信搜索"houlangjuchang"来获取收听途径，敬请关注。

  服务热线：133-6631-2326 188-1142-1266

  服务信箱：reader@hinabook.com

后浪电影学院

2021 年 10 月

图片来源

书中所有的乐谱手稿都是埃尼奥·莫里康内的亲笔，除了第 210 页、第 281 页和第 364—366 页的，由亚历山德罗·德罗萨誊写。中提琴演奏、磁带录音的《致迪诺》的总谱引用于第 279 页，由萨拉贝尔出版社出版，巴黎 1973 年。

第 311 页引用的《我们的生活》片段中的歌词由玛丽亚·特拉维亚（Maria Travia）所作。第 322—323 页引用的诗句来自埃尼奥·莫里康内的私人档案，由他友情授权使用。

封面图片

Ennio Morricone, Self Assignment, February 2013

BERLIN, GERMANY - FEBRUARY 08: Composer Ennio Morricone is photographed for Self Assignment on February 8, 2013 in Berlin, Germany. © Nicolas Guerin / Contour by Getty Images

图书在版编目（ＣＩＰ）数据

追逐那声音 /（意）埃尼奥·莫里康内口述 ；（意）亚历山德罗·德罗萨著 ；邵思宁译 . -- 北京 ：中国友谊出版公司 , 2021.9

ISBN 978-7-5057-5297-9

Ⅰ.①追… Ⅱ.①埃… ②亚… ③邵… Ⅲ.①音乐家—生平事迹—意大利 Ⅳ.① K854.657.6

中国版本图书馆 CIP 数据核字（2021）第 164764 号

著作权合同登记号　图字：01-2021-4318

INSEGUENDO QUEL SUONO: LA MIA MUSICA, LA MIA VITA
by
ALESSANDRO DE ROSA, ENNIO MORRICONE
Copyright: © 2016 Mondadori Libri S.p.A., Milano
This edition arranged with MONDADORI LIBRI S.p.A.
through Big Apple Angency, Inc., Labuan, Malaysia.
Simplified Chinese edition copyright:
2021 Ginkgo (Beijing) Book Co., Ltd.
All rights reserved.

本书中文简体版权归属于银杏树下（北京）图书有限责任公司。

书名	追逐那声音
作者	［意］埃尼奥·莫里康内　口述
	［意］亚历山德罗·德罗萨　著
译者	邵思宁
出版	中国友谊出版公司
发行	中国友谊出版公司
经销	新华书店
印刷	天津创先河普业印刷有限公司
规格	690×960 毫米　16 开
	29.5 印张　428 千字
版次	2021 年 9 月第 1 版
印次	2021 年 9 月第 1 次印刷
书号	ISBN 978-7-5057-5297-9
定价	90.00 元
地址	北京市朝阳区西坝河南里 17 号楼
邮编	100028
电话	（010）64678009

莫里康内：50年一瞬的魔幻时刻

Lontano dai sogni: Conversazioni con Antonio Monda

著　　者：［意］埃尼奥·莫里康内（Ennio Morricone）口述
　　　　　［意］安东尼奥·蒙达（Antonio Monda）著
译　　者：倪安宇
书　　号：978-7-5502-7042-8
定　　价：42.00元
出版时间：2016年6月

2016年凭借《八恶人》斩获奥斯卡最佳原创音乐
先后荣膺威尼斯电影节及奥斯卡终身成就奖的殿堂级作曲家
电影配乐之神——埃尼奥·莫里康内
独家授权、亲自指定执笔人的首本访谈录

◎ 全球首次、权威记录：本书是莫里康内全球首部对话录，作者是莫里康内指定的执笔人。继意文、日文和繁体中文版后，首次引入简体中文版。

◎ 直面大师、活泼犀利：全书以Q&A展开对话，莫里康内知无不言，言无不尽，除了与电影界众多大咖合作的逸闻趣事，话题还涉及家庭环境、学校教育、爱情婚姻、电影、音乐、足球、政治、宗教等严肃问题。他谦逊严谨又活泼犀利，坦荡性格尽显其中。

◎ 独家附录、重要资料：全书特别收录了最为详尽的莫里康内配乐电影作品年表，及其在法国音乐电台的重要访谈，其中主要涉及与大导演莱昂内和托尔纳托雷的合作细节。

内容简介 | 本书记录了2009年至2010年作者对莫里康内的十五次采访：以家庭及成长历程为起点，谈及莫里康内从纯音乐转向电影配乐创作的过程，对其他音乐大师的评价，以及2009年在上海世博会上的演出经历；细数与众多电影大师的长期交往与合作，担任戛纳和威尼斯影展评委的感受；还聊到了音乐之外的足球与国际象棋、宗教与政治等。莫里康内毫不掩饰自己的好恶，更不避讳敏感话题，坦诚陈述很多不为外人道的珍贵回忆与电影界重要人物的逸闻趣事。